I0817921

LAS EVIDENCIAS DE QUE JESÚS ES DIOS

LAS EVIDENCIAS DE QUE JESÚS ES DIOS

JOSÉ CARLOS GONZÁLEZ-HURTADO

Rocaeditorial

Primera edición: noviembre de 2025
Tercera reimpresión: diciembre de 2025

Travessera de Gràcia, 47-49. 08021 Barcelona

Printed in Colombia – Impreso en Colombia

ISBN: 978-84-10274-62-4

Este libro está dedicado a:

Nuestro Señor Jesucristo, sin el cual nada, ni este libro, ni usted, ni yo, sería posible.

Doris, mi CHEC, mi Camino Hacia El Cielo.

A mis hijos Clara, Diego e Isabel, que han tenido que sobrellevar mis ausencias mientras escribía estas páginas.

A mis otras hijas, Cristina, Teresa, Sofía y Paula, a quienes nunca olvido.

Y a Sofía y Álex, mis más-que-amigos, por su ayuda inestimable.

Y a todos los benefactores de EWTN España que ayudan a difundir «la alegría y el orgullo de ser católico».

Que Dios les bendiga a todos.

ÍNDICE

SECCIÓN II. CONFIRMACIONES

PARTE VI. EVIDENCIAS HISTÓRICAS

PARTE VII. PROFECÍAS

PARTE VIII. EVIDENCIAS CIENTÍFICAS

SECCIÓN III. CUESTIONES PENDIENTES

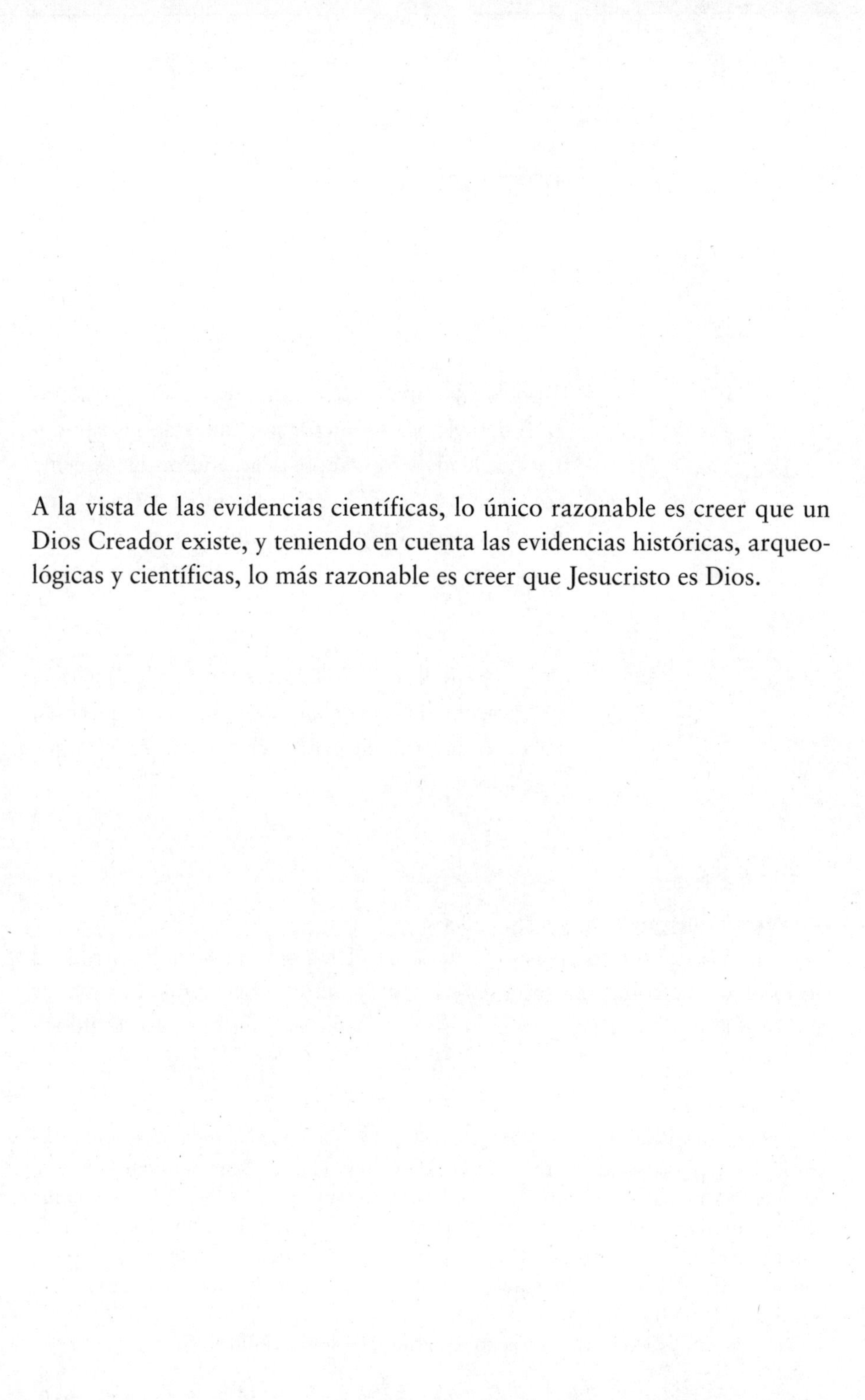

A la vista de las evidencias científicas, lo único razonable es creer que un Dios Creador existe, y teniendo en cuenta las evidencias históricas, arqueológicas y científicas, lo más razonable es creer que Jesucristo es Dios.

1
Introducción

> Tu deber y el deber que confiero a todas las almas es el de ir lejos, diseminar por todas partes sabiduría y caridad. Pero siempre tienes que ser plenamente consciente de tu origen divino; siempre debes sentirte hijo de vuestro Padre en los cielos, Uno y Unico.
>
> EUGENIO ZOLLI[1]

> Por mi parte, considero bienaventurados a aquellos a quienes, por el favor de los dioses, se les ha concedido hacer lo que vale la pena escribir o escribir lo que vale la pena leer.
>
> PLINIO EL JOVEN[2]

Permítame que le hable sin rodeos.

Solo hay dos alternativas: o Jesucristo es Dios o no lo es. Si lo es y usted no lo reconoce como tal, sería un error mayúsculo, posiblemente el mayor que se pudiera cometer, pero si no lo es y usted lo considera así, tampoco

1. *Antes del alba*, Madrid, Palabra, 2006, p. 154. Israel Zolli, judío italiano fallecido en 1956, llegó a ser gran rabino de Trieste y rabino jefe de Roma durante la Segunda Guerra Mundial. Se convirtió al catolicismo en febrero de 1945 y tomó el nombre de Eugenio María, el mismo del papa Pío XII, que tanto hizo por los judíos durante la ocupación nazi. Predijo que moriría el primer viernes de marzo a las 3.00 p. m. (supuestamente el día y la hora en que murió Jesús). Así fue. Coincidió con el día del 80 aniversario de Pío XII.

2. Carta de Plinio el Joven a Tácito refiriéndose a su tío Plinio el Viejo.

sería pequeña la equivocación. No elegir puede ser una opción temporal, pero perpetuada se convierte en el peor de los desaciertos.

Lo que pretendo con este libro es ayudarle a elegir. Voy a presentarle las numerosas evidencias que llevarán a cualquier persona no sectaria a considerar a Jesucristo como lo que Él dijo ser: Dios. Usted dirá, y con cierta razón, que para aceptar a Jesucristo como Dios se necesita tener eso que se llama «fe» y que no depende enteramente de cada uno. Le anticipo que la fe no sirve de excusa para no pensar (si lo que usted pretende es no pensar, el no tener fe es una excusa mucho mejor), puesto que «primero hay que pensar y luego hay que creer», y creer no es sino «pensar con asentimiento».[3] Por ello, uno de los propósitos de este libro es ayudarle a pensar sobre la divinidad de Jesucristo al tiempo que procuramos su asentimiento.

Este no es un libro de religión, ni de teología. Es un libro de divulgación científica e histórica, y como tal, voy primero a analizar y remover todas las objeciones contra la divinidad de Jesucristo (sección I) para luego estudiar y discutir las evidencias que apuntan a esa divinidad, desde la ciencia, desde la historia y desde las propias Escrituras (sección II). Y como desde *La guerra de las Galias*[4] todo autor que se precie divide su conquista en tres, examinaré algunas cuestiones pendientes (sección III).

A veces parece que la incredulidad tuviera vida propia. Confrontada con las pruebas de que está errada, busca cualquier recoveco para seguir existiendo. Es lo que llamo «escepticismo de las fisuras», que muchas veces descansa en un deseo del escéptico por seguir siéndolo. A medida que el conocimiento avanza, las fisuras se van rellenando con datos y evidencias, y es cuando el incrédulo, en lugar de replantearse los dogmas del escepticismo, busca otra fisura por la que esa incredulidad pueda escapar. Así que vamos a procurar rellenar muchas de esas fisuras. A partir de ahí el siguiente paso ya dependerá de usted.

Cosas de la Providencia. Me retiré a Pompeya para ordenar las ideas y las palabras de este libro y aproveché para ver las ruinas de la urbe romana

3. San Agustín, *La predestinación de los santos* II, 5.

4. Los *Commentarii de bello Gallico* de Julio César empiezan con la citada frase: «Gallia est omnes divisa in partes tres». [Todas las traducciones del inglés, francés, alemán, italiano, latín y griego son del autor].

y de la cercana Herculano. Las ciudades están como estuvieron: restaurantes de comida rápida ofrecen sus mostradores a la calle, tabernas, panaderías, y los carteles que anuncian estos establecimientos se pueden todavía leer desde las aceras; casas completas de varias plantas con su mobiliario y los frescos perfectamente conservados en las paredes; estatuas de hombres prominentes con sus inscripciones legibles en el foro y lugares públicos; calles enlosadas con pasos de cebra elevados que casi permiten escuchar los carros que un día circularon por ellas... Y de pronto, en la madrugada del 24 de agosto del año 79, Herculano fue inundada por un torrente de fango ardiente que dejó la ciudad sepultada a veinte metros de profundidad. Los habitantes y toda la ciudad de Pompeya fueron enterrados bajo siete metros de cenizas, piedra pómez y escombros volcánicos que llovieron desde el cielo. Quienes intentaron huir murieron abrasados o sofocados por los gases. En los almacenes de lo que fue el puerto de Herculano se descubrieron trescientos esqueletos de quienes buscaron refugio cerca de la playa. Un barco de casi diez metros de eslora equipado para un timonel y tres pares de remeros se encontró a pocos metros. El barco estaba inutilizado, sin quilla e invertido, y cerca hallaron el cuerpo de un militar que portaba una vaina con espada y una daga. Todos los ingredientes para que la imaginación pueda edificar una sugerente historia.

Una de las víctimas fue Plinio el Viejo,[5] que murió asfixiado por los vapores del Vesubio cuando se acercó en barco a ver la catástrofe desde Miseno, donde residía. Aviso a navegantes —alguien podría decir—, o bien un recordatorio de por qué la prudencia es una virtud. Plinio el Viejo dedicó su obra magna, *Historia natural*, al emperador Tito, que había sido cónsul seis veces; como su sexto consulado fue en el año 77, podemos suponer que ese fue el año de su dedicatoria. Curiosamente fue Tito quien cercó y capturó Jerusalén; destruyó la ciudad y el Segundo Templo en el año 70, tal y como había predicho el profeta Daniel y mucho después que él Jesús de Nazaret. Para conmemorar esa campaña contra los judíos, se levantó en Roma el Arco de Tito, que recuerda el expolio de Jerusalén por las tropas romanas.[6]

5. Gaius Plinius Secundus, escritor, naturalista, militar y filósofo romano nacido hacia el año 23 y muerto en agosto del 79, fue procurador en Hispania y comandante de la flota imperial.

6. Samuele Rocca, «The Arch of Titus and Flavius Josephus. Commemorating the Jewish War in Word and Stone», 2021, <https://www.academia.edu/49438092>.

Un expolio que sirvió para construir el Coliseo y convertirlo en una joya de la capital del Imperio, reconocido como emblema del martirio de los cristianos durante el Imperio romano, y por ello fue el lugar del primer viacrucis en tiempos del papa Benedicto XIV. El Coliseo estaba revestido de preciosos mármoles que se retiraron a fin de recubrir San Pedro en el Vaticano. Una trenza de casualidades.

Conocemos los detalles de la entrada triunfal de Tito en Roma gracias al historiador judío romano Flavio Josefo, y los de la destrucción de Pompeya gracias al relato de Plinio el Joven.[7] Ambos historiadores del siglo I nos proveen de datos fidedignos de estos eventos importantes de aquella época, y también servirán como fuentes fehacientes de lo que muchos consideran el evento más importante de todas las épocas: la vida, muerte y —muy posible— resurrección de «ese-que-llamaron-Dios», Jesucristo. Cosas de la Providencia.

7. Flavio Josefo, *La guerra de los judíos*, 7.º libro, <https://archive.org/details/flavio-josefo-la-guerra-de-los-judios/Flavio%20Josefo%20-%20La%20Guerra%20de%20Los%20Judios%20-%20Libro%20III/page/401/mode/2up>. Y Caius Plinius Caecilius Secundus, llamado Plinio el Joven, fue el sobrino de Plinio el Viejo.

SECCIÓN I. OBJECIONES

> Soy cristiano porque Jesús ha aportado evidencias de ser Dios encarnado cuando ha resucitado, y digo que creo en ello como científico. Hay evidencias de ello.
>
> JOHN LENNOX, *GUNNING FOR GOD*[8]

Hay quien opina que no es un tipo de demostración elegante —yo difiero—, pero en cualquier caso es enormemente efectiva: la demostración por reducción al absurdo se usa a menudo en filosofía, lógica y matemáticas.[9] Cuando hay varias proposiciones y una de ellas es necesariamente cierta, se puede llegar a la verdadera por descarte de las otras. Si todas las demás se demuestran imposibles o incorrectas, entonces la única alternativa que queda no puede ser falsa, y por tanto es necesariamente verdadera.

En nuestro caso vamos a estudiar todas las posibles alternativas a la proposición «Jesucristo es Dios, tal y como Él mismo aseguró» y las objeciones posibles.

C. S. Lewis propuso lo que se conoce como «trilema» sobre quién era Jesús de Nazaret. [10] Las alternativas —decía— son tres: Jesucristo, o bien era un loco, o bien un mentiroso, o bien el Señor («Lunatic, liar, or Lord»).

Una virtud de esa proposición es que descarta que Jesucristo fuera un buen hombre o un buen maestro, alternativa que se ha convertido en un refugio fraudulento a fin de evitar tomar partido sobre Jesús. Si decimos que Jesús fue un buen hombre, parece que nos quedamos en un cómodo limbo: por un lado, no afirmamos que fuera Dios —algo que tiene más consecuencias de las que estamos dispuestos a abrazar— y, por otro lado, tampoco nos posicionamos en contra de alguien a quien

8. Matemático y bioético irlandés nacido en 1943, escritor y apologeta cristiano, profesor emérito de Matemáticas en la Universidad de Oxford, y doctor por las universidades de Oxford, Cambridge, Cardiff y Surrey.

9. De acuerdo con la *Encyclopaedia Herder,* reducción al absurdo es un razonamiento que se basa en demostrar que un conjunto de afirmaciones formado por las premisas y la negación de su conclusión lleva a una contradicción. Es decir, si el hecho de suponer verdadera ¬A (no A) nos lleva a una contradicción, entonces A es necesariamente verdadera y ¬A necesariamente falsa.

10. C. S. Lewis, *Mere Christianity,* Londres, Collins, 1952, pp. 54-56. La idea del «trilema» ya había sido usada por varios autores, entre ellos G. K. Chesterton en *El hombre eterno.*

reconocemos una influencia extraordinariamente positiva en la historia, pero no queremos que la tenga en nuestra vida.

Aunque todavía no estemos en disposición de asegurar quién fue Jesús de Nazaret, lo que es seguro es que no fue solo un buen hombre. O bien fue mucho más, o bien mucho menos. En palabras de John Duncan: «Cristo, o bien engañó a la humanidad con un fraude consciente, o bien Él se engañó a Sí mismo y estaba equivocado, o bien era divino. No hay forma de salir de este "trilema". Es inexorable».[11]

Sin embargo, ni Lewis ni Duncan agotaron todas las alternativas sobre Jesús. Hay otras dos: Jesús de Nazaret no existió (y por tanto no pudo asegurar nada y tampoco ser Dios), o Jesús de Nazaret sí existió pero no afirmó ser Dios (y por tanto su supuesta divinidad no es sino un mito).

Tenemos ya por tanto un nuevo «pentalema»,[12] las cinco opciones sobre Jesús de Nazaret:

1. Jesús es un mito: Jesús no existió.
2. Jesús es una manipulación: Jesús no dijo lo que creemos que dijo.
3. Jesús es un mentiroso: Jesús no se creía lo que decía.
4. Jesús es un maniaco: Jesús no sabía lo que decía.
5. Jesús de Nazaret es el Mesías: Jesús existió, afirmó ser Dios y tal afirmación es cierta.

Manipulación, mito, mentiroso, maniaco o mesías. No hay más alternativas.

Si las objeciones propuestas por las cuatro primeras opciones del pentalema se resuelven, entonces podremos afirmar con confianza que la quinta opción —Jesucristo es Dios— resulta la única alternativa razonable.

11. John Duncan, fallecido en 1870, fue un pastor protestante de la Iglesia Libre de Escocia. Misionero en Hungría entre los judíos y profesor en la Universidad de Edimburgo, fue ateo hasta su edad adulta, se convirtió en teísta y posteriormente en cristiano. La cita está recogida por uno de sus estudiantes, William Knight, en *Colloquia Peripatetica*, 1870.

12. Neologismo recién acuñado. Les ruego que, si lo mencionan, también mencionen la fuente (este libro y este autor), salvo que sea para criticarlo, en cuyo caso pueden atribuírselo a otro.

PARTE I
MITO

Un mito es una mentira que comunica una verdad.

El centro del cristianismo es un mito que también es un hecho.

C. S. LEWIS[13]

13. Clive Steve Lewis fue un escritor irlandés fallecido en 1963. Bautizado en la Iglesia de Irlanda, perdió la fe y profesó el ateísmo hasta la edad de treinta y dos años en que entró en la Iglesia anglicana, en su rama anglocatólica.

2
¿Jesús no existió?

> De cuando en cuando algunas personas han tratado de negar la existencia de Jesús, pero es verdaderamente una causa perdida.
>
> Edwin Yamauchi[14]

Por alguna extraña razón (o no tan extraña si lo piensa bien), las verdades históricas referidas a Jesús de Nazaret son las únicas que constantemente se ponen en cuestión (aunque estén más corroboradas que ningunas otras), y las fuentes sobre Él primero se critican y difunden y después se estudian y confirman sin darle publicidad, con lo que al gran público siempre llegan las críticas y menos veces esas confirmaciones. De esta forma, quienes no hayan querido conocer mucho de Jesús de Nazaret pueden pensar que Jesucristo nunca existió. Quizá haya cierta justicia en que quien no ha querido dedicar algo de esfuerzo a conocer a alguien tan esencial en la historia sufra la contrapartida de ignorar lo más importante de la suya propia, pero, aunque sea justo, no deja de ser triste.

El mito de Cristo fue un libro escrito por Arthur Drews.[15] Publicado en

14. Historiador japonés-estadounidense nacido en 1937. Doctor por la Universidad Brandeis con conocimiento de 22 lenguas antiguas y de Oriente Próximo. Fue profesor en la Universidad Rutgers y es profesor emérito de Historia en la Universidad de Miami. Nació en la religión budista y se convirtió al cristianismo en su juventud. La cita está en Lee Strobel, *The case for Christ*, Grand Rapids, Zonderban Books, 2016, p. 86. Strobel fue un periodista de investigación ateo, editor de la sección legal del *Chicago Tribune*, quien en el proceso de intentar demostrar la falsedad del cristianismo se convirtió en cristiano y se ordenó pastor protestante.

15. Profesor alemán de Filosofía (1865-1935), crítico con el cristianismo y el judaís-

1909, tuvo mucha repercusión en su época. Su tesis principal era que Jesucristo no había existido y que no había ninguna evidencia histórica de ello. Consideraba por tanto que el cristianismo es una religión con origen mitológico que tomaba algunos de sus elementos de otras religiones preexistentes. Se hacía eco de ideas similares propuestas por otros autores: en el siglo XIX en Alemania, Bruno Bauer,[16] y en el siglo XVIII en Francia, Charles François Dupuis,[17] todos ellos ateos y fervientes anticristianos. Drews fue amigo del protonazi Ernst Haeckel[18] y también estuvo asociado con los movimientos filonazis o completamente nazis Völkische Bewegung y Deutsche Glaubensbewegung.[19] Y sus fuentes no tenían mejores compañías: Bauer fue amigo y socio de Karl Marx y Friedrich Engels, y Dupuis fue colaborador del Comité de Salud Pública,[20] del Terror y de Napoleón Bonaparte. Lo mejor de cada casa.

A veces lo que se presenta como conclusiones son apriorismos. Algunas teorías no se construyen sobre hechos, son indiferentes a la realidad, y consecuentemente no tienen ningún arraigo en nada cierto. Son teorías generadas a la inversa: parten de la conclusión deseada y luego se inventan con mayor o menor ingenio las justificaciones. Creo que sostener hoy la no existencia histórica de Jesucristo entra dentro de este tipo de especulaciones. La

---

mo, pretendía crear «la religión del futuro» anclada en la cultura alemana. Cercano a las ideas nazis, consideraba que el nacionalismo alemán era otra razón para ser anticristiano.

16. Bruno Bauer (1809-1882), filósofo y político alemán, cristianófobo y antisemita. Como profesor de Teología y ateo, repetidamente argumentó la inexistencia de Jesucristo y defendió que el cristianismo era una religión creada por el evangelista san Marcos.

17. Profesor francés de Retórica, afirmó que el cristianismo no era sino una mezcolanza de antiguas historias mitológicas. Panteísta y anticristiano, fue miembro de la Convención durante la Revolución francesa.

18. Ernst Haeckel (1834-1919), cristiano evangélico, en 1910 se convirtió al ateísmo. Fue uno de los más exitosos divulgadores de las ideas de Charles Darwin, de las que dedujo un racismo evolucionista que consideraba la raza negra menos evolucionada, como «monos de cuatro manos». *Historia de la creación*, 1914, p. 429.

19. Movimiento de la Raza y Movimiento de Fe alemana, respectivamente. El primero, de corte nacionalista, antisemita, anticatólico y militarista, propugnaba un «Estado racial» neopagano para Alemania. Y el segundo pretendía descristianizar la Alemania nazi e instaurar un paganismo nórdico.

20. Creado por la Convención Nacional francesa en 1793, fue una suerte de tribunal revolucionario dirigido por masones.

figura de Jesucristo ha sido desde siempre «signo de contradicción»[21] y a menudo resulta molesta (a no cristianos, pero también a muchos cristianos), por lo que la pretendida no existencia de Jesucristo provee de una cómoda eximente para no considerar sus doctrinas, sus enseñanzas, la religión que fundó y las consecuencias de todo ello para nuestra propia vida.

Una teoría sobre Jesucristo basada en una premisa que puede ser ejemplo de lo anterior fue la de Houston Stewart Chamberlain en su libro *Los fundamentos del siglo XIX*.[22] Esta obra pretendía ser una «historia racial» de la humanidad con el objetivo de exaltar la raza aria, a la que el autor le atribuía todo lo que consideraba bueno en el mundo, y la contraponía a la raza judía, causa de todo mal. Según Chamberlain, los judíos habían fundado la Iglesia católica (mala) y los arios —Lutero— la cristiandad germánica (buena), y a fin de que todo encajara con sus premisas, Chamberlain sostenía que Jesucristo era de raza aria, y que su padre también lo era, y para apoyar tal pretensión presentaba supuestas fuentes históricas y sesudos argumentos a favor. Esto hoy nos puede parecer ridículo, pero esta obra tuvo gran estimación entre grupos que se pretendían ilustrados.

Afirmar hoy que Jesucristo es un mito y que no existió se nos antoja tan risible como pensar que era de raza aria, como proponía Chamberlain. Quizá no casualmente el negacionismo sobre Jesús se originó en el mismo momento (finales del siglo XVIII y principios del XIX), en la misma área geográfica (Alemania e Inglaterra) y en los mismos ambientes protestantes.[23] Hoy la «teoría mítica» está desacreditada, es muy minoritaria y solo defendida por autores virulentamente ateos y/o furibundamente anticristianos.[24] Pero

21. Parafraseando 1 Pedro 2, 8, «roca de escándalo».

22. Filósofo inglés, yerno de Richard Wagner, escribió a favor del racismo científico que defendía la superioridad de las razas arias o nórdicas y del darwinismo social. Conocido como el Juan Bautista de Hitler, este libro fue publicado por el mismo editor que *Mein Kampf* de Adolf Hitler, tuvo 24 ediciones y vendió más de 250.000 ejemplares hasta 1938.

23. Otros autores influyentes con similares postulados fueron dos teólogos protestantes alemanes: David Strauss (1808-1874), autor de *Das Leben Jesu, kritisch bearbeitet* (La vida de Jesús, examinada críticamente), y Albert Kalthoff (1850-1906).

24. El autor más relevante en favor de la teoría mítica, George Albert Wells, profesor de la Universidad de Londres, aceptó la historicidad de Jesucristo antes de morir en 2017. Por otra parte, Bart Ehrman, profesor de Estudios Religiosos en la Universidad de Carolina del Norte, es considerado el abanderado del ateísmo entre los estudiosos neo-

aun así se oye de vez en cuando a algún pretendido erudito o presentador de televisión, o en redes sociales o en comentarios de YouTube, que se despacha negando la existencia histórica de Jesucristo.

Como afirma Paul Maier, «muchos hechos en el mundo antiguo dependen de un solo testigo, y dos hacen el suceso incontrovertible».[25] En el caso de Jesucristo han sobrevivido más de cuarenta fuentes distintas, escritas por lo menos por treinta autores y que se remontan a unas decenas de años después de la crucifixión de Jesucristo.[26] Esto no incluye a los nueve escritores de los libros del Nuevo Testamento: además de los cuatro evangelistas, existen otros cinco autores que en su mayoría no conocían la obra de los anteriores cuando escribieron sus libros y por tanto no pudieron copiar los hechos.

Si excluimos las fuentes cristianas (Nuevo Testamento, primeros padres de la Iglesia, historiadores que se consideran cristianos),[27] nos quedan por lo menos una docena de fuentes antiguas, independientes entre ellas y en muchos casos hostiles al cristianismo, que contienen referencias importantes a Jesucristo y al cristianismo, y que corroboran la existencia de Jesucristo y su crucifixión, además de otros sucesos referidos a Jesús de Nazaret. Además, hay otra docena de fuentes igualmente independientes, antiguas, no cristianas que hacen referencias a Jesucristo y al cristianismo pero que considero secundarias.

---

testamentarios: «Todos los que sostienen Jesucristo como un mito son ateos o agnósticos, y los que yo conozco son virulentamente, incluso militantemente, ateos», escribió en su libro *Did Jesus exist? The Historical argument for Jesus of Nazareth*, Harper One, 2012, p. 336.

25. Paul Maier, profesor de Historia Antigua de la Universidad de Western Michigan, citado por Gary Habermas el 9 noviembre de 2012 en la Universidad de California en Santa Bárbara, <www.veritas.org>.

26. Incluso Ehrman reconoce treinta fuentes diferentes de al menos veinticinco autores, en *The Bart Ehrman Blog*, 28 de octubre de 2016, <https://ehrmanblog.org/gospel-evidence-that-jesus-existed/>.

27. Dudar de un historiador por ser cristiano es un error de principio y además demuestra considerable sectarismo, pero en el siguiente capítulo incluyo solo a autores no cristianos a fin de no dejar ni el mínimo espacio para cualquier posible argumento en contra.

3

Doce fuentes principales que confirman su historicidad

> Algunos escritores pueden divertirse con la fantasía de un «mito-Cristo», pero no lo hacen sobre la base de la evidencia histórica. La historicidad de Cristo es tan axiomática para un historiador sin prejuicios como la historicidad de Julio César. No son los historiadores los que propagan las teorías del «mito-Cristo».
>
> F. F. Bruce[28]

1. Flavio Josefo

Fue un historiador romano-judío que nació apenas cuatro años después de la crucifixión de Jesucristo y murió en el año 100. Era un noble que pasó de combatir a los romanos y ser esclavo a convertirse en colaborador de Roma, alcanzar la ciudadanía, asesorar al emperador Vespasiano, ser amigo de su hijo el emperador Tito (quien destruyó el Templo y Jerusalén en el año 70) y adoptar el nombre de su familia (Flavia). Sus obras más importantes son *La guerra de los judíos*, escrita hacia el año 75, y las *Antigüedades judías*, escrita hacia el año 93. En esta última incluye dos referencias a Jesucristo en los libros 18 y 20. La primera es conocida como el «testimonio

28. Citado en Josh McDowell, *Evidencia que exige un veredicto*, Deerfield, Vida, 1993, p. 83. Frederick Fyvie Bruce nació en Escocia, fue profesor de Crítica Bíblica y Exégesis de la Universidad de Mánchester, de Griego en la de Edimburgo y director del departamento de Historia Bíblica de la de Sheffield. Fallecido en 1990, fue uno de los más importantes estudiosos bíblicos de la segunda mitad del siglo xx.

flaviano»: confirma la existencia y crucifixión de Jesucristo, y también que alguno de sus contemporáneos lo consideraban el Mesías:

> Por aquel tiempo existió un hombre sabio, llamado Jesús, si es lícito llamarlo hombre porque realizó grandes milagros y fue maestro de aquellos hombres que aceptan con placer la verdad. Atrajo a muchos judíos y muchos gentiles. Era el Cristo. Delatado por los principales de los judíos, Pilatos lo condenó a la crucifixión. Aquellos que antes lo habían amado no dejaron de hacerlo, porque se les apareció al tercer día resucitado; los profetas habían anunciado este y mil otros hechos maravillosos acerca de él. Desde entonces hasta la actualidad existe la agrupación de los cristianos.[29]

Este texto es concluyente en establecer no solo la existencia histórica de Jesucristo, sino su consideración de mesías, su crucifixión y la creencia de que resucitó. Es tan contundente que algunos autores intentaron desacreditarlo alegando que todo el texto o partes de él fueron escritos por cristianos y no por Josefo. Hoy se sabe sin lugar a dudas que el texto fue escrito por Flavio Josefo en el siglo I.[30] Los estudiosos ahora se dividen entre los que consideran que la mayor parte del texto fue escrito por Josefo (con excepción de las frases «si es lícito llamarlo hombre» y «mil otros hechos maravillosos acerca de él», que pudieron ser interpoladas posteriormente por cristianos) y quienes piensan que es el autor del texto completo.

En cualquier caso, los cinco aspectos que Josefo corrobora sobre Jesucristo permanecen, y las evidencias a favor de que todo el texto es auténtico son sólidas:

a) Todas las copias de las *Antigüedades* en versiones latinas y griegas tienen ese mismo texto, por lo que para desacreditar esta fuente habría que

29. Flavio Josefo, *Antigüedades judía*, 18, 3, 3. Sigo la traducción de Antonio Puente Mayor en *Jesús de Nazaret, en busca de la verdad*, Madrid, La Esfera de los Libros, 2023, p. 23.

30. Confirmado por estudiosos manifiestamente anticristianos, como Luciano Canfora, profesor de la Universidad de Bari, marxista y miembro del Instituto Gramsci en su libro *La conversión*, dedicado al testimonio flaviano. Véase el artículo en *Religión en Libertad* del 2 de marzo de 2024, <https://www.religionenlibertad.com/cultura/240302/filologo-marxista-autenticidad-testimonio-no-cristiano-jesus-flavio-josefo_76715.html>.

suponer que todos esos códices estaban en manos de los cristianos, que todos ellos decidieron cambiar el texto original, que se habrían realizado los añadidos en todas las copias y que las interpolaciones habrían sido exactamente las mismas. Además de inverosímil, resulta imposible, puesto que las copias de la obra de Josefo aparecieron en muy distintos lugares del antiguo Imperio romano y en distintas épocas.

b) Muchos escritores de los primeros siglos de nuestra era que se refieren a las *Antigüedades* también citan exactamente el mismo texto, por lo que no parece que en aquellos primeros años hubiera duda alguna sobre su autenticidad.[31]

c) Y finalmente, en 1971 el estudioso judío Shlomo Pires encontró un documento con una versión árabe de la obra de Flavio Josefo, dentro de una obra del obispo Agapio,[32] que es más antigua que cualquier otra copia manuscrita existente hasta entonces de las *Antigüedades* e incluye el testimonio flaviano con muy ligeras modificaciones. Así confirma la existencia de Jesucristo, su crucifixión, su pretensión de ser el Mesías, su posible resurrección y la fundación de una nueva religión.

> En este tiempo existió un hombre de nombre Jesús. Su conducta era buena y era considerado virtuoso. Muchos judíos y gente de otras naciones se convirtieron en discípulos suyos. Los convertidos en discípulos no lo abandonaron. Relataron que se les había aparecido tres días después de su crucifixión y que estaba vivo. Según esto, fue quizá el Mesías de quien los profetas habían contado maravillas.[33]

La segunda referencia de Flavio Josefo a Jesús de Nazaret está en el libro 20 de las *Antigüedades* sobre un hecho producido en el año 62 o 63:

> Siendo Anás de este carácter, aprovechándose de la oportunidad, pues Festo había fallecido y Albino todavía estaba en camino, reunió el Sanedrín. Llamó

31. Por ejemplo, Nicéforo, Eusebio y Sozomeno en sus respectivas *Historias de la Iglesia*, también san Jerónimo, Casiodoro, Ambrosio y otros.

32. San Agapio de Cesarea, obispo de Hierápolis, martirizado en el año 306. La traducción árabe de la obra de Flavio Josefo se incluye en su *Historia universal.*

33. Traducción de Antonio Puente Mayor, *op. cit.*, p. 24.

> a juicio al pariente de Jesús que era llamado Cristo; su nombre era Jacobo, y con él hizo comparecer a varios otros. Los acusó de ser infractores de la ley y los condenó a ser apedreados.34

Los estudiosos han aceptado la autenticidad de este pasaje de forma unánime.[35] En este párrafo el objetivo de Josefo es criticar a Anás, y la presencia de Santiago/Jacobo el pariente de Jesús es incidental.[36] Jacobo o Santiago fue obispo de Jerusalén (según Eusebio de Cesarea) y aparece mencionado en los Hechos de los Apóstoles (12, 17) y por san Pablo en la Carta a los gálatas (1, 19; 2, 9).

2. Tácito

Publio Cornelio Tácito fue un historiador, senador, cónsul y gobernador del Imperio romano (56-120). Se ignora dónde nació, pero lo más probable es que fuera original de la Galia o de Hispania. Influido por Cicerón, posiblemente discípulo de Quintiliano y amigo de Plinio el Joven, sus dos obras que han sobrevivido son los *Anales* y las *Historias*, que se conocen gracias a los llamados «manuscritos mediceos» (por haber sido propiedad de la familia Medici), custodiados en la Biblioteca Laurenciana de Florencia. El más antiguo es del siglo XI, obtenido de la abadía de Montecassino.

Los *Anales* pretenden recoger la historia desde la muerte de Augusto hasta la de Nerón, y las *Historias* eran la continuación, desde Galba a Domiciano. San Jerónimo nos informa de que ambas obras constituían un corpus de treinta libros, de los que nos han llegado la mitad. Los *Anales* es la obra final de Tácito y la que nos interesa para nuestro propósito. Redactada

34. Flavio Josefo, *op. cit.*, 20.9.1.

35. Véase Lawrence Mykytiuk en «Did Jesus Exist? Searching for Evidence Beyond the Bible», republicado en *Bible History Daily* de la Biblical Archaeology Society, abril de 2024.

36. Frecuentemente se presenta a Santiago como «hermano» de Jesús, pero prefiero traducirlo por «pariente» para evitar confusiones. La mejor explicación la encontré en Frank J. Sheed, *Conocer a Jesucristo*, Madrid, Palabra, 2010 (13.ª ed.), p. 111. Sheed fue un teólogo australiano, protestante metodista convertido en católico, traductor de san Agustín. Este libro es uno de los más gratificantes que he tenido el placer de leer en toda mi vida.

entre los años 114 y 117, recoge los reinados de Tiberio, Claudio, Calígula y Nerón. Los historiadores modernos otorgan una gran credibilidad a los hechos narrados por Tácito debido a que su obra historiográfica se produce tras culminar una notable carrera política y es posterior a la muerte de Domiciano, lo que le permitió expresarse sin temor, y también porque como senador romano tenía acceso a las actas senatoriales y había participado en sus deliberaciones.[37] Pues bien, Tácito en sus *Anales*, libro 15, capítulo 44, escribe refiriéndose al incendio de Roma originado por Nerón:

> Por ello, para eliminar tal rumor, Nerón buscó unos culpables y castigó con las penas más refinadas a unos a quienes el vulgo odiaba por sus maldades y llamaba cristianos. El que les daba este nombre, Cristo, había sido condenado a muerte durante el imperio de Tiberio por el procurador Poncio Pilatos. Esa funesta superstición, reprimida por el momento, volvía a extenderse no solo por Judea, lugar de origen del mal, sino también por la ciudad, a donde confluyen desde todas partes y donde proliferan toda clase de atrocidades y vergüenzas. Pues bien, en primer lugar, fueron apresados los que confesaban; y luego, delatada por ellos, fue condenada una enorme multitud, acusada no tanto del incendio como de odio al género humano. Además, al morir se les añadían humillaciones tales como hacerles perecer despedazados por perros después de haber sido cubiertos con pieles de fieras o clavados en cruces, o se les preparaba para ser quemados y se les ponía fuego cuando faltaba la luz del día para que sirviesen de iluminación nocturna. Nerón había ofrecido sus jardines para ese espectáculo.[38]

Este texto es considerado auténtico e histórico unánimemente por todos los historiadores.[39]

37. Resulta interesante que no haya duda alguna sobre este texto de Tácito (y no creemos que deba haberla), aunque se base en un manuscrito diez siglos posterior a la obra original, y sin embargo haya algunos que sí presenten dudas sobre escritos bíblicos con una multitud más de manuscritos existentes y mucho más cercanos a las fuentes.

38. Los *Anales* se pueden leer enteramente en latín y español en <https://cristoraul.org/spanish/sala-de-lectura/Historia-universal/historia-del-imperio-romano/pdf/Tacito-Anales-bilingue.pdf>.

39. Por ejemplo, el historiador Ronald Mellor, profesor de la Universidad de California, considera los *Anales* como «el pináculo de los escritos históricos romanos». Sin

3. Suetonio

Cayo Suetonio Tranquilo fue un historiador romano (69-122) originario probablemente de Numidia, en el norte de África. Fue —como Tácito— amigo de Plinio el Joven y trabajó para los emperadores Trajano y Adriano. Su obra más importante es *Vida de los doce césares*: escrita en el año 121, es un conjunto de biografías desde Julio César hasta Domiciano y una fuente primordial para la historia del Imperio romano.

Quedan diecinueve copias, todas del siglo XIII o anteriores. La más antigua está en la Biblioteca Nacional de Francia y data de finales del siglo VIII o principios del siglo IX.[40] Contiene dos menciones valiosas sobre el cristianismo: la primera en el capítulo XXV dedicado al emperador Claudio: «Hizo expulsar de Roma a los judíos, que, excitados por un tal Cresto, provocaban turbulencias»;[41] la segunda se ofrece en la biografía de Nerón, en el capítulo XVI: «Los cristianos, clase de hombres llenos de supersticiones nuevas y peligrosas, fueron entregados al suplicio».

4. Plinio el Joven

Cayo Plinio Cecilio Segundo fue un escritor y político romano (61-c. 112). Sobrino e hijo adoptivo de Plinio el Viejo, fue todo lo que se podía ser en la época del Imperio (menos emperador): sacerdote del culto al emperador, juez, tribuno militar, tribuno de la plebe, pretor, prefecto de finanzas, cón-

---

embargo, durante la mal llamada Ilustración, algunos autores pretendieron restar a esta obra valor historiográfico sin aportar razón alguna que no fuera ideológica, y principalmente porque confirmaba la existencia y crucifixión de Jesucristo. Así por ejemplo, el panfletista francés François-Marie Arouet, llamado también Voltaire. Estos autores y aquellas pretensiones están actualmente desacreditadas.

40. No hay disputas sobra la historicidad de la *Vida de los doce césares* (y no debe haberlas), pero sí las hay (aunque tampoco debería haberlas) sobre los Evangelios, de los que se conservan muchos más manuscritos y muy anteriores.

41. Esto se recoge también en Hechos de los Apóstoles —y así suma credibilidad a ese libro— y ocurrió en el año 49. Los romanos ignoraron durante mucho tiempo la diferencia entre los cristianos y los judíos. Cresto, en el original «Chrestos», es una forma corrompida de «Cristo». La *Vida de los doce césares* se puede leer en <https://web.seducoahuila.gob.mx/biblioweb/upload/Vidas_de_los_doce_cesares-Suetonio.pdf>.

sul, miembro del colegio de augures y gobernador (de Bitinia en Asia Menor). Amigo y consejero del emperador Trajano, con quien mantenía correspondencia, parte de la cual se ha conservado. En una de esas epístolas datada entre el 18 de septiembre del año 111 y el 3 de enero del 112, le pregunta al emperador sobre el trato que debe dar a los cristianos que ha arrestado:

> Es mi regla, señor, referirle a usted todos los asuntos de los que no estoy seguro. Porque ¿quién es más capaz de guiar mi incertidumbre o informar mi ignorancia? Como nunca he estado presente en ningún juicio de los cristianos, desconozco el método y los límites que deben observarse al examinarlos o castigarlos.
>
> También he tenido grandes dudas sobre si se debe hacer alguna diferencia en razón de la edad, o alguna distinción permitida entre el más joven y el adulto; si retractarse permite un perdón, o si un hombre ha sido cristiano una vez, no le ayuda a retractarse; si la mera profesión de cristianismo, aunque sin delitos, o solo los delitos asociados con él, son punibles.
>
> Mientras tanto, el método que he observado con los que me han sido denunciados como cristianos es este: les interrogué si eran cristianos. Si lo confesaron, repetí la pregunta una segunda y una tercera vez, agregando la amenaza de la pena capital. Si aún perseveraban, ordené que los llevaran a la ejecución.
>
> Sea cual sea la naturaleza de sus creencias, al menos no podía sentir ninguna duda de que la terquedad y la obstinación inflexible merecían un castigo. [...]
>
> Afirmaron, sin embargo, que toda su culpa o error era que tenían la costumbre de reunirse en un cierto día fijo antes de que amaneciera, y de cantar en versos alternos un himno a Cristo como a un dios, y de atarse a sí mismos, por un juramento solemne, no a las malas acciones, pero nunca cometer ningún fraude, robo, o adulterio, para nunca falsificar su palabra, ni para negar una prenda cuando fueron llamados a entregarla.
>
> Después de esto, tenían la costumbre de separarse y luego reunirse para participar de la comida, pero comida ordinaria e inocente. Incluso esta práctica, sin embargo, la habían abandonado después de la publicación de mi edicto, por el cual, según sus órdenes, había prohibido las asociaciones políticas.
>
> Por tanto, pensé que era más necesario extraer la verdad real, con la ayuda de la tortura, de dos esclavas, a las que llamaban diaconisas: pero no pude descubrir nada más que una superstición depravada y excesiva. [...]
>
> Muchas personas de todas las edades y rangos y de ambos sexos están sien-

do y serán llamadas a juicio. Porque esta superstición contagiosa no se limita solo a las ciudades, sino que también se ha extendido por las aldeas y distritos rurales.[42]

5. Emperador Trajano

Nacido en la Bética (53-117), es una fuente sobre el cristianismo, ya que se conserva parte de su correspondencia con Plinio el Joven.[43] En una carta datada en el año 111 le dice al gobernador de Bitinia:

> El método que ha seguido, Secundus mío, para examinar los casos de los que le denunciaron como cristianos es el adecuado. No es posible establecer una regla general que pueda aplicarse como norma fija en todos los casos de esta naturaleza. No se debe realizar ninguna búsqueda de estas personas.
>
> Cuando son denunciados y declarados culpables, deben ser castigados; con la restricción, sin embargo, de que cuando un individuo niega que es cristiano y da prueba de ello, es decir, adorando a nuestros dioses, será perdonado sobre la base del arrepentimiento, aunque anteriormente haya incurrido en sospechas.[44]

6. Mara bar Serapión

Mara, hijo de Serapión, fue un filósofo pagano nacido en Samosata, provincia romana de Siria, en el primer siglo de nuestra era. Solo se conserva una

42. Plinio el Joven, epístola 10.96. Traducción en Primeroscristianos.com. Se puede leer en <https://www.primeroscristianos.com/plinio-el-joven-cristianos/>. Para los cristianos debe resultar emocionante encontrarse con testimonios que hablan de sus primeros padres en la fe y las vicisitudes que tuvieron que sufrir. Puesto que ellos son a quienes les deben la fe, los actuales cristianos tienen igual responsabilidad con los futuros.

43. Hubo tres emperadores romanos nacidos en Hispania, más que los procedentes de ninguna otra provincia del Imperio. Trajano, nacido en Hispalis-Sevilla, fue el primer emperador no itálico y quien consiguió que el Imperio romano llegara a su máxima extensión; Adriano, sobrino segundo del anterior, le sucedió en el trono y fue uno de los llamados «cinco emperadores buenos», y Teodosio el Grande, el último emperador de todo el Imperio romano, que tras su muerte se escindió en dos mitades, la occidental y la oriental.

44. Plinio el Joven, epístola 10.97; traducción en Primeroscristianos.com. Trajano lo llamaba Secundus, pues su nombre completo era Caius Plinius Caecilius Secundus.

carta de este autor escrita a su hijo, también llamado Serapión, datada en el año 73, que se conservó en un manuscrito del siglo VI o VII que está en la Biblioteca Nacional Británica.[45] En la carta no se abordan temas cristianos, sino que trata sobre los consejos del padre —que está prisionero— a su hijo, a quien recomienda que siga la senda de la sabiduría. En ese contexto menciona la injusticia con que trataron a los «tres hombres sabios», en referencia a Sócrates, Pitágoras y Jesucristo, a quien llama «el rey sabio de los judíos», y cómo Dios castiga a los que se comportaron de esa manera injusta:

> ¿Qué más podemos decir cuando los sabios están forzosamente arrastrados por tiranos, su sabiduría es capturada por los insultos y sus mentes están oprimidas y sin defensa? ¿Qué ventaja obtuvieron los atenienses cuando mataron a Sócrates? Carestía y destrucción les cayeron encima como un juicio por su crimen. ¿Qué ventaja obtuvieron los hombres de Samos cuando quemaron vivo a Pitágoras? En un instante su tierra fue cubierta por la arena. ¿Qué ventaja obtuvieron los judíos cuando condenaron a muerte a su rey sabio? Después de aquel hecho su reino fue abolido. Dios, de manera justa, vengó a aquellos tres hombres sabios: los atenienses murieron de hambre; los habitantes de Samos fueron arrollados por el mar; los judíos, destruidos y expulsados de su país, viven en la dispersión total. Pero Sócrates no murió definitivamente: continuó viviendo en la enseñanza de Platón. Pitágoras no murió: continuó viviendo en la estatua de Juno. Ni tampoco el rey sabio murió verdaderamente: continuó viviendo en la «nueva ley» que había dado.

La mayoría de los autores no tiene duda de que la referencia al «rey sabio de los judíos» se refiere a Jesucristo y está relacionada con la inscripción INRI con la que lo crucificaron.[46] Mara establece un paralelismo entre la

45. Manuscrito BL Add. 14658, obtenido del monasterio copto de Santa María Deipara, fundado en el siglo VI y localizado en Wadi el Natrum, en el desierto de Nitria (actual Egipto).

46. Entre esos autores, destacan Robert van Voorst, teólogo y profesor de Oxford, y Bruce Chilton, profesor en Yale, Cambridge, Sheffield y Münster. INRI: *Iesus Nazarenus Rex Iudaeorum* (Jesús Nazareno, rey de los judíos), es el *titulus crucis*, el panel que encabezaba la cruz en la que Jesús fue crucificado. Esta reliquia fue redescubierta por el cardenal español Pedro González de Mendoza en 1492 cuando restauraba la iglesia de la Santa Cruz de Jerusalén en Roma.

destrucción de Jerusalén presentada como castigo por la muerte de Jesús con las destrucciones de Atenas y Samos debidas a su vez a las muertes injustas de Sócrates y Pitágoras.

7. Celso

Fue un filósofo griego politeísta de finales del siglo II de quien hoy no hubiéramos conocido nada si no fuera porque —ironías de la historia— fue un crítico feroz del cristianismo. La única obra suya que nos ha llegado es el *Discurso verdadero*, muy polémica y escrita para paliar las conversiones al cristianismo. Hoy la conocemos solo porque está parcialmente incluida en la obra de Orígenes de Alejandría *Contra Celso*, escrita para refutarla.[47]

Celso critica a los cristianos por ignorantes y antipatrióticos, y considera repugnante su costumbre de aceptar a pecadores entre ellos. Acusó a Jesús de ser un mago y un farsante, de realizar los milagros usando magia negra y de plagiar sus enseñanzas de Platón. Advirtió que el cristianismo alejaba a las personas de la religión tradicional politeísta y de los valores conservadores y tradicionales. Y que la idea de que un dios se haga hombre es intolerable; que lo hiciera en un lugar tan remoto, inconcebible; que eligiera pescadores y campesinos como discípulos, absurdo, y que muriera crucificado, un escándalo. Atacó el culto cristiano por carecer de ceremonias impresionantes y por su falta de pompa externa.[48]

Solo se ha conservado un manuscrito completo del *Contra Celso*, datado en el siglo XIII, a partir del cual se realizaron varias copias.[49]

47. En ella, este padre de la Iglesia demuestra que la fe cristiana tiene una base racional y que la filosofía griega y el cristianismo son compatibles. Escrita en el año 248, *Contra Celso* se convirtió en una de las más importantes obras de apologética de la Antigüedad.

48. Si el cristianismo fuera verdadero (hipótesis), entonces también lo sería la existencia del maligno que pretende la perdición del hombre (dogma del cristianismo). En ese caso, deberíamos esperar manifestaciones de odio. Y así ocurrió: la cristianofobia ha acompañado a esta religión desde su origen. Desde el siglo II se critica al cristianismo por conservador o por liberal; por exceso de liturgia o por falta de solemnidad; por acoger pecadores o por señalar el pecado… Esto ha hecho del cristianismo la religión más atacada de la historia y a los cristianos los más perseguidos hasta nuestros días.

49. Pergamino llamado Vaticano Graecus 386, con correcciones añadidas en los siglos XIV y XV. Otras citas de *Contra Celso* se pueden encontrar en la *Filocalia*, una colección de textos espirituales escritos entre los siglos IV y XV.

8. Luciano de Samosata

Fue un escritor satírico y panfletista griego (115-c. 180) del que se conservan unas ochenta obras. En su carta satírica «La muerte de Peregrino», sobre la vida del seudofilósofo Peregrino Proteus, Luciano menciona el cristianismo, al que presenta como un culto crédulo e incauto, aunque también hace referencia a su alta moralidad.

> Como sabrás, los cristianos adoran a un hombre hasta este día, el personaje distinguido que introdujo sus ritos novedosos y que murió crucificado por esa razón. [...] Como podrás ver, estas criaturas equivocadas comienzan con la convicción general de que son inmortales por siempre, lo cual explica el menosprecio a la muerte y la autodevoción voluntaria que son tan comunes entre ellos. Su primer legislador también los convenció de que todos eran hermanos, desde el momento que se convierten, y ahora niegan a los dioses de Grecia y adoran al sabio crucificado, y viven según sus leyes. Todo esto lo toman con confianza, con el resultado de que desprecian todos los bienes mundanos.[50]

9. Flegón de Trales

Fue un historiador griego del siglo II, nacido en Lidia, actual Turquía, que trabajó para el emperador Adriano. Su obra principal es *Olimpiadas*, una historia de los Juegos Olímpicos desde su origen hasta el año 137. En su libro 13.º refiere:

> En el cuarto año de la 202.ª Olimpiada (hacia el año 33-37) hubo un gran eclipse de sol, mayor que cualquiera que se hubiera conocido hasta entonces, y a la sexta hora del día se volvió de noche, y se pudieron ver las estrellas en los cielos. Un terremoto ocurrió en Bitinia y destruyó gran parte de la ciudad de Nicea.[51]

50. En W. Fowler y F. G. Fowler, *The Works of Lucian of Samosata*, Oxford, The Clarendon Press, 1905, vol. IV, pp. 82-83. Las obras de Luciano se pueden leer en inglés en <https://sacred-texts.com/cla/luc/fowl/index.htm>.

51. Citado en el libro segundo de las *Crónicas* de san Eusebio de Cesarea, del siglo III, y referido por san Jerónimo. Se puede leer en inglés en <https://www.tertullian.org/fathers/jerome_chronicle_03_part2.htm>, pp. 256-258.

Orígenes, haciéndose eco de la obra de Flegón, escribe: «Flegón en su decimotercer o decimocuarto libro de sus crónicas no solo le otorga a Jesús la capacidad de predecir eventos futuros [...], sino que también testificó que los resultados se correspondían con Sus predicciones», y además corrobora la referencia al eclipse y el terremoto: «Y con respecto al eclipse que ocurrió en tiempos de Tiberio César, durante cuyo reinado Jesús fue crucificado, y los grandes terremotos que tuvieron lugar, Flegón también —pienso— lo ha escrito en el decimotercer o decimocuarto libro de sus crónicas».[52]

Sexto Julio Africano, otro historiador de los siglos II y III nacido en Jerusalén, escribe la *Chronographiai*, que pretende ser toda la historia del pueblo griego y judío. Y también recoge las palabras de Flegón: «Flegón anota que, en tiempos de Tiberio César, durante el tiempo de luna llena, hubo un eclipse de sol desde la hora sexta hasta la novena».[53]

10. El Talmud de Babilonia

Este es, después de la Biblia hebrea (Antiguo Testamento para los cristianos), el texto fundamental del judaísmo rabínico y la primera fuente de la ley religiosa judía.[54] El origen del Talmud es la tradición oral que el pueblo judío pasó de generación en generación. El conjunto de estas tradiciones se llama Mishná, fue escrito en hebreo y ordenado según las materias por el rabino Akiba (fallecido en el año 135), tarea continuada por el rabino Meir y terminada por el rabino Judá (año 200). El Talmud de Babilonia incluye los comentarios antiguos a la Mishná, que se llaman Guemará, escritos en arameo y compilados por los rabinos Ashi y Ravina II HaKohen hacia el año 500.

Hay numerosos pasajes en el Talmud que hacen referencia a Jesús, todos ellos escritos con intención peyorativa. «El desprecio es tanto que llega a ser mencionado a veces como *peloni* (una cierta persona) o en otros pasajes

52. Citado por Gary Habermas, *The Historical Jesus*, College Press, 1996, cap. 9. Y Orígenes, *Contra Celso*, libro 2, cap. 14, y libro 2, cap. 33.

53. Julio Africano, *Chronographiai*, 18, 1.

54. *Talmud* se refiere generalmente al Talmud de Babilonia —el más completo e influyente—, aunque hay otra versión, el Talmud de Jerusalén, redactado en Israel hacia el siglo IV e incompleto.

ningún nombre es mencionado en episodios claramente referentes a Él».[55] Resulta irónico que estos autores que pretendían ignorar y despreciar a Jesús se han convertido, sin embargo, en otra fuente segura sobre Jesús y sobre lo que a Él se atribuía (los que creemos en la Providencia también leemos en estos quiebros ingeniosos la agudeza de quien está detrás).

Peter Schäfer, probablemente el más acreditado estudioso del judaísmo antiguo y la primera Iglesia, presentó en 2007 un estudio comparado de catorce manuscritos del Talmud y concluyó que no cabe duda de que estos pasajes se refieren a Jesús de Nazaret.[56] Algunos se incorporaron al Talmud antes del año 200 y otros en los siglos III y IV.[57] También queda claro que los autores del Talmud de Babilonia estaban familiarizados con los Evangelios.

De este modo, el Talmud de Babilonia es otra fuente extracristiana que confirma que Jesucristo existió: se le llama Yeshu, Yeshu ha-Notzri (Jesús el Nazareno), Yeshu ben Stada (hijo de Stada) o Ben Panthera (hijo de Panthera), y dice que fue hijo de María.[58] También confirma que los cristianos consideraban desde los primeros años de esa religión que María había sido especialmente elegida por Dios y que Jesús había nacido de una virgen y contra ello escribieron los autores del Talmud: «La acusación de nacimiento ilegítimo de Jesús [...] fue una reacción a la creencia cristiana de concepción y nacimiento virginal de Jesús».[59] Esta pretensión se confirma porque el

55. Octavio da Cunha Botelho, «Jesús no Talmude», marzo de 2018, <https://www.researchgate.net/publication/323546852_Jesus_en_el_Talmud>. Da Cunha es profesor de Filosofía en la Universidad Federal de Uberlandia, en Brasil.

56. Peter Schäfer, *Jesús en el Talmud*, Princeton University Press, 2007. Schäfer es un académico alemán nacido en 1943, cristiano católico; fue profesor de Estudios Judíos en Princeton y en la Universidad Libre de Berlín, director del Museo Judío de Berlín, miembro de la Academia Americana de Artes y Ciencias y de la Academia Americana de Filosofía.

57. Con ligeras variaciones, lo sostienen Peter Schäfer y la mayoría de los estudiosos, como John P. Meier, profesor estadounidense y sacerdote católico fallecido en 2022, Joseph Klausner, historiador judío y político israelí fallecido en 1958, Robert van Voorst, teólogo cristiano protestante estadounidense nacido en 1952, y Gary Habermas, que señala varias referencias a Jesús en el Talmud de los siglos I y II en su obra ya citada.

58. «Su madre era Miriam, quien trenzaba cabello de mujer», Sanhedrin 67a.

59. Dan Jaffe, «The Virgin Birth of Jesus in the Talmudic Context», en *Laval Théologique et Philosophique*, 2012, vol. 68, n.º 3, pp. 577-592, <https://doi.org/10.7202/1015256ar>. Jaffe es profesor de Estudios Judíos en la Universidad Bar Ilán en Israel.

Talmud habla de Jesús como hijo de José Panthera (supuestamente un soldado romano) y ese apelativo (Panthera) «apareció por la similitud en sonido con el término griego Παρθένος, es decir, "virgen"».[60]

También se afirma en el Talmud que Jesucristo hizo milagros, aunque se catalogaron como magia: «Jesús Nazareno practicó magia, engaño y condujo al pueblo de Israel al error».[61] Y que se hacían milagros en su nombre: «Jacob [...] vino a curarlo. Le dijo: "Te hablamos en el nombre de Jesús ben Panthera"».[62] Para los escritores del Talmud, el cristianismo era una herejía atractiva: «Decimos a cualquiera que no frecuente a los herejes (minim), que no escuche sus palabras [...]. Si contesta: Estoy seguro de que no escucharé sus palabras y no pecaré con sus actos, contestamos: Incluso si estás seguro, no vayas allí, "guarda distancia con la mujer extraña, porque son muchas las víctimas a las que ha hecho caer"».[63] Nos cuentan que Jesús tenía alguna conexión con la realeza: «Pero Jesús era diferente, ya que era cercano al gobierno»,[64] y que fue juzgado por las autoridades judías y condenado a muerte (según el Talmud, de forma legítima) a los treinta y dos o treinta y tres años de edad.[65] «En la víspera de la Pascua, Jesús fue colgado. Durante cuarenta días antes de la ejecución un heraldo proclamó: "Jesús va a ser lapidado porque practicó brujería y porque sedujo a Israel a la apostasía. Cualquiera que pueda decir algo en su favor, que se presente y abogue en su favor". Pero como nadie se presentó en su favor, fue colgado en la víspera de la Pascua».

El Talmud también se hace eco de que los cristianos adujeron que Jesús fue acusado por falsos testigos y que no tuvo tiempo de defenderse, por lo que procede a excusarse: «Consecuentemente, la corte le dio todas las oportunidades para defenderse, para que no se dijera que fue falsamente conde-

60. L. Patterson, en «Origen del nombre Panthera», citado por Dan Jaffe, *ibidem*.

61. En Sanhedrin 43 a-b, uno de los primeros tratados del Talmud (siglos I-II). Los textos del Talmud se pueden leer en hebreo, en inglés y (ocasionalmente) en español en <https://www.sefaria.org/texts>.

62. Avodah Zarah 2, 2-12. Este es un tratado del Talmud relativo a las regulaciones para la interacción entre judíos y gentiles-idólatras.

63. Avot del rabí Nathan 3b. Este es el primero y más largo de los tratados menores del Talmud.

64. Sanhedrin 43a y Gary Habermas, *op. cit.*

65. Habermas, *op. cit.*

nado». Esta fuente añade que los discípulos de Jesús también fueron ejecutados por las autoridades judías (aunque el Talmud solo menciona a cinco apóstoles y no doce): «Trajeron a Mattai y dijeron: "Debe ser ejecutado Mattai" [...]. Contestaron: "Sí, Mattai debe ser ejecutado, ya que está escrito: Cuando Mattai muera, su nombre perecerá"».[66]

11. *Toledot Yeshu*

El *Sefer Toledot Yeshu* (Libro de la historia de Jesús) es un libro anticristiano e intencionadamente ofensivo contra esta religión que presenta una pretendida biografía de Jesucristo. Tiene su origen en la tradición oral judía y es de fecha dudosa, algunos lo datan en los primeros siglos del cristianismo y otros más tarde, incluso tan tardíamente como en el siglo IX.[67] La primera mención conocida es del año 826.[68] Hay varias versiones del *Toledot Yeshu* que se difundieron extensamente por Europa durante la Edad Media; actualmente se conservan más de cien manuscritos, todos medievales. En él se insulta a Jesucristo y a María, su madre; también se afirma que era hijo ilegítimo de un legionario romano, impostor y hereje judío que seducía a las mujeres.

Aunque su intención es denigrar a Jesucristo, el *Toledot Yeshu* corrobora que hizo milagros, incluso que resucitó a un muerto y que ascendió a los cielos, pero no por su naturaleza divina, sino gracias a poderes mágicos sacrílegos. También confirma que Jesús fue muerto por los judíos de forma vergonzosa, y da una interesante versión de lo que pasó con su cuerpo: los discípulos de Jesús pretendían robarlo, pero un jardinero llamado Judá se les adelantó. Los cristianos proclamaron la resurrección de Jesús, pero Judá vendió el cuerpo a los sacerdotes judíos por treinta monedas de plata, y estos lo arrastraron por las calles de Jerusalén.

La descripción injuriosa de Jesucristo provocó una reacción antisemita por parte de algunos cristianos, a pesar de que el *Toledot Yeshu* nunca fue

66. Las tres citas, en Sanhedrin 43a.

67. Algunos autores consideran que Orígenes conocía el *Toledot Yeshu* cuando escribió *Contra Celso* en el siglo III. Gary Habermas lo data en el siglo V, *op. cit.*, cap. 9.

68. Atribuida a san Agobardo, sacerdote español que fue arzobispo de Lyon en el año 814, autor de varios tratados de teología y muy activo en la política del Imperio carolingio.

considerado ni normativo ni canónico en la literatura rabínica. Sí fue traducido al alemán por Martín Lutero y citado profusamente en su tratado antisemita de 1543 *Vom Schem Hamphoras*.[69] Posteriormente el *Toledot Yeshu* fue usado contra los judíos por conversos al cristianismo como Samuel Friedrich Brenz y contra el cristianismo por autores anticristianos de la llamada Ilustración, como Voltaire y Judah Briel.[70]

El *Toledot Yeshu* confirma la existencia de Jesucristo —nunca la pone en duda— y detalles interesantes de su vida y muerte. También ratifica que los judíos alegaron que el cuerpo de Jesucristo muerto había sido robado (tal y como aseguran los Evangelios y los primeros padres cristianos).[71]

12. El Corán

El libro sagrado de los musulmanes recoge las enseñanzas de Mahoma, el fundador de la religión islámica. [72] Resulta interesante que casi nadie parezca dudar de la existencia histórica de Mahoma (y sí de la de Jesús cuando solo hay «un pequeño número de fuentes no musulmanas contemporáneas o casi contemporáneas que atestigüen la existencia de Mahoma», apenas

69. Presenta a los judíos como «gentes del diablo». Fue utilizado por el partido nazi para excitar el antisemitismo en los años 30 y 40 del siglo XX. El título proviene de *Shem Ha Mephorash* (Del inefable nombre), un término rabínico para el Tetragrámaton o nombre de Dios.

70. Brenz, de origen judío, se convirtió al cristianismo en 1610 y escribió *Jüdischer Abgestreifter Schlangenbalg* (La piel desnuda de la serpiente), donde denunció la literatura judía anticristiana y atacaba a los judíos por odiar a Jesucristo. Judah ben Eliezer Briel fue rabino jefe de Mantua, fallecido en 1722, y autor de numerosos trabajos anticristianos como «Animadversiones in Evangelia» (Animosidad contra los Evangelios).

71. Mateo 28, 12-15: «Ellos, reunidos con los ancianos, llegaron a un acuerdo y dieron a los soldados una fuerte suma encargándoles: "Decid que sus discípulos fueron de noche y robaron el cuerpo mientras vosotros dormíais". [...] Ellos tomaron el dinero y obraron conforme a las instrucciones». Y esta historia se ha ido difundiendo entre los judíos hasta hoy. San Justino Mártir en el siglo II menciona que los líderes judíos habían enviado hombres a divulgar esta falsedad, algo también confirmado por Tertuliano hacia el año 200.

72. Recomiendo la magnífica serie de EWTN España *Desvelando el islam*, dirigida por Raad Salam Naman, posiblemente el estudioso con más conocimiento de esa religión en Occidente, <https://ewtn.es/video-cat/desvelando-el-islam/>.

hay manuscritos antiguos del Corán y las copias que nos han llegado tienen un gran número de variantes y discrepancias.[73]

Todo ello es lógico tratándose de un libro del siglo VII, pero contrasta con el enorme número de fuentes antiguas y fidedignas sobre Jesucristo, con la desmedida cantidad de manuscritos que se conservan de los Evangelios y de aquellas fuentes en numerosos idiomas, y con la inmensa concordancia entre todos. Esto es lo que resulta extraordinario —alguien pensaría que milagroso—, y por tanto sorprende la insistencia de algunos en cuestionar los hechos. Pero así son las cosas..., nadie aseguró que la verdad se abriría paso incontestada, ni que ser cristiano fuera a ser fácil (más bien lo contrario).

Quiero resaltar que el Corán es una fuente más tardía que las anteriores, ya que las enseñanzas de Mahoma fueron recopiladas por el tercer califa, Otmán, en los años 650-659, aunque la canonización completa del libro se realizó bajo Abd al-Malik, el quinto califa, a principios del siglo VIII. En cualquier caso, es otra fuente antigua y no cristiana que corrobora que Jesucristo existió: «Hicimos que [a los profetas] les sucediera Jesús, hijo de María, en confirmación de lo que ya había en la Torá y como dirección y exhortación para los temerosos de Dios».[74] Además —según el Corán—, Jesucristo es el profeta «más santo de todos» y lo menciona en más de 80 aleyas distribuidas por 12 suras.[75] Menciona doctrinas en las que concu-

73. César Vidal da credibilidad a esos autores que cuestionan la existencia histórica de Mahoma, en *Mahoma, el guía*, Barcelona, Debolsillo, 2013, p. 17. Entre las fuentes que atestiguan su existencia, la primera es del siglo VII, escrita por el obispo armenio Sebeos, quien describe a Mahoma como «un comerciante» que enseñó a los paganos «la ley de Abraham» porque «había estudiado y se había informado sobre la historia de Moisés» y lo menciona en relación con las conquistas musulmanas al Imperio bizantino. El primer manuscrito de una parte del Corán, de un solo folio, se descubrió en 2015 en la biblioteca de la Universidad de Birmingham y data del siglo VII. Hay solo otro, del siglo VIII, encontrado en la mezquita de Sana'a (Yemen) en 1972. Las demás copias con sus variaciones han sido estudiadas por el historiador británico Michael Cook en *The Koran, a very short introduction*, Oxford, OUP, 2000, pp. 122 y ss. También los manuscritos de Sana'a demuestran que en distintas versiones del Corán cambia el orden de las suras, e incluso algunas facciones del islam consideran que hay suras falsas y que otras han sido expurgadas.

74. Corán 5, 46.

75. José María Casciaro, «Jesús en el Corán», *Scripta Theologica*, 1998, vol. 30(1),

rre con los cristianos, por ejemplo la anunciación a la Virgen María por parte del arcángel san Gabriel y el nacimiento virginal de Jesús, obra de la omnipotencia de Dios, y algunos hechos recogidos en los Evangelios, como el nacimiento en Belén.[76] También le atribuye la realización de seis milagros a Jesucristo, incluyendo la resurrección de los muertos, pero niega la crucifixión y la resurrección de Jesús: «Y por haber dicho: "Hemos dado muerte al Ungido, Jesús, hijo de María, el enviado de Dios", siendo así que no lo mataron, ni lo crucificaron, sino que solo se hizo que pareciera así. Los que discrepan acerca de esta "crucifixión" no tienen conocimiento y solo hacen conjeturas. Pero, ciertamente, no lo mataron».[77] Aunque Jesús —afirman— sí ascendió a los cielos, pero sin haber fallecido previamente y por supuesto sin haber resucitado.[78]

Finalmente existe una tradición islámica (que a veces y de forma equivocada se atribuye al Corán) según la cual Dios transformó a otra persona (Simón de Cirene) para que pareciera Jesús, y fue a aquel a quien crucificaron en su lugar.[79]

---

pp. 13-38, <http://dx.doi.org/10.15581/006.30.10694>. Las suras son los capítulos del Corán —hay 114— y las aleyas son los versículos en que se dividen las suras.

76. Lo referente al nacimiento de Jesús en el Corán 19, 16-34 y 3, 45-53. Los episodios de la huida a Egipto y la visita de los Magos de Oriente están recogidos por el erudito musulmán Al-Tabari en el siglo x.

77. Corán 4, 157.

78. En el Corán y en su interpretación habitual se dice que los judíos intentaron dar muerte a Jesús, pero no lo consiguieron. Y J. M. Casciaro, *op. cit.*: «En la secta islámica ahmadi [...] se piensa que Jesús fue crucificado, pero que sobrevivió hasta los 120 años, en que murió siendo sepultado en Srinagar (Cachemira)».

79. La insistencia en no reconocer la crucifixión de Jesús ha hecho que algunos estudiosos consideren que el islam está conectado con el docetismo, una herejía cristiana que propugna que Jesús solo «pareció» encarnarse, aunque no lo hizo en realidad. Otros autores con buenos fundamentos consideran que el islam tiene su origen en el nestorianismo, otra herejía cristiana iniciada por el patriarca de Constantinopla Nestorio en el siglo v y que acaba negando la divinidad de Jesús, combatida con éxito por san Cirilo de Alejandría.

4
Doce fuentes adicionales

> Ningún erudito serio se ha atrevido a postular la no historicidad de Jesús.
>
> Otto Betz[80]

Hay otras fuentes antiguas no cristianas e independientes que también atestiguan la existencia de Jesucristo, del cristianismo y de muchas de sus creencias. Las consideramos secundarias aunque son tan fidedignas como las primarias, y ello porque las referencias al cristianismo y a Jesús son menos extensas que en las citadas anteriormente, y porque si acude a otros estudios sobre la historicidad de Jesucristo, es muy probable que encuentre referencias a varias de las fuentes que he citado como primarias, siendo Flavio Josefo, Tácito, Suetonio, Plinio el Joven y el Talmud de Babilonia las más citadas. Pero casi ningún autor incluye estas que siguen. Además así suman doce fuentes en cada uno de los dos capítulos, lo que contribuye a hacer el texto más armónico.

1. Thallus

Fue un historiador griego que en el año 52 escribió una historia en tres volúmenes del mundo mediterráneo desde la guerra de Troya. Su obra se ha perdido, pero sus escritos están recogidos por Sexto Julio Africano en su ya citada *Chronographiai*.

80. Otto Betz, *What do we know about Jesus?*, citado por Josh McDowell, *op. cit.*, p. 83. Betz fue un teólogo alemán protestante, muerto en 2005, profesor de Nuevo Testamento en la Universidad de Tübingen y en la Universidad Rice en Houston que desconocía la propensión de algunos ateos a no ser «eruditos serios».

Thallus se hace eco de la crucifixión de Jesucristo. Así lo narra Julio Africano: «En todo el mundo hubo una oscuridad terrible, y las rocas se partieron por un terremoto, y muchos lugares en Judea y otros lugares quedaron destruidos. Thallus, en el tercer libro de sus historias, explica la oscuridad como un eclipse de sol, lo cual me parece irrazonable».[81] Julio Africano explica que un eclipse no puede ocurrir durante la Pascua, cuando la luna está llena y por tanto diametralmente opuesta al sol.

2. Correspondencia entre el rey Abgar V y el emperador Tiberio

El rey Abgar V de Osroene nació en el siglo primero antes de Cristo y murió hacia el año 50.[82] Reinó desde la capital del reino, Edesa. Llamado Ukkàmà en siriaco, que se traduce por «el Negro», y Tácito lo nombra como «rey de los árabes». Fue el primer rey que se convirtió al cristianismo gracias a san Tadeo de Edesa, quien también convirtió a san Aggai y san Mari.[83]

De acuerdo con la tradición recogida en el siglo IV por san Eusebio de Cesarea y con el documento siriaco denominado «Doctrina Addai», Tadeo (también llamado Addai) curó al rey Abgar V de una grave enfermedad (posiblemente lepra) gracias a una reliquia muy especial, el Manto o *mandylion* de Edesa, que era una tela en la que se había impreso de forma sobrenatural la figura de Jesús (también conocido como Síndone o Sábana

81. «Fathers of the Church», Julius Africanus, <https://www.newadvent.org/fathers/0614.htm>.

82. El Reino de Osroene fue un antiguo Estado en la Alta Mesopotamia, entre los ríos Tigris y Éufrates, durante el siglo II a. C. y el III d. C. Hacia el año 216 fue conquistado por los romanos e incorporado al Imperio como provincia. Fue el centro del cristianismo siriaco.

83. Es posible que los simpatizantes del KKK se sorprendieran al saber que el primer rey cristiano de la historia fue de raza negra, ironías de la Providencia. Tadeo o Addai de Edesa fue —de acuerdo con la tradición cristiana oriental— uno de los «setenta y dos discípulos» enviados por Jesús y mencionados en el Evangelio de Lucas (capítulo 10). A veces se le confunde con san Judas Tadeo, a quien se suele representar con el *mandylion* de Edesa, y se le atribuye la evangelización de Armenia y de Oriente Próximo. San Aggai fue primado de la Iglesia oriental y director espiritual de san Mari. San Mari o San Mares vivió en el siglo I y fue el primer misionero cristiano en el Imperio parto y fundador de la Iglesia en Seleucia.

Santa).[84] Tanto es esto así que todas las imágenes antiguas de Abgar V que han llegado hasta nosotros muestran al rey con un paño en sus manos en que se puede ver la cara de Jesucristo.

El rey Abgar V fue amigo del prefecto romano en Egipto Aulus Avilius Flaccus, quien había crecido en Roma con los hijos de César Augusto y era amigo cercano del emperador Tiberio. Flaccus gobernó la provincia hasta el año 38 y ayudó a forjar la amistad entre Trajano y Abgar V, de la que da cuenta la correspondencia entre ambos.[85] La primera carta la envía el rey de Edesa al emperador y confirma muchos de los eventos narrados en los Evangelios, al tiempo que demuestra por parte de Abgar V un ánimo apologético tan característico de los seguidores de Jesucristo:

> Abgar, rey de Armenia, a mi señor Tiberio, emperador de los romanos. Salud.
>
> Sé que nada es desconocido para vuestra majestad, pero como amigo vuestro os quiero proporcionar un mayor conocimiento de los hechos por escrito. Los judíos que moran en los cantones de Palestina han crucificado a Jesús: Jesús sin pecado. Jesús después de tantos actos de bondad y de tantos prodigios y milagros realizados por su bien, incluso resucitando algunos. Estad seguro de que estos no son los efectos del poder de un simple mortal, sino de Dios. Durante el tiempo en que lo crucificaban, el sol se oscureció y la tierra se movió sobresaltada. Jesús mismo tres días después se levantó de entre los muertos y se apareció a muchos. Ahora, en todos los sitios, Su nombre solo invocado por sus discípulos produce los mayores milagros: lo que me ha ocurrido a mí mismo es la mayor prueba de

84. Eusebio de Cesarea, *Historia de la Iglesia*, 1.3.5 y 22. La «Doctrina Addai» o «Enseñanzas de Addai» es un texto siriaco del siglo IV traducido por primera vez en el siglo XIX que narra la conversión del rey Abgar V. El *mandylion* de Edesa también se conoce como *tetradiplon*, que significa «doblado cuatro veces», una razón adicional para apoyar la teoría de que es la Síndone de Turín, defendida por Ian Wilson, un historiador británico, originalmente agnóstico, que se convirtió al catolicismo tras un estudio de la Sábana Santa en 1971, y uno de los mayores expertos mundiales en la Síndone de Turín.

85. Conocemos la labor política de Flaccus por varias fuentes: el historiador romano Filón de Alejandría lo menciona en «In Flaccum» y el historiador armenio Moisés de Corene, del siglo V. La correspondencia aparece en la obra de Moisés de Corene y en la «Doctrina Addai».

ello. [...] Su augusta majestad sabe si debiera publicarse un edicto en todo el mundo a fin de adorar a Cristo como el verdadero Dios. Salud y seguridad.[86]

A esta carta Tiberio responde con una misiva en la que añade otros elementos que conocemos a través de los relatos evangélicos:

Tiberio, emperador de los romanos a Abgar, rey de los armenios. Salud.

Vuestra amable carta me ha sido leída y quiero que os sean dadas las gracias de mi parte. Aunque ya hemos oído de varias personas relatar estos hechos. Pilatos nos ha informado oficialmente de los milagros de Jesús.[87] Nos ha certificado que tras su resurrección de entre los muertos fue reconocido como Dios por muchos [...] con respecto a la nación judía, que ha osado crucificar a Jesús quien, como escucho, más que merecer la muerte o la cruz merecía honor, merecía adoración de los hombres. Cuando esté libre de la guerra con la rebelde Hispania, examinaré el asunto y procuraré el trato a los judíos que merecen.

Se conserva una tercera carta del rey Abgar a Tiberio que reconfirma las dos anteriores:

Abgar, rey de los armenios, a mi señor Tiberio, emperador de los romanos. Salud.

He recibido la carta de vuestra augusta majestad y he aplaudido las órdenes emanadas de vuestra sabiduría. Si no os disgustáis conmigo, diré que la conducta del Senado es ridícula y absurda, puesto que de acuerdo con los senadores es solo después del examen y los sufragios de los hombres que se pueda adscribir la divinidad. Entonces, si Dios no le acomoda al hombre, no puede Él ser Dios, puesto que Dios debe ser juzgado y justificado por los hombres. Seguro que parecerá justo a mi señor enviar otro gobernador a Jerusalén en lugar de Pilatos, quien debería ser removido ignominiosamente del poderoso puesto en que lo habéis colocado, puesto que él ha hecho la voluntad de los judíos: ha crucifica-

86. Todas las cartas se pueden leer en inglés en Moisés de Corene, *Història de Armenia*, <https://www.newadvent.org/fathers/0859.htm>. Y también en EWTN, «Ancient Syriac Documents», <https://www.ewtn.com/catholicism/library/ancient-Syriac-documents-1-of-3-11492>.

87. Este dato es consistente con lo referido separadamente por Tertuliano y san Justino, ya que ambos mencionan el informe de Pilatos al emperador Tiberio.

do a Jesús injustamente y sin vuestro consentimiento. Que [vuestra majestad] disfrute de salud es mi deseo.

Las cartas entre el emperador Tiberio y el rey Abgar V son muy reveladoras, poco conocidas en Occidente, y la mayoría de los estudiosos las consideran legítimas: «Las cartas entre Tiberio y Abgar [...] son un núcleo independiente y muy antiguas».[88]

3. Epicteto

Fue un filósofo griego estoico (c. 50-c. 130) que vivió en Roma durante su juventud como esclavo del secretario de Nerón, antes de ser manumitido y fundar su propia escuela de filosofía.

Epicteto tiene una visión neutral o incluso moderadamente favorable al cristianismo en dos textos de sus *Discursos* (2.9.19-21 y 4.7.6), donde menciona a los locos o perturbados que no temen a los tiranos ni a sus guardas y sus armas. Y entonces habla de los «galileos» —que es como llama a los cristianos—, pues también demuestran una similar falta de miedo: «Por lo tanto, si la locura puede producir este estado de indiferencia acerca de las cosas que hemos mencionado [la muerte], también el hábito, como pasa con los galileos, ¿no pueden la razón y la demostración enseñar al hombre que Dios ha hecho todas las cosas del universo?». Y prosigue afirmando que se puede obtener coraje y valentía mediante la certeza y las demostraciones filosóficas. Epicteto, por lo tanto, presenta a los cristianos como personas sin miedo que adquieren esa valentía gracias a sus certezas.

Asimismo declara que el filósofo estoico no solo debe hablar de filosofía, sino actuar en consecuencia, y lo compara con los cristianos, que no solo creen, sino que obran; no solo propugnan sus creencias, sino que las confirman con sus acciones. Habla de dos tipos de «judíos», aquellos cuyas obras no siguen sus propias palabras y aquellos «bautizados», cuyas obras sí son consecuentes con sus creencias:

88. Datan del siglo I. Ilaria Ramelli, «Possible Historical Traces in the Doctrina Addai», *Journal of Syriac Studies*, 2011, p. 86, <https://doi.org/10.31826/hug-2011-090104>. No tienen igual estimación unas pretendidas cartas de Abgar V a Jesucristo, conservadas en copias del siglo IV o V, que no son consideradas auténticas por la mayoría de los autores.

> Pero cuando adopta el *pathos* del hombre que ha sido bautizado y ha tomado su decisión, entonces sí es un judío de hecho y también de nombre. Por lo tanto, nosotros somos [como] bautizados falsificados, judíos de palabra, pero en acciones algo distinto, no en conformidad con nuestras propias palabras y lejos de aplicar los principios que profesamos, y sin embargo vanagloriándonos por esos principios al ser hombres que los conocemos.[89]

Este texto demuestra que ya en el siglo I los cristianos tenían la reputación de ser coherentes, no solo contaban con certezas o doctrinas, sino que eran conocidos porque sus obras acompañaban a esas creencias, y también que el conocimiento sobre el cristianismo era amplio en aquella temprana época. «Epicteto no explica quiénes son los cristianos ni cuáles son sus creencias. Parece que espera que su audiencia ya conozca suficientemente estos puntos. Incluso espera que su audiencia sepa de la teoría cristiana del reemplazo, que proclama que los cristianos son los verdaderos herederos del judaísmo. Por lo tanto, los comentarios de pasada sobre el cristianismo indican un profundo conocimiento de los cristianos».[90]

4. Emperador Adriano

Publio Elio Adriano nació muy probablemente en España, en la provincia Bética en el año 78; fue emperador del Imperio romano desde el año 117 hasta su muerte en el 138. A principios de su reinado recibió una carta de Serenius Granianus, un oficial romano en Asia que le pedía instrucciones

89. Para comprobar que Epicteto se refiere a los cristianos en ambos textos, véase Niko Huttunen, «Epictetus' View on Christians. A Closed Case Revisited», Universidad de Helsinki, 2017, en A. Klostergaard Petersen y G. van Kooten (eds.), *Religio-Philosophical Discourses in the Mediterranean World. From Plato, Through Jesus, to Late Antiquity*, *Ancient Philosophy & Religion*, Brill, n.º 1, pp. 306-322, <http://hdl.handle.net/10138/308698>.

90. *Ibidem*, p. 19. La teoría del reemplazo o de la sustitución argumenta que el cristianismo reemplaza la relación que anteriormente Dios tenía con el pueblo judío. «El pueblo cristiano es en realidad Israel», dirá san Agustín. Lutero escribió: «Los judíos, ciertamente rechazados por Dios, no son ya su pueblo». Sin embargo, la Iglesia católica sostiene que el pacto mosaico sí ha tenido lugar y no hay una ruptura, sino que ha sido perfeccionado por el Nuevo Pacto, gracias a Jesucristo.

sobre cómo tratar a los cristianos, quejándose de que sus enemigos esperaban que los condenara sin juicio. Se conserva la respuesta del emperador dirigida a su sucesor, Minucius Fundanus, procónsul de Asia Menor:

> He recibido la carta dirigida a mí por vuestro predecesor Serenius Granianus [...]. Por lo tanto, si los habitantes de vuestra provincia sostienen su petición de acusar a los cristianos delante de algún tribunal de Justicia, no les prohíbo que lo hagan. Pero no tendré paciencia si ellos usan de meras súplicas y protestas [...]. Por tanto, si alguno formulara acusación y provee prueba de que dichos hombres hacen cualquier cosa contraria a la ley, debes decretar castigos en proporción a las ofensas [...] y debes prestar especial atención, y si alguno por mera calumnia eleva una acusación contra cualquiera de esas personas debes asignarle severas penas en proporción a su perversidad.[91]

Este capítulo incluye solo las fuentes no cristianas debido a que el objetivo es estudiar la verosimilitud de la «hipótesis mítica» sobre Jesús y, a la vista de las numerosas pruebas, descartarla por imposible. Pero hay otras numerosas fuentes cristianas igualmente fidedignas (aunque podrían ser acusadas de parciales) que se refieren al emperador Adriano.[92]

5. Emperador Antonino Pío

Nació en el año 86 en Lanuvio, cerca de Roma; fue nombrado emperador para suceder a Adriano en el año 138 y ejerció como tal hasta su muerte en el 161. A finales de su reinado emitió un rescripto a las ciudades de Asia con ocasión de varios terremotos que causaron gran alarma en aquella provincia.[93]

91. Epístola recogida por san Justino Mártir, en *Primera Apología*, obra escrita hacia el año 150 y dedicada al emperador Antonino Pío, <https://biblehub.com/library/justin/the_first_apology_of_justin/index.html>.

92. Muchas se pueden estudiar en el ensayo interdisciplinario de varios autores, Marco Rizzi (dr.), *Hadrian and the Christians*, Berlín-Boston, De Gruyter, 2010, <https://library.oapen.org//handle/20.500.12657/51682>.

93. Este rescripto aparece en el Codex Paris gr. 450 y también en la *Historia de la Iglesia* de san Eusebio, que es una crónica de la primera Iglesia cristiana hasta el año 324. Las versiones tienen ligeras diferencias, pero coinciden en todo lo principal.

La carta que recibió el emperador menciona a los cristianos, y Antonino Pío, en su rescripto, responde sobre cómo debe ser el trato que ha de darse a ese grupo religioso (añado explicaciones entre corchetes para ayudar a la comprensión):

> El emperador Cesar Tito Aelio Adriano Antonino Augusto Pío, pontífice máximo, con poder tribunicio por vigésima cuarta vez, emperador por segunda vez, cónsul por cuarta vez, padre del país, al concejo de Asia, saludos.
>
> Hubiera supuesto que era una preocupación de los dioses que esas personas [los cristianos] no escaparan, ya que era más probable que ellos [los dioses] castigaran a aquellos que se niegan a adorarlos. Pero sois vosotros los que creáis problemas a esas personas y las acusáis de tener las opiniones de los ateos y de otras cosas que no se pueden probar. A sus ojos sería ventajoso morir por los cargos de los que se les acusa y probar que son superiores a vosotros, sacrificando sus vidas en lugar de obedeceros en lo que les pedís hacer.
>
> Con respecto de los terremotos que han sucedido y siguen sucediendo, no es poco razonable recordaros que vosotros desesperáis cuando ocurren, y con ello vuestra conducta contrasta con la de esos hombres, ya que ellos [los cristianos] tienen mucha mayor confianza en su dios, mientras que vosotros parecéis no conocer a los dioses durante ese tiempo. Vosotros abandonáis los ritos y desatendéis la adoración a dios y por tanto tenéis envidia de aquellos que le sirven [los cristianos] y los perseguís hasta la muerte.
>
> Acerca de esa gente, otros gobernadores de provincias escribieron a mi divino padre y él les contestó que no fueran hostigados a menos que fuera probado que estaban conspirando en algo en contra del Imperio. Muchos me han dado información de esas gentes y les he contestado siguiendo la decisión de mi divino padre. Pero si alguno persiste en acosar a cualquiera de estas gentes solo por serlo [cristiano], el acusado sea exonerado y la persona que acusa sea culpable de la pena.[94]

94. Traducción de Christopher P. Jones, «A Letter of Antoninus Pius and an Antonine Rescript Concerning Christians», en *Greek, Roman and Byzantine Studies*, n.º 58, 2018, <https://grbs.library.duke.edu/index.php/grbs/article/download/16015/7109/0>. Jones fue profesor en la Universidad de Harvard en los departamentos de Historia y Clásicas.

En esta carta ya se establece que los cristianos eran perseguidos y hostigados injustamente —incluso a los ojos de un emperador pagano—, y que mostraban una confianza en su dios mayor que la de los paganos en los suyos. También muestra que Antonino Pío era conocedor de la política seguida para con los cristianos por su predecesor. Algunos autores dudaban de la autoría de este documento imperial o de su fecha, pero en 2013 se descubrió una inscripción lapidaria en Éfeso que contiene el principio de una carta enviada por el emperador Antonino Pío en el año 159 o 160 a las ciudades de Asia. En esa inscripción se hace referencia en tiempo pasado y con similar lenguaje a los terremotos que causaron pánico en aquella región y a la posición del emperador y con ello confirma el rescripto de Antonino Pío.[95]

6. Emperador Marco Aurelio

La paz (relativa) que disfrutaron los cristianos bajo Antonino Pío fue seguida durante el reinado siguiente de Marco Aurelio de «unos movimientos extraordinariamente violentos y masivamente anticristianos que probablemente sobrepasaron en intensidad todas las persecuciones que los cristianos tuvieron que sufrir durante los siglos primero y segundo».[96]

Marco Aurelio Antonino nació en el año 121 también en la provincia Bética, y fue emperador del Imperio romano desde el año 161 hasta el 180, cuando falleció. Algunos historiadores sugieren que no fue el artífice de esas persecuciones, sino que fueron orquestadas por los gobernadores de las provincias sin su conocimiento,[97] pero también es posible que ese intento de excusarlo provenga de la simpatía que genera su imagen de «emperador fi-

95. *Ibidem.* Algunos atribuían equivocadamente el documento a Marco Aurelio. La inscripción de Éfeso fue traducida y publicada originalmente por Hans Taeuber, profesor de Historia Antigua, Papirología y Epigrafía en la Universidad de Viena, «Ein Kaiserbrief des Antoninus Pius zu einem bisher unbekannten Erdbeben in Ephesos», JÖAI 84, 2015, pp. 301-310.

96. P. Keresztes, «Marcus Aurelius a Persecutor?», *Harvard Theological Review*, n.º 61(3), 1968, pp. 321-341, doi: 10.1017/S0017816000029230.

97. Algo sugerido por san Melitón de Sardes en su «Apología en favor del cristianismo», escrita en hacia el año 169. Este obispo de Sardes mencionaba los sufrimientos y persecuciones de los cristianos y solicitaba a Marco Aurelio el fin de todas las violencias cristianófobas. Muy posiblemente este libro nunca llegó a manos del emperador.

lósofo». En cualquier caso, parece justo que recaiga la carga de la infamia de esos crímenes en quien tenía el poder absoluto y también la responsabilidad de vigilar su ejercicio y la capacidad de detener el hostigamiento contra los cristianos, que no ejerció.

Por ejemplo, Quinto Junio Rústico fue amigo y mentor del joven Marco Aurelio, y este en agradecimiento lo elevó al cargo de prefecto de la ciudad (los políticos actuales que colocan a amigos y familiares en cargos públicos hacen honor a una tradición milenaria, aunque lo más posible es que ellos no lo sepan). Fue desde esa posición desde la que Junio Rústico dictó la sentencia por la que primero mandó flagelar y luego decapitar a san Justino, un filósofo pagano convertido al cristianismo.[98]

Marco Aurelio menciona solo una vez a los cristianos en sus *Meditaciones* y es para despreciarlos:

> Qué bendita y feliz es el alma que está siempre lista para ser separada de su cuerpo, [...] para su extinción [...]. ¡Qué bendita y feliz es! Pero esta disposición no puede proceder de una resolución de la mente obstinada y perentoria, violenta y apasionadamente establecida como en los cristianos, sino de un juicio peculiar, con discreción y gravedad.[99]

También se conserva una «Apología en favor del cristianismo», dirigida a Marco Aurelio por Melitón de Sardes en torno a los años 169-170, en la que el autor intenta convencer al emperador de que cese en la violencia contra los cristianos, quienes —alega— solo han traído «gloria y esplendor» a Roma. Esta obra nos sirve para confirmar: a) que Jesucristo existió; b) que sus seguidores creían que era Dios —«Nosotros adoramos a Cristo, que es Dios verdadero, la Palabra que existe antes de todo tiempo»—, y c) que murió crucificado. Y por otros escritos del mismo autor se sabe que los primeros cristianos también creían en Su resurrección y en Sus

98. San Justino nació en el año 100 en Flavia Neápolis (Siria) y se convirtió al cristianismo en el año 130. Se conservan tres obras auténticas de su autoría.

99. Marco Aurelio, *Meditaciones*, libro XI, III. Se puede leer en inglés en traducción más clásica en White-alexandrias-library, y en una traducción más funcional en <https://www.earlychristianwritings.com>. Las *Meditaciones* son doce libros que recogen las reflexiones del emperador desde una perspectiva estoica, escritas entre los años 170 y 180, y que muy posiblemente nunca pretendieron ser publicadas.

milagros, y que Cristo era a la vez «enteramente Dios y enteramente hombre».[100]

Melitón instó a Marco Aurelio a creer en Jesucristo: «Creed en Él, que es Dios en realidad, y a Él abrid vuestra mente y a Él comprometed vuestra alma, ya que Él es capaz de daros vida eterna para siempre, puesto que cualquier cosa es posible para Él». Y se dirigió a Marco Aurelio como: «Vos, persona de mente liberal y familiar con la verdad; si Vos considerarais estos asuntos comunes con su propio ser...». Esta historia quizá sirva de advertencia a los cristianos que esperen recibir justicia de sus enemigos, por mucho que se presenten como «mentes liberales», ya que Melitón murió martirizado durante el reinado de Marco Aurelio hacia el año 177.

Una paradoja interesante (los cristianos la atribuirían a la Providencia) sucedió al regreso de las legiones de Marco Aurelio desde la frontera oriental después de haber derrotado a los partos en el año 166, que expandieron la epidemia de peste que asolaría el Imperio durante las siguientes dos décadas y se conoce como «la plaga antonina» (probablemente fuera viruela). Marco Aurelio, que estaba en Aquilea, al norte de Italia, cuando la plaga contagió a las legiones allí estacionadas, decidió —suponemos que por lo que él llamaría «prudencia estoica»— dejar allí a sus infantes y huir a Roma. Allí abandonó también a Galeno, que poco pudo hacer para contener la epidemia que se cobró entre el 10 y el 15 por ciento de la población del Imperio. Como suele ocurrir, cuando el ser humano se apercibe de su debilidad, tiende a aproximarse a la realidad divina. Así, Marco Aurelio se prodigó en restaurar y construir templos para las deidades romanas, a pesar de lo cual falleció, posiblemente contagiado, a la edad de cincuenta y nueve años. Hay estudiosos que sostienen —y aquí la paradoja— que la plaga y las persecuciones sufridas por los cristianos durante su reinado son las responsables de la rápida expansión del cristianismo durante el siglo II.[101]

100. Esta cita y la anterior, en Melitón de Sardes, «Apología en favor del cristianismo». Se puede leer en inglés en <https://www.earlychristianwritings.com/text/melito.html>. Se conoce un manuscrito en siriaco de la «Apología» que está en el Museo Británico.

101. Sarah K. Yeomans, «The Antonine Plague and the Spread of Christianity», en *Bible History Daily*, 11 de enero de 2024.

7. Galeno

Claudio Galeno Nicon fue un médico y cirujano griego del Imperio romano. Nació en Pérgamo, Grecia, en 129 y falleció hacia el año 200. Produjo más obras que ningún otro escritor de la Antigüedad, casi la mitad de toda la literatura antigua griega que ha sobrevivido son textos suyos. Escribió sobre casi todos los asuntos médicos y filosóficos;[102] no es extraño por tanto que también se hiciera eco del cristianismo. Así, en un documento cuyo original nos ha llegado, fechado hacia el año 176, dice: «Alguien podría enseñar novedades más fácilmente a los seguidores de Moisés y de Cristo que a los médicos y filósofos que rápidamente se aferran a sus Escuelas [de pensamiento]».[103]

En otra obra titulada *Sobre el primer motor inmóvil* y datada antes del año 192, dice: «Si hubiera tenido en mente gentes que enseñaban a sus discípulos de la misma manera que los seguidores de Moisés y Cristo enseñan a los suyos, no os habría dado ninguna definición, puesto que ellos les ordenan que acepten todo por fe».[104]

Tal y como nos deja escrito un biógrafo y traductor de Galeno, musulmán del siglo XIII, este fue «un hombre cuya oposición al judaísmo y cristianismo es manifiesta y clara a todos los que han estudiado sus libros y saben lo que ha dejado escrito; él sin embargo no puede negar las excelentes cualidades que los cristianos demuestran y sus actividades virtuosas».[105]

Así, en su libro relativo a los *Diálogos* de Platón, también del siglo II, Galeno incluye una referencia más extensa que nos confirma la altura moral del cristianismo:

102. El emperador Marco Aurelio dijo de Galeno que era «Primum sane medicorum esse, philosophorum autem solum» (El primero entre los médicos y también único entre los filósofos).

103. *De differentiis pulsuum* (Acerca de los diferentes tipos de pulso), III, 3. El texto griego se ha conservado. Hay otra referencia a Jesús en la misma obra: II, 4. Se pueden encontrar gran cantidad de documentos antiguos (con excelentes traducciones al inglés) en Tertulian.org y en Roger Pearse Project, <https://www.tertullian.org/rpearse/>.

104. Esta obra está listada en *De libris propiis* 14 y nos ha llegado a través de una traducción al árabe.

105. Ibn Abi Usaibiah, *The History of Physicians* (La historia de los médicos), traducido por L. Kopf, p. 150. Abi Usaibiah fue un médico y traductor musulmán de la Edad Media (muerto en 1270) por el que nos han llegado algunas referencias a las obras de Galeno.

De esto podemos inferir que la fe de esa gente llamada cristianos proviene de milagros y de divinas inspiraciones. También a veces muestran el verdadero comportamiento de los filósofos. Puesto que su falta de temor a la muerte y al más allá es algo que observamos en ellos todos los días. Lo mismo es cierto de la abstinencia de relaciones sexuales. Algunos de ellos, tanto hombres como mujeres, viven toda su vida sin relaciones sexuales. Hay algunos de entre ellos que poseen tal templanza y autocontrol con respecto a la comida y la bebida y que están tan inclinados a la justicia que no son en nada inferiores a aquellos que profesan la filosofía de la verdad.[106]

8. Numenio de Apamea

Fue un filósofo griego del sigo II que vivió en Apamea, una ciudad en la actual Siria de la que solo se conservan ruinas. Numenio fue seguidor de Pitágoras y de Platón, a quien llamó «otro Moisés que habla en lenguaje ático», y resulta interesante que no siendo cristiano (y sin ninguna influencia del cristianismo) propuso que existía una trinidad de dioses interrelacionados por la misma procedencia y por una dependencia amorosa.[107]

En su tratado *Sobre la bondad* hace referencia a Moisés y al pueblo judío y a los cristianos y a Jesucristo, y presenta a todos ellos como reales e históricos.[108]

9. Hierocles

Sossianus Hierocles fue un aristócrata funcionario romano del siglo III, gran perseguidor de los cristianos.[109] Apoyó y puso en práctica los edictos de Diocleciano llamados de la Gran Persecución, de los años 303 hasta el 305.

106. Galeno, Πλατωνικῶν διαλόγων συνόψεις (Resumen de los *Diálogos* de Platón), en 8 libros, de la parte 3. Citado por Ibn Abi Usaibiah, *op. cit.*, y por Bar Hebraeus (jerarca de la Iglesia ortodoxa siriaca, fallecido en 1286) en *Chronicon Syriacum*.

107. Marian Hillar, «Numenius and the Hellenistic Sources of the Central Christian Doctrine», *Journal from the Radical Reformation*, n.º 1, vol. 14, primavera de 2007, p. 18.

108. Recogido en Orígenes, *Contra Celso*, IV, 51.

109. En ocasiones se confunde con Hierocles, un filósofo estoico del siglo II, y también con Hierocles de Alejandría, otro filósofo, este neoplatónico, de los siglos IV y V.

Diligentemente se dedicó a arrestar, torturar y quemar vivos a los cristianos en la que fue la mayor persecución contra cualquier religión durante todo el Imperio romano. También dedicó todo el tratado *Philalethes Logos* (El amante de la verdad) a criticar el cristianismo. Sin embargo, este fiero enemigo de Jesucristo en ningún momento dudó de su existencia histórica —ni de que los cristianos lo consideraban Dios— e incluso creyó como verdaderos los milagros atribuidos a Jesucristo:

> En su preocupación por exaltar a Jesús, van parloteando [los cristianos] sobre cómo es que Él hizo ver a los ciegos e hizo otros milagros por el estilo [...]. Vemos sin embargo cuánto más sensato y mejor es nuestro punto de vista sobre estos asuntos, y se explica por la concepción que tenemos de hombres que están dotados con esos notables poderes.[110]

Es decir, que este autor pagano del siglo III, vesánico anticristiano, aceptaba la realidad histórica de Jesucristo e incluso los hechos milagrosos que le atribuían, pero lógicamente no los achacaba a la supuesta naturaleza divina de Jesús, sino a brujería o a unos poderes en cierto modo naturales. Hierocles también menciona a san Pedro y san Pablo: «Las historias sobre Jesús han sido hermoseadas por Pedro y Pablo y algunos otros de su especie, hombres que fueron mentirosos, carentes de instrucción y hechiceros».

10. Emperador Juliano

Aunque ya es una fuente algo más tardía, incluyo a Juliano, conocido como el Apóstata, porque resulta revelador que un furibundo enemigo del cristianismo que dedicó una gran parte de sus esfuerzos a perseguir esa religión e intentar desacreditarla por todos los medios a fin de restaurar el paganismo no se hiciera eco de los postulados de la moderna «teoría mítica». A pesar de intentarlo todo contra «el galileo»,[111] jamás postuló que no hubiera existido, ni que

110. Esta cita y la siguiente en san Eusebio de Cesarea, *Tratado de Eusebio, amigo de Pánfilo* o *Tratado contra Hierocles*, cap. II. Se puede leer completo en inglés en <https://www.tertullian.org/fathers/eusebius_against_hierocles.htm>.

111. Una tradición múltiples veces repetida indica que las últimas palabras de Juliano tras haber sido alcanzado por una lanza en la campaña contra los persas, en la ciudad de Samarra, fueron: «Nenikekas Galilaie» (¡Venciste, Galileo!), refiriéndose a que, con su muerte,

se hubiera tergiversado su doctrina por los cristianos, ni que los adeptos a esa religión no defendieran que Él había resucitado. Todo ello indica que tales negaciones no eran plausibles en el siglo IV, como no lo son hoy.

Juliano nació en Constantinopla en el año 331, fue coronado emperador en el 361 y murió en el actual Irak en el 363. Hasta su entronización había aparentado ser cristiano, pero tras entrar triunfante en Constantinopla después de la muerte de Constancio II —su primo—, se presentó como protegido de Zeus y se creía una reencarnación de Alejandro Magno.[112] Se autonombró pontífice máximo y restaurador del paganismo, ordenó que se reabriesen los templos para el culto de los dioses y restableció los sacrificios de animales. Inició una nueva persecución contra los cristianos, a quienes revocó sus títulos de propiedad, cerró sus escuelas y les denegó el acceso a la enseñanza; enterró a algunos santos después de martirizarlos, mientras exhumaba otros que ya habían sido martirizados.[113] Proscribió la liturgia cristiana, canceló el estipendio que Constantino había establecido en favor de los obispos cristianos, exigió la supresión de la celebración de los sacramentos y prohibió la veneración de reliquias de santos cristianos.[114] Todo ello en nombre de la «Tolerancia».[115] También emprendió el proyecto de construcción del Tercer Templo de Jerusalén, no por congraciarse con los judíos, sino para atacar el cristianismo, ya que así creía invalidar la profecía

Jesucristo había —otra vez— vencido al paganismo. A Juliano le sucedió Joviano, un general cristiano que abolió todas las disposiciones para perseguir el cristianismo. *Venciste, Galileo* es el título de una magnífica novela histórica de Louis de Wohl, muy fiel a la realidad.

112. De acuerdo con el historiador del siglo V Sócrates de Constantinopla. Uno se pregunta por qué aquellos que creen en la reencarnación siempre deciden que lo son de algún personaje encomiable y ninguno se considera la reencarnación de alguien deleznable o indigno.

113. San Juventino y san Maximino, miembros de la guardia del emperador, fueron decapitados por orden de Juliano por no hacer sacrificios a los dioses paganos. Y el emperador ordenó exhumar a san Babilas, patriarca de Antioquía, muerto mártir en el año 250 durante la persecución de Decio. La manía que tienen algunos paganos con desenterrar muertos cristianos es merecedora de mayor estudio.

114. Nótese que desde los primeros tiempos del cristianismo ha sido costumbre la veneración de reliquias de santos.

115. Prescripciones del llamado Edicto de Tolerancia del año 362. Cuando se lee la vida de Juliano es fácil darse cuenta de que los políticos contemporáneos anticristianos no han inventado mucho y me temo que tampoco han aprendido nada.

de Jesús sobre la destrucción del Templo, que de hecho ocurrió en el año 70. Sin embargo, una letanía de desgracias impidió a Juliano desdecir al Nazareno. Hubo terremotos, incendios y extraños fuegos subterráneos que no le permitieron terminar esa obra.[116] Estos sucesos están relatados por historiadores paganos poco proclives a la apologética cristiana:

> Juliano pensó en reconstruir con un gasto extravagante el orgulloso templo que estuvo una vez en Jerusalén y encomendó la tarea a Alipio de Antioquía. Alipio empezó a trabajar vigorosamente en ello con la ayuda del gobernador de la provincia, cuando terribles bolas de fuego rompieron ininterrumpidamente cerca de los cimientos y ello hasta que los trabajadores después de haber sido abrasados repetidamente no se podían aproximar más y cejaron en su intento.[117]

Juliano escribió varias obras en griego que se conservan en parte y donde pone de manifiesto su obsesión contra el cristianismo: en el «Fragmento de la carta a un sacerdote» hay un intento de contrarrestar los aspectos que creía positivos en el cristianismo, en *Los césares* ataca vehementemente a Constantino (el primer emperador cristiano) y en *Contra los galileos* llama «Nazareno» a Jesucristo y describe los errores y los peligros que veía en esa religión. Ataca a Jesucristo por reclamar ser Dios; presenta a los cristianos como apóstatas del judaísmo y les censura haber abandonado prácticas de la religión judaica como el sacrificio de animales o la circuncisión; rechaza la posibilidad de que una pequeña secta de un lugar perdido del Imperio

116. El llamado Terremoto de Galilea, del año 363, fueron dos, ocurridos el 18 y 19 de mayo. Alcanzaron el nivel X (muy destructivo) en la escala sísmica europea que llega hasta el nivel XII. Hay abundante evidencia documental y arqueológica. Ver Kenneth W. Russell, «The Earthquake of May 19, AD 363», *Bulletin of American Schools of Oriental research*, n.º 238, primavera de 1980, pp. 47-64. Véase una breve biografía de Juliano en la «Enciclopedia católica online», un recurso de EWTN, <https://ec.aciprensa.com/wiki/Juliano_el_Ap%C3%B3stata>.

117. Amiano Marcelino «Res Gestae». Amiano fue un historiador romano pagano, anticristiano y contemporáneo del emperador Juliano. Nacido hacia el año 330 y muerto hacia el 391. Escribe la historia de Roma desde el emperador Nerva hasta la batalla de Adrianópolis y la muerte del emperador Valente en el año 378. Los sucesos extraordinarios, terremotos y fuegos subterráneos están también referidos en las oraciones de san Gregorio Nacianceno, obispo de Constantinopla y también contemporáneo de Juliano. Murió en el año 390.

pudiera crear una religión universal; critica la pretensión cristiana de una nueva alianza con Dios; presenta las disputas entre cristianos como causa de escándalo y ataca la doctrina de la Trinidad.[118] Juliano acusa de todo lo razonable al cristianismo, pero llevado de su odio, también de lo disparatado. Por ejemplo, ataca al cristianismo por mostrar misericordia y generosidad tanto con los cristianos como con los no cristianos, algo inaceptable a su juicio: «Estos impíos galileos no solo alimentan a sus propios indigentes, sino también a los nuestros; invitándolos a sus banquetes los atraen como los niños son atraídos con dulces».[119]

Gracias a la abundancia de sus acometidas contra el cristianismo, Juliano se convierte en una prueba de la falsedad de la teoría mítica porque en ningún momento pone en duda que Jesucristo hubiera existido y nunca alega que el cristianismo fuera una mera mistificación, a pesar de vivir apenas trescientos años tras la muerte de Jesucristo (es decir, muy cercano a los hechos que podría haber negado). Así, Juliano nunca negó lo que para él y sus contemporáneos era evidente: Jesucristo fue una figura histórica y los hechos de su vida y muerte estaban contrastados.

11. Macrobio

Sabemos muy poco de Macrobio: era romano de nacimiento, se llamaba Teodosio (probablemente Macrobio Ambrosio Teodosio) y vivió a finales del siglo IV o principios del siglo V, era pagano y tenía un hijo llamado Eustaquio a quien dedicó las *Saturnales*.

Los *Siete libros de las saturnales* recogen una serie de diálogos entre personas eruditas durante un banquete. Han servido para corroborar muchos detalles históricos y particularidades de la vida de los romanos durante los primeros siglos de nuestra era.

118. El tratado Κατὰ Γαλιλαίων o *Contra los galileos*, escrito en el año 362, se conserva paradójicamente gracias a autores cristianos, en especial san Cirilo de Alejandría, que escribió una refutación, *Contra Julianum*, a principios del siglo V. Para leer *Contra los galileos*, en traducción de Emily Wilmer Cave Wright (1923) del griego clásico al inglés, véase <https://en.wikisource.org/wiki/Against_the_Galileans>.

119. Citado en Charles Schmidt, *The Social results of Early Christianity*, p. 328, nota 44; ep. 49, p. 90; fragm. orat., in opp., p. 557, <https://archive.org/details/bub_gb_X-UROGF6ZcUC>.

Este libro incluye la única referencia que existe en una obra pagana sobre la muerte de los inocentes a manos del rey Herodes, acaecida en el año del nacimiento de Jesucristo y que pretendía precisamente la muerte de este: «Cuando recibió la noticia de que en Siria Herodes, rey de los hebreos, había hecho asesinar a todos los niños de edad inferior a dos años y también había matado a su propio hijo, observó: "Es mejor ser un cerdo de Herodes que su propio hijo"».[120]

El rey Herodes demostró una brutalidad sádica desde su juventud que devino en inestabilidad mental y constante paranoia en su madurez.[121] La población de Belén era de 700-1.000 habitantes en aquella época, por lo que se estima que mandó asesinar a unos veinte niños varones menores de dos años.[122]

12. Filón de Alejandría

La última evidencia de que Jesucristo existió, de que fue crucificado y, según sus seguidores afirmaron, de que resucitó es de un autor clásico que no escribió nada sobre los cristianos. Una paradoja, pero si algo hemos aprendido del Dios cristiano es que le encantan las paradojas. Filón fue llamado el Judío o de Alejandría, ya que fue de aquella religión y pasó toda su vida en esa ciudad. Fue un filósofo helenístico nacido hacia el año 15 a. C. y muerto después del año 41 d. C., es decir, contemporáneo de Jesús. Era descendiente de Aarón, miembro de una de las más acaudaladas e influyentes familias judías y un entusiasta de la filosofía griega.

Conviene recordar que estamos analizando la verosimilitud de la llamada «teoría mítica», ya desacreditada y considerada marginal, aunque eso no

120. Herodes el Grande, hijo de Antípatro, nacido el año 74 a. C. Coronado rey de Judea en el año 40 a. C., ordenó el asesinato de todos los niños nacidos en Belén y alrededores hacia el año 4 a. C. con la pretensión de dar muerte al Mesías, que sabía que nacería en esa fecha y en esa localidad. Una referencia a la abstinencia de comer carne de cerdo por parte de los judíos, en Macrobio, *Saturnales*, libro II, 4, 11, disponible en la edición latina con traducción al italiano, <https://www.academia.edu/50732351/Macrobius_Saturnalia_1967>.

121. Herodes mandó asesinar a tres hijos suyos, a su mujer, Mariana, y también a su suegra.

122. Nelson Price, «Early Secular Writings Regarding Christ», en su web personal, 2006.

impide que sus puntos de vista se puedan escuchar en conversaciones cotidianas, en comentarios en redes sociales o por algún deshonesto autor del «nuevo ateísmo».[123] Para explicar las referencias a Jesucristo en fuentes antiguas, los defensores de la teoría mítica alegan que son añadidos posteriores realizados por cristianos. Y es en este punto donde Filón de Alejandría nos provee de otra evidencia a favor de la existencia histórica de Jesucristo, su crucifixión y su presunta resurrección, ya que quienes se manifiestan a favor de la teoría mítica no aciertan a explicar por qué si los cristianos falsificaron incluso a autores menores no tergiversaron o interpolaron las obras de uno de los filósofos más conocidos y más influyentes en el cristianismo posterior.

Sabemos que las obras de Filón han llegado hasta nosotros gracias a copias realizadas por cristianos que hubieran podido incluir esas pretendidas adiciones. Filón —sin escribir una sola palabra sobre Jesucristo— tuvo gran influencia en muchos de los antiguos padres de la Iglesia cristiana: Orígenes, san Clemente de Alejandría, Eusebio de Cesarea, san Gregorio de Nisa, san Basilio de Cesarea, san Agustín o san Ambrosio, que bien pudieron cristianizar a nuestro autor..., pero no lo hicieron, lo que contradice la suposición de que lo hicieran con otros menos apreciados y con mayor dificultad.

No sabemos si Filón conoció de la existencia de Jesucristo, pero es muy posible que así fuera. Sin embargo, la razón por la que no lo menciona es fácil de comprender: Filón escribe sobre filosofía, no sobre historia ni sobre el pueblo judío, y además vive en Alejandría (actualmente Egipto), no en Judea.[124]

Filón enseñó que había tres seres divinos: Dios, el Logos y el Espíritu Santo. Llegó a la conclusión de que el Logos sería el Mesías enviado por su

123. Por ejemplo, Richard Dawkins en *El espejismo de Dios* merece en justicia el calificativo de deshonesto porque posteriormente, en una conversación con John Lennox, reconoció que sabía que Jesús era un personaje histórico pero que en aquel momento consideró que lo mejor era oscurecer la verdad. Se puede ver en YouTube con el título «Richard Dawkins Admits He Lied about Jesus», <https://www.youtube.com/shorts/XHhW2uR6U7k>.

124. Explicado por Stephen Bedard, «The Apologetic Value of Philo Not Mentioning Jesus», en *Apologetics & Theology*, 7 de agosto de 2012. Se puede ver en vídeo en inglés, <https://www.stephenjbedard.com/2012/08/07/the-apologetic-value-of-philo-not-mentioning-jesus/>.

Padre y que el Espíritu Santo inspiraría a las personas y las guiaría a buscar a Dios; interpretó la Biblia judía armonizándola con la filosofía griega, y dio mucha importancia a la Providencia divina y a la Gracia; explicó que el universo fue creado por un Dios único, y que el mal se originó a causa del hombre que se pretende igual a Dios. A los cristianos esas doctrinas les son muy familiares, por ello no es extraño que Filón gozara de gran predicamento entre autores de esa religión.

En conclusión, todas las fuentes antiguas, independientes y ajenas al cristianismo, incluyendo muchas hostiles a esa religión, corroboran lo relatado en los Evangelios acerca de Jesús de Nazaret.[125] También confirman que los cristianos creían en que Jesús resucitó, pero naturalmente niegan esa ocurrencia. Lo que más sorprende es la enorme cantidad de esas fuentes:[126] no las hay tan abundantes de ningún hecho o persona de la Antigüedad, y por tanto resulta igualmente sorprendente que haya quien dude de la existencia histórica de Jesucristo.

Aunque algunos de los escritores aludidos sintieron repulsión hacia el cristianismo, siempre reconocieron que Jesús fue un personaje histórico. Por medio de los escritos de esos autores enemigos del cristianismo podemos concluir que sin duda ninguna:

> (1) Jesús fue un maestro judío; (2) mucha gente creía que él realizaba sanidades y exorcismos; (3) los líderes judíos lo rechazaron; (4) Poncio Pilatos lo crucificó durante el gobierno de Tiberio; (5) a pesar de su muerte vergonzosa, sus seguidores, quienes creían que Él todavía vivía, se esparcieron más allá

125. No he encontrado ningún estudio que incluya más fuentes no cristianas sobre la existencia de Jesucristo y las creencias de los cristianos que el que usted tiene en sus manos. Aun así, hay algunas otras adicionales que podría haber añadido, pero creo que el argumento que trato de probar está más que suficientemente atestiguado y por razones diversas las considero de menor importancia.

126. Siempre me ha parecido injusta la recriminación contra Dios de no «dar suficientes pruebas» de su existencia o de su encarnación. Al contrario, creo que «ese-que-llamamos-Dios» ha dejado numerosas evidencias, pero también aprecio que siempre permite un espacio suficiente para que la voluntad del hombre en el ejercicio de su libertad pueda rechazarlo.

de Palestina, ya que había multitudes de ellos en Roma para el año 64 d. C.; (6) toda clase de personas de las ciudades y aldeas —hombres y mujeres, esclavos y libres— lo adoraban como a Dios para el comienzo del segundo siglo.[127]

Reconozco que son muchos autores (y hay más), y que no todos y cada uno confirman todos y cada una de las doctrinas del cristianismo. Eso no lo harían incluso si fueran cristianos. Lo relevante es que ninguno niega la existencia de Jesucristo —y muchos son contemporáneos de Jesús y/o de los primeros padres—, y entre todos confirman que ya entonces los cristianos proponían lo mismo que predican hoy. En la siguiente página se encuentra una tabla con el resumen de «quién-dice-qué».

No he incluido los documentos de autores cristianos para que no se me acuse de «incluir lo demostrado en la demostración», aunque algunos y con cierta razón lo considerarán un «exceso de purismo», puesto que en modo alguno se puede sostener que los autores cristianos sean menos precisos o veraces que los paganos. Si contáramos las fuentes cristianas, y de entre ellas solo las canónicas, los documentos que confirman la existencia de Jesucristo, su crucifixión y supuesta resurrección ascenderían a más del doble de las mencionados.[128]

Una pregunta aflora después de todo lo anterior: ¿cómo es posible que con todas esas evidencias que demuestran que Jesucristo fue un personaje histórico haya alguien que sostenga lo contrario? Hemos visto que existen más pruebas que posiblemente de ningún otro acontecimiento del mundo antiguo. Hay más textos antiguos sobre Jesucristo que sobre Alejandro Magno, más evidencias sobre el Nazareno que sobre el emperador Tiberio..., y sin embargo nadie duda de la existencia de Alejandro o de Tiberio, pero sí hay quien niega la de Jesucristo.[129]

127. Edwin Yamauchi, en Michael Wilkins y J. P. Moreland (eds.), *Jesus Under Fire*, Grand Rapids, Zonderban, 1995, p. 217.

128. Gary Habermas en *The Verdict of History*, Nashville, Thomas Nelson, 1988, presenta treinta y nueve fuentes antiguas que documentan la vida de Jesucristo.

129. Tampoco nadie duda de la existencia histórica de Mahoma, de Buda o de Moisés. Este carácter especial, único, de Jesucristo nos debería hacer pensar que alguien parece tener un singular interés en menoscabar la realidad de Jesús. Alguien que no demuestra tener la misma intención con otros fundadores de religiones.

HECHO CONFIRMADO	FUENTE
Jesús existió	Flavio Josefo, Tácito, Suetonio, Plinio el Joven, Trajano, Mara bar Serapión, Celso, Luciano de Samosata, Flegón de Trales, Talmud de Babilonia, *Toledot Yeshu*, el Corán, Thallus, rey Abgar V y Tiberio, Melitón, Galeno, Numerio de Apamea, Hiercoles, Juliano, Filón de Alejandría
Hijo de la Virgen María	Celso, Talmud de Babilonia, *Toledot Yeshu*, el Corán
Es considerado Dios y Mesías	Flavio Josefo, Plinio el Joven, Mara bar Serapión, Celso, Luciano de Samosata, el Corán, rey Abgar V y Tiberio, Antonio Pío, Melitón, Hierocles, Juliano
Hizo milagros	Celso, Flegón de Trales, Talmud de Babilonia, *Toledot Yeshu*, el Corán, rey Abgar V y Tiberio, Melitón, Hierocles
Fue crucificado	Tácito, Mara bar Serapión, Celso, Luciano de Samosata, Talmud de Babilonia, *Toledot Yeshu*, el Corán, rey Abgar V y Tiberio, Melitón, Filón de Alejandría
Creen que resucitó	Celso, *Toledot Yeshu*, el Corán, rey Abgar V y Tiberio, Melitón, Filón de Alejandría
Los discípulos fueron mártires por su fe	Flavio Josefo, Tácito, Suetonio, Plinio el Joven, Trajano, Talmud de Babilonia, Antonio Pío, Melitón
Fundó una religión: el cristianismo	Tácito, Suetonio, Trajano, Mara bar Serapión, Celso, Talmud de Babilonia, Epíceto, Adriano, Galeno, Numenio de Apamea, Hierocles, Juliano
Alto nivel moral de sus seguidores	Plinio el Joven, Luciano de Samosata, Epíceto, Galeno, Antonino Pío, Juliano
Promete la vida eterna	Luciano de Samosata, Juliano
Corrobora otros datos evangélicos	Tácito, Celso, Flegón de Trales, Talmud de Babilonia, *Toledot Yeshu*, el Corán, Thallus, rey Abgar V y Tiberio, Adriano, Antonino Pío, Marco Aurelio, Macrobio

Una primera razón es la cristianofobia, que es una perturbación intelectual y moral que acompaña con extraña frecuencia a la ideología atea. La ideología y el trastorno que la acompaña se fundan en axiomas apriorísticos, de tal modo que no hay prueba que sea capaz de demostrar la falsedad de lo que es un dogma en las mentes de las personas que profesan esa ideología y sufren esa afección. «El ateísmo es el más temerario de todos los dogmas [...] puesto que es la afirmación de una negación universal».[130]

Otra razón es la ignorancia, que en general explica más de lo que creemos.[131] Y la realidad es que muchos de esos autores ignoran todo o casi de las fuentes citadas, lo que no les impide perorar sobre lo que desconocen. Michel Onfray es un buen ejemplo: en *Théorie de Jésus*[132] propone que Jesucristo no existió e inicia la obra con la pretendidamente escandalizadora frase de «Creí en Dios y en Jesús mientras creí en Papá Noel», que podría convertirse en una referencia para el concepto *boutade*, tan francés. Ha sido contestado abundantemente: «Onfray no niega a Jesús, niega la historia»;[133] «El señor Onfray en el país de los mitos»,[134] o bien «[La tesis de Onfray es] una clara burrada histórica»,[135] lo que posiblemente estaba dentro de lo previsto por el aludido, ya que una tercera razón es que algunos apoyan esta teoría mítica aunque la saben falsa, porque anima la confusión y consideran lícito mentir (o más) con tal de perjudicar al cristianismo.

130. G. K. Chesterton, «Charles II», *Twelve Types*.

131. Lea esta frase otra vez y verá que es autodemostrativa. ☺

132. Michel Onfray, *Théorie de Jésus*, Bouquins, 2023. Onfray, francés nacido en 1959, es un profesor de Filosofía de instituto, partidario de la Liga Comunista Revolucionaria francesa y considerado miembro del «nuevo ateísmo». Autor asimismo de *Tratado de ateología*, su obra es tan insufrible y pedante como solo un autor francés, ateo y con pretensiones filosóficas es capaz. Véase mi anterior libro, *Nuevas evidencias científicas de la existencia de Dios*.

133. Marco Fasol, profesor e historiador italiano, en *El Timone*, 1 de diciembre de 2024.

134. Jean Marie Salamito, profesor de Historia de la Universidad de Ulm.

135. John Dickson, profesor australiano de Historia del Wheaton College.

PARTE II
MANIPULACIÓN

Un hombre que fue meramente un hombre y dijo las cosas que dijo Jesús no sería un gran maestro moral [...]. Podéis hacerle callar por necio, podéis escupirlo y matarlo como si fuese un demonio, o podéis caer a sus pies y llamarlo Dios y Señor. Pero no salgamos ahora con insensateces paternalistas acerca de que fue un gran maestro moral. Él no nos dejó abierta esa posibilidad. No quiso hacerlo.

C. S. Lewis[136]

136. C. S. Lewis, *op. cit.*, p. 69.

5
¿Jesús no dijo lo que creemos que dijo?

Tenemos mejor documentación histórica de Jesús que de cualquier otro fundador de religión antigua.

EDWIN YAMAUCHI[137]

La mayoría de los escépticos religiosos acepta que Jesús de Nazaret existió, pero muchos arguyen que lo que creen los cristianos hoy es solo el producto del deseo de la Iglesia primitiva por elevarlo y glorificarlo, y la perpetuación de ese engaño; concluyen que lo que los cristianos creen saber es falso, y Jesús de Nazaret es una manipulación, porque, o bien no sabemos y no podemos saber nada con certeza sobre Jesús de Nazaret, o bien porque lo que sabemos contradice lo que propone el cristianismo.

En muchas ocasiones se sugiere más o menos abiertamente que las Escrituras han sido falsificadas, manipuladas y desvirtuadas para que digan algo que nunca dijeron porque «la Iglesia» o «la jerarquía» quieren «el control» o «el poder». Este planteamiento es para consumo rápido (cómaselo y no piense): no explica quiénes fueron los que distorsionaron esas Escrituras, ni cómo es posible que continúen así 2.000 años después, ni cómo se consigue «el control» cambiando unos textos, ni siquiera qué es «el control». Tampoco esa opinión se compadece con la realidad: no parece que los cristianos estén muy «controlados» ni que «la jerarquía» tenga ningún poder real, ni tampoco que disfruten de una vida envidiable en lo mundano.[138] Pero es una

137. En Strobel, *op. cit.*, p. 92.

138. Con la ventaja de conocer a decenas de obispos y cardenales, puedo asegurar que ser obispo no es lo que era, aunque dudo que alguna vez fuera «lo que era».

teoría de la conspiración que viene de lejos. San Agustín ironizaba sobre los maniqueos, que propalaban ya en el siglo IV esa especie:

> Nos comunicaban muy en secreto, diciendo que las Escrituras del Nuevo Testamento habían sido adulteradas por no sé quién, que había pretendido hacer una mixtificación de la ley de los judíos con la fe cristiana. Pero ellos no probaban eso, ni presentaban ningún ejemplar incorrupto y que estuviese sin la mezcla que decían.[139]

Y es que ni entonces ni ahora ninguno de los acusadores ha podido presentar ningún ejemplar de las Escrituras que no haya sufrido esas supuestas adulteraciones.

Las objeciones que pretenden que Jesucristo es una manipulación no se suelen verbalizar de forma ordenada, lo que —a mi juicio— contribuye a la confusión. Por ello voy a analizar cada una de las posibles alternativas que darían plausibilidad a esa teoría:

1. Las Escrituras no son fiables. Según esta opinión, los Evangelios (y los Hechos de los Apóstoles, su continuación) no son fidedignos por una o varias de las siguientes causas:
   A. Los Evangelios atribuidos a Marcos, Lucas, Mateo y Juan son en realidad anónimos.
   B. Incluso si los evangelistas fueran aquellos que sugieren los cristianos, no son fiables porque no fueron testigos presenciales de los hechos que pretenden narrar.
   C. Los Evangelios son escritos muy tardíos, por tanto no es seguro que reflejen los hechos ocurridos verdaderamente.
   D. Incluso si los evangelistas fueran fiables y los Evangelios originales contemporáneos de Jesús, las copias que han llegado a nosotros no son fiables, o bien porque son tardías, o bien porque han sido o podido ser manipuladas.
2. Las fuentes sobre Jesús de Nazaret son contradictorias. De acuerdo con esta opinión, los Evangelios se contradicen entre sí o bien lo ha-

139. San Agustín, *Confesiones*, libro V, 11, Madrid, BAC, 1986. También usando la traducción de Eugenio Ceballos, según la edición latina de la congregación de San Mauro.

cen con otros libros que no se incorporaron al canon. Otra posible contradicción ocurriría porque las copias que nos han llegado de cada uno de los libros del Nuevo Testamento dicen cosas distintas hasta el punto de refutarse entre sí. Estas presuntas discordancias harían que las fuentes fueran inválidas o muy dudosas.

3. Las fuentes no sugieren la divinidad de Jesucristo. De acuerdo con una correcta lectura de las fuentes, Jesucristo nunca pretendió ser nada más que un maestro, un rabino o un gurú. Nunca reclamó ser Dios, y tal pretensión se le atribuyó por sus seguidores después de su muerte. (Este punto lo revisaré en la parte v).

Me gustaría que repasase la lista anterior de alternativas. (Hágalo ahora, ¿para qué dejarlo para más tarde si ya las tiene a un párrafo de distancia?). No hay más opciones. O bien alguna es cierta y entonces Jesucristo no dijo lo que creemos que dijo, o bien los autores y las fuentes sobre Jesús de Nazaret son fiables, no contienen contradicciones que las invaliden y además reflejan correctamente la pretensión de Jesús de ser Dios. Si esas tres consideraciones son ciertas, ello no nos llevará necesariamente a concluir que Jesucristo era en verdad ese que decía ser (Dios), pero sí nos pondrá en la tesitura de tener que considerar el fondo de la cuestión con las pruebas a nuestra disposición. Ya no podremos simplemente ignorar la posibilidad de la divinidad de Jesucristo amparados en un —a veces cómodo— «No podemos saber», sino que estaremos compelidos a saber.

Vamos a analizar esas tres consideraciones para evaluar si son merecedoras de nuestro asentimiento:

I. Los Evangelios sí son fiables.
II. Los Evangelios no son contradictorios.
III. Jesucristo sí pretendió ser Dios encarnado.

Si comprobamos la veracidad de esas tres proposiciones, no podremos afirmar que Jesús sea en verdad Dios, pero sí podremos estar seguros de que el Jesucristo que conocemos no es una manipulación.

6
Los Evangelios son fiables

> Hay suficientes discrepancias [entre los Evangelios] para demostrar que no pudo haber un concierto previo entre ellos; y al mismo tiempo un acuerdo tan sustancial que muestra que todos fueron narradores independientes de los mismos grandes hechos.
>
> SIMON GREENLEAF[140]

La cuestión es si es posible para las personas del siglo XXI acercarse a la Biblia, el Nuevo Testamento y los Evangelios como si fueran fuentes fidedignas de «ese-que-llamamos-Jesús-de-Nazaret». Mucha de la literatura moderna se ha escrito con la intención —eso parece— de hacernos creer que las fuentes bíblicas no son fiables y que deben ser leídas con escepticismo. El hombre actual lee novelas, y cuando esas obras de ficción se refieren a la Biblia, que es de no ficción, pretenden que es ficticia, en el mejor de los casos. En otros, se la presenta como el producto de una conspiración de malvados y poderosos para hacer que el hombre crea que Jesucristo es Dios, algo que en la mente de esos autores debe de ser una creencia horrible.[141]

140. Simon Greenleaf, *The Testimony of the Evangelists*, Grand Rapids, Baker, 1984, VII. Greenleaf fue un jurista estadounidense, juez y profesor de Leyes en la Universidad de Harvard, fallecido en 1853.

141. Estos atributos frecuentemente aplicados a sacerdotes en películas y medios («malvados y poderosos») están alimentando otro mito inexistente e interesado; los hombres de casi cualquier Iglesia podrán ser malvados, pero desde luego no son poderosos en lo que se refiere a este mundo. Cuando realizaba la investigación sobre este libro me encontré con el ejemplo de la novela *La palabra*, de Irving Wallace, escrita en 1972. Wallace fue un escritor estadounidense, nominalmente judío, fallecido en 1990 y conocido por sus novelas con contenido sexual. Esta imagina el descubrimiento de un nuevo evangelio que viene a poner en cuestión el Nuevo Testamento y que se convierte en cau-

Si los Evangelios son dudosos será por alguna de las siguientes cuatro razones: A) los autores son anónimos, lo que podría restar alguna credibilidad a sus narraciones; B) los autores no fueron testigos presenciales ni cercanos a aquello que narran; C) los Evangelios se escribieron con mucha posterioridad a los hechos relatados, lo que podría disminuir su veracidad, o D) las sucesivas copias han ido modificando su contenido de forma intencionada o no.

Vamos a establecer los hechos.

Hecho 1. Los Evangelios no son anónimos

> Estos son los nombres de los doce apóstoles: el primero, Simón, llamado Pedro, y Andrés, su hermano; Santiago, el de Zebedeo, y Juan, su hermano; Felipe y Bartolomé, Tomás y Mateo el publicano; Santiago, el de Alfeo, y Tadeo; Simón el de Caná, y Judas Iscariote, el que lo entregó.
>
> Mateo 10, 2-4[142]

Esta teoría fue concebida en el siglo XIX por dos académicos alemanes, Adolf von Harnack y Theodor Zahn.[143] Hoy sabemos que es falsa, y la ciencia

sa de disputa entre clérigos conservadores y liberales. Ya nadie se acuerda de esa novela, pero fue la causa del nacimiento de EWTN (Eternal Word Television Network), la cadena religiosa y católica con más audiencia del mundo (alcanza más de 400 millones de hogares todos los días), fundada por una monja de clausura —la madre Angélica— a raíz de dejar la cadena de televisión en la que trabajaba como protesta por la emisión de la película blasfema basada en *La palabra.* Y el autor de este libro que tiene en su mano resulta ser el presidente de EWTN en España. Como nos dice san Pablo: «Todo ocurre para bien de los que aman a Dios» (Romanos 8, 28-30). Darse cuenta de esas paradojas y de que todo acaba saliendo bien debe de ser muy frustrante para los que trabajan en Su contra.

142. Para todas las citas de la Biblia, se usa la versión de la Conferencia Episcopal Española (CEE), <https://www.conferenciaepiscopal.es/biblia/>.

143. Von Harnack, fallecido en 1930, fue un teólogo luterano alemán liberal, profesor de la Universidad de Marburg, que cuestionó doctrinas de la Iglesia primitiva y sostuvo puntos de vista críticos con la tradición que se han demostrado errados después de

exegética la considera anticuada y desacreditada. Hay que decir en su descargo que propusieron esa hipótesis antes del descubrimiento en el siglo XX de papiros que datan del siglo II y que contienen los títulos completos de los Evangelios.[144]

En palabras de Richard Bauckham:

> La hipótesis de que las tradiciones sobre Jesús circulaban anónimamente durante los primeros tiempos de la Iglesia y que por lo tanto los Evangelios en que fueron compiladas y registradas son también anónimos estuvo muy difundida [en el pasado]. Fue propagada por los críticos como un corolario de su uso del modelo de folclore, que se pasa de forma anónima por las comunidades. Los Evangelios, pensaron ellos, era literatura folclórica y por tanto anónima. Este uso del modelo de folclore ha sido desacreditado [...] en parte porque hay una gran diferencia entre tradiciones populares que se transmiten a lo largo de siglos y el poco tiempo —menos del tiempo de una sola vida— que pasó hasta que los Evangelios fueron escritos. Pero es notable cómo de tenaz ha sido la idea de que no solo las tradiciones, sino que los Evangelios mismos eran originalmente anónimos.[145]

Incluso yo he escuchado en distintas aulas de universidad que «las Escrituras fueron producidas por distintos autores, muchos e indeterminados y

---

los numerosos descubrimientos arqueológicos y documentales de los siglos XX y XXI. Y Zahn fue un teólogo protestante alemán conservador, fallecido en 1933, profesor de las universidades de Gotinga, Kiel, Erlangen y Leipzig. Nominado al Premio Nobel de Literatura varias veces.

144. Martin Hengel, *Studies in the Gospels of Mark*, Londres, SCM, 1985, p. 65, citado por Brant Pitre, *The Case for Jesus*, Image, Crown Publishing Group, 2016, p. 206. Hengel, fallecido en 2009, fue un historiador de la religión alemán, miembro de la Academia Británica y de la Academia Holandesa de Artes y Ciencias, tiene obras dedicadas a corroborar que el Evangelio de Marcos fue en verdad escrito por Marcos, intérprete de Pedro, y que el Evangelio de Lucas fue en verdad escrito por Lucas al igual que los Hechos de los Apóstoles.

145. Richard Bauckham, *Jesus and the Eyewitnesses*, Grand Rapids, Eerdemans, 2006 (reed. en 2017), p. 300, citado por Pitre, *op. cit.*, p. 13. Bauckham, nacido en 1946, es cristiano anglicano y profesor en la Universidad de Cambridge. Ganó el Premio Ramsey en 2009 por este libro en el que defiende y demuestra la veracidad histórica de los Evangelios.

en los años 200 o 300». La realidad es que ninguno de los datos de esa proposición es cierto.

Veamos los hechos:

a) Hay más de 5.800 manuscritos del Nuevo Testamento en lengua griega y decenas de miles en lenguas copta, latín, siriaca y armenia, y ninguno de esos manuscritos es anónimo. «Nunca se ha encontrado una copia anónima de los Evangelios de Mateo, Marcos, Lucas o Juan. No existen. Y de acuerdo con lo que sabemos nunca existieron».[146]

b) Por otro lado, absolutamente todos los manuscritos antiguos conservados atribuyen de forma unánime la autoría a los cuatro evangelistas. Simon Gathercole concluye: «La literatura cristiana del siglo II está repleta de referencias a Mateo, Marcos, Lucas y Juan, y nunca hay ningún sentir que haga pensar que los Evangelios son anónimos o escritos por otros».[147]

c) Más aún, con todos esos manuscritos en diferentes idiomas y con distintos orígenes, resulta impactante su absoluta uniformidad. «A Mateo siempre se le llama Mateo, a Lucas siempre se le llama Lucas y así a todos».[148]

d) Providencialmente, las más antiguas copias de los cuatro Evangelios contienen el nombre de cada uno de sus autores y eso que en ocasiones lo que queda son pequeños fragmentos de papiro: «Evangelion kata Matthaion» (Evangelio según Mateo), en el papiro P4 datado en el siglo II; «Evangelion kata Loukan» (Evangelio según Lucas) en el papiro P75 del II o III; el primer manuscrito del Evangelio de Juan tiene solo una parte del texto, pero afortunadamente se conserva la primera página que se titula

146. Pitre, *op. cit.*, p. 15. Pitre, nacido en 1975, es un estudioso estadounidense del Nuevo Testamento. Fue profesor de Teología en la Universidad Loyola en Nueva Orleans, en el Seminario de Notre Dame y en Luisiana, y actualmente en el Augustine Institute en Colorado. Es miembro de la Society of Biblical Literature y de la Catholic Biblical Association.

147. Simon Gathercole, «The Alleged Anonymity of the Canonical Gospels», *The Journal of Theological Studies*, vol. 69(2), octubre de 2018, pp. 447-476. Gathercole, británico nacido en 1974, es profesor de Nuevo Testamento en la Universidad de Cambridge.

148. Michael Bird, *The Gospel of the Lord*, Gran Rapids, Eerdmans, 2014. Michael, australiano nacido en 1974, fue ateo en su juventud. Converso al cristianismo, se ordenó sacerdote anglicano en 2015. Es profesor en Ridley College. Citado por Pitre, *op. cit.*, p. 17.

«Evangelion kata Ioannen» en el papiro P66 también datado en el siglo II o III, y para el Evangelio de Marcos tenemos el Codex Sinaiticus, del siglo IV, posiblemente uno de los manuscritos mejor conservados de toda la Antigüedad y que contiene la Biblia griega completa, y en ella este Evangelio se titula «Evangelion kata Markon».[149]

e) En algunos casos lo que falta en el título es la palabra «Evangelio» pero nunca el nombre del autor. Así el Codex Vaticanus del siglo IV titula «Según Mateo», «Según Marcos», «Según Lucas»; igual pasa con el Codex Sinaiticus, y en el Codex Washingtonianus (siglos IV-V) se puede leer «(Eva) ngelio según Mat(e)o».

Esos son los hechos. Ahora —además— usemos el sentido común, un atributo que —casi por definición— no parece abundar entre los teólogos y estudiosos de la religión que se declaran ateos.[150]

Para que fuera posible que los Evangelios fueran anónimos y solo en tiempos posteriores se hubieran atribuido a los evangelistas (tal y como sostienen todavía algunos),[151] tendría que haber ocurrido que después de varios cientos de años todos esos miles de copias de los mismos libros que ya estaban dispersos por todo el antiguo Imperio romano hubieran sido asignadas a los mismos autores por medio de cientos de escribas localizados en las cuatro esquinas del mundo conocido y en distintas épocas. Y siempre hubiera coincidido la asignación de autor, de tal forma que hoy no nos encontramos ningún título contradictorio, y es que nunca se asignó el Evangelio de Lucas a Marcos ni el de Marcos a Mateo, etcétera. La conjunción de todo

149. El sacerdote jesuita español, padre José O'Callaghan Martínez, descubrió en el papiro 7Q5 hallado en las cuevas del Qumran la copia más antigua del Evangelio de Marcos, del año 50 de nuestra era, es decir, escrito apenas quince años tras la muerte de Jesús de Nazaret; puesto que este descubrimiento no está unánimemente aceptado, dejamos al Codex Sinaiticus —incontestado— como la copia más antigua de ese Evangelio.

150. Si lo piensa un poco, un ateo que se dedique a la teología tiene tanto sentido común como un ciego consagrado a la crítica del dibujo artístico, y sin embargo existen teólogos ateos, y también —me temo— sacerdotes y hasta obispos (de diferentes obediencias cristianas) que han perdido la fe o nunca la tuvieron, lo que se manifiesta en sus opiniones y escritos.

151. Por ejemplo, Bart Ehrman, autor y teólogo estadounidense nacido en 1955, que se declara «ateo agnóstico».

ello hubiera supuesto un milagro mayor que el que ningún simpatizante de la teoría de la manipulación estaría dispuesto a admitir.

Pero es que además si lo que se pretendía por los autores anónimos era dar una pátina de credibilidad a los textos que escribieron, entonces no parece lógico atribuirlos a Marcos y a Lucas, que no fueron apóstoles.[152] Algo que sí ocurre con los llamados «Evangelios apócrifos» o «extracanónicos», que son falsificaciones escritas muchos siglos después de la muerte de los apóstoles y que están atribuidos a testigos oculares buscando el respaldo de autenticidad que otorgaría esa supuesta autoría (Evangelio de Pedro, Evangelio de Judas, Evangelio de Tomás, Evangelio de María Magdalena, Evangelio de Santiago).

En conclusión, los Evangelios no fueron escritos por autores anónimos, sino por quienes pusieron su nombre al principio del texto, algo que quizá sea un gran descubrimiento para muchos. (En cualquier caso, aprovecho el momento para reivindicar la autoría de este libro, por si acaso alguien lo declara «anónimo»).

Hecho 2. Los autores fueron testigos presenciales

> Mateo publicó su Evangelio entre los hebreos escrito en su propia lengua cuando Pedro y Pablo estaban predicando en Roma y fundando la Iglesia allí. Después de su partida, Marcos el discípulo e intérprete de Pedro nos dio personalmente y por escrito en su sustancia la predicación de Pedro. Lucas, el seguidor de Pablo, escribió en un libro el Evangelio predicado por su maestro. Luego Juan, el discípulo del Señor, quien se inclinó en Su pecho, produjo su Evangelio mientras estaba viviendo en Éfeso en Asia.
>
> IRENEO DE LYON[153]

152. Este hecho suele pasar desapercibido para creyentes y descreídos. De los cuatro evangelistas solo dos —Juan y Mateo— fueron apóstoles y por tanto testigos oculares de la vida de Jesucristo que narran, mientras que Lucas y Marcos nunca conocieron a Jesús de Nazaret y narran lo que les contaron testigos directos.

153. Irenaeus, *Adversus Haereses* 3.3.4. Escrito hacia el año 180. San Ireneo de Lyon nació en Esmirna (actual Turquía), fue discípulo de san Policarpo (obispo de Esmirna),

Mateo, también llamado Levi, es el autor del primer Evangelio. Era publicano, es decir, cobrador de impuestos, una profesión poco popular —ayer como hoy—; además, es el patrón de los banqueros, lo que no deja de tener cierta ironía. En cualquier caso, era un hombre educado, sabía leer y escribir: «Se presume en él haber recibido cierta formación y haber dominado el arameo, el griego y las lenguas latinas»,[154] y además testigo ocular y directo de toda la vida pública de Jesucristo. Mateo era hijo de Alfeo, y por tanto hermano de Santiago el Menor, otro apóstol. Papías de Hierápolis, nacido hacia el año 60, obispo en la actual Turquía y discípulo directo de Juan, escribe sobre el evangelista hacia el año 100: «Por lo tanto Mateo puso la historia de forma ordenada y en idioma hebreo y cada uno la tradujo como pudo».[155] Esto está ratificado por Ireneo de Lyon (san Ireneo, siglo II): «Mateo publicó entre los hebreos un evangelio escrito también en su propia lengua mientras Pedro y Pablo estaban predicando en Roma y fundando la Iglesia».[156] Asimismo lo refrendan otros muchos: Orígenes de Alejandría (siglo III); Eusebio de Cesarea (siglo III); Jerónimo de Estridón (san Jerónimo, siglos III-IV) y Clemente de Alejandría (siglos II-III), por quien sabemos que Mateo tardó quince años en escribir su Evangelio y que predicó a los hebreos (a quienes parece estar dedicado su escrito). También sabemos por el Talmud que fue condenado a muerte por el Sanedrín y murió en Tierra Santa, aunque algunas fuentes dicen que sufrió martirio en Etiopía. En definitiva, las fuentes que reconocen que Mateo fue el autor del Evangelio son abundantes, antiguas, proceden de distintos lugares (Israel, Francia, Asia Menor y Egipto) y son todas unánimes.

Marcos es el autor del segundo Evangelio. Él no es uno de los doce y por tanto no podemos saber nada del escritor leyendo su libro (ya que él no estaba allí, en los lugares y en los tiempos de los hechos narrados), pero tenemos información sobre él por otras fuentes. Sabemos que se llamaba Juan Marcos, que su madre se llamaba María, que era judío (estaba circuncidado); vivía en Jerusalén, era primo de Bernabé, viajó con él y con Pablo pro-

---

que a su vez fue discípulo del apóstol san Juan. Fue nombrado obispo de Lyon; gran defensor de la fe católica contra la herejía gnóstica, fue declarado doctor de la Iglesia por el papa Francisco en enero de 2022.

154. Javier Arias Artacho, *Dios existe*, Madrid, San Pablo, 2021, p. 84.

155. Eusebio, *Historia de la Iglesia*, 3.39.14-17, escrito hacia el año 325.

156. Irenaeus, *op. cit.*, 3.3.4.

clamando «la palabra de Dios», estuvieron en Antioquía, pero luego tuvieron una «gran discusión» y se separaron; Bernabé y Marcos siguieron hacia Chipre, y Pablo y Silas marcharon hacia Siria y Cilicia (Hechos 15, 35-41). De alguna forma resulta tranquilizador y posiblemente instructivo saber que incluso los apóstoles tenían disputas serias entre sí y eso no cambió su compromiso por «ser la luz del mundo».

También hay evidencia de que Marcos viajó con Pedro, que estuvo con él en Roma y que el primer papa lo consideraba su «hijo espiritual».[157] Suponemos que Pedro era analfabeto, usó a Silvano para escribir su primera carta y Marcos fue el encargado de recoger en su Evangelio la historia de Jesucristo narrada por el primer apóstol, como nos ha transmitido Papías de Hierápolis desde el siglo I: «Marcos, habiéndose convertido en el intérprete de Pedro, escribió con precisión todo lo que recordaba, aunque no en orden, de las cosas dichas y hechas por Cristo [...]. Hizo su mayor preocupación no omitir nada de lo que oyó ni incluir ninguna falsedad».[158] Está confirmado que Marcos fue el «discípulo e intérprete de Pedro»[159] por otras varias fuentes: Ireneo de Lyon, Clemente de Alejandría y Eusebio de Cesarea.

Lucas escribió el tercer Evangelio, pero como sucede con Marcos, al no ser uno de los apóstoles, no se le menciona en el propio texto, así que tenemos que acudir a otros contemporáneos para saber algo más del evangelista. San Pablo lo menciona en las Cartas a Filemón (23-24), donde llama a Lucas «mi colaborador»; también en la Carta a los colosenses (capítulo 4), donde lo llama «el querido médico», y en la Segunda carta a Timoteo (capítulo 4) dice: «Lucas es el único que está conmigo». En todas las referencias también se lo menciona, por lo que ambos necesariamente se conocieron; además, sabemos por Pablo que Lucas no era judío, que viajó con él y lo acompañó durante su última visita a Jerusalén y detención en Cesarea, y también lo acompañó a Roma y estuvo allí con él y con Marcos hacia el año 60; sabemos que conoció a Santiago, el pariente de Jesús, y es muy probable que parte del conocimiento de los sucesos que narra en el Evangelio y en los Hechos de los Apóstoles lo obtuviera de Felipe y su familia en Cesarea (Hechos 21, 8).

157. «Marcos, mi hijo», 1 Pedro 5, 13.
158. Papías (siglos I-II), citado por Eusebio, *op. cit.*, 3.39.15.
159. En palabras de san Ireneo de Lyon, del siglo II.

También sabemos que el Evangelio de Lucas no fue el primero en ser escrito, lo dice él mismo al principio: «Puesto que muchos han emprendido la tarea de componer un relato de los hechos que se han cumplido entre nosotros» (1, 1); y que fue escrito cuidadosamente, partiendo de testigos oculares y asegurándose de la veracidad de los hechos: «[Lo escribo] como nos lo transmitieron los que fueron desde el principio testigos oculares [...]. He resuelto escribírtelos por su orden, ilustre Teófilo, después de investigarlo todo diligentemente desde el principio para que conozcas la solidez de las enseñanzas que has recibido» (Lucas 1, 2-4). Por el propio Lucas sabemos que dedicó este libro a Teófilo, al igual que los Hechos de los Apóstoles, también escrito por él. (Esto viene a desmentir otra vez el mito de los Evangelios anónimos, como bien señala Brant Pitre: «Es inconcebible que un trabajo vaya dedicado a alguien y al tiempo sea anónimo»).[160]

Como en el caso de los anteriores Evangelios, para este hay fuentes no bíblicas que corroboran su autoría. Así Ireneo de Lyon: «Lucas, discípulo de Pablo, escribió en un libro el evangelio que él mismo predicó».[161] También en el canon Muratori (del siglo II) se dice: «El tercer libro del Evangelio es según Lucas. Lucas, el médico famoso, después de la ascensión de Cristo [...] lo compuso en su nombre».[162] Orígenes de Alejandría lo menciona (siglo II-III)[163] y también Tertuliano de Cartago (siglo II) se hace eco de su evangelio: «Lucas no fue un apóstol, pero un hombre apostólico [...], seguidor del apóstol Pablo. [...] Lucas escribió el Evangelio que algunos hombres atribuyen a Pablo».[164]

160. Pitre, *op. cit.*, p. 33.

161. Irenaeus, *op. cit.*, 3.1.1.

162. El canon Muratori es la lista de libros del Nuevo Testamento más antigua conservada. Es una copia del siglo VIII de un canon escrito en Roma o sus alrededores hacia el año 165. Posiblemente el original estaba en griego. Se conserva en la Biblioteca Ambrosiana de Milán. Para saber más, Johann Peter Kirsch, «Muratorian Canon», *The Catholic Encyclopedia*, vol. 10, Nueva York, Robert Appleton, 1911, <http://www.newadvent.org/cathen/10642a.htm>.

163. Citado por Eusebio, *op. cit.*, 6.25.4.

164. Tertuliano, *Adversus Marcionem*, 4.2.5. Tertuliano nació, vivió y murió en Cartago (actual Túnez), hijo de un centurión romano, se convirtió al cristianismo a finales del siglo II, se ordenó presbítero, luchó contra la herejía gnóstica y tuvo una gran influencia en la Iglesia primitiva.

Estos tres primeros Evangelios se llaman «sinópticos» por la armonía o sinopsis que existe entre ellos.[165]

> Encontramos que lo sustancial de 606 de los versículos de Marcos aparece en Mateo y que unos 350 versículos de Marcos reaparecen con muy poco cambio en Lucas. O para ponerlo de otra forma, de los 1.068 versículos de Mateo unos 500 contienen material también encontrado en Marcos y de los 1.149 versículos de Lucas unos 350 tienen paralelo en Marcos. En total solo hay 31 versículos de Marcos que no tienen paralelo ni en Mateo ni en Lucas.[166]

Es decir, exactamente lo que habría ocurrido con relatos de los mismos sucesos narrados por testigos distintos.

Finalmente, el cuarto Evangelio es el de Juan, el apóstol, «el discípulo a quien Jesús amaba», que se identifica a sí mismo como el escritor del texto: «Este es el discípulo que da testimonio de todo esto y que lo ha escrito» (Juan 21, 24), y que explica su intención al escribirlo: «Estos han sido escritos para que creáis que Jesús es el Mesías, el Hijo de Dios, y para que, creyendo, tengáis vida en su nombre» (Juan 20, 31).

«El Evangelio afirma que se remonta a un testigo ocular, y está claro que este testigo ocular es precisamente aquel discípulo del que antes se cuenta que estaba junto a la cruz, el discípulo al que Jesús tanto quería».[167] Juan es hijo de Zebedeo y de Salomé, y hermano de Santiago el Apóstol, patrón de España; ambos tenían el apodo de «hijos del trueno».[168] Fue previamente, y junto con el apóstol Andrés, discípulo de Juan el Bautista y uno de los tres discípulos más cercanos a Jesucristo (junto con Pedro y Santiago), y que es-

165. El nombre fue puesto por Johann Jakob Griesbach, un biblista alemán que en 1776 propuso la que se denomina «solución Griesbach» al asunto de en qué orden se escribieron los Evangelios, lo que se ha dado en llamar «el problema sinóptico».

166. F. F. Bruce, *The New Testament Documents. Are They Reliable?*, 1959, 5.ª ed.), en Archive.org.

167. Benedicto XVI (Joseph Ratzinger), *Jesús de Nazaret*, Madrid, La Esfera de los Libros, 2007, libro I, p. 265. El papa Benedicto XVI, uno de los más notables teólogos cristianos de los siglos XX y XXI, dedica un magnífico capítulo al Evangelio de Juan.

168. Este tipo de detalles, como citar a alguien por su alias, resultan innecesarios para la narración, pero son habituales en la vida real y por ello añaden verosimilitud a lo dicho por los Evangelios.

tuvieron presentes en algunos de los sucesos más «privados» como la transfiguración en el monte Tabor, la resurrección de la hija de Jairo y la agonía de Jesús en Getsemaní. Juan tuvo muy buena relación con Pedro, con quien marcha a evangelizar después de Pentecostés (Hechos 3, 1 y 8, 14).

También hay fuentes antiguas y extrabíblicas que confirman la autoría del Evangelio por Juan el apóstol, y en este caso la evidencia es todavía más abundante que en los anteriores: el canon Muratori le atribuye el Evangelio, así como Eusebio en su *Historia de la Iglesia*; también san Justino (que vivió entre finales del siglo I y principios del siglo II), y Clemente de Alejandría y Tertuliano de Cartago. Y, lo que es todavía más significativo, también lo hace Ireneo de Lyon en el siglo II, que fue discípulo de Policarpo, a su vez discípulo de Juan. Después de leer todos los testimonios, que son unánimes, y toda la tradición, que también los corrobora, llegamos a una conclusión que a muchos teólogos modernistas todavía les resulta sorprendente: «El autor del Evangelio de Juan fue Juan».[169]

Tal y como resumió Lee Strobel cuando todavía era ateo y estaba haciendo su investigación acerca de Jesús de Nazaret (tras la cual se convirtió al cristianismo): «Si tenemos seguridad de que los Evangelios fueron escritos por los apóstoles Mateo y Juan, y por Marcos el compañero y discípulo de Pedro, y por Lucas, el historiador y compañero de Pablo, y algo así como un periodista del siglo primero, entonces podemos estar seguros de que los hechos que ellos relatan están basados en testimonios oculares directos o indirectos».[170]

Y, además, esos testigos pueden estar equivocados en lo que atestiguan, pero no buscaban engañar. Como señala Craig Blomberg:[171] «[Los apósto-

169. «El autor del Evangelio de Juan es el administrador de la herencia del discípulo predilecto», Eugen Ruckstuhl y Peter Dschulnigg, citados por Benedicto XVI, *op. cit.*, p. 270.

170. Strobel, *op. cit.*, p. 25.

171. Graig L. Blomberg es un estudioso del Nuevo Testamento, nacido en Estados Unidos en 1955. Es profesor emérito distinguido de Nuevo Testamento del Seminario de Denver en Colorado, doctor por la Universidad de Aberdeen, máster por el Trinity Evangelical Divinity School en Illinois y graduado por la Augustana College en Rock Island Il. Miembro del Instituto de Investigación Bíblica y de la Sociedad de Literatura Bíblica, también de la Studiorum Novi Testamenti Societas, así como de la Evangelical Theological Society y del Tyndale Fellowship. La cita, en Strobel, *op. cit*, p. 47.

les] estaban dispuestos a vivir sus creencias a pesar de la persecución, privaciones y sufrimientos, lo que demuestra un enorme carácter». Este argumento referido a las consecuencias que tuvieron que vivir aquellos que fueron testigos de lo que pasó con Jesucristo, y que de forma pertinaz insistieron en presentarlo como Dios a pesar de que con ello se condenaban a sí mismos, resulta difícil de rebatir. En la historia se encuentran casos de personas que sometidas a tortura acaban mintiendo, pero nunca personas que mientan para sufrir tortura, y menos cuando podrían evitarlo simplemente diciendo una verdad que convenía a todos. Si los apóstoles hubieran sabido que lo que predicaban era falso, si hubieran sabido que mentían sobre la divinidad de Jesús que proclamaban, entonces lógicamente no habrían sufrido torturas y martirios por sustentar algo que sabían mentira.[172] Y resulta que once de los doce apóstoles fueron martirizados y asesinados por sostener aquella presunta divinidad. Ninguno de ellos se retractó, cuando si lo hubieran hecho habrían salvado la vida. Esto no demuestra que tuvieran razón en lo que predicaban, pero sí que creían que la tenían. «En términos de honestidad, de veracidad, en términos de virtud y de moralidad esas gentes tenían historial y una trayectoria envidiable».[173]

Contra todas estas evidencias, no existe ninguna en sentido contrario. Se puede postular que los Evangelios son anónimos o que los testigos no fueron presenciales, pero no son postulados razonables y me temo que sean posturas alentadas por la ideología, puesto que no lo son por los hechos.

Ya sabemos que los Evangelios no fueron anónimos, sino escritos por quienes se presentan como sus autores. Sabemos que ellos escribieron de lo que vieron personalmente o de lo que supieron por testigos directos, y también que no tuvieron intención de mentir sobre lo que pretendían saber.

172. Al menos siete diferentes fuentes antiguas atestiguan la disposición y el martirio de los discípulos de Jesús de Nazaret por dar testimonio en favor de la divinidad del Nazareno: Orígenes, Tertuliano, Clemente de Roma, cuarto papa, muerto en el año 99-100, Policarpo, Ignacio de Antioquía, también en el siglo I, Dionisio de Corinto en el siglo II y los Hechos de los Apóstoles. Muchos de estos autores son considerados santos por la Iglesia católica y la ortodoxa.

173. Craig Blomberg en Strobel, *op. cit.*, p. 47.

Hecho 3. Los Evangelios son contemporáneos de Jesús de Nazaret

> Ningún trabajo de literatura en todo el mundo ha sido expuesto al riguroso estudio analítico que han soportado los cuatro Evangelios durante los últimos doscientos años. Esto no es algo que debamos lamentar, es algo que se debe aceptar con satisfacción.
>
> F. F. BRUCE[174]

Otra objeción frecuente en contra de la verosimilitud de lo relatado en el Nuevo Testamento es sugerir que, aunque los autores de los Evangelios fueran fiables, los textos no lo serían porque se escribieron «mucho después» de los acontecimientos que pretenden narrar. Al fin y al cabo, la memoria flaquea con el paso del tiempo. La objeción no suele especificar cuánto es ese «mucho después», y tampoco explica cómo siendo los autores los que son, los textos pudieron escribirse «mucho después».[175] En cualquier caso, conviene dejar claro que los Evangelios son contemporáneos a Jesús de Nazaret y que ni siquiera fueron los primeros libros del Nuevo Testamento en ser escritos (las Cartas de San Pablo, por ejemplo, son anteriores), y que todos los libros del Nuevo Testamento fueron escritos durante la vida de los testigos directos de Jesús de Nazaret. Estos son hechos ciertos, probados y aceptados por la totalidad de los académicos e historiadores, pero quizá menos conocidos de lo que deberían.[176]

Veamos la cronología. Jesús de Nazaret murió en algún momento entre los años 30 y 33 de nuestra era y «la datación estándar» —incluso en los círculos muy liberales[177]— es que Marcos escribió en los años 70, Mateo y Lucas en los 80 y Juan en los 90 [...], los Hechos de los Apóstoles no más tarde que el año 62 [...]. Los Evangelios se escribieron después de las Cartas

174. F. F. Bruce, *op. cit.*

175. Por ejemplo, Bart Ehrman en *How Jesus Became God*, Harper One, 2014.

176. Me disculpo si hay algún pretendido experto en Tombuctú o similar excepción a lo manifestado, pero en el momento de escribir estas líneas no me consta.

177. Liberal, traducido del inglés y en este contexto, se puede entender como escéptico o poco ortodoxo. «Datación estándar» se refiere a la datación aceptada.

de Pablo, cuyo ministerio escrito empezó en los años 40».[178] Esto quiere decir que las crónicas sobre Jesús de Nazaret se escribieron (en el menos favorable de los casos) apenas algunos años o una década después de su muerte. Pero enseguida veremos que las más modernas dataciones acercan todavía más los libros del Nuevo Testamento a la fecha de la muerte de Jesucristo. Lo más probable es que —como resume F. F. Bruce— «[Los Evangelios] se pueden rastrear hasta notas tomadas de las enseñanzas de nuestro Señor al tiempo que Sus palabras eran pronunciadas»[179] y que «las fuentes escritas de los Evangelios sinópticos nunca son posteriores al año 60 [...]. Estamos de hecho prácticamente en contacto con la evidencia de los testigos presenciales».

Lo irónico es que quienes sostienen que los Evangelios sinópticos se escribieron a finales del siglo I (y no a principios de ese siglo como parece más posible) se basan en la suposición de que esos Evangelios mienten. Es decir, la principal razón por la que algunos autores piensan que los Evangelios son más modernos y por tanto menos fiables es porque parten de la idea preconcebida de que son poco fiables.[180] Y es que siempre se hace más fácil el camino cuando el destino es el punto de partida. Pero vamos a explicarlo: la teoría de que los Evangelios sinópticos son de finales del siglo I se sugiere porque en todos ellos se recoge la profecía de Jesucristo sobre la destrucción de Jerusalén y de su Templo, que ocurrió en el año 70.[181] Y como el presupuesto de esos estudiosos es que Jesús no era Dios y ni siquiera profeta,

178. Blomberg, en Strobel, *op. cit.*, pp. 34-36. Blomberg, profesor estadounidense, protestante luterano, nacido en 1955, es considerado una de las mayores autoridades en Estados Unidos sobre la biografía de Jesucristo. Doctorado en Nuevo Testamento por la Universidad de Aberdeen, fue profesor en Cambridge y en el Seminario de Denver.

179. Para las dos siguientes citas: Bruce, *op. cit.*, p. 25, <https://ia801300.us.archive.org/24/items/ChristianE-books/NewTestamentDocumentsareTheyReliable-FfBruce.pdf>.

180. Este es posiblemente uno de los más claros ejemplos de lo que en lógica se llama «falacia de petición de principio»: un error lógico en el que se incurre cuando la conclusión del argumento se asume como una de sus premisas, lo que hace que el razonamiento sea circular.

181. La primera guerra judeorromana terminó en el año 73 con la toma de Masada y tuvo como momento más trascendental la caída de Jerusalén y el incendio y destrucción del Templo tras un corto asedio. Los ejércitos romanos fueron dirigidos por el futuro emperador Tito y por un renegado judío de origen egipcio, Tiberio Julio Alejandro, que llegó a ser prefecto del pretorio en Roma, una posición elevadísima para alguien de origen judío y egipcio.

entonces no es posible que hubiera acertado en su predicción, por consiguiente lo recogido en los Evangelios tuvo que ser añadido posteriormente a esa destrucción y de forma espuria. Este tipo de razonamiento circular es ilógico en cualquier caso, pero es que en este caso ignora los hechos, a saber, que todos los Evangelios sinópticos refieren esa profecía de Jesús con distintas palabras,[182] y que en todos ellos se apunta que esa destrucción de Jerusalén ocurrirá en el futuro y no se describe como si ya hubiera pasado, algo que sí sucede cuando se refieren a otras profecías ya cumplidas en el momento en que los Evangelios se escribieron (por ejemplo, la gran hambruna profetizada por Agabo y que ocurrió «en tiempo de Claudio»).[183]

Así las cosas, la observación de Brant Pitre es muy apropiada: «¿No resulta extraño que Lucas se complique la vida para enfatizar que la profecía de un desconocido profeta cristiano llamado Agabo se había cumplido durante los días del emperador Claudio (años 40), pero deje de mencionar que la profecía de Jesús acerca de la destrucción del Templo se había cumplido en el año 70?».[184] Si la profecía ya se hubiera cumplido en el momento de escribir los Evangelios, lo lógico es que los evangelistas lo hubieran resaltado para acentuar el don de profecía de Jesús (y ello con más razón que cuando lo hicieron con Agabo). El hecho de que no se haga esa referencia indica que los Evangelios sinópticos se escribieron antes de la caída de Jerusalén.

Esto se confirma además analizando otros pasajes de los propios Evan-

182. En el Evangelio de Mateo se narra: «Cuando salió Jesús del templo y caminaba, se le acercaron sus discípulos, que le señalaron las edificaciones del templo, y él les dijo: "¿Veis todo esto? En verdad os digo que será destruido sin que quede allí piedra sobre piedra"» (24, 1-2); el Evangelio de Marcos nos dice: «Cuando salía del templo [Jesús], le dijo uno de sus discípulos: "Maestro, mira qué piedras y qué edificaciones". Y Jesús le respondió: "¿Ves esos grandes edificios?; pues serán destruidos, sin que quede piedra sobre piedra"» (13, 1-2), y en el Evangelio de Lucas, Jesús refiriéndose a Jerusalén dice: «Pues vendrán días sobre ti en que tus enemigos te rodearán de trincheras, te sitiarán, apretarán el cerco de todos lados, te arrasarán con tus hijos dentro, y no dejarán piedra sobre piedra» (19, 43-44). Y también: «Y cuando veáis a Jerusalén sitiada por ejércitos, sabed que entonces está cerca su destrucción» (21, 40).

183. Profecía recogida en Hechos de los Apóstoles 11, 27-28: «En aquellos días, bajaron a Antioquía unos profetas de Jerusalén. Uno de ellos, de nombre Agabo, movido por el Espíritu, se puso en pie y predijo que iba a haber una gran hambre en todo el mundo, lo que en efecto sucedió en tiempo de Claudio».

184. Pitre, *op. cit.*, p. 92.

gelios. Lucas avisa a los judíos: «Cuando veáis a Jerusalén sitiada por ejércitos, sabed que entonces está cerca su destrucción. Entonces los que estén en Judea, que huyan a los montes; los que estén en medio de Jerusalén, que se alejen; los que estén en los campos, que no entren en ella» (21, 20-21). Puesto que nadie hace advertencias sobre hechos pasados, debemos concluir que Jerusalén no había sido destruida cuando Lucas escribe este texto. Todavía es más claro en los Evangelios de Mateo y Marcos. Mateo previene a sus compatriotas: «Cuando veáis la abominación de la desolación,[185] anunciada por el profeta Daniel, erigida en el lugar santo [...], entonces los que vivan en Judea huyan a los montes, el que esté en la azotea no baje a recoger nada en casa y el que esté en el campo no vuelva a recoger el manto [...]. Orad para que la huida no suceda en invierno o en sábado» (Mateo 24, 15-20). Prevenciones similares a las escritas por Marcos (13, 14-18), que no se entenderían si el peligro ya hubiera pasado, y además ambos evangelistas incluyen una sugerencia («Orad para que no suceda en invierno»), que sería estrafalaria si hubiera sido escrita después de la destrucción del Templo (por cierto, el asedio a Jerusalén fue en abril. Los cristianos aprovecharán para decir que las oraciones tuvieron efecto).

Pero hay evidencias adicionales de que los Evangelios se escribieron durante el tiempo de Jesús en esta tierra o muy poco después. Lo que sigue parece un trabajo detectivesco en el que hay que encajar todos los indicios para descubrir la verdad. Veamos, primer dato: el Evangelio de Lucas se escribió con seguridad después de uno o los dos Evangelios sinópticos,[186] tal como ya hemos visto, el propio Lucas nos lo dice al principio de su libro.

Por lo tanto, ya sabemos que Lucas no escribió el primer Evangelio, sino que uno de los otros sinópticos o ambos (Mateo y Marcos) fueron escritos

185. «La abominación de la desolación» es una expresión del profeta Daniel en el Antiguo Testamento que hace referencia a la destrucción del Templo.

186. El problema sinóptico estudia el orden en que se escribieron los tres Evangelios sinópticos. Hay docenas de teorías, pero la conclusión es que «el problema sinóptico es prácticamente irresoluble» (Joseph Fitzmayer, citado por Pitre, *op. cit.*, p. 97) y que ninguna de las posibles soluciones afecta a la datación que explico en este capítulo. Puede ser que se haya escrito primero Marcos o Mateo, o incluso que haya habido otra fuente anterior o contemporánea y en cualquier caso perdida (llamada «Q», aunque de esto no hay ninguna prueba y resulta muy dudoso). En cualquier caso, Lucas escribió con posterioridad y usó como referencia otro(s) Evangelio(s) necesariamente previo(s).

con anterioridad.[187] Segundo dato: Lucas escribió también el libro de los Hechos de los Apóstoles, con posterioridad a su Evangelio, y es una continuación del mismo. El tercer dato se refiere al martirio de san Pablo: la mayor parte de los autores datan su muerte en el año 64, poco después del gran incendio de Roma y al mismo tiempo que el martirio de san Pedro.[188] Aunque haya algunos que lo fechen algunos años antes (entre los años 58-60),[189] sabemos que fue decapitado durante el reinado del emperador Nerón,[190] es decir, antes del año 68, que es cuando Nerón fallece.[191] Cuarto dato: el libro de los Hechos llega a su fin con el viaje de Lucas y Pablo a Roma: «Arribamos a Siracusa y nos detuvimos tres días; desde allí, costeando, llegamos a Regio. Al día siguiente, se levantó viento sur, y llegamos a Puteoli en dos días. Allí encontramos a algunos hermanos, los cuales nos rogaron que pasásemos siete días con ellos. Y así llegamos a Roma» (28, 12-14). Y concluye con el posterior arresto de Pablo: «Una vez en Roma, le permitieron a Pablo vivir por su cuenta en una casa, con el soldado que lo vigilaba [...]. Permaneció allí un bienio completo en una casa alquilada, recibiendo a todos los que acudían a verlo, predicándoles el reino de Dios y enseñando lo que se refiere al Señor Jesucristo con toda libertad, sin estor-

187. Ya hemos visto las abundantes coincidencias del Evangelio de Lucas con los otros dos sinópticos.

188. Por ejemplo, Raymond Brown en su *Introducción al Nuevo Testamento*, 2002, basándose en Lactancio o Sulpicio Severo.

189. Por ejemplo, el cardenal católico Víctor Manuel Fernández en *Pablo apasionado. De Tarso hasta su plenitud*, Ediciones Paulinas, 2009.

190. Confirmado por diversas fuentes: Ignacio de Antioquía a principios del siglo II en su *Carta a los efesios*, XII; también Eusebio de Cesarea en su *Historia de la Iglesia*, 2.22.3; también por Sulpicio Severo en su *Crónica*, libro II, cap. 29; por Lactancio en su *Sobre la muerte de los perseguidores*, cap. II, y san Juan Crisóstomo en una de sus homilías; esta última se puede leer en inglés en New Advent, <https://www.newadvent.org/fathers/1907.htm>.

191. Una de las razones de esta ambigüedad sobre el año del fallecimiento de Pablo es que no sabemos con certeza si realizó su proyectado viaje a Hispania que lo llevaría a Tarraco, viaje citado por san Clemente, papa del siglo I, en su primera epístola, y también por el canon Muratori, que en sus líneas 38-39 menciona «la salida de Pablo de la ciudad de Roma cuando viajó a España». España (con ese nombre) es una de las pocas naciones actuales citadas por los primeros padres en textos de la época de Jesús. Hay varias razones de peso que hacen pensar que este viaje se realizó. Ver Llorca-García Villoslada y Laboa, *Historia de la Iglesia católica*, vol. I, Biblioteca de Autores Cristianos, 2009, p. 109.

bos» (28, 16-30). Es decir, que el libro de los Hechos concluye sin narrar ni la actividad posterior de Pablo ni su martirio.

Conclusiones: 1) El libro de los Hechos de los Apóstoles se terminó de escribir mientras Pablo estaba todavía vivo,[192] es decir, antes del año 64 (en el más tardío de los casos) o incluso antes del año 58 según algunos autores. 2) Como el Evangelio de Lucas fue escrito antes del libro de los Hechos, eso nos lleva a concluir que data de la década de los 40 o 50 o, en el más tardío de los casos, a principios de la década de los años 60. 3) Como los otros Evangelios sinópticos (o al menos uno de ellos) fueron escritos todavía antes que el de Lucas y además ya habían alcanzado cierta difusión (Lucas se refiere a ellos como algo conocido), eso nos lleva a concluir que fueron escritos en la década de los años 30 o quizá en los años 40, es decir, apenas unos años o como mucho una década después de la muerte de Jesucristo. En definitiva, de este ejercicio de deducción se sigue necesariamente que los Evangelios sinópticos son contemporáneos a Jesús de Nazaret, y tal y como sostiene James Crossley se escribieron «en cualquier momento entre los años 30 después de Cristo y el año 70 de nuestra era».[193]

Una última consideración acerca del Evangelio de Juan. Tradicionalmente se ha supuesto que esta es la última de las biografías de Jesús[194] y se ha fechado hacia el año 90 (esto es posible porque sabemos que Juan fue longevo y murió hacia el año 98, durante el reinado del emperador Trajano).[195] Sin embargo, recientemente se ha desafiado esta presunción y algunos suponen que este Evangelio también fue escrito antes de la caída del

192. El propio Adolf von Harnack cambió de opinión y llegó a esta misma conclusión en su «Datación de los hechos y de los Evangelios sinópticos», citado por Pitre, *op. cit.*, p. 100.

193. James G. Crossley, *The Date of Mark's Gospel. Insight from the Law in Earliest Christianity*, Nueva York, T&T Clark International, 2004. Crossley es profesor de Biblia, Sociedad y Política en MF Oslo, Senior Research Fellow en el King's College en Londres y fue profesor de Estudios Neotestamentarios en la Universidad de Sheffield y en la St. Mary en Londres. Citado por Pitre, *op. cit.*, p. 222. También menciona otros académicos de la misma opinión, como Margaret Davies, E. P. Sanders, Eric Eve y otros muchos. Y Craig Blomberg manifiesta similar opinión en Strobel, *op. cit.*, p. 35.

194. Según Clemente de Alejandría y Orígenes de Alejandría, en Eusebio, *op. cit.*, 6.14.6-10 y 6.25.3-6.

195. San Jerónimo de Estridón, *De Viris Illustribus*, es una colección de 135 biografías cortas escritas en el siglo IV. La biografía 9 está dedicada a san Juan Apóstol.

Templo en el año 70,[196] y ello porque el texto hace referencia a lugares que fueron destruidos en aquellas guerras judeorromanas; por ejemplo, los pórticos y la piscina de Betesda mencionados en Juan 5, 2: «Hay en Jerusalén, junto a la Puerta de las Ovejas, una piscina que llaman en hebreo Betesda. Esta tiene cinco soportales». Estos lugares se mencionan en tiempo presente, cuando esos emplazamientos ya no existían después del año 70.

En cualquier caso, contar con biografías tan cercanas en el tiempo a la vida y muerte de Jesús es en sí mismo un hecho extraordinario. Por poner algún punto de referencia, las dos biografías más antiguas de Alejandro Magno «fueron escritas por Arriano y Plutarco más de cuatrocientos años después de la muerte de Alejandro en el año 323 a. C. y sin embargo los historiadores las consideran dignas de crédito».[197] Diógenes Laercio, el historiador del siglo III, se tiene por confiable y es «la principal fuente que queda sobre la historia de la filosofía griega», que se remonta hasta el siglo VI a. C.; e incluso en casos de personajes más modernos como Mahoma, que vivió seis siglos después de Jesucristo, «las primeras biografías de Mahoma no se escribieron hasta el siglo IX, es decir, no menos de dos siglos después de su fallecimiento».[198]

Hecho 4. Las copias de los Evangelios que nos han llegado son fiables

> Ningún manuscrito de autor clásico ha llegado a la posteridad en tan variados textos antiguos como las Escrituras del Nuevo Testamento [...], los más antiguos y dignos de crédito de entre ellos proceden de pocos decenios después de Jesucristo.
>
> WERNER KELLER[199]

196. Entre otros, así lo sostiene Daniel Wallace, profesor estadounidense nacido en 1952, director del Centro de Estudios de Manuscritos del Nuevo Testamento en Dallas y presidente de la Sociedad Teológica Evangélica.

197. Blomberg en Strobel, *op. cit.*, p. 34. He comprobado como los hechos de la vida de Alejandro se presentan como ciertos (y sin explicar las fuentes tardías) en la Enciclopedia Británica, <https://www.britannica.com/biography/Alexander-the-Great>, y en Worldhistory.org, <https://www.worldhistory.org/Alexander_the_Great/>.

198. César Vidal, *Mahoma, el guía*, Debolsillo, 2013, p. 35.

199. Werner Keller, *The Bible as History*, 2007, p. 241. Se puede consultar en castellano,

Ya hemos visto que los Evangelios fueron escritos por aquellos que se presentan como sus autores. También hemos comprobado que esas personas (los evangelistas) podrían estar equivocadas, pero eran veraces: creían lo que escribieron y escribieron de lo que vieron, ya que fueron contemporáneos de Jesucristo.

La siguiente posible objeción para dudar de la verosimilitud del Nuevo Testamento que ahora conocemos sería considerar que las copias que han llegado hasta nosotros no fueran fidedignas, que no recogieran fehacientemente los originales escritos por aquellos testigos.

La llamada «crítica textual» es una rama de la filología que pretende identificar las diferentes versiones de manuscritos para editar los textos de la forma más fiel posible al original evitando errores de transcripción o cualquier tipo de modificación.[200] Los recursos de la crítica textual hacen posible conocer un texto antiguo original con certeza aunque queden pocos manuscritos. Por lo general, cuantos más manuscritos existan y cuanto más cercanos en el tiempo sean al autor, más digno de confianza es un texto y su transcripción.

Vamos a analizar esta posible objeción:

1. Los manuscritos del Nuevo Testamento que nos han llegado son muchísimos

> Hay cuatro veces más manuscritos del Nuevo Testamento en los primeros doscientos años que la media de los autores grecolatinos tienen en los primeros dos mil.
>
> DANIEL WALLACE[201]

<https://archive.org/details/y-la-biblia-tenia-razon-coleccion-de-la-biblia-de-israel-Spanish-edition-werner-keller-z-library/mode/2up>. Keller, fallecido en 1980, fue un abogado alemán, escritor, periodista y luchador de la resistencia antinazi condenado a muerte en 1945. Providencialmente salvó la vida y poco después escribió este libro, su mayor éxito, traducido a más de veinte idiomas y ganador del Premio Bancarella en Italia.

200. La crítica textual se ha desarrollado en gran medida gracias a la religión y al cristianismo, ya que se ha usado sobre todo para textos religiosos cristianos. San Jerónimo (siglo IV) fue un filólogo trilingüe editor de la Biblia Vulgata, uno de los primeros críticos textuales También la Septuaginta es la traducción al griego del Antiguo Testamento (siglos II-I a. C.), realizada por 72 sabios críticos textuales (redondeados a 70, y de ahí su nombre).

201. Daniel Wallace, «Is What We Have Now What They Wrote Then?», conferen-

Existen más manuscritos del Nuevo Testamento que de ningún otro documento de la Antigüedad. Hay más de 5.800 manuscritos del Nuevo Testamento solo en griego[202] y casi 25.000 en todos los idiomas.[203]

Y además existe una enorme abundancia de manuscritos muy cercanos a su fecha de escritura: solo en griego y en el catálogo de la Universidad de Münster existen 142 manuscritos de textos del Nuevo Testamento de los siglos II y III,[204] 427 hasta el siglo VIII[205] y 633 hasta el año 899.[206]

Para tener un poco de perspectiva:

a) Los *Anales* de Tácito son una de las fuentes principales para comprender la historia del Imperio romano del siglo I. Fueron escritos hacia el año 115. Solo existe un manuscrito del año 850 y otro del siglo XI.[207]

b) La *Ilíada* es la segunda obra antigua con más manuscritos originales. Está compuesta de 24 libros y fue escrita en el siglo VIII a. C.[208] De la *Ilíada* existen 650 manuscritos y el primer y más importante de ellos es el llamado Venetus A,[209] que data del siglo X (es decir, 18 siglos después de la composición del poema de Homero).

---

cia en el Seminario Teológico de Dallas, <https://youtu.be/n5AKPiBZcis?si=KZQYJe-iCPJLPLhGp>, min. 33:48. Wallace manifiesta un anticatolicismo que desmerece muchas de sus posiciones.

202. Bryan Windle, artículo en Bible Archaeology Report, 15 de febrero de 2019, <https://biblearchaeologyreport.com/2019/02/15/the-earliest-new-testament-manuscripts/>, revisado el 15 de diciembre de 2024. Se puede acceder a 3.200 de ellos, solo en griego, en el catálogo de NTVMR (New Testament Virtual Manuscript Room) de la Universidad de Münster, <https://ntvmr.uni-muenster.de/manuscript-catalog>.

203. Exactamente 24.633 hasta el 20 de noviembre de 2021, en siriaco, copto, latín y arameo. Véase «Manuscript Evidence», Biblical Evidence for Catholicism, <https://www.patheos.com/blogs/davearmstrong/2015/10/manuscript-evidence-nt-vs-plato-etc.html>.

204. Según Leuven Database of Ancient Books (LDAB) y NTVMR.

205. Según NTVMR. Además, existen manuscritos en otros idiomas. Hasta el año 799, hay 27 en copto, 6 en latín, etcétera.

206. Cuento solo manuscritos hasta los años 499, 799 y 899, que hemos elegido arbitrariamente para la muestra.

207. Strobel, *op. cit.*, p. 63.

208. Por comparar, el Nuevo Testamento tiene 27 libros.

209. Se conserva en la Biblioteca Marciana en Venecia, como el Codex Marcianus Graecus 454, ahora 822.

c) Platón nació hacia el 425 a. C. y murió en el 348 a. C. Se ha conservado prácticamente toda su obra escrita: 35 diálogos y 13 cartas, gracias a unos 250 manuscritos que han llegado hasta nosotros y la compilación de su obra que realizó Thrasyllus de Alejandría en el siglo I. El primero de esos manuscritos está datado del año 895.[210] Es decir, que se puede leer a Platón hoy —y saber con seguridad que esa obra es del filósofo griego— gracias a una compilación de su obra realizada 400 años tras su muerte y a unos cientos de manuscritos producidos unos 1.200 después de su desaparición de este mundo. Todo lo anterior se compara con las decenas de miles de manuscritos del Nuevo Testamento que nos han llegado, incluyendo algunos del siglo I, con escritos realizados apenas unos años tras la muerte de Jesucristo.

Y si comparamos con las fuentes escritas de otras religiones:

d) De acuerdo con la tradición musulmana, las revelaciones de Mahoma que hoy conocemos como el Corán fueron transmitidas oralmente por el profeta antes de su muerte en el año 632. Se han conservado apenas cuarenta fragmentos de pergamino que se pueden atribuir a esa obra, los más tempranos del siglo IX (es decir, más de 200 años tras la muerte de Mahoma).[211]

e) Lao Tse fue un filósofo chino que vivió en el siglo VI a. C., fundador del taoísmo,[212] cuyo más importante texto es el *Tao Te Ching*, y del que se conservan unos cincuenta manuscritos parciales. Los más antiguos son dos descubiertos en 1973 que datan del siglo II a. C.[213] Es decir, existen apenas unas decenas de manuscritos parciales y el más antiguo se realizó 400 años después de la muerte del fundador.

f) Siddhartha Gautama, más conocido como Buda, fue un líder religioso que vivió entre los siglos VI y V a. C. y cuyas enseñanzas también se recogieron de forma oral hasta que fueron compiladas por primera vez en los Vina-

210. Codex Oxoniensis Clarkianus 39, que incluye las primeras seis tetralogías, tal y como fueron divididas por Thrasyllus de Alejandría.

211. Según el Corpus Coranicum, un proyecto de investigación de la Academia de Ciencias y Humanidades de Berlín-Brandemburgo, <https://corpuscoranicum.de>.

212. Existen serias dudas sobre la existencia histórica de Lao Tse. Por otra parte, el taoísmo (y el budismo y el hinduismo en gran medida también) podría ser considerado un sistema filosófico más que una religión.

213. Michael Loewe, *Early Chinese Texts*, Society for the Study of Early China, 1993.

ya, textos del canon budista de los que los primeros manuscritos parciales son del siglo v,[214] por lo tanto entre 1.000 y 1.100 años tras la muerte de Buda, y la mayor parte del corpus budista es muy posterior: «El consenso de los estudiosos establece que la composición de los Mulasarvastivada Vinaya [la primera escuela budista] en las primeras centurias del primer milenio, aunque los manuscritos y traducciones son relativamente tardías». Así que los manuscritos budistas más antiguos son de la Edad Media, de más de 1.500 años y hasta 2.000 posteriores a la muerte del fundador de la religión.

g) Los rollos de Ketef Hinnon descubiertos en 1979 conservan los textos bíblicos judíos más antiguos en dos fragmentos de plata que datan del siglo VII a. C. Recogen una bendición que se puede leer exactamente igual en el libro de los Números 6, 24-26. Una fórmula con la que el Señor mandó a Moisés que bendijera a los hijos de Israel (una oración por ello muy querida por mí y que aprovecho para extender a todos los lectores): «El Señor te bendiga y te guarde, ilumine su rostro sobre ti (y te conceda su favor). El Señor te muestre su rostro y te conceda la paz». Moisés vivió en los siglos XIV-XIII a. C.[215] Por tanto, el primer texto suyo que se conserva es 700 años posterior al patriarca. Se conservan otros textos bíblicos más extensos del siglo III a. C.[216] y se han comparado con el manuscrito del Antiguo Testamento completo más antiguo[217] (del año 1008) para comprobar los cambios de la Biblia tras 1.200 años. «Se ha descubierto que muy poco ha cambiado y que la Biblia hebrea se ha transmitido con increíble precisión por más de un milenio».[218]

214. Esta y la siguiente cita, en Gregory Schopen, «Vinaya», *Encyclopedia of Buddhism*, vol. 1, Macmillan, 2004.

215. De acuerdo con el judaísmo rabínico. San Jerónimo sugirió el siglo XVI a. C.

216. Pergaminos del mar Muerto, descubiertos entre 1947 y 1956. Son 900 manuscritos encontrados en las cuevas del Qumran (Cisjordania), donde se escondieron durante las guerras judeorromanas de los años 66-73, que contienen copias de todos los libros del Antiguo Testamento excepto los libros de Nehemías y Ester. Se han digitalizado cinco hasta la fecha y se pueden estudiar en <http://dss.collections.imj.org.il/>.

217. Codex Petersburgensis, también mal llamado Leningrad Codex, conservado en San Petersburgo desde 1863.

218. Bryan Windle, «The Three Oldest Biblical Texts», Bible Archaeology Report, 6 de febrero de 2019.

2. Los manuscritos del Nuevo Testamento que nos han llegado son (muy) antiguos

Existen dos posibilidades: los manuscritos más antiguos de los Evangelios son del siglo I o del siglo II. En cualquier caso, no solo hay una ingente cantidad de manuscritos de los Evangelios y de otros libros del Nuevo Testamento, sino que se conservan muchos que son prácticamente contemporáneos de los apóstoles.

Una primera alternativa es que el primer texto del Nuevo Testamento sea el papiro llamado 7Q5,[219] descifrado por el jesuita español José O'Callaghan Martínez,[220] que lo identificó como el texto del Evangelio de san Marcos 6, 52-53.[221] Este papiro es anterior al año 50, es decir, prácticamente escrito durante los años de la vida pública de Jesucristo.[222] Se han estudiado estadísticamente las posibilidades de que no sea el texto del Evangelio de san Marcos y la probabilidad es de 1 entre 900.000 millones.[223]

Una segunda alternativa es que el primer manuscrito del Nuevo Testamento sea el Papiro Magdalena (P64, por ser el 64 manuscrito del Nuevo Testamento catalogado), identificado por su descubridor, el sacerdote anglicano inglés Charles Bousfield,[224] como parte del Evangelio según san Ma-

219. Es el papiro 5 encontrado en la cueva 7 del Qumran, y fue escrito en griego, a diferencia de los demás, que están en arameo.

220. Fallecido en 2001, O'Callaghan fue profesor de Teología en San Cugat del Vallés, decano de la facultad Bíblica y miembro del Pontificio Instituto Bíblico de Roma. El artículo es «¿Papiros neotestamentarios en la cueva 7 del Qumran?», *Bíblica, 53,* 1972, pp. 91-100.

221. «Pues no habían comprendido lo de los panes, porque tenían la mente embotada. Terminada la travesía llegaron a Genesaret y atracaron». Se refiere a los sucesos posteriores al milagro de la multiplicación de los panes y los peces.

222. Esta alternativa está apoyada, entre otros, por Orsolina Montevecchi, fallecida en 2009, que fue presidenta honoraria de la Asociación Internacional de Papirólogos, y por Carsten Peter Thiede, arqueólogo alemán fallecido en 2004, profesor de Historia en Basilea y en la Universidad Ben Gurión en Israel. Thiede fue un anglicano que se ordenó sacerdote en 2001. Otros estudiosos rechazan la identificación del 7Q5 con el Evangelio de san Marcos.

223. Calculado por el matemático y rector de la Universidad Pontificia Comillas (mi *alma mater*) Albert Dou, en Antonio Gaspari, «Gospel Debate», <EWTN.com/catholicism/library>.

224. Charles Bousfiled falleció en 1908 y encontró el papiro en Luxor, Egipto, en 1901.

teo.[225] Este fragmento también está datado en el siglo I, en su segunda mitad.[226] Se descubrieron otros fragmentos del mismo manuscrito (P67).[227]

Una tercera alternativa es el Papiro Rylands o P52, que contiene una parte del Evangelio de san Juan.[228] Fue escrito hacia el año 100 y se conserva en la biblioteca John Rylands de Mánchester. En este caso hay unanimidad entre los estudiosos sobre su antigüedad y su atribución a los Evangelios.

La cuarta alternativa es el P46, parte de la colección Chester Beatty.[229] Contiene todas las cartas de san Pablo excepto las dirigidas a Timoteo y Tito. Según Yung Suk Kim,[230] son de la época del emperador Domiciano (entre el año 81 y 96), por lo que tenemos copias escritas menos de treinta años después de su muerte. Otros autores datan este manuscrito en el siglo II.

La «copia existente más antigua de la Biblia»[231] es el Codex Vaticanus, redactado hacia el año 300. Contiene la mayor parte del Antiguo y el Nuevo Testamento hasta la Carta a los hebreos 9, 14.[232] Poco después se escribió el Codex Sinaiticus (hacia el año 330), que es la copia completa más antigua que incluye todos los libros del Nuevo y del Antiguo Testamento.[233] Estos

225. Palabras de Jesucristo durante su última cena. Mateo 26, 23-31.

226. De acuerdo con la investigación de Carsten Peter Thiede, en *Eyewitness to Jesus*, en 1996. Otros lo datan en el siglo II.

227. Publicado por Ramón Roca-Puig en 1956. Fallecido en 2001, fue un sacerdote católico y papirólogo español. Catedrático de Griego en la Universidad de Barcelona. Algunos piensan que otro manuscrito (P4) fue parte del mismo original.

228. Pasaje de la pasión de Jesucristo. Juan 18, 31-34.

229. Son un grupo de papiros del Nuevo y Antiguo Testamentos, así como de homilías, datados la mayoría en los siglos II y III en forma de códices. Se conservan en la Biblioteca Chester Beatty en Dublín.

230. Yung Suk Kim es un profesor coreano-estadounidense de Nuevo Testamento de la Universidad de Virginia.

231. <https://www.newadvent.org/cathen/04086a.htm>.

232. Faltan en este manuscrito las cartas de Pablo a Filemón, a Timoteo, a Tito, y el Apocalipsis.

233. Las copias más antiguas de la Biblia incluyen en el Antiguo Testamento los libros de Esdras, Tobías, Judit, 1 y 2 Macabeos, Sabiduría y Eclesiástico, que son considerados canónicos por las Iglesias católica y la ortodoxa, pero no por la mayoría de las protestantes.

manuscritos convierten a la Biblia en el «libro sustancial más antiguo que haya sobrevivido la época antigua».[234] Pero sabemos con certeza que ya existían Nuevos Testamentos completos dos siglos antes. Los Papiros Bodmer[235] incluyen el P66, que es un códice casi completo de todo el Evangelio de san Juan datado antes del año 200, y el canon Muratori, hallado en la Biblioteca Ambrosiana de Milán[236] es una traducción de un original griego de mediados del siglo II que contiene el catálogo más antiguo conocido de los libros del Nuevo Testamento.

Una vez más, sorprende la cantidad de manuscritos y su enorme antigüedad. Larry Hurtado lista 92 de los siglos II y III que contienen todos los libros del Nuevo Testamento y otros 75 documentos cristianos de la misma época que se refieren a esas escrituras o a la vida de Jesús o de los primeros cristianos.[237] NTVMR enumera 163 manuscritos de los libros del Nuevo Testamento hasta el siglo IV. De los Evangelios existen 60; del libro de los Hechos de los Apóstoles, 13, y del Apocalipsis hay 10. Además, no se puede argüir que no hayan sido estudiados. De todos existen transcripciones e imágenes a las que se puede acceder.[238] No hay libro más estudiado que la Biblia en toda la historia de la humanidad.

En conclusión, la respuesta a si las copias de los Evangelios son fiables es «absolutamente sí».

> La *Poética* de Aristóteles fue escrita entre el 384 y 322 a.C. La copia más antigua de su trabajo data del año 1100 y nos quedan solo cuarenta y nueve

234. <https://www.codexsinaiticus.org/en/>.

235. Grupo de 22 papiros hallados en Egipto en 1952 y adquiridos por el bibliólogo suizo Martin Bodmer, fallecido en 1971.

236. Fue encontrado por Ludovico Antonio Muratori, historiador y sacerdote católico italiano fallecido en 1750.

237. Larry W. Hurtado, *The Earliest Christian Artifacts. Manuscripts and Christian Origins*, Grand Rapids Eerdemans, 2006, cap. 1, pp. 209-229. Hurtado, fallecido en 2019, fue un historiador estadounidense del cristianismo primitivo, profesor de la Universidad de Edimburgo, donde fue director del Centro de Estudios de Orígenes Cristianos, así como presidente de la British New Testament Society.

238. «Transcripts of the Earliest New Testament Manuscripts», Nemoslibrary, 6 de mayo de 2023, <https://nemoslibrary.com/2023/05/06/transcripts-of-the-earliest-new-testament-manuscripts/>.

manuscritos. El intervalo entre el escrito original y la primera copia es de 1.400 años [...]. ¿Y del Nuevo Testamento? Jesús fue crucificado hacia el año 30. El Nuevo Testamento fue escrito entre el año 48 y el 95. El manuscrito más antiguo data del último cuarto del primer siglo [...], esto nos deja un estrecho margen de treinta y cinco o cuarenta años desde que los originales fueron escritos por los apóstoles. De los primeros siglos nos quedan 5.300 manuscritos en griego del Nuevo Testamento. En conjunto, incluyendo el siriaco, latín, copto y arameo, tenemos un gigantesco número de escritos antiguos del Nuevo Testamento, 24.633, que confirman el texto de las Escrituras. Por lo tanto, el balance es que no hay un gran tiempo entre los eventos relatados en el Nuevo Testamento y los escritos del Nuevo Testamento, ni tampoco existe un gran lapso entre los originales y las copias más antiguas. Con esa enorme cantidad de evidencia procedente de los manuscritos, se puede probar, por encima de toda duda, que el Nuevo Testamento dice exactamente las mismas cosas hoy que dijo originalmente hace casi 2.000 años.[239]

239. Richard M. Fales, <https://www.evidencebible.com/>, citado en Dave Armstrong, *op. cit.*

7
El canon de la Biblia

> Una cosa debe ser enfáticamente manifestada. Los libros del Nuevo Testamento no llegaron a ser autoritativos por la Iglesia porque fueron incluidos formalmente en la lista canónica; por el contrario, la Iglesia los incluyó en su canon porque ya los consideraba de inspiración divina.
>
> F. F. Bruce[240]

El cristianismo considera que los libros del Nuevo Testamento (y del Antiguo) fueron inspirados por Dios a sus autores, pero no que fueran dictados[241] o escritos[242] por Dios. Es decir, los cristianos creen que la Biblia es «la palabra de Dios» escrita por humanos, y por tanto con las limitaciones del lenguaje humano, de modo que no se espera la literalidad de las Escrituras, ni que cada una de las palabras de la Biblia sea «palabra de Dios» de forma exacta y precisa.[243] Esto se debe a que Jesucristo hablaba en arameo y la Biblia que tiene usted en su casa (o quizá debería tener) es una traducción del griego. Estas traslaciones acarrean necesariamente ambigüedades y hacen que los errores sean posibles. Los cristianos, desde el principio de esa

240. *The Canon of Scripture*, Intervarsity Press, 2018.

241. No es el caso del islam, que pretende que el Corán fue dictado por Dios a Mahoma en árabe, por lo que estrictamente hablando no está permitida su traducción, y cualquier interpretación o adaptación no puede considerarse canónica.

242. Esto lo sostiene —falsamente— la asociación American Atheists: «[Es increíble] que se pueda creer que tal mejunje de sandeces contradictorias haya sido escrito por un Dios omnisciente», <https://www.atheists.org/activism/resources/biblical-contradictions/>.

243. Hay denominaciones protestantes que pretenden seguir literalmente la Biblia, pero cada vez menos, y en pocos casos reclaman que cada palabra debe ser interpretada al pie de la letra o que no haya palabras dudosas.

religión en el siglo I,[244] pretenden que la Biblia es infalible,[245] es decir, que no tiene errores en las cuestiones esenciales para la salvación, pero nunca reclamaron la exactitud de todos los detalles secundarios.

Tampoco es verdad (ni los cristianos lo suponen) que haya existido un canon de los libros del Nuevo Testamento completo e indiscutido desde el principio del cristianismo.

Hubo un tiempo en que no estaba claro que los 46 escritos del Antiguo Testamento[246] y los 27 del Nuevo que ahora forman la mayoría de las Biblias fueran los «elegidos», pero desde el tiempo de los apóstoles a los Evangelios ya se les atribuía una autoridad divina. Así lo hace san Pablo,[247] y también san Pedro reconoció las cartas de san Pablo como inspiradas por Dios.[248] Las primeras Iglesias cristianas (Roma, Tesalónica, Antioquía, Corinto, Alejandría) consideraban autoritativos los escritos apostólicos y los intercambiaban con las otras comunidades. San Justino, ya en el año 150, nos confirma que los Evangelios se usaban en la liturgia de la Eucaristía:

> Y en el día llamado domingo todos los que viven en las ciudades o en el campo se reúnen en un lugar y ante ellos se leen las memorias de los apóstoles o las

244. Por ejemplo, san Clemente, muerto en el año 97, en su Carta a los corintios comenta: «Habéis estudiado las Sagradas Escrituras, que son verdad y dadas por el Espíritu Santo» (1 Clemente 45, 1).

245. La infalibilidad de la Biblia es una doctrina seguida por las Iglesias católica, ortodoxa, anglicana y algunas denominaciones protestantes. Otras Iglesias protestantes afirman la doctrina de la inerrancia absoluta, que pretende que la Biblia «no tiene error alguno». En el protestantismo en ocasiones la adhesión a una u otra doctrina depende del pastor o de la Iglesia concreta y existen discusiones dentro de una misma denominación. Por poner un ejemplo, Michael Licona, profesor de Teología evangélico, tuvo que abandonar el Seminario Evangélico del Sur por negar la inerrancia completa de algún pasaje de la Biblia, y al tiempo recibió el apoyo de conocidos teólogos evangélicos (William Lane Craig y Gary Habermas).

246. Los 46 libros del Antiguo Testamento están aceptados por la Iglesia católica, la Iglesia ortodoxa y las Iglesias orientales. Estas últimas añaden otros cinco libros, mientras que muchas denominaciones protestantes consideran solo 39. Pero todas las Iglesias cristianas coinciden en los 27 libros del Nuevo Testamento.

247. San Pablo, en 1 Timoteo 5, 18, equipara una cita del Deuteronomio (25, 4) con una de san Lucas (10, 7).

248. En 2 Pedro 3, 15-16 habla de «todas las cartas» de san Pablo y las equipara a las Escrituras.

escrituras de los profetas mientras el tiempo lo permite. Luego cuando el lector termina, el presidente exhorta e instruye [...], después nos ponemos de pie y rezamos.

Asimismo, nos explica qué es la Eucaristía:

Y esta comida es llamada entre nosotros Eukaristia, que nadie puede compartir salvo quien crea que las cosas que enseñamos son verdad [...] puesto que no recibimos pan común ni bebida común, sino a la manera como Jesucristo, nuestro Salvador, habiéndose encarnado por la Palabra de Dios, tuvo cuerpo y sangre para nuestra salvación, del mismo modo como nos han enseñado, la comida que se ha convertido en Eucaristía por la oración de Su Palabra, y que por su transmutación alimentan nuestra carne y sangre, es el cuerpo y la sangre de Jesús encarnado.[249]

Uno, que es cristiano, no puede sino conmoverse al comprobar cómo dos mil años después continuamos los seguidores de Cristo celebrando aquello que ya festejaban nuestros primeros padres.

San Ireneo,[250] en el siglo II en *Adversus Haereses*,[251] ya habla del tetramorfo, los cuatro Evangelios, los menciona con los nombres de sus autores y alude a todos los libros del Nuevo Testamento que se encuentran en las Biblias actuales.[252] «Del testimonio de san Ireneo no queda duda razonable sobre que el canon de las Escrituras fue fijado inalterablemente en la Iglesia católica en el último cuarto del siglo segundo».[253] Este testimonio viene corroborado por el canon Muratori. Tertuliano, también en el siglo II, se hace

249. San Justino, *op. cit.*, I, pp. 66 y 67. El término *memorias* quiere designar a los Evangelios, y afirma que fueron escritas por los apóstoles. Se puede consultar en inglés en <https://www.earlychristianwritings.com/>.

250. Nacido entre los años 115 y 125 en Asia, fue obispo de Lyon.

251. Escrito hacia el año 175. Se conserva el Papiro Oxirrinco 405, del año 200. Esta obra, escrita contra las creencias gnósticas, provee evidencia temprana de las creencias de los primeros cristianos: afirma la resurrección física de Jesucristo y el juicio eterno, la presencia real de Jesucristo en la Eucaristía, la supremacía de la Iglesia romana, la virginidad de María, que el Dios del Antiguo Testamento es el del Nuevo Testamento, etcétera.

252. Con excepción de la Epístola a Filemón, la 2 Pedro, la 3 Juan y Judas.

253. *Catholic Encyclopedia*, en la entrada «Canon of the New Testament».

eco de los cuatro Evangelios,[254] de igual modo Taciano el Sirio,[255] que compuso una obra llamada *Diatessaron* hacia el año 160 que armoniza los cuatro Evangelios en una sola narración y demuestra que se pueden usar sin inconsistencias. Orígenes, en el siglo III, admite los 27 libros del Nuevo Testamento como canónicos al tiempo que descarta los Evangelios apócrifos. También fijan los 27 libros del Nuevo Testamento san Atanasio y san Epifanio en el siglo IV. El canon de la Biblia se va fijando gracias a las contribuciones de muchos santos y eruditos cristianos que muestran una insólita coincidencia en lo que consideran digno de incluirse entre las Escrituras. Así en Occidente, san Teófilo de Antioquía, san Clemente de Alejandría (en el siglo II) y san Hipólito de Roma, san Cipriano y san Dionisio de Alejandría (en el siglo III). Y en las Iglesias siria y orientales, san Efrén, san Eusebio, san Cirilo de Jerusalén y san Gregorio Nacianceno (todos del siglo IV).[256]

Finalmente el canon se oficializó en el sínodo de Roma del año 382 presidido por san Dámaso, que dio la lista completa de los libros canónicos del Antiguo y Nuevo Testamento. «El catálogo damasiano presenta el canon completo y perfecto que ha sido el de la Iglesia universal desde entonces».[257] Ese canon fue confirmado en el sínodo de Hipona (393) y en el de Cartago (397) bajo el patronazgo de san Agustín. Si uno observa todas esas fechas en su conjunto llega necesariamente a tres conclusiones:

i) «El proceso de colección y formación del canon del Nuevo Testamento debió ser bastante breve para la mayoría de los libros, por el hecho de que la tradición era clarísima y de todos bien conocida».[258]
ii) Hubo un periodo (posiblemente de unas pocas décadas) en que esos escritos no existían y el cristianismo sí, por lo que durante esas déca-

254. Tertuliano, *Contra Marcionem*, 4, 5; 5, 19.

255. San Taciano (120-180) fue un apologista cristiano discípulo de san Justino. El *Diatessaron* fue escrito en siriaco, se tradujo al latín durante el siglo II y fue usado como suplemento de los Evangelios.

256. Véase *Catholic Encyclopedia*, *op. cit.*; *Apologética católica*, *op. cit.;* Gotquestions.org, entrada «Canon-Bible»; Nemos Library Exploring, LDAB VII, y para las fuentes originales <https://www.earlychristianwritings.com/>.

257. *Enciclopedia Católica*, entrada «Canon del Nuevo Testamento», <https://www.newadvent.org/cathen/03274a.htm>.

258. <https://apologeticacatolica.org/canon/Historia-del-Canon-del-Nuevo-Testamento/>.

das esa religión tuvo que estar basada en la tradición oral y en el magisterio de los apóstoles y sus discípulos. Es decir, el magisterio y la tradición son anteriores a las Escrituras.

iii) El canon oficial del Nuevo Testamento (del siglo IV) es posterior a la existencia de una lista de textos aceptados por la Iglesia (del siglo II) y del uso de esos textos como inspirados. Los sínodos y concilios no seleccionaron los libros canónicos, sino que reconocieron lo que ya estaba aceptado comúnmente.

En definitiva, la lista de los libros incluidos en la Biblia no se produce por una decisión arbitraria de los obispos, o algún papa, o concilio, o el emperador Constantino,[259] sino que la Iglesia identifica de forma unánime unos libros como inspirados y se formalizan como el canon de la Biblia. «Existe el consenso de que los mismos 27 libros que constituyen el canon hoy son los mismos 27 libros generalmente reconocidos en el siglo I».[260] Admito que esta realidad es menos sugestiva que una posible conspiración multisecular de hombres en traje talar manipulando la historia por algún ignorado motivo, pero los hechos son los que son. Y además son muchos hechos.

Dos breves antes de terminar este capítulo.

A. Los Evangelios apócrifos

Los Evangelios apócrifos son aquellos no incluidos en el canon. «Entre las informaciones de los Santos Padres, los conservados por la piedad cristiana y los atestiguados de un modo u otro en papiros, el número de los Evangelios apócrifos conocidos es algo superior a cincuenta».[261] Orígenes de Ale-

259. Constantino el Grande, emperador romano fallecido en el año 337, es el responsable del Edicto de Milán (año 313), según el cual se pasaba a tolerar el cristianismo y cesaban las persecuciones contra los cristianos. Posiblemente por esto Constantino es una de las bestias negras del ateísmo militante, que de forma más o menos solapada aboga por una restauración del paganismo. Por otro lado, Constantino es considerado santo por la Iglesia ortodoxa y su festividad se celebra el 21 de mayo.

260. Everett Ferguson, *Church History*, Zonderban Academic, 2013.

261. Francisco Varo *et al.*, «Jesucristo y la Iglesia», en Opusdei.org, 2006, p. 21. Textos compuestos por profesores de Teología de la Universidad de Navarra. 1

jandría (muerto en el año 245) ya decía: «La Iglesia tiene cuatro Evangelios, los herejes muchísimos».

Hay dos razones para su aparición. Por un lado, los Evangelios canónicos dejan muchas lagunas sobre la vida de Jesús, sobre la Virgen María y sobre san José. Esas lagunas crearon una natural curiosidad en los cristianos. Los Evangelios apócrifos buscan satisfacer esa curiosidad inventando sucesos (posiblemente con la mejor y más pía intención): «Espíritus emprendedores respondieron a ese deseo natural [de conocer más detalles] mediante pretendidos Evangelios llenos de fábulas románticas y de detalles fantásticos y sorprendentes».[262] Son los apócrifos de origen católico, como el Protoevangelium Jacobi o Evangelio de Santiago, el Evangelio de Gamaliel o de los doce Apóstoles.

Por otro lado, y habida cuenta del éxito del cristianismo y de los textos cristianos, algunos autores vieron la oportunidad de usar el prestigio de Jesucristo y de los apóstoles para difundir sus propias ideas. Siempre pasa. Cuando alguien o algo tiene éxito, surgen los imitadores. Estos Evangelios serían como las «marcas blancas» de los verdaderos. Y tal y como ocurre con esas marcas, unas son mejores y se parecen más al original y otras peores y sería mejor que no las compráramos. Entre estos, están los Evangelios gnósticos de Tomás, de Felipe, de María, de Judas, de María Magdalena, de los Egipcios y de los Hebreos.

Las diferencias entre los Evangelios canónicos y los apócrifos son notables:

a) **Antigüedad.** Los Evangelios canónicos se escribieron unas pocas décadas después de los hechos que narran. Los apócrifos (por ejemplo, los gnósticos encontrados en Nag Hammadi) son del siglo IV.

b) **Lenguaje.** Los Evangelios canónicos tienen un trasfondo arameo. «Encontramos 26 palabras arameas, 130 paralelismos antitéticos, 100 pasivas teológicas y frecuente estructura paratáctica y semitismos [...], en los apócrifos gnósticos no encontramos nada de eso. Están escritos en lengua copta egipcia con léxico neoplatónico absolutamente alejado del arameo».[263]

262. *Catholic Encyclopedia*, entrada «Apocrypha».

263. Para esta y la siguiente cita: Marco Fasol, en *Il Timone*, marzo de 2025. Fasol

c) **El entorno cultural.** En los Evangelios canónicos «los grandes personajes bíblicos son citados una y otra vez: Abraham es mencionado 33 veces, Moisés 37, David 38 e Isaías 13 veces. En los apócrifos gnósticos, en cambio, ¡ni una sola mención!».

B. *Sub tuum praesidium*

En la biblioteca Rylands de Mánchester se encuentra el Papiro 470,[264] descubierto en Egipto y datado en el año 250, en tiempos de las persecuciones de Decio contra los cristianos. Este pequeño fragmento estuvo oculto durante milenios bajo las arenas del desierto hasta que fue encontrado junto con los llamados Papiros de Oxirrinco, cuyo último volumen apareció en 2008. En él se encuentra la primera oración dirigida a la Virgen María pidiendo su intercesión. Llamado comúnmente *Sub tuum praesidium* («Bajo tu amparo») este himno es más antiguo que el Ave María y ha sido rezado y cantado por nuestros antepasados cristianos de las Iglesias orientales y occidentales desde el principio del cristianismo. Son diez líneas perfectamente legibles, trazadas con tinta marrón sobre el papiro. El autor cristiano venera a María como «Theotokos» («Madre de Dios», un título que se le otorgó formalmente dos siglos después, en el año 431 durante el Concilio de Éfeso), la llama «inmaculada» (un dogma proclamado por la Iglesia católica en 1854), se encomienda a ella y le pide su auxilio. Transcribo la oración, al tiempo que aprovecho para hacerla mía mientras la escribo:[265]

Bajo tu amparo
nos acogemos,
Madre de Dios;
no deseches nuestras súplicas
en nuestras dificultades;

---

es profesor de Historia y Filosofía en Verona, y autor de *Gesù di Nazaret. Una storia vera? I Vangeli alla prova della scienza.*

264. En la base de datos Trismegistos 64320 y en LDAB 5541, <https://www.trismegistos.org/text/64320>.

265. Transcripción en griego y traducción al inglés en <https://rickbrannan.github.io/StuffEarlyChristiansRead/data/html/P.Ryl.%20470.html>.

antes bien, líbranos siempre
de todo peligro.
Solo tú eres inmaculada,
la única bendita.

8
Los Evangelios no son contradictorios

> Francamente, cuando los escépticos intentan hacer la afirmación de que no tenemos idea de qué decía el texto original del Nuevo Testamento, uno se pregunta qué es lo que dirige su escepticismo dogmático, porque desde luego no es la evidencia.
>
> DANIEL WALLACE[266]

El Nuevo Testamento comprende veintisiete escritos, llamados comúnmente «libros».[267] Los cinco primeros tienen carácter histórico: los cuatro Evangelios y el libro de los Hechos de los Apóstoles. Los Evangelios son biografías de Jesús, pero no en el sentido moderno. Tratan sobre lo que dijo e hizo en los últimos tres años de Su vida y dedican una parte desproporcionada de su extensión a la última semana antes de la crucifixión. El quinto libro (Hechos de los Apóstoles) es una continuación del Evangelio de Lucas, escrito por el mismo autor: relata hechos ocurridos después de la resurrección de Jesús y presenta la expansión del cristianismo hacia el oeste durante los treinta años posteriores a la muerte de Jesucristo. De los otros veintidós libros, veintiuno son cartas, y de ellas catorce son de Pablo enviadas a comunidades cristianas o a individuos, tres de Juan, dos de Pedro, una de Santiago y otra de Judas. Finalmente

266. «Is What We Have Now What They Wrote Then?» es un extracto del libro *Reinventing Jesus: What The Da Vinci Code and Other Novel Speculations Don't Tell You*, publicado en mayo de 2006, y del que Wallace es coautor. Se puede leer en inglés en Bible.org, <https://bible.org/article/what-we-have-now-what-they-wrote-then>.

267. El canon de la Iglesia católica, con 27 libros, es aceptado por la mayoría de las Iglesias protestantes y ortodoxas. La Iglesia siria acepta solo 22.

está el libro del Apocalipsis, también escrito por Juan. Los hechos que se narran en el Nuevo Testamento comprenden unos treinta años: desde el comienzo de la llamada «vida pública» de Jesús hasta el final de la vida de los apóstoles, mientras que —por ponerlo en perspectiva— el Antiguo Testamento, contado desde la época de los patriarcas, abarca casi 2.000 años.

La objeción de que sean contradictorios sugiere que, aunque los escritores del Nuevo Testamento no son anónimos y son testigos fiables, y aunque podemos asegurar que los libros fueron escritos en tiempos de Jesús y las copias que nos han llegado son fidedignas, no podemos estar seguros de la realidad de Jesús de Nazaret porque esas fuentes tienen sustanciales contradicciones entre sí. Estas contradicciones podrían darse de dos formas.

Por un lado, que los manuscritos que nos han llegado de cada uno de los libros tuvieran contenidos distintos, por lo que no pudiéramos saber con certeza lo que dijo el Evangelio de Lucas originalmente, por ejemplo. Por otro lado, la contradicción se podría dar porque los textos de los Evangelios se desmintieran entre sí (por ejemplo, que en uno Jesucristo hubiera sido crucificado y en otro lapidado), de forma que no pudiéramos saber con certeza qué pasó o qué dijo Jesús.

Lo más probable estadísticamente es que ambas circunstancias hubieran ocurrido en alguna medida. Incluso si hubieran sido escritos por testigos fieles, deberíamos esperar disparidades, aunque no deberían ser sustanciales. (Por ejemplo, le aseguro que habrá alguna diferencia entre la segunda edición de este libro —si la hay— y la primera, pero para su tranquilidad, le confirmo que no habrá cambios trascendentales). Por otro lado, si los textos y las doctrinas cristianas hubieran sido formuladas por impostores (gentes que sabían que mentían, no personas honestas que acaso estuvieren equivocadas), tales contradicciones se podrían constatar y serían esenciales. «La mentira tiene patas cortas», dice el refrán español. Y si los hechos narrados en los Evangelios no hubieran realmente ocurrido, resultaría imposible poner de acuerdo a centenares de falsos supuestos testigos oculares, que son los que estuvieron involucrados en la confección de los primeros libros del Nuevo Testamento y sus copias. Veamos los hechos.

A) Hay conformidad entre los manuscritos existentes de cada libro del Nuevo Testamento

Por si usted no lo sabía (y supongo que no y tampoco tenía por qué), hay 138.000 palabras en el Nuevo Testamento en su versión griega clásica, los académicos han contado más de 200.000[268] variantes textuales en los manuscritos y algunos llegan a duplicar esa cifra.[269]

«Las variantes textuales son diferencias en las palabras encontradas en un manuscrito o en un grupo de manuscritos y que está en desacuerdo con el texto original».[270] Incluyen cualquier variación, es decir, errores ortográficos, falta de una letra, cambio de orden en las palabras. Así, podemos estimar que hay más de dos variantes por cada palabra del Nuevo Testamento. Esto parece contradecir el título de este capítulo, y ha sido usado por autores ateos con la aparente intención de socavar la confianza de los creyentes en las Escrituras. Bart Ehrman escribe: «¿De qué sirve decir que los originales eran textos inspirados? ¡No tenemos los originales! Solo tenemos copias cargadas de errores [...], ¡hay más variaciones entre los manuscritos que palabras en el Nuevo Testamento!».[271] Pero Ehrman dice exactamente lo contrario en otro libro, que además apareció publicado el mismo año en el que manifestó lo anterior:[272] «Además de la evidencia textual derivada de los manuscritos griegos del Nuevo Testamento y de versiones antiguas, el crítico textual compara numerosas citas de las escrituras usadas en comentarios, sermones y otros tratados escritos por los padres antiguos de la Iglesia. De hecho, estas citas son tan extensas

268. Eberhard Nestle, estudioso alemán fallecido en 1913, autor del *Novum Testamentum Graece*, Institute for the New Testament Textual Research, 2012 (actualmente en su 28.ª edición).

269. Tim Barnett, «Textual Variants. It's the Nature, not the Number, that Matters», Stand To Reason, 24 de mayo de 2016.

270. Definición propuesta por Daniel Wallace en «The Number of Textual Variants. An Evangelical Miscalculation», 9 de septiembre de 2013, <https://danielbwallace.com/>.

271. Bart Ehrman, *Misquoting Jesus. The Story Behind Who Changed the Bible and Why*, San Francisco, Harper, 2005, p. 7.

272. Siempre he creído que la capacidad de decir una cosa y la contraria a un tiempo, dependiendo de lo conveniente, constituye una ventaja a corto plazo que se convierte en un perjuicio severo y una losa colosal para la reputación de un autor a medio plazo. Ehrman muy posiblemente no está de acuerdo conmigo.

y abundantes que incluso si todas las otras fuentes sobre el conocimiento del texto del Nuevo Testamento fueran destruidas, serían suficientes para reconstruir prácticamente el Nuevo Testamento entero».[273] Dicho de otro modo, podemos saber con certeza lo que ponía en el Nuevo Testamento original y podríamos saberlo incluso sin los manuscritos griegos existentes.

La realidad es que «el Nuevo Testamento es el documento más fiable de la Antigüedad»,[274] y Ehrman tuvo el descuido de omitir —al menos en el primer libro de los citados— lo siguiente:

a) El número de variantes es mayor cuanto mayor sea el número de manuscritos. Por lo tanto, decir que hay cientos de miles de variantes (lo que es cierto) sin recordar que hay decenas de miles de manuscritos (lo que explica mucho de ello) no parece un prodigio de rectitud intelectual. Si usted copia este libro a mano dos veces, con seguridad existirán variantes textuales (seguro que omite una tilde o se salta una palabra). Por el contrario, si solo queda un original, resulta imposible que haya ninguna variante.

b) Cuantos más manuscritos existan, más precisa y segura será la reconstrucción del texto original. Si usted tiene cinco cajas del mismo puzle, aunque falten algunas piezas en alguna de las cajas, podrá complementarlo con las de las otras. En el caso del Nuevo Testamento no es que tengamos el 90 por ciento del texto original y nos falte un 10 por ciento que debamos completar o adivinar, sino que más bien tenemos un 120 por ciento del texto original y nuestro problema es menor. Simplemente es necesario separar el grano de la paja, algo bastante más sencillo.

c) Además, «el mayor número de las variantes textuales, muy por encima de la mitad de ellas, se refieren a diferencias de ortografía. No afectan en nada al texto»;[275] «el siguiente mayor grupo de variantes son aquellas que se refieren a sinónimos. Variantes como "Cristo Jesús" en lugar de "Jesu Cristo" pueden tener un énfasis ligeramente distinto, pero nada con consecuencias». Luego hay variantes que simplemente no son «viables», no se consi-

273. Metzger y Ehrman, El texto del Nuevo Testamento, Nueva York, Oxford University Press, 2005, p. 126. Metzger fue un profesor estadounidense del Seminario Teológico de Princeton, editor de la American Bible Society y uno de los académicos más prestigiosos en estudios bíblicos. Falleció en 2007.

274. Barnett, *op. cit.*

275. Wallace, *op. cit.*, para esta y las dos siguientes citas.

deran posibles porque, por ejemplo, proceden de manuscritos dudosos. Y finalmente, «menos de una quinta parte de un 1 por ciento de las variantes textuales, que son viables y con algún valor» (es decir, menos del 0,2 por ciento), pero incluso ese pequeño grupo «no afecta nada teológicamente».

Otra consideración es que en griego clásico existen enormes cantidades de variantes ortográficas o sintácticas legítimas de una misma palabra, sin que cambie el concepto. Por ejemplo, se puede cambiar el orden de las palabras en una frase, muchas palabras tienen varias ortografías posibles y se puede incluir o no el artículo en los nombres propios, etc. Un autor ha tenido la paciencia de listar las 384 maneras en que se puede escribir la frase «Juan ama a María» en griego, incluyendo conjunciones que normalmente no se traducen y ello sin que cambie el significado en absoluto.[276]

En 2019 se comparó con un programa informático el contenido de todos los manuscritos en griego que tienen el Evangelio de san Juan, digitalizados en el INGTP.[277] Son 31 papiros que datan del siglo II hasta el siglo VII. Se realizó un cálculo de distancia de pares verso a verso y se concluyó que no había ninguna diferencia significativa entre los papiros del siglo II y los de los siglos VI y VII, y que el Evangelio de san Juan «no ha cambiado».[278] Luego se compararon los textos de 127 manuscritos incluidos en el INGTP que desde el siglo II hasta el XVI contienen uno de los versículos más significativos del Evangelio de Juan (3, 16): «Porque tanto amó Dios al mundo, que entregó a su Unigénito, para que todo el que cree en Él no perezca, sino que tenga vida eterna». Este fragmento recoge parte de la esencia y de la promesa del cristianismo. Después se escribió un software para comparar la secuencia de los caracteres y las similitudes y diferencias de cada una de las letras, y el resultado es que

276. Daniel Wallace, conferencia citada, min. 50:37. Si se excluyen las conjunciones, las alternativas son 96.

277. International Greek New Testament Project promueve la colaboración internacional de estudiosos de numerosos países. Creado en 1929 para recoger y estudiar todos los manuscritos clásicos de los textos neotestamentarios, <http://www.igntp.org/>. Y la edición online del Evangelio de san Juan, en <https://itseeweb.cal.bham.ac.uk/iohannes/transcriptions/>.

278. «Exploring LDAB. Computational Textual Criticism», en Nemo's Library, actualizado el 12 de mayo 2019, <https://nemoslibrary.com/2019/04/16/exploring-ldab-x-computational-textual-criticism/>.

son exactas en «más del 95 por ciento de los manuscritos existentes» y que no había ninguna diferencia significativa.[279]

En conclusión, «el Nuevo Testamento es puro en más de un 99 por ciento. En todo el texto de 20.000 líneas, solo 40 líneas presentan alguna duda (400 palabras) y ninguna de ellas afecta a ninguna doctrina significativa».[280] Una vez más, cuando leemos a autores escépticos tenemos la sensación de que estamos tratando con niños mimados que, más que asombrarse por lo mucho que tienen (y que es inaudito), buscan sin descanso alguna rendija por la que manifestar su incredulidad. Pero es sorprendente la abundancia de manuscritos del Nuevo Testamento que ha llegado hasta nuestros días, su excepcional antigüedad y la uniformidad de sus textos. Un observador imparcial, tras comparar las Escrituras con cualquier otro texto antiguo, necesariamente concluirá que «parece que los resultados históricos hayan sido preparados a propósito».[281]

B) No hay contradicciones de importancia entre los libros del canon del Nuevo Testamento

> Hay suficientes discrepancias como para revelar que no pudo existir concierto previo entre ellos (los evangelistas) y al mismo tiempo tal acuerdo sustancial como para mostrar que todos eran narradores independientes de los mismos sucesos.
>
> SIMON GREENLEAF[282]

A veces la cristianofobia de algunos resulta evidente por falta de lógica interna en sus argumentos. No son pocos los que acusan a las Escrituras de ser

279. Una de las diferencias es que algunos manuscritos usan la preposición εις y otros la preposición επ entre las palabras πιστεύων ('creer') y αὐτὸν ('él'). Pero son sinónimas y se traducen por «en». «Exploring LDAB. John 3:16 Through History», en Nemo's Library, *op. cit.*

280. Gregory Koukl, «Misquoting Jesus? Answering Bart Ehrman», *Stand to Reason*, 9 de enero de 2010.

281. Parafraseo la frase de Fred Hoyle «Parece que las leyes de la física nuclear se han formulado a propósito».

282. *The testimony of the Evangelists*, Grand Rapids, Baker, 1984, citado por Strobel, *op. cit.*, p. 48.

«manipuladas», porque suponen que se ha deformado su contenido original, y al mismo tiempo denuncian que esas mismas Escrituras se contradicen. La respuesta obvia es que si alguien hubiera manipulado los Evangelios, lógicamente habría hecho desaparecer las contradicciones. Esa forma de razonar de los acusadores demuestra que el origen de muchas recriminaciones es más bien un *a priori* dogmático (el cristianismo es falso y —posiblemente— perverso) y su manifestación no busca encontrar la verdad, sino que obedece a un objetivo ideológico («Écrasez l'infâme»).[283]

Lo lógico es que hubiera contradicciones entre los libros de la Biblia y del Nuevo Testamento (en particular), como en todas las narraciones históricas. Por ejemplo, Plutarco[284] escribió la biografía de Julio César, que contiene discordancias con la semblanza del mismo narrada por Suetonio[285] (contemporáneo suyo) y con los propios libros autobiográficos de Julio César.[286] Aún más: Plutarco escribió otras biografías de personajes coetáneos de Julio César (Pompeyo, Craso, Marco Antonio, Bruto, Cicerón) y en ellas se encuentran hasta 36 historias repetidas. Pues bien, en 30 existen diferencias en lo narrado. Y eso que son todas del mismo autor.[287]

Por lo tanto, no es extraño encontrar aparentes contradicciones entre los libros de la Biblia (lo sospechoso habría sido lo contrario). Más ejemplos. En el Antiguo Testamento: el rey Ocozías tenía veintidós años cuando inició su reinado, de acuerdo con el segundo libro de los Reyes 8, 26, y cuarenta y dos de acuerdo con el segundo libro de las Crónicas 22, 2. También es cierto que la edad de Ocozías es irrelevante a todos los efectos, mientras que el resto del relato y en todo lo que es sustancial coinciden ambos libros: reinó solo un año, su madre se llamaba Atalía, era una mujer perversa, hizo la guerra a Siria, fue un rey que se alejó de Dios, etcétera. Igualmente parece

283. «Aplasta a la infame», frase acuñada por Voltaire que se refiere a la voluntad y deseo de acabar con la religión y con la Iglesia. Un *leitmotiv* del ateísmo y del paganismo desde el año 30.

284. Plutarco fue un historiador, biógrafo y filósofo griego (46-120). Su obra más conocida es *Vidas paralelas*, un conjunto de 23 pares de biografías.

285. Suetonio, *Vida de los doce césares*, escrito en el año 121, un año antes del fallecimiento del autor.

286. Julio César, *Comentarios sobre la guerra de las Galias y sobre la Guerra Civil.*

287. Michael Licona en una entrevista con Trent Horn, teólogo, filósofo, bioético y apologista católico, en *Catholic Answers*, n.º 3, marzo de 2020.

contener algún error factual; por ejemplo, en el primer libro de los Reyes, Jirán por orden del rey Salomón «fundió el mar de metal que medía diez codos de diámetro, cinco de altura y treinta de circunferencia» (1 Reyes, 7, 23), lo que es matemáticamente imposible (π no era 3 tampoco en tiempos del rey Salomón). Pero hay que recordar que la Biblia no pretende ser un manual de matemáticas, usa redondeos y aproximaciones y sus autores manejan el lenguaje común, como haríamos todos normalmente.

Aunque en el Nuevo Testamento hay muchas menos posibles contradicciones, también se le acusa de tener discordancias y errores. En este asunto —como en casi todos en la vida— conviene aplicar el sentido común y considerarlo con ponderación y sensatez. Hay que examinar si las presuntas contradicciones son tales y también si lo son sustancialmente, porque de las accesorias están repletas toda la historia y cada historia.

Estos son los principales ejemplos que se utilizan para cuestionar la credibilidad de las Escrituras:

a) La cronología de los Evangelios no coincide exactamente, hay sucesos que cambian de orden y otros que no son narrados por todos los Evangelios.

b) Los cristianos proclaman que Jesús fue el hijo único de María, pero las Escrituras hablan de los «hermanos de Jesús».[288]

c) Parece haber dos genealogías distintas de Jesús, la escrita por Mateo y la de Lucas, que incluyen nombres diferentes (Mateo 1, 1-16 y Lucas 3, 23-38).

d) En una historia que concierne a varios endemoniados de la región de los gerasenos, Mateo menciona a dos, pero Marcos y Lucas solo a uno. (Mateo 8, 28-34; Marcos 5, 1-20, y Lucas 8, 26-30).

e) Durante la mañana de la supuesta resurrección de Jesús, los cuatro Evangelios constatan apariciones angélicas a las mujeres que van al sepulcro vacío, pero Mateo y Marcos dicen que las mujeres vieron uno, mientras que Lucas y Juan reportan que vieron dos ángeles. (Mateo 28, 2-7; Marcos 16, 4-7; Lucas 24, 2-8, y Juan 20, 12-13).

f) Esa misma mañana, después de que María Magdalena informara de que la tumba estaba vacía, Juan nos dice que Pedro y él fueron corriendo al

288. Por ejemplo, en Juan 2, 12: «Después bajó a Cafarnaúm con su madre y sus hermanos y sus discípulos, pero no se quedaron allí muchos días».

sepulcro, mientras que Lucas solo menciona a Pedro. (Juan 20, 2-9 y Lucas 24, 12).

g) Cuando muere Judas, Mateo nos dice que el discípulo traidor «se marchó; y fue y se ahorcó», mientras que el libro de los Hechos de los Apóstoles dice que Judas, «cayendo de cabeza, reventó por medio y se esparcieron todas sus entrañas» (Mateo 27, 5 y Hechos 1, 18).

h) Y para finalizar, uno de los sucesos más conocidos y discutidos: el episodio de la negación de Pedro y el canto del gallo ocurrido la noche de la pasión. La profecía de Jesús es diferente en los distintos Evangelios: mientras que los de Mateo, Lucas y Juan señalan que Jesús vaticina «Antes de que el gallo cante, me negarás tres veces» (palabras dirigidas a Pedro) (Mateo 26, 34; Lucas 22, 34, y Juan 13, 38), en Marcos la revelación es distinta: «Esta misma noche, antes de que el gallo cante dos veces, tú me habrás negado tres» (Marcos 14, 30). Además, la profecía no parece cumplirse, ya que según Marcos el gallo cantó antes de que Pedro hubiera negado a Jesús tres veces (Marcos 14, 66-68).

Conviene dar un paso atrás para mirar el asunto con perspectiva. Ninguna de esas posibles contradicciones afecta a los principios o dogmas cristianos, ni a ninguno de los acontecimientos por los que esta religión reclama ser de origen divino. Ninguno de los Evangelios pone en boca de Jesús doctrinas distintas o contradictorias; ninguno niega que Jesús fuera el Mesías o que fuera —supuestamente— Dios; ninguno presenta una historia distinta sobre su muerte y todos afirman que resucitó. Contradicciones reales sobre esos puntos creemos que invalidarían el cristianismo y harían que buscáramos —al menos yo— en otro sitio. Pero no son esas las discordancias que encontramos, y sobre las que estamos hablando hay explicaciones muy convincentes.

(Estaba revisando el párrafo anterior y providencialmente releí otro que es posible que lo explique mejor: «Se debe decir que, si fuera realmente imposible demostrar de manera científica la historicidad de las palabras y de los acontecimientos esenciales, la fe perdería su fundamento. Pero, por otra parte, como ya se ha dicho, dada la naturaleza misma del conocimiento histórico, no se pueden esperar pruebas de una certeza absoluta en todos los pormenores»).[289]

289. Benedicto XVI (Joseph Ratzinger), *Jesús de Nazaret II. Desde la entrada en Jerusalén hasta la resurrección*, Madrid, Encuentro, 2011, p. 127.

Veamos algunas posibles explicaciones:

a) **Sobre la cronología de los Evangelios.** Solo Lucas afirma que sigue un orden cronológico exacto (Lucas 1, 3). Los otros evangelistas no pretenden hacer una narración ordenada y tampoco reclaman ser exhaustivos. San Papías[290] explica: «Marcos se convirtió en el intérprete de Pedro y escribió con exactitud todo lo que recordaba. No relató, sin embargo, en orden exacto las palabras y los hechos de Cristo puesto que él no escuchó al Señor ni lo acompañó». Pero después acompañó a Pedro y acomodó sus instrucciones a las necesidades de sus oyentes, sin la intención de proporcionar una narrativa puntual de las prédicas del Señor (Juan 21, 25). Y el propio san Juan explica que ha tenido que seleccionar los hechos que relata: «Muchas otras cosas hizo Jesús. Si se escribieran una por una, pienso que ni el mundo entero podría contener los libros que habría que escribir». Por otro lado, las diferencias cronológicas entre los Evangelios no son determinantes y desaparecen cuando se centran en la semana de pasión, Su crucifixión y pretendida resurrección.

b) **Sobre los «hermanos» de Jesús.** Según la forma de pensar cristiana, los supuestos hermanos serían hermanastros, puesto que José no fue el padre de Jesús. Además, la palabra *hermanos* debe entenderse como parientes: «Las lenguas hebraicas no tenían palabras distintas para designar a los primos, tíos y las tías. Podían describir a un primo como hijo o hija de un hermano o hermano del padre o de la madre, pero era más fácil decir "hermano" y "hermana", y así lo hacían normalmente. Hay numerosos ejemplos en el Antiguo Testamento. Lot, por ejemplo, era hijo de un hermano de Abraham, sobrino suyo pues, pero se le llama hermano (Génesis 14, 14). Labán, que quería *colocar* a sus hijas al infortunado Jacob, era primo del padre de este, pero llama a Jacob hermano (Génesis 29, 15). Más adelante, en el primer libro de las Crónicas (23, 21-22) encontramos a los hijos de Quis casándose con sus "hermanas", lo cual hubiese sido incesto si las tales "hermanas" no hubieran sido en realidad primas, hijas de un hermano de Quis».[291]

290. San Papías fue obispo de Hierápolis, vivió entre los años 60 y 130, posiblemente discípulo del apóstol san Juan y contemporáneo de san Justino Mártir y san Policarpo.

291. Sheed, *op. cit.*, p. 111.

c) **Sobre la genealogía de Jesús.** Hemos encontrado cuatro explicaciones plausibles:[292] 1) Tertuliano sugiere que Lucas da la genealogía según el linaje de José, y Mateo, según el linaje de María; 2) otros —como Martín Lutero— sugieren lo contrario (Mateo, según el linaje de José, y Lucas, según el de María); 3) Julio Africano[293] y san Agustín proponen que Mateo nos da la genealogía según el linaje natural de José (vía Jacob), mientras que Lucas lo hace según el linaje legal (vía Heli), y 4) otros —como Juan Calvino— suponen que es al contrario, que Lucas nos da la genealogía según el linaje natural y que Mateo lo hace según el legal. Pero si existen varias soluciones para una supuesta contradicción y cualquiera resulta suficiente para resolverla, aunque no sepamos cuál es la apropiada, podemos concluir que la contradicción no existe.

d) **Sobre la cantidad de endemoniados en Gerasa y de ángeles en la tumba de Jesús.** No existe contradicción, sino diferencias en los estilos de quienes escriben. Hay personas que ofrecen todo tipo de detalles cuando narran un suceso y otras prefieren comprimir los hechos y concentrarse en lo que consideran esencial. En español tenemos el ejemplo histórico perfecto: Quevedo y Góngora, contemporáneos, geniales ambos y diametralmente opuestos en sus estilos literarios. Así pasa con los evangelistas. Por ejemplo, el episodio del sermón de la montaña Mateo lo relata de manera muy completa (necesita dos capítulos completos), mientras que Lucas lo hace de forma resumida (Mateo 5 y 7; Lucas 6, 17-49). Además, existen otras explicaciones factuales: que Marcos y Lucas solo mencionen a uno de los endemoniados porque solo uno es quien habla, mientras que Mateo y Juan describen la escena completa. Y sobre las mujeres que vieron los ángeles en el sepulcro de Jesús, ningún Evangelio dice que hubiera «un solo ángel» (con lo que no hay contradicción) y entra dentro de lo muy posible que una mujer viera solo uno mientras que otras vieron dos (y quién sabe, a lo mejor había tres o más).

e) **Sobre si fueron Pedro y Juan o solo Pedro al sepulcro después de la**

292. Douglas Huffman, «Are There Contradictions in the Bible?», en Explore the Bible y LifeWay. El señor Huffman es profesor de Nuevo Testamento y vicedecano de Estudios Teológicos de la Talbot School of Theology en la Biola University en California.

293. Sexto Julio Africano (160-240) fue un historiador y filósofo cristiano converso desde el paganismo.

resurrección. Podemos aplicar la misma lógica que en el punto anterior. Yo tengo mi teléfono sobre la mesa de escritorio en este momento, y otro que estuviera aquí podría añadir que además tengo un crucifijo, un reloj y una imagen de la Sagrada Familia. No mentiría él, ni yo tampoco. En este caso Lucas (siempre sucinto), que es quien menciona solo a Pedro, nos dice apenas doce versículos más adelante: «Algunos de los nuestros fueron también al sepulcro y lo encontraron como habían dicho las mujeres; pero a él no lo vieron» (Lucas 24, 24). Habla de «algunos» en plural, como si hubieran ido varios y no solo Pedro, que es lo que nos cuenta Juan.

f) **Sobre la muerte de Judas.** Es posible que ambas cosas sucedieran: que Judas se ahorcara y que, cuando se rompió la cuerda, se destrozara la cabeza. Pero lo relevante coincide en todos los relatos: Judas, abrumado por su traición, se suicidó.

g) **Sobre la negación de Pedro y el canto del gallo.** Este episodio está relatado por todos los Evangelios, como si pretendieran darnos a los cristianos una advertencia adicional, porque lo fundamental es que Pedro negó hasta tres veces a Jesucristo (no una vez y de pasada, sino que reincidió). Considérelo así: si hasta Pedro, que convivió con Jesucristo, fue el primer discípulo y el primer papa, negó a Jesús, cualquier cristiano haría bien en estar prevenido para evitar esa circunstancia.

Pero también existen varias explicaciones coherentes con el momento histórico:

> La expresión *canto del gallo* en aquellos tiempos se refería a un periodo de tiempo específico de la noche, no al canto de un pájaro. Los romanos dividían la noche en cuatro vigilias: el anochecer, la medianoche, el canto del gallo y el amanecer. [...] El mismo Evangelio de Marcos lo señala: «Velad entonces, pues no sabéis cuándo vendrá el señor de la casa, si al atardecer, o a medianoche, o al canto del gallo, o al amanecer» (Marcos 13, 35). Los judíos notaban el cambio entre una vigilia y la otra por el toque de una trompeta al que los romanos llamaban *gallicinium o gallicantum*, que en latín significa «canto del gallo». Este toque de trompetas se realizaba dos veces en la noche («antes de que el gallo cante dos veces»). El primer *gallicantum* era un canto preliminar y se hacía a la medianoche, al comienzo de la tercera vigilia. Era un toque de trompetas más silencioso y menos oído por la gente. Basados en el relato de Marcos, podemos saber que la primera negación de Pedro tuvo lugar pocos minutos antes de las

> doce de la noche (antes del primer *gallicantum*) (Marcos 14, 66-68). Más tarde, cuando terminaba la tercera vigilia y comenzaba la cuarta, los romanos cambiaban la guardia de la fortaleza Antonia de Jerusalén haciendo sonar las trompetas del *secundum gallicantum*. Este era el canto principal, el que los judíos conocían como el «canto del gallo», que marcaba la llegada del amanecer. Nuevamente basados en el relato de Marcos, la segunda y tercera negación de Pedro tuvieron lugar pocos minutos antes de las tres de la madrugada (Marcos 14, 69-72) (antes del segundo canto del gallo). Pedro escuchó precisamente el toque de estas trompetas cuando se acordó de las palabras de Jesús acerca del canto del gallo. Jesús le había profetizado que «antes del amanecer» le negaría tres veces.[294]

Este episodio me permite hacer una observación: la aspiración de presentar los Evangelios como inerrantes y exactos puede provocar que se retuerzan los textos de forma casi ridícula. Un autor, en su intento de hacer coincidir exactamente las distintas narraciones de este episodio, sugiere que Pedro negó tres veces a Jesucristo, luego cantó el gallo, posteriormente volvió a negarle tres veces y entonces el gallo volvió a cantar, con lo que el apóstol habría negado seis veces a Jesús.[295] A nuestro juicio, tres ya fueron bastantes, y es que «hay cientos de pequeños detalles que podemos hacer que encajen en un patrón coherente y fiable, pero no debemos imponer nuestros modernos criterios de precisión sobre un material que nunca pretendió tenerla. Exagerar la importancia de unos detalles de los cuales es muy probable que el autor antiguo no estuviese dispuesto a dar fe es hacer una mala crítica literaria».[296]

En conclusión, no podemos encontrar incoherencias entre los distintos escritos sobre Jesús, nada hay en ninguna de las Escrituras que impugne el resto, no se ven contradicciones ni discordancias de sustancia entre los textos del Nuevo Testamento, y sin embargo sí encontramos las legítimas dife-

294. Marco Antonio Ll., «La negación de Pedro. ¿El gallo cantó una o dos veces?», *Tiempo de Gracia*, 4 de septiembre de 2013, <https://eltiempodegracia.blogspot.com/2013/09/el-canto-del-gallo-y-la-negacion-de.html>.

295. Harold Lindsell, *The battle for the Bible*, 1976, citado por Licona en entrevista citada. Lindsell fue un estudioso protestante evangélico estadounidense fallecido en 1998, y uno de los fundadores del Fuller Theological Seminary.

296. Peter Kreeft y Ronald Tacelli, *Manual de apologética católica*, Universidad Francisco de Vitoria, 2021, p. 257.

rencias que habrían de esperarse si la biografía del mismo individuo hubiera sido escrita por distintos autores. Cuando uno lee y estudia las Escrituras comparándolas y conociendo su contexto y la época y el estilo en que fueron escritas, acaba teniendo la impresión de que «así sería si fuera verdad». Puede que no lo sea, pero no hay nada que permita descartarlo.

Un punto final, casi un consejo. He observado que algunas personas caen en el agnosticismo porque lo que entienden de Dios no coincide con lo que querrían que Dios fuese, y concluyen que Dios no puede existir (casi no tiene derecho a existir). Otras personas podrían alejarse del cristianismo y pensar que la Biblia no está divinamente inspirada porque ellos no la habrían escrito así, o porque suponen que Dios no debería haberla inspirado de esa manera. Detrás de ambas formas de pensar está la soberbia, la creencia de que el ser humano debería poder decirle a Dios qué hacer y cómo comunicarse. La soberbia es (casi) siempre la imperfección (los cristianos lo llaman «pecado») que más aleja de Dios. Pero, aquí la buena noticia, también es redimible.

PARTE III
MENTIROSO

Cien años a partir de mi día no habrá Biblia en la tierra excepto la que sea examinada por un buscador de antigüedades.

FRANÇOIS-MARIE AROUET (VOLTAIRE)[297]

297. Este influyente panfletista francés, virulentamente anticristiano, falleció en 1778. Escribió esta frase en 1776 y, por una ironía de la Providencia, en 1836, menos de sesenta años después de su muerte, su residencia en Ginebra, Les Delices, se utilizaba como un almacén de Biblias para la Sociedad Evangélica, impresas en Ferney, en las mismas imprentas que se usaron para imprimir los libros del prolífico autor. Daniel Merritt, «Voltaire's Prediction, Home, and the Bible Society», Crossexamined.org, 18 de agosto de 2019, <https://crossexamined.org/voltaires-prediction-home-and-the-bible-Society-truth-or-myth-further-evidence-of-verification/>. Aún más: a cien años del día de la predicción de Voltaire, la primera edición de su obra se vendió por once centavos en París, al tiempo que el Gobierno británico pagó al zar de Rusia medio millón de dólares por un antiguo manuscrito de la Biblia. Citado en <Biblia.work/artículos-biblicos>.

9

¿Jesús no se creía lo que decía?

> El martirio no prueba que un mensaje sea verdad; el martirio lo que prueba es que los testigos creían su mensaje.
>
> Gary Habermas[298]

Gran parte de las ideas equivocadas sobre la valoración del contenido de las Escrituras viene de suponer que los Evangelios y los libros del Nuevo Testamento forman parte de un tipo de literatura legendaria o fabulada que narraría hechos que tienen que ver con la realidad pero no son reales. Según esta hipótesis, los Evangelios serían unas narraciones fabuladas de índole popular, algo así como cuentos con moraleja que no pretenden ser tomados literalmente, ni tampoco haber sido reales. *Caperucita Roja* puede ser una historia edificante, pero nadie supone que haya habido un diálogo entre Caperucita y el lobo a cuenta de «sus orejas tan grandes» o «sus piernas tan grandes». Es decir, que lo que se cuenta en las Escrituras es instructivo, ejemplar, sugestivo..., pero mentira.

Existe una versión moderada: los Evangelios cuentan a grandes rasgos la verdad, pero son relatos mitificados, aunque eso no importa puesto que la historicidad no debe ser importante para los cristianos ni para su fe. Lo que vendría a significar algo así como: «Jesús existió y murió crucificado y era un tipo fenomenal y un gran maestro y muchos lo siguieron y escribieron sobre Él, pero como lo admiraban mucho exageraron los hechos o crearon historietas (los milagros no hay por qué creérselos) y dijeron que había resucitado, aunque lo importante es su mensaje y tener fe en Él a pesar de todo».

298. Conferencia en la Universidad de California-Santa Bárbara en 2012, publicada por Veritas Forum, <https://www.youtube.com/watch?v=ay_Db4RwZ_M&t=1110>, min. 1:04:35.

Considere si usted ha pensado (o piensa) que los Evangelios son este tipo de literatura fabulada o seudomítica, y por tanto no había que tomarlos muy en serio. Yo sí, en el pasado, y además estudié esa teoría de profesores presbíteros de universidad católica. La cruda realidad es que esa conjetura sobre las Escrituras es falsa: por un lado, no se corresponde con la intención de los autores, que era relatar lo que ocurrió, y por otro, se ha visto impugnada por los descubrimientos documentales y arqueológicos que confirman los testimonios de los evangelistas. Es una hipótesis trasnochada (tiene su origen en teorías superadas de algunos teólogos protestantes alemanes del siglo XIX y principios del XX)[299] y contraproducente (aunque haya sido formulada con la mejor de las intenciones. Por la misma época se aconsejaba fumar tabaco para mejorar la salud).

Muchas veces esa forma de pensar tiene su origen en el intento de salvar la fe, en previsión de evidencias en contra que habrían de aparecer en el futuro. En la base de esa teoría está el falso mito de que los descubrimientos científicos contradicen a Dios (cuando ha resultado exactamente lo contrario),[300] una especie de complejo de inferioridad ante la ciencia y un miedo a sus avances. Rudolf Bultmann, cuando explicaba por qué desistía del Jesús histórico, decía: «Es imposible restaurar a su estado original una imagen pasada por pura determinación [...] ahora que todo nuestro pensamiento está irrevocablemente formado por la ciencia».[301] Proponer que los Evangelios son meras fábulas fue un intento de salvar la fe de aquellos que suponían que la ciencia acabaría desmintiendo los milagros y la resurrección. Como consecuencia, esos autores pretendieron anticiparse a lo que creían iba a suceder y arrojaron los hechos y la historia de Jesús por el desagüe. Algo así como suicidarse por miedo a perder la vida.

San Pablo aseguró: «Si Cristo no ha resucitado, vana es nuestra predicación y vana también vuestra fe; más todavía: resultamos unos falsos testigos

299. Karl Martin Kähler (1835-1912), Karl Ludwig Schmidt (1891-1956), profesor de la Universidad de Basilea, y Rudolf Bultmann (1884-1976), profesor de la Universidad de Marburgo.

300. González-Hurtado, *op. cit.*

301. Rudolf Bultmann, *New Testament and Mythology and Other Basic Writings*, Ogden Schubert Miles, 1928-1989, p. 3, en Archive.org. Bultmann fue un teólogo protestante alemán muy influyente a principios del siglo XX que defendía que el análisis histórico del Nuevo Testamento era innecesario.

de Dios» (1 Corintios 15, 14-15), pero el señor Bultmann dijo: «Si alguien descubriese mañana los huesos del cadáver de Jesús en un enterramiento en Palestina, todo lo esencial del cristianismo se mantendría inalterado».[302] Esta no es sino una forma sofisticada de la «fe del carbonero» (creer ciegamente y sin exigir razones), y es posible que satisfaga a algunos,[303] pero lo lógico es que la fe que sea razonable,[304] y por eso estudiamos los avances científicos con la confianza de quien sabe que son nuevos indicios dejados por el Señor para guiarnos hacia Él. Y esta confianza se ve confirmada por las evidencias una y otra vez. Hemos llegado a la conclusión de que el cristianismo es de una razonabilidad impecable, y por ello los cristianos harían bien en ser exigentes con las evidencias de su fe, puesto que, si esa creencia es verdadera, las pruebas necesariamente la corroborarán.

La realidad es que los Evangelios son y pretenden ser unas biografías de Jesús, pertenecen al género de biografías clásicas antiguas, describen la vida de Jesús y presentan hechos reales.

En 2018 culminaron «veinticinco años de discusión sobre el género exacto de las Escrituras».[305] Ese año apareció la tercera edición del libro *What Are the Gospels? A Comparison with Graeco-Roman Biography* (¿Qué son las Escrituras? Una comparación con las biografías grecorromanas),[306] que produjo «una revolución tranquila en el entendimiento de los estudiosos sobre el género en que están escritos los Evangelios».[307] El

302. Citado por Kreeft y Tacelli, *op. cit.*, p. 254.

303. Mi recomendación para cualquiera que tenga fe en Jesucristo y que no necesite evidencias para ello es que la mantenga, pero que sepa que las evidencias a favor de esa fe aumentan a medida que aumentan los descubrimientos científicos, arqueológicos, etcétera.

304. Una fe no razonable es una contradicción en los términos, puesto que demandaría un Dios no racional, lo que no es posible. A mi juicio, este apotegma excluye como verdaderas muchas de las religiones existentes.

305. Judith A. Diehl, en la revisión de la obra de Burridge publicada en *The Catholic Biblical Quarterly*, The Catholic University of America Press, vol. 82, n.º 2, abril de 2020. Diehl es profesora de Nuevo Testamento en el Seminario Evangélico Protestante de Denver.

306. Richard A. Burridge, *What Are the Gospels? A Comparison with Graeco-Roman Biography*, Waco, Baylor University Press, 2018. Burridge, nacido en 1955 en Inglaterra, fue decano y director de estudios de Nuevo Testamento en el King's College en Londres.

307. Steve Walton, «What Are the Gospels? Richard Burridge's Impact on Scholarly

autor, Richard Burridge, un presbítero en la Iglesia de Inglaterra, demostró que las Escrituras deben leerse como biografías y que pertenecen a ese género literario y no al de literatura fabulosa o mítica producto de tradiciones orales. Burridge compara rigurosamente los Evangelios con otras obras literarias desde el siglo v a. C. hasta el final del Imperio romano, y establece los criterios estrictos por los que podemos asegurar que una obra pertenece a un género u otro (basándose en características internas, externas, de apertura, tipos de sujeto, verbos, etcétera). Para su estudio considera las intenciones de los autores y otros factores externos e internos, y con ayuda del análisis informático compara los textos de los Evangelios con los de otras biografías clásicas; observa la frecuencia en que aparecen nombres[308] y verbos, o cuánto espacio se dedica a determinado aspecto de la historia del personaje, para encontrar patrones comunes en las obras del mismo género literario. «Concluye con seguridad —y también me ha convencido a mí— que ha descubierto unas características familiares para el género diverso y flexible [de biografías clásicas]».[309] Y como consecuencia de su estudio y de otros posteriores,[310] «la teoría biográfica es actualmente la más aceptada mayoritariamente sobre el género [literario] de las Escrituras».[311] Es decir, que los evangelistas escribieron biografías de Jesús que pretendían ajustarse a los hechos reales de Su vida. No lo hicieron como lo hubiera hecho un biógrafo moderno, sino como sus contemporáneos historiadores.[312]

Understanding of the Genre of the Gospels», Currents in Biblical Research, 2015, vol. 14(I). Walton es presbítero de la Iglesia de Inglaterra y profesor de Nuevo Testamento en el Trinity College en Bristol.

308. Por ejemplo, el nombre de Catón aparece en el 42,5 por ciento de todas las frases de la biografía de Plutarco.

309. James Morrison, revisión de la 2.ª edición de la obra de Burridge, en *Bryn Mawr Classical Review*, 31 de mayo de 2005. Morrison es el Stodghill Professor of Classics del Centre College en Estados Unidos.

310. Por ejemplo, Michael Licona, *Why Are There Differences in the Gospels? What Can We Learn from Ancient Biography?*, Oxford University Press, 2017. Licona es profesor de Nuevo Testamento en la Houston Christian University. En esta obra estudia noventa biografías antiguas que datan de un periodo comprendido entre 150 años antes y después de Jesucristo, analiza en detalle 48 de ellas debidas a Plutarco y concluye que los Evangelios son escritos del mismo género.

311. Diehl, *op. cit.*

312. Por ejemplo, todas las biografías clásicas comparadas eran en prosa narrada y

Considere lo siguiente: cuando un cristiano actualmente muere por su fe y dando testimonio de ella,[313] está muriendo porque cree que el testimonio de los primeros apóstoles es veraz; muere por una idea, por unas creencias. Pero los primeros apóstoles no mueren por eso. No dan su vida por algo que creen, sino por algo que saben, por algo que han vivido, por Alguien a quien han conocido, y son los únicos mártires del cristianismo (y realmente de cualquier religión) que mueren por dar testimonio de una persona y un hecho relacionado con ella: Su (presunta) resurrección.[314]

A lo largo de los siglos y hasta la fecha, cuando cualquier autoridad tortura a un convicto, lo hace generalmente con el objetivo de obtener una confesión y de que manifieste lo que oculta; paradójicamente con los cristianos ocurre exactamente lo contrario: se les tortura y ejecuta para que no testifiquen lo que saben.

Cuando escribo esto es de día, pero no daría mi vida por sostener esa

---

de extensión mediana, entre 10.000 y 25.000 palabras, al igual que los Evangelios, que tienen entre las 11.000 del Evangelio de Marcos y las 19.000 del de Lucas.

313. Solo esta frase, que recoge una realidad muy frecuente, debería hacernos pensar: ¿por qué nadie va a tener que perder su vida por una creencia religiosa? En el siglo XXI se han asesinado a 160.000 cristianos al año (The Esther Project; World Christian Database); 380 millones de cristianos sufren discriminación y persecución por razón de su fe (Open Doors), y la persecución ha empeorado en los últimos años (Ayuda a la Iglesia necesitada, ACN, octubre de 2024), sobre todo por parte de Gobiernos de ideología atea y comunista (China, Corea, Cuba, Nicaragua...) y en países de mayoría musulmana e hindú.

314. Esto es algo único del cristianismo. En ninguna otra religión el fundador y todos los primeros seguidores son asesinados. Además, lo son con la sola intención de acallar su mensaje. Hemos estudiado a los principales mártires budistas, musulmanes e hindús, y son categorías esencialmente distintas (sin desmerecer a ninguno): fueron asesinados en luchas por el poder o por razones políticas, y por otros miembros de la misma religión en su inmensa mayoría. Por ejemplo, Alí, yerno de Mahoma, primer imán para los chiíes, asesinado por Ibn Muljam después de una batalla entre sectas musulmanas; o su hijo Hasan ibn Alí, segundo imán, envenenado por Mu'awiya, el califa que lo había destronado; o Husayn ibn Alí, hermano del anterior y tercer imán, muerto por una flecha en una batalla contra la dinastía omeya por el control del califato; o Alí al Sajjad, hijo del anterior, cuarto imán para los chiíes, envenenado por el califa Al-Walid o su propio hermano Hisham. En cuanto a los mártires judíos, tienen una similitud con los cristianos, suelen ser asesinados por el mero hecho de existir, de ser. Como si esa sola existencia ofendiera a los victimarios.

verdad. Si alguien se empeña y me amenaza gravemente, estoy dispuesto a conceder que es noche cerrada. Pero resultaría absurdo (e inverosímil *a posteriori*) que yo aceptara dar mi vida por afirmar que hay oscuridad a mi alrededor, algo que puedo observar que es mentira. Y esto que se refiere a mí y ahora se puede aplicar a todos en cualquier tiempo (al menos en esto no soy «raro» ni excepcional). Jesucristo, los evangelistas y los apóstoles murieron por proclamar el Evangelio. Esto necesariamente demuestra que creían que no mentían y que esas verdades eran muy importantes para ellos. Si hubieran sabido que eran falsas sus afirmaciones o hubieran pensado que no eran valiosas, se habrían retractado ante la amenaza cierta de perder la vida, pero ni Jesucristo ni ninguno de los apóstoles lo hizo.

Después de la crucifixión de Jesús, Santiago fue el primer apóstol en morir, en el año 41, decapitado en Jerusalén. [315] San Pedro fue crucificado bocabajo en Roma (Hechos 12, 3) unos veinte años después, durante la persecución de Nerón, al mismo tiempo que san Pablo, que fue decapitado también en Roma. San Andrés, el hermano mayor de Pedro que fue el primero en ser llamado por Jesús, también murió en una cruz en forma de X en Patras, Grecia. Los parientes de Jesús san Simón y san Judas fueron martirizados en Persia, san Simón cortado con una sierra de leñador y san Judas apaleado. El hermano de este último, Santiago el Menor, primer obispo de Jerusalén, murió arrojado desde el pináculo del templo en aquella ciudad y lapidado cuando agonizaba.[316] San Felipe murió en Hierápolis, en la actual Turquía, lapidado y crucificado bocabajo. San Bartolomé (también llamado Natanael) fue desollado vivo en Armenia por el rey Astiages en el año 72. San Mateo fue martirizado en Etiopía hacia el año 65, no se sabe con seguridad si decapitado, lapidado o quemado vivo. Santo Tomás fue acuchillado y lanceado en la costa de Coromandel, en la India, y luego trasladado a Edesa, donde había predicado. San Matías, el que reemplazó a Judas en los doce, murió crucificado en Sebastópolis, en Cólquida, actual Turquía. Finalmente, san Juan el apóstol y evangelista fue el único que no murió mártir, aunque sí fue torturado. Falleció en Éfeso tras su exilio en Patmos a edad avanzada, hacia el año 98.[317]

315. Fue mandado asesinar por Herodes Agripa. Hechos 12, 1-3.

316. Hechos 15.

317. La información sobre el martirio de los apóstoles, en *Catholic Encyclopedia*;

No resulta verosímil que primero Jesucristo y luego los apóstoles hayan sido martirizados por sostener algo que sabían mentira y que solo con callar les hubiera evitado esa muerte. De hecho, la hipótesis de Jesucristo como mentiroso no está sostenida por autor alguno,[318] ni siquiera por sus enemigos: «Cristo fue profundamente honesto y estaba convencido de la verdad de cada palabra que pronunció».[319] Y esto lo reconoce —probablemente a regañadientes— William Hirsch, frenético ateo y anticristiano.

Además, Jesús realizó unas afirmaciones y enunció unas promesas que eran (y son) poco atractivas, difíciles de aceptar, y que parecen diseñadas por el antimarketing,[320] pero que hasta donde se pueden comprobar han resultado ciertas. Prometió a sus seguidores repetidas veces que serían perseguidos: «Recordad lo que os dije: "No es el siervo más que su amo". Si a mí me han perseguido, también a vosotros os perseguirán» (Juan 15, 20). «Por otra parte, todos los que quieran vivir piadosamente en Cristo Jesús serán perseguidos» (2 Timoteo 3, 12). «Si el mundo os odia, sabed que me ha odiado a mí antes que a vosotros. Si fuerais del mundo, el mundo os amaría como cosa suya, pero como no sois del mundo, sino que yo os he escogido sacándoos del mundo, por eso el mundo os odia» (Juan 15,18-19). «No tengas miedo de lo que vas a padecer. Mira, el diablo va a meter a algunos de vosotros en la cárcel» (Apocalipsis 2, 10-11). «Cuando estábamos con vosotros, os decíamos ya que nos esperaban dificultades, y sabéis que así ocurrió» (1 Tesalonicenses 3, 4); que enviaba a sus seguidores «como ovejas entre lobos» (Mateo 10, 16) y para colmo les decía que quienes sufrieran todo lo anterior serían «bienaventurados vosotros cuando os insul-

---

«How did the apostles die?», en Catholicism.org; «¿Cómo murieron los apóstoles?», en Catholic.net; Iglesiaehistoria.com; Catholic Answers; Catholicheroes.com; New Advent, *Catholic Encyclopedia.*

318. Aceptamos que haya alguien que sostenga esta teoría, pero no lo he encontrado en ninguno de los miles de libros, documentos y autores consultados.

319. W. Hirsch, *Religion and Civilization*, Nueva York, Truth Seeker, 1912, p. 94.

320. Algo poco considerado es esta doble paradoja en Jesús. Por un lado, gran parte de su mensaje parece diseñado para no conseguir muchos seguidores (y esta parte de su mensaje es radicalmente distinta de la de otros posibles guías espirituales que prometen éxito o sabiduría o algún tipo de iluminación) y por otro — a pesar de ello—, es el fundador de la religión que cuenta con el mayor número de seguidores del mundo, y la persona con mayor influencia en toda la historia.

ten y os persigan y os calumnien de cualquier modo por mi causa» (Mateo 5, 11). «Al contrario, estad alegres en la medida que compartís los sufrimientos de Cristo, de modo que, cuando se revele su gloria, gocéis de alegría desbordante. Si os ultrajan por el nombre de Cristo, bienaventurados vosotros, porque el Espíritu de la gloria, que es el Espíritu de Dios, reposa sobre vosotros. Así pues, que ninguno de vosotros tenga que sufrir por ser asesino, ladrón, malhechor o entrometido, pero si es por ser cristiano, que no se avergüence, sino que dé gloria a Dios por este nombre» (1 Pedro 4, 13-16). Y ellos —en contra de todo lo razonable— lo estaban (y están): «Por eso vivo contento en medio de las debilidades, los insultos, las privaciones, las persecuciones y las dificultades sufridas por Cristo» (2 Corintios 12, 10).

Uno no puede sino sorprenderse de que alguien que promete todo lo anterior a sus seguidores haya conseguido inspirar la mayor religión del mundo[321] y la que goza de mayor número de conversiones.[322] Puesto que no hay tantos masoquistas,[323] debe tratarse de algo distinto. Pero en cualquier caso no parece plausible que Jesucristo fuera un mentiroso.

321. Se estima que hoy hay casi 2.500 millones de cristianos en el mundo, el 32 por ciento de la población, más de cuatro veces los que había en 1910. El islam y el hinduismo representan el 25,8 y el 15,1 por ciento, respectivamente. Pew Research Center y Statista.

322. El cristianismo es la religión que más crece por conversiones: casi tres millones de personas anualmente, sobre todo en Asia (China, Japón, Indonesia, Irán...) y en población joven y educada. Cuenta con 10,2 millones de conversos oficiales desde el islam, aunque posiblemente haya muchos más de hecho, ya que en el islam la apostasía está penada con la muerte. Duane Miller, «Believers in Christ from a Muslim Background», Baylor University, 2015; *World Christian Encyclopedia*, 2019, 3.ª ed., y otras fuentes.

323. «El desorden del masoquismo se considera que afecta a entre 1 y 5 por ciento de la población», American Psychiatric Association, *Diagnostic and Statistical Manual of Mental disorders*, Washington D. C., 1994, 4.ª ed.

PARTE IV
MANIACO

La idea de que Jesús estaba autoengañado o delirante no es compatible con la impresión que Él dejó en la historia. Esta opción no tiene mérito alguno.

PETER KREEFT [324]

324. <https://www.josh.org/blog-author/josh-mcdowell-ministry-team/>. Peter Kreeft, estadounidense nacido en 1937, es profesor de Filosofía del Boston College y del King's College en Nueva York. Se convirtió al catolicismo desde el protestantismo, pero pone gran énfasis en la unidad de todos los cristianos.

10
¿Jesús no sabía lo que decía?

> Nos encontramos, pues, con una alternativa aterradora. O este hombre del que hablamos era (o es) justamente lo que Él dijo ser o, si no, era un lunático o algo peor.
>
> C. S. Lewis[325]

La hipótesis de que Jesús estaba enajenado no fue sostenida por ninguno de los enemigos del cristianismo contemporáneos a Jesucristo ni de los primeros siglos del cristianismo (ni Celso, ni el emperador Juliano el Apóstata, ni el *Toledot Yeshu* ni el Talmud, todos ellos injuriosos con Jesucristo, le atribuyeron ningún tipo de enajenación mental). Tampoco por los ateos mal llamados «ilustrados» del siglo XVIII, muy beligerantes contra el cristianismo, ni por fieles o autoridades de otras religiones organizadas. La suposición de que Jesucristo estaba enajenado surge a finales del siglo XIX, siguiendo la estela del recién creado psicoanálisis y el aura de su fundador, Sigmund Freud, antes de que las carencias de ambos —creador y criatura— fueran expuestos ya entrado el siglo XX. («Se puede escribir una biblioteca entera acerca de los errores y las mentiras de Freud», dirá Max Schanberg).[326]

325. *Mero cristianismo*, Madrid, Rialp, 2007, 5.ª ed., p. 70.

326. Max Scharnberg, «Criticism of Freud and Psychoanalysis», 2009. Schanberg, danés nacido en 1933, es profesor emérito en Psicología Educacional en la Universidad de Uppsala. Autor de varios libros que exponen las falsedades de Freud y sus métodos. Escribió este artículo con una lista de libros y referencias a petición de otro docente de la Universidad de Örebro. Cita más de cincuenta libros y artículos escritos después de los años 60 del siglo pasado, pero sobre todo en los 90 y en el siglo XXI, que presentan las falsedades y miserias de Freud y destruyen lo que quedara de su reputación.

El primero en avanzar esta conjetura fue Charles Binet-Sanglé, un psicólogo francés de los siglos XIX y XX, furibundo anticlerical, que escribió *La locura de Jesús*, donde acusa a Jesús de ser un «teomegalómano histeroide».[327] Por una de esas paradojas de lo que los cristianos llaman Providencia, el señor Binet-Sanglé terminó sus días internado en el hospital para enfermos mentales en el que trabajó mientras parecía cuerdo. Después de él y sobre todo hasta principios del siglo XX, otros escritores ateos han achacado a Jesucristo las más diversas enfermedades mentales. Por mucho que pretendamos tomar esta teoría en serio, hay tres hechos que socavan la credibilidad de esta hipótesis hasta desmentirla.

A) Los autores que imputan a Jesús de Nazaret algún tipo de enfermedad mental no se ponen de acuerdo sobre el carácter de esa enfermedad. Ya hemos visto que el señor Binet-Sanglé presentó a Jesucristo como megalómano e histérico. William Hirsch, un psiquiatra estadounidense de principios del siglo XX, consideró que Jesucristo era «paranoico» (algo que también atribuía a Moisés, a Abraham, a todos los profetas y los patriarcas del Antiguo Testamento, así como a san Juan Bautista y a san Pablo).[328] Emil Rasmussen afirmó en 1905 que Jesús era epiléptico o paranoico.[329] Julius Baumann sugirió en 1908 que Jesús tenía una «sobreestimulación nerviosa»[330] y en 1942 Wladyslaw Witwicki lo acusó de egocentrismo, dificultades para comunicarse, subjetivismo, trastorno de identidad disociativo,

327. Publicado en 4 tomos entre 1908 y 1915 en París. Binet-Sanglé fue un médico y psicólogo francés fallecido en 1941. Cristianófobo declarado, miembro de la masonería y antisemita (consideraba que la raza judía era más propensa a la locura), era favorable a la eugenesia para «mejorar la raza humana», al aborto y la eutanasia. Sobre este y otros proponentes de la seudociencia de la eugenesia, ver: <https://www.eugenicsarchive.ca/>.

328. William Hirsch fue un psiquiatra estadounidense, muerto en 1937, ateo de origen judío y autor de *Religion and Civilization*, de 1912, en contra del cristianismo y de Jesucristo.

329. Rasmussen fue un filólogo danés que abandonó los estudios de Teología, y es conocido por la traducción de su libro al alemán por Arthur Rothenburg: *Jesus, eine vergleichende psychopathologische Studie*, Leipzig, Julius Zeitler, 1905.

330. J. Baumann, *Die Gemütsart Jesu*, Leipzig, Alfred Kröner, 1908, <https://archive.org/details/diegemutsartjesu00baum>. Baumann fue un autor alemán fallecido en 1916, profesor de Filosofía de instituto en Gotinga.

esquizofrenia y ciclotimia.[331] (Da la sensación de que, si hubiera conocido más trastornos, los habría añadido al listado). Hay otros *diagnósticos* variopintos que tampoco nos reconcilian con la psicología como ciencia rigurosa.

B) El proceso deductivo de estos autores está invertido, y por tanto resulta imposible que lleguen a ninguna conclusión sólida. No es que concluyan que Jesucristo no puede ser Dios porque está desequilibrado, sino que concluyen que debía ser un lunático porque se presentó como Dios. Para ellos, Jesucristo es un loco porque se considera a sí mismo Dios, y como tal cosa es imposible puesto que Dios no existe, Jesucristo padecía alguna dolencia mental. «Si Jesús reclamó para sí la divinidad, entonces estaba trastornado».[332] Este es un claro caso de pensamiento apriorístico que se da con frecuencia en el ateísmo. Muchos ateos no solo no consideran contrastar su fe atea con la realidad, sino que deciden que cualquier argumento, hecho o descubrimiento que desafíe esa fe no puede existir, y por el contrario, cualquier explicación, hipótesis o entelequia que se pueda concebir y que excluya a Dios —por peregrina que sea— se acepta. En palabras de Richard Lewontin, un biólogo y profesor universitario estadounidense y ateo, que se encontró con su Creador en 2021: «Nos ponemos del lado de la ciencia [la ciencia sin Dios] a pesar del patente absurdo de alguna de sus construcciones; a pesar de su fracaso para cumplir muchas de sus extravagantes promesas de vida y de salud; a pesar de la tolerancia de la comunidad científica por historias casuales sin confirmar, *porque tenemos un compromiso previo, el compromiso con el materialismo [...]. No podemos permitir que Dios se abra paso*».[333]

C) Todos los autores que postulan la insania de Jesucristo participan de la religión atea[334] y de una beligerante ideología anticristiana, que no es conclusión de sus investigaciones, sino premisa para ellas y les impide alcanzar una mínima objetividad. Así, el señor Hirsch escribe: «La religión es un remanente del barbarismo». «No importa qué forma tomara [la religión], siempre ha sido un mal [...], es como una hidra venenosa». «El

331. Witwicki fue un psicólogo y traductor polaco fallecido en 1948.

332. Paul Kurtz, *The Transcendental Temptation*, 1986. Kurtz, fallecido en 2012, fue un filósofo estadounidense y activista ateo.

333. Richard Lewontin, «Billions and Billions of Demons», *New York Review of Books*, 9 de enero de 1997. Las cursivas son mías.

334. González-Hurtado, *El ateísmo una fe en negativo*, *op. cit.*, cap. 23.

cristianismo, desde sus principios, ha sido una maldición y una plaga para la raza humana»; «ha mantenido a la humanidad en estado de estupidez y superstición por casi dos mil años». «Cuanto menos cristianismo, más moralidad».[335]

Le ruego que relea esos asertos y considere —sea usted cristiano o no— si se corresponden con su experiencia sobre personas religiosas cristianas que conozca. Y luego reflexione si la historia reciente demuestra que aumenta la moralidad cuando disminuye el cristianismo; solo recuerde los regímenes comunistas y nazi, todos ellos ateos y cristianófobos.

Por su parte, Rasmussen no solo afirmaba que Jesucristo era epiléptico, sino que lo eran todos los pioneros y profetas de todas las religiones.[336] Y Binet-Sanglé se declaraba determinista, materialista y consecuentemente en contra de cualquier ética: «Todos los actos, mentales, musculares y morales sacan su energía de las profundidades del organismo y están tan rigurosamente determinados como el rebote de una pelota lanzada contra una pared. La ética tiene solo una eficacia ilusoria».[337] Sostiene que, si los profetas hubieran vivido en su tiempo, habrían sido ingresados en asilos para lunáticos, al igual que deberían serlo todos aquellos con vocación religiosa, pues pertenecen a la familia de los psicópatas.

En esto el señor Binet-Sanglé se adelanta a los autores del llamado «nuevo ateísmo» (Richard Dawkins, Sam Harris, Christopher Hitchens, Daniel Dennett, Michel Onfray o Darrel Ray),[338] que ha dejado de ser nuevo hace tiempo.[339] Para ellos toda persona religiosa está enajenada: «La religión es una perversión, una neurosis o psicosis, una patología personal»;[340] «Las religiones diversas [...] tienen similitud con los gérmenes, parásitos y virus que habitan en nuestros cuerpos»;[341] «La fe [religiosa] es uno de los grandes

335. Hirsch, *op. cit.*, pp. 453, 526, 542, 593 y 599.

336. Rasmussen, *op. cit.*, p. 63.

337. Binet-Sanglé, *op. cit.*, tomo IV, p. 72.

338. Sobre el nuevo ateísmo, González-Hurtado, *op. cit.*

339. Dennett y Hitchens ya se han encontrado con su Creador. Dawkins nació en la década de los años 40 del siglo pasado. Ray y Onfray, en los años 50.

340. Onfray, *Tratado de ateología*, *op. cit.* Citado por Francisco Conesa, «El nuevo ateísmo. Exposición y análisis», *Scripta Theologica*, vol. 43, 2011, p. 570.

341. Darrell Ray, *El virus de Dios*, p. 13. Ray es un psicólogo estadounidense nacido

males del mundo, comparable con el virus de la viruela, pero más difícil de erradicar».[342]

Posiblemente no se den cuenta, pero con este tipo de asertos, los «neoateos» nos muestran un perfil poco atractivo de su pensamiento. Parece poco inteligente y muy soberbio considerar que la inmensa mayoría de los seres humanos han estado locos desde el comienzo de la historia, siguen estando locos,[343] y encima cada vez hay más.[344] Me recuerda el chiste de aquel conductor que escucha por la radio una advertencia:

—Atención, aviso a los vehículos que circulan por la autopista 66: hay un conductor enajenado que va a toda velocidad en dirección contraria».

Y nuestro conductor contesta:

—¿Uno? ¡No!, hay cientos.

Estos escritores parecen motivados solo por el objetivo de dañar a esa religión que consideran malvada, mediante el descrédito de su fundador, como reconoce y lamenta Richard Saville-Smith: «Existe la propensión entre los psiquiatras de implicarse como activistas contra el cristianismo [...], el ataque contra la cordura de Jesús tuvo un punto culminante [...] con las publicaciones de los psiquiatras George de Loosten, Emil Rasmussen, William Hirsch y los cuatro volúmenes de *La locura de Jesús* de Charles Binet-Sanglé [...]. El móvil de estos protagonistas no era una preocupación por la salud mental de Jesús. Si Jesús pudiera ser presentado como un loco, entonces el cristianismo colapsaría con seguridad».[345]

---

en 1950. Perteneció a la Sociedad Religiosa de los Amigos, conocida como «cuáqueros», antes de hacerse activista ateo a edad adulta.

342. Richard Dawkins, «Is Science a Religion?», *The Humanist*, n.º 57, 1997, pp. 26-29.

343. El 98 por ciento de la población mundial es teísta o religiosa, según el World Factbook de la CIA en 2006. Y de acuerdo con la *Enciclopedia Británica*, en 2007 los ateos son el 2,3 por ciento de la población global.

344. «El ateísmo está en declive globalmente, con el número de ateos cayendo desde el 4,5 por ciento de la población mundial en 1970 al 2 por ciento en 2010, y se proyecta que caerá al 1,8 para 2020, de acuerdo con un nuevo análisis del Centro de Estudios sobre el Cristianismo Global», *CNS News*, 24 de julio de 2013.

345. Richard Saville-Smith, en una reseña del libro *Troubled by Faith* publicada en la revista *Psychiatry at the Margins* el 6 de octubre de 2024. Saville-Smith es doctor por la School of Divinity de la Universidad de Edimburgo. Se equivoca al atribuir a Rasmussen la cualidad de psiquiatra; y hasta donde yo sé, no es cristiano.

Tras ese ataque a la cordura de Jesucristo inesperado por inverosímil, muchos expertos médicos, psicólogos y estudiosos de las Escrituras empezaron a publicar artículos y libros que sostenían lo contrario: lo que sabemos de la naturaleza humana de Jesucristo demuestra, por lo menos, eso siempre tan elusivo que llamamos «normalidad». Albert Schweitzer[346]escribió *The Psychiatric Study of Jesus. Exposition and Criticism*, donde explica que la hipótesis de la demencia de Jesucristo se ha construido «sobre material no histórico, con falsas presuposiciones y con la ayuda de asunciones altamente hipotéticas».[347] Y concluye: «Los estándares establecidos por la psiquiatría moderna no permiten esa identificación».[348] Philipp Kneib refuta una a una esas teorías: «Ver a Jesús solo como humano debe conducir a intentos desesperados para explicar su vida y su carácter».[349] Walter Bundy, por su parte, dedica un extenso tratado a desmontar las hipótesis de cada uno de esos autores y analiza la conducta de Jesús, su carácter, su conciencia, su personalidad e incidentes biográficos, y concluye que postular algún trastorno mental en Jesucristo «solo es posible desde la base de falta de conocimiento sobre el estudio y conclusiones de la crítica neotestamentaria y desde una aplicación de aficionado de los principios de la ciencia de la psiquiatría», para rematar su tratado acusando a esos autores deshonestos.[350] Bundy era cristiano, pero no así Heinrich Schaefer, quien fue el jefe médico del hospital Friedrichsberg para perturbados en Hamburgo; de ideología natu-

346. Médico, teólogo, filósofo, escritor, músico y misionero cristiano franco-alemán fallecido en 1965, ganador del Premio Nobel de la Paz en 1952. Schweitzer fue uno de los héroes de mi niñez. Cuando leí su biografía, apenas debía tener doce años y quedé tan impresionado por una vida íntegra y plena que consideré ser misionero y médico «cuando fuera mayor». Nada de eso se cumplió, pero desde aquí rindo homenaje a quien fue «un gran hombre».

347. Walter Bundy sobre A. Schweitzer en *The Psychic Health of Jesus*, Macmillan, 1922, p. 122, <https://babel.hathitrust.org/cgi/pt?id=yale.39002051300888&seq=7>.

348. Albert Schweitzer, *The Psychiatric Study of Jesus*, Boston, The Beacon Press, prefacio a la edición de 1913, p. 28. Se puede ver en Archive.org.

349. Philipp Kneib, *Moderne Leben-Jesu-Forschung unter dem Einflusse der Psychiatrie*, Verlag von Kircheim, 1908. Kneib fue un profesor católico alemán de Teología de la Universidad de Wurzburgo, fallecido en 1915.

350. Bundy, *op. cit.*, p. 268. Bundy era profesor de Teología en la Universidad De Pauw, donde existe hoy una cátedra de estudios religiosos con su nombre. Fue miembro de la Sociedad de Literatura Bíblica y Exégesis.

ralista, negaba el origen sobrenatural de los milagros y postulaba explicaciones materialistas. Estudió la vida de Jesucristo y sus posibles enfermedades mentales y concluyó que los diagnósticos de Baumann, Rasmussen y otros eran diletantes, poco profesionales y estaban errados.[351]

Más recientemente varios médicos psiquiatras han descartado que Jesucristo tuviera ninguna alteración psíquica. Pablo Martínez y Andrew Sims publicaron *Mad or God? Jesus, the Healthiest Mind of All* (¿Loco o Dios? Jesús, la mente más sana de todas):[352] «Desde la psiquiatría la mente de Jesús no sufría de ninguna enfermedad mental o desorden de la personalidad».[353] Incluso van más allá: Jesús no solo no estaba loco, sino que era «la mente más fascinante de la historia». Oliver Quentin Hyder, psiquiatra estadounidense, afirmó: «Numerosos escépticos están persuadidos de que Jesús fue un gran maestro, pero de hecho demente-fantasioso sobre Su identidad como Hijo de Dios. Este estudio refuta esa creencia examinando lo que se revela en las Escrituras sobre Jesús y comparándolo con los síntomas psiquiátricos manifiestos en aquellos que están diagnosticados como dementes [...]. Se concluye que la vida de Jesús no muestra ningún síntoma psiquiátrico y por lo tanto sus afirmaciones sobre Sí mismo no eran fantasías, sino hechos».[354]

Algunos otros estudiosos afirman que diagnosticar a Jesucristo con los datos que tenemos es una pretensión de mentes soberbias e ignorantes, puesto que Jesús no habla de Sí ni de Su intimidad, ni sabemos cómo pensaba ni podemos hacerle ningún test ni estudio. Así, Friedrich Moerchen concluye desde el punto de vista médico: «Un juicio experto científico del estado psíquico de Jesús está tan obstaculizado que cualquier intento de establecer un diagnóstico debe considerarse sin esperanza desde el principio».[355]

351. Heinrich Schaefer, *Jesus in psychiatrischer Beleuchtung. Eine Kontroverse*, Berlín, Ernst Hoffmann, 1910.

352. Publicado por IVP, julio de 2018. Martínez es un psiquiatra español radicado en Barcelona; Sims es profesor emérito de Psiquiatría de la Universidad de Leeds y fue presidente del Real Colegio de Psiquiatras en Reino Unido.

353. Artículo en *Christian Today*, 17 de julio de 2018.

354. Oliver Quentin Hyder, «On the Mental Health of Jesus Christ», *Journal of Psychology and Theology*, Biola University, vol. 5, 1 de diciembre de 1977. He traducido *deluded* como «demente-fantasioso» porque creo que es más acorde al contexto.

355. Friedrich Moerchen, «Zur psychiatrischen Betrachtung des ueberlieferten Christulbides», octubre de 1906, citado por Bundy, *op. cit.*, p. 125.

Llegados aquí, resulta difícil dar algún valor a la tesis de aquellos autores que, o bien no eran expertos psiquiatras, o bien no eran conocedores de las Escrituras ni sabían cómo interpretarlas, o ambas cosas. (Binet-Sanglé reconoce en el último volumen de su obra que no había leído nada del Evangelio hasta poco antes de comenzar su tratado). Sin embargo, he encontrado una utilidad a esas obras porque nos ofrecen otra confirmación de tres asuntos: la existencia de Jesucristo, Su sinceridad y la fiabilidad histórica de las Escrituras, ya que ninguno de esos autores duda jamás de la existencia histórica de Jesucristo ni pone en cuestión la honestidad del Nazareno; además, todos se apoyan en los Evangelios, sin poner en duda ni una sola palabra de los libros del Nuevo Testamento.

Seguro que ninguno de esos escritores se mostraría muy dichoso por esta ironía: al tiempo que fracasan en presentar un retrato creíble de un Jesús maniaco, nos conceden una confirmación adicional de que no era ni un mito, ni una manipulación, ni un mentiroso.

11
La psicología de Jesucristo

> Él era amoroso, pero no dejó que su compasión lo inmovilizara; Él no tenía un ego inflado, ni siquiera cuando estaba frecuentemente rodeado de multitudes que lo adoraban; Él mantuvo el equilibrio a pesar de un estilo de vida a menudo exigente; Él siempre sabía lo que hacía y a dónde iba; Él se preocupaba profundamente por la gente, incluso por las mujeres y los niños, que no eran considerados importantes entonces; Él era capaz de aceptar a la gente sin obviar sus pecados; Él respondía a cada individuo basándose en sus circunstancias y en lo que especialmente necesitaba [...]. Simplemente no veo que Jesús sufriera ninguna enfermedad mental conocida [...], estaba mucho más sano que ninguna otra persona que conozco, incluyéndome a mí mismo.
>
> Gary Collins[356]

Existen numerosísimos libros y artículos sobre este tema, que tiene cantidad de enfoques, variantes y derivadas.[357] Esta complejidad es lógica, ya que los cristianos creemos que Jesucristo es al tiempo hombre y Dios. Si ser Dios ya nos parece incomprensiblemente complejo y Su psicología necesariamente inconcebible en su totalidad, imagínese la de un ser totalmente Dios y total-

356. Gary R. Collins en Strobel, *op. cit.*, p. 160. Collins fue un profesor, psicólogo y escritor canadiense fallecido en 2021. Doctor en Psicología Clínica por la Universidad de Purdue, escribió más de sesenta libros.

357. Además de los mencionados a continuación, deseo destacar a José Antonio Sayés, *Señor y Cristo*, Madrid, Palabra, 2006, cap. 10, «La psicología de Cristo».

mente humano, con dos naturalezas que no están mezcladas ni diluidas.[358] Si no se lo imagina, no se preocupe, comprenderlo del todo no está a nuestro alcance; de hecho, nos parece que haber pensado algo así ya es una evidencia de que quien se figuró una solución tan inconcebible y al tiempo tan ingeniosa para la redención tuvo que ser forzosamente Dios. Pero vamos a analizar los rasgos psicológicos de Jesucristo solo como hombre —en la medida de lo posible— que se pueden deducir de los Evangelios.[359]

Dos de las facetas más llamativas son: ninguno de los que conocieron y escribieron sobre Jesús nos ha hecho llegar nada sobre su aspecto físico, y no hay casi ningún testimonio que se refiera a la llamada «vida oculta» de Jesucristo, que es el 90 por ciento de Su vida.

Esto nos indica que no había rasgos físicos ni de comportamiento que llamaran la atención a sus contemporáneos y que sus vecinos en Nazaret no notaron nada raro en Él durante treinta años. Si algo en su físico o en su vida anterior hubiera sido indicativo de que estaba enajenado antes de su vida pública, nos habría llegado algún eco, al menos traído por sus enemigos. Pero no lo hay.

A Jesucristo los autores que vimos en el capítulo anterior lo acusaron de megalómano y de psicópata. La megalomanía se refiere a «una excesiva preocupación por el poder y el control.[360] Las características del megalómano son grandiosidad, búsqueda de poder, manipulación, arrogancia, y falta de empatía».[361] Nadie puede objetivamente observar esos rasgos en Jesucristo o en sus enseñanzas: exhorta a vivir con humildad: «Tened la misma consideración y trato unos con otros, sin pretensiones de grandeza, sino poniéndoos al nivel de la gente humilde. No os tengáis por sabios» (Romanos 12, 16); sin egoísmo y sin vanidad: «Manteneos unánimes y concordes

358. Esto se denomina «unión hipostática», que describe cómo Jesucristo tomó la naturaleza humana permaneciendo al tiempo como Dios. Es decir, Jesús siempre fue Dios, pero en la encarnación tomó forma humana.

359. Se estudia exhaustivamente en Juan Manyá, «La psicología de la inteligencia de Cristo y sus derivaciones en la vida afectiva del Redentor», *Revista Española de Teología*, junio de 1942.

360. Fueron conocidos megalómanos Hitler, Stalin, Mao, Napoleón, y con menos muertos a sus espaldas, Rousseau, Picasso, Sartre o las señoras Beauvoir y Clinton. Obtenido en la búsqueda «lista de megalómanos» en sitios web de psiquiatría.

361. William Adams, «Megalomaniac vs Psychopath», *Mind Psychiatrist*, enero de 2025.

con un mismo amor y un mismo sentir. No obréis por ambición ni por ostentación, considerando por la humildad a los demás superiores a vosotros. No os encerréis en vuestros intereses, sino todos buscad el interés de los demás» (Filipenses 2, 2). Los megalómanos buscan admiración y se manifiestan con actitudes grandiosas. Jesús en numerosas ocasiones dice a aquellos a los que ha curado de enfermedades que no se lo digan a nadie, y huye cuando lo quieren nombrar rey. Jesús no pretende «dominar el mundo», y lo que ordena a sus discípulos es mucho más sencillo, e infinitamente más profundo: «Este es mi mandamiento: que os améis unos a otros como yo os he amado. Nadie tiene amor más grande que el que da la vida por sus amigos» (Juan 15, 12).

Por otro lado, la psicopatía «es un desorden de la personalidad que se caracteriza por falta de empatía y remordimientos.[362] Las características del psicópata son impulsividad, carencia de sentimientos, encanto superficial, manipulación y sensación de que tiene derechos adquiridos».[363] Tampoco encontramos nada de esto en Jesucristo: no era impulsivo, era reflexivo; tenía sentimientos y los manifestaba; no era manipulativo, sino auténtico; no era superficial, sino profundo; era empático y sentía con otros, como cuando Lázaro —su amigo— muere y, al ver el dolor de su familia, Jesucristo se conmueve y llora: «Jesús, viéndola llorar a ella y viendo llorar a los judíos que la acompañaban, se conmovió en su espíritu, se estremeció y preguntó: "¿Dónde lo habéis enterrado?". Le contestaron: "Señor, ven a verlo". Jesús se echó a llorar» (Juan 11, 33-35).

No, Jesucristo no tiene los rasgos de un megalómano ni de un psicópata. Por mucho que retorzamos los conceptos y los testimonios la realidad es que así no es Jesucristo. Y entonces, ¿cómo es?

He estado mucho tiempo delante de la pantalla antes de escribir las frases que continúan. No querría que usted piense que lo que sigue está determinado porque quien esto escribe es cristiano (lo soy) ni porque tenga la mayor admiración por Jesucristo (la tengo, de hecho, Le adoro), por ello no me crea a mí (no me ofendo), pero acepte mi recomendación y lea usted la

362. Famosos psicópatas han sido asesinos (algunos en serie): Pol Pot, Charles Manson, Ted Bundy, Jack el Destripador, Nerón, Calígula, Iván el Terrible, Joseph Mengele, Lavrenti Beria, Idi Amin, Isabel Báthory y Aileen Wuornos.

363. Adams, *op. cit.*

biografía de Jesucristo que está en la Escritura para obtener sus propias conclusiones. Jesucristo es —al menos— un ser humano único. Como concluye Peter Kreeft: «¿Por qué no [podría ser] un lunático? Casi ninguno de los que ha leído las Escrituras puede honesta y seriamente considerar esa opción. La ingeniosidad, la sagacidad, la sabiduría humana, la atracción de Jesús emergen desde las Escrituras con una fuerza inevitable para cualquiera que no sea el más insensible y prejuiciado lector».

Veamos algunos de los atributos psicológicos que nos muestran los Evangelios:

- Jesucristo piensa, es reflexivo. Por ejemplo, estuvo años meditando antes de iniciar Su misión, y en varias ocasiones se retira a rezar en soledad.[364]
- Jesucristo quiere, ama: «Os doy un mandamiento nuevo: que os améis unos a otros; como yo os he amado, amaos también unos a otros. En esto conocerán todos que sois discípulos míos: si os amáis unos a otros» (Juan 13, 34-35), pero además es un amor que yo describiría como perfecto: «El amor es paciente, es benigno; el amor no tiene envidia, no presume, no se engríe; no es indecoroso ni egoísta; no se irrita; no lleva cuentas del mal; no se alegra de la injusticia, sino que goza con la verdad. Todo lo excusa, todo lo cree, todo lo espera, todo lo soporta. El amor no pasa nunca».[365]
- Y lo demuestra con hechos: «En esto hemos conocido el amor: en que Él dio su vida por nosotros. También nosotros debemos dar nuestra vida por los hermanos [...], no amemos de palabra y de boca, sino de verdad y con obras» (1 Juan 3, 16 y 18).
- Jesucristo siente, como usted y como yo. Siente sed, hambre, cansancio... Padece dolor, inmenso durante su tortura, flagelación y crucifixión (muchas veces las palabras no llevan la emoción que querría, por ello piense ahora en unas manos y unos pies cuya piel, nervios y

364. Por ejemplo, en Marcos 1, 35: «Se levantó de madrugada, cuando todavía estaba muy oscuro, se marchó a un lugar solitario y allí se puso a orar».

365. 1 Corintios 13, 4-8. Una de las descripciones más profundas sobre el amor y uno de los textos más leídos en las celebraciones matrimoniales. Una aspiración que se manifiesta desde entonces para millones de novios en el altar, y después.

tendones son desgarrados por un clavo de casi veinte centímetros de longitud y uno de anchura que se introduce en las muñecas y en los pies a golpe de más de cincuenta martillazos. Esto fue una pequeña parte de lo que sintió). Siente alegría: «Os he hablado de esto para que mi alegría esté en vosotros, y vuestra alegría llegue a plenitud» (Juan 15, 11); siente compasión: «Al ver a las muchedumbres, se compadecía de ellas, porque estaban extenuadas y abandonadas, como ovejas que no tienen pastor» (Mateo 9, 36). No es un asceta, como Juan el Bautista, sino que Él toma parte en las fiestas (Lucas 11, 37), acude a las bodas, participa en las solemnidades del templo, contempla los juegos de los niños. Todo extremadamente normal, todo gloriosamente humano.

- Jesucristo podría ser descrito como «genial», pero en muchas ocasiones los genios (los verdaderos y los que se creen tales) son desequilibrados. El exceso de una cualidad parece estar compensado por otra que falta. No así en Jesucristo. Muestra un sorprendente balance de cualidades que en otros son opuestas: fortaleza y mansedumbre; justicia y misericordia; celo y paciencia; majestad y humildad. Todo parece armónico en Él, nada es confuso: «Que Dios no es Dios de confusión sino de paz [...], hágase todo decorosamente y con orden» (1 Corintios 14, 33 y 40).
- Jesucristo tiene eso que hoy denominamos «carisma», tiene *gravitas*, tiene autoridad. Jesús habla y enseña con fuerza, con peso: «Estaban asombrados de su enseñanza, porque les enseñaba con autoridad y no como los escribas» (Marcos 1, 22). «Se quedaban asombrados de su enseñanza, porque su palabra estaba llena de autoridad» (Lucas 4, 32). Y ello aunque parece que no había estudiado en una escuela rabínica.[366]
- Pero también tiene sencillez: «Lo paradójico en Jesús es que haya unido de forma insólita la máxima autoridad que ha conocido nuestra historia con la más increíble sencillez».[367] «Nunca salió de la

366. Juan 7, 15. «¿Cómo es este tan instruido si no ha estudiado?», es una pregunta formulada por los judíos.

367. J. A. Sayés, *Cristología fundamental*, Madrid, Centro de Estudios de Teología Espiritual, 1985, pp. 252-253.

boca de Jesús una palabra de alabanza propia ni dio oídos jamás a palabra alguna de lisonja».[368] Nietzsche se burló de la sencillez y la humildad de Jesucristo: «La humildad es la rebelión de todo lo que se arrastra por el suelo contra aquello que tiene altura; el evangelio de los abyectos hace abyecto».[369] Claro que Nietzsche no nos parece un buen ejemplo, puesto que falleció en un asilo, solo y tras haber vivido sus últimos diez años en estado catatónico y demente, y al final paralizado e incapaz de pronunciar palabra.[370]

- Jesucristo es libre. «La libertad de Jesús aparece como consecuencia de su amor a la verdad y de la fidelidad a su misión».[371] Y promete esa misma libertad a quienes lo sigan: «Si permanecéis en mi palabra, seréis verdaderamente discípulos míos; entonces conoceréis la verdad y la verdad os hará libres» (Juan 8, 31), porque Él se presenta así: «Yo soy el camino, la verdad y la vida» (Juan 14, 6), y una de sus paradójicas enseñanzas es: «La libertad no libera, libera la verdad».[372]
- Jesucristo parece mantener siempre el control. Sereno, conserva la calma incluso cuando otros se aterrorizan: «Se levantó una fuerte tempestad y las olas rompían contra la barca hasta casi llenarla de agua. Él estaba en la popa, dormido sobre un cabezal. Lo despertaron, diciéndole: "Maestro, ¿no te importa que perezcamos?". Se puso en pie, increpó al viento y dijo al mar: "¡Silencio, enmudece!". El viento cesó y vino una gran calma. Él les dijo: "¿Por qué tenéis miedo? ¿Aún no tenéis fe?"» (Marcos 4, 36-40). «Jesús nunca perdió el equilibrio de Su mente», sino que «navegó serenamente sobre

368. *Ibidem*, p. 254.

369. F. Nietzsche, *El Anticristo*, citado por Sayés, *ibidem*.

370. Fue diagnosticado con sífilis terciaria y enfermedad maniaco-depresiva con psicosis periódicas y demencia vascular y frontotemporal. Una vez que había perdido la razón, Nietzsche siguió escribiendo notas aberrantes que firmaba como «Der Gekreuzigte», el crucificado. Falleció en 1900. Su hermana Elisabeth Förster-Nietzsche se encargó de publicar sus obras. Gran promotora del nacionalsocialismo —Hitler acudió a su funeral en 1935—, consiguió que el antisemitismo de su hermano y sus ideas lo convirtieran en «el padrino del nazismo».

371. Sayés, *op. cit.*, p. 261.

372. *Ibidem*.

los problemas y las persecuciones, como el sol sobre las nubes, [es] el que siempre devuelve la más sabia respuesta a las preguntas capciosas, el que deliberadamente y con calma predijo Su muerte en la cruz».[373]

- Jesucristo aparece como un hombre firme pero no obcecado. Él cree su misión y nada parece hacerle titubear ni retroceder, ni las tentaciones, ni el abandono de sus amigos, ni la misma muerte. Alguna vez se le ha pretendido reprochar esta fortaleza, pero se mire como se mire, es una virtud, aunque sea del todo excepcional. Solo quien ve sus flaquezas como virtud puede considerar la virtud como una flaqueza, pero eso no convierte al virtuoso en enajenado; convierte al débil en deshonesto.
- Jesucristo tiene prioridades claras y es firme en seguirlas, es un ejemplo consumado de «empezar pensando en el fin»:[374] «Buscad sobre todo el reino de Dios y su justicia; y todo esto se os dará por añadidura» (Mateo 6, 33). «Porque no busco mi voluntad, sino la voluntad del que me envió» (Juan 5, 30). «El Hijo del hombre no ha venido a ser servido sino a servir y a dar su vida en rescate por muchos». «El Hijo del hombre ha venido para buscar y salvar lo que estaba perdido» (Mateo 20, 28 y Lucas 19, 10).
- Y finalmente, parece haber llevado una vida irreprochable.[375] Así lo reconocen amigos y enemigos. Ni Pilatos ni Herodes durante el juicio a Jesús que acabó con Su crucifixión hallaron delito alguno: «No he encontrado en este hombre ninguna de las culpas de que lo acusáis; pero tampoco Herodes, porque nos lo ha devuelto: ya veis que no ha hecho nada digno de muerte» (Lucas 23, 14-15). El que habla es Pila-

373. Philipp Schaff, en McDowell, *op. cit.* Schaff fue un teólogo e historiador cristiano protestante nacido en Suiza que vivió la mayor parte de su vida en Estados Unidos. Fallecido en 1893, es considerado el «padre de la historia de la Iglesia estadounidense».

374. El segundo de los siete hábitos, en Stephen Covey, *7 Habits of Highly Effective People*, posiblemente el libro de negocios —y de autoayuda— más vendido de la historia. Es uno de los libros que más ha influido en mi vida y que recomiendo sin ambages. Tuve la fortuna de conocer al señor Covey antes de su fallecimiento en 2012.

375. Contrasta vívidamente con la totalidad de los fundadores de otras religiones, que posiblemente proponían doctrinas benéficas, pero cuyas vidas no fueron completamente coherentes con tales enseñanzas.

tos, a los magistrados, sacerdotes y pueblo judío. Judas también lo admite: «He pecado entregando sangre inocente» (Mateo 27, 4), Pedro, quien vivió con Él durante los años de predicación, lo reconoce: «Él no cometió pecado, ni encontraron engaño en su boca» (1 Pedro 2, 22). Y el propio Jesús así lo manifiesta cuando reta a los judíos que lo increpan: «¿Quién de vosotros puede acusarme de pecado? Si digo la verdad, ¿por qué no me creéis?» (Juan 8, 46).

En definitiva, la vida de Jesucristo —observada solo desde su humanidad— es la vida de un héroe. Y solo quien ha dejado de luchar contra su propia cobardía puede creer que el heroísmo es una locura.

> La vida entera de Jesús es un desarrollo y realización de este programa de héroes. Su confesión de Mesías y de Hijo de Dios lo colocó desde luego en decidida y duradera contradicción con todo lo existente. El mero anuncio del Reino de Dios, tal como él lo inauguró, en oposición a todas las esperanzas de la política terrena y nacional, era poner en juego lo más grande y emprender algo que, al parecer, era imposible [...]. Desde el primer momento de su entrada en escena hasta los días de su crisis final, todas sus oraciones, pensamientos, palabras y obras, su vida entera, no es otra cosa que una lucha de gigante, el combate de un coloso por el Reino de Dios. Solo así se comprende que en el corto espacio de a lo sumo tres años haya podido llevar a cabo una obra que, siendo inmensa en su esencia, ha logrado en sus consecuencias poner en movimiento todo el mundo.[376]

376. Hilarin Felder, *Jesús of Nazareth*, Bruce Publishing, 1953, pp. 116-117. Felder fue un teólogo suizo, sacerdote de la orden de los padres capuchinos, fallecido en 1951. Doctor en Teología y profesor en la Universidad de Friburgo.

12
La psicología del ateísmo

> Las mayores barreras para [creer en] Dios no son racionales, sino que en un sentido general pueden llamarse psicológicas.
>
> PAUL VITZ[377]

> La teoría de que la vida ha sido creada por una inteligencia es tan evidente que uno se pregunta por qué no es comúnmente aceptada. Las razones son más psicológicas que científicas.
>
> FRED HOYLE[378]

Es posible que este capítulo no pertenezca a este libro. Por eso va a ser breve. Lo he incluido porque muchos que se interesan por Jesucristo también lo hacen por la psicología de quienes no creen en Él (ni en Dios).

En muchas de las conferencias que imparto sobre las evidencias científicas de la existencia de Dios, menciono el dato de que más del 95 por ciento de los premios Nobel de Ciencias (Física, Química y Fisiología y Medicina) de los últimos cien años se manifiestan como religiosos o al menos teístas, y menos del

377. *The Psychology of Atheism*, 2013, <https://www.scribd.com/document/162938454/The-Psychology-of-Atheism>. Profesor del Institute for the Psychological Sciences y profesor emérito de Psicología en la Universidad de Nueva York, Vitz es estadounidense, nacido en 1935. Doctorado por la Universidad de Stanford, fue profesor en la Universidad de Nueva York y en la Universidad de Pomona. Se convirtió al cristianismo desde el ateísmo en su edad adulta, y al catolicismo en 1979.

378. Cita en González-Hurtado, *op. cit.*, p. 247. Hoyle, nominado varias veces al Premio Nobel de Física, pasó de ser ateo declarado a teísta al observar las evidencias científicas de la existencia de un Creador.

5 por ciento de ellos se presentan como agnósticos o ateos.[379] Y además, el número de científicos escépticos decrece.[380] Esto suele causar sorpresa en quienes siguen aceptando el mito interesado de que la ciencia desdice a Dios. La realidad es exactamente la contraria. Pero inmediatamente surge la pregunta de por qué el otro 5 por ciento de los científicos galardonados con el Premio Nobel siguen siendo escépticos. La principal razón es que así lo han decidido. Decía santo Tomás: «La incredulidad tiene su origen en la soberbia, que hace que el hombre no quiera someter su entendimiento a las reglas. [...] La incredulidad reside en el entendimiento, pero la causa es la voluntad».[381] Y esa voluntad obstinada y contumaz tiene en muchos casos su origen en una psicología herida, como apunta Hoyle en el lema de este capítulo.[382]

Existe otro mito —como casi todos los mitos, promovido intencionadamente— que predica que las personas ateas son más racionales, o que su opción religiosa (el ateísmo) es más lógica o ecuánime. Una vez más, la realidad no es esa, y muy posiblemente sea exactamente la contraria. En marzo de 2021 se publicó un estudio titulado «El origen de la increencia religiosa. Un enfoque hereditario dual»,[383] «uno de los estudios más completos disponibles sobre los factores cognitivos, culturales y motivacionales que predicen las diferencias individuales sobre creencia e increencia» y que pretendía estudiar la asociación del ateísmo con una especial capacidad de «reflexión cognitiva». Sin embargo, el estudio tuvo que concluir que esa relación no existe:

379. B. A. Shalev, *100+ Years of Nobel Prizes*, Americas Group, 2010. Shalev es un genetista israelí. Estudió en la Universidad de California y es doctor en Genética por la Universidad de Reading en Reino Unido.

380. Según el último estudio del Pew Research Center sobre el tema realizado en 2009, <https://www.pewresearch.org/religion/2009/11/05/scientists-and-belief/>.

381. Para la primera parte de la cita, *Suma teológica*, parte II-IIae, cuestión 10, art. 1; para la segunda parte de la cita, II-IIae, cuestión 10, art. 2.

382. No sostengo ni creo que se pueda sostener que la mayoría de los ateos sufran alguna tara psicológica (no tengo los datos para apoyar esa hipótesis y no creo que los datos fueran a apoyarla), pero sí se puede sugerir en numerosos casos.

383. Will Gervais, Maxine Najle y Nava Caluori, «The Origins of Religious Disbelief. A Dual Inheritance Approach», *Social Psychological and Personality Science*, marzo de 2021, <https://doi.org/10.1177/1948550621994001>. Estudio realizado en una muestra representativa de 1.685 estadounidenses, con resultados similares a otros estudios en la República Checa y en Eslovaquia.

> Haciendo este estudio y también hablando con grupos ateos, me sorprende siempre la disparidad que existe entre las explicaciones de los ateos y los resultados de la investigación. Mucha gente parece realmente convencida de que son ateos porque son superracionales y tienen una mente científica. Pero una investigación cuantitativa a gran escala nunca muestra que eso sea un predictor del ateísmo.[384]

Este estudio se añade a otros recientes que concluyen lo mismo: «A muchas personas [a los ateos en particular] les gusta hablar de cómo el ateísmo surge de un pensamiento racional y esforzado. Este trabajo se añade a otros sondeos recientes y demuestra que esa idea no es cierta».[385]

Cuando se presentan estudios estadísticos sobre características de la población humana, podemos olvidarnos de lo fundamental: la libertad humana y las decisiones personales explican las opciones vitales de cada individuo. Si usted es ateo, lo más probable es que sea por su propia decisión. Si usted es religioso, lo más probable es que usted haya resuelto serlo voluntariamente. Por supuesto, existe una inercia una vez que se ha escogido un camino y se ha andado un trecho. Si decidió estudiar Medicina en la Universidad XYZ, es muy probable que cuando esté cursando el tercer año de esa carrera no se plantee qué licenciatura estudiar ni en qué universidad. Pero la decisión original —con algún condicionamiento— fue libremente suya. De igual modo, la decisión de no creer en Dios es libre, pero después existe una inercia a no cambiar esa determinación, que es mayor cuanto mayor es la edad de los individuos.

El estudio mencionado sí explica que hay algún condicionamiento para el ateísmo:

> Este trabajo sugiere que si intentas adivinar si los individuos son creyentes o ateos, lo mejor que puedes hacer es averiguar cómo se comportaban sus padres. ¿Daban el diezmo y limosna? ¿Rezaban regularmente? ¿Iban a la sinago-

384. Will Gervais, en Eric W. Dolan, «New Psychology Research Identifies a Robust Predictor of Atheism in Adulthood», PsyPost, 3 de octubre de 2021, <https://www.psypost.org/new-psychology-research-identifies-a-robust-predictor-of-atheism-in-adulthood/>.

385. *Ibidem.*

ga? [...] Nuestro análisis de interacciones sugiere que una exposición cultural [religiosa] suficientemente fuerte produce un compromiso religioso.[386]

Si usted es religioso y quiere que sus hijos lo sean, el mejor consejo que puedo darle a la vista de estos estudios es que manifieste sus creencias religiosas. Recen juntos, vayan a la iglesia (o templo) juntos; hablen de Dios; colaboren con su comunidad religiosa; lean y aprendan sobre su religión... Si usted es ateo y quiere que sus hijos lo sean, le diría que lo piense otra vez, pero si insiste, pues entonces no hable usted de Dios, no visite catedrales, no lea mucha literatura; no escuche música sacra (ni casi nada de clásica); evite gran parte de los museos y exposiciones; no se interese por la historia... «El ateísmo incrédulo resulta de personas que simplemente no reciben contribuciones culturales que las puedan animar a creer que algún dios es potente, relevante o incluso real. [...] está caracterizado por una indiferencia a la religión más que una oposición a ella».[387]

Resulta interesante vincular los hallazgos de ese estudio cuantitativo, que señalan que el mayor predictor sobre si una persona adoptará la fe atea resulta de conocer su ambiente cultural y muy especialmente a sus padres, con la conclusión del profesor Paul Vitz, que señala que aunque los ateos suelen argüir que las personas religiosas creen en Dios porque necesitan que Dios exista, en realidad lo que es cierto es lo contrario: muchos ateos rechazan la idea de Dios y frecuentemente de forma violenta porque tienen un deseo profundo de que Dios no exista. «Si la creencia en Dios no es más que un deseo por la figura de un padre, entonces el ateísmo no es más que el deseo de matar a esa figura del padre».[388] Y este deseo

386. Gervais, Najle y Caluori, *op. cit.* Hay otro factor que influye en la adopción de la fe atea, pero en mucha menor medida, el llamado «ateísmo ciego»: «Conceptualizar un Dios personal requiere capacidades mentales conceptuales; un individuo con bajas habilidades puede mostrar un "ateísmo ciego", que resulta de dificultades de conceptualizar intuitivamente agentes sobrenaturales inteligentes». A. Norenzayan y W. Gervais, «The Origins of Religious Disbelief», *Trends in Cognitive Sciences*, vol. 17, n.º 1, enero de 2013.

387. *Ibidem.* Norenzayan pertenece al departamento de Psicología de la Universidad de British Columbia; Gervais, al departamento de Psicología de la Universidad de Kentucky.

388. R. Andrew, «The Psychology of Atheism», publicado en *Arc Digital* el 12 de julio de 2017, también en Medium.com.

tiene que ver con lo que él llama «hipótesis del padre defectuoso». En su obra *Faith of the Fatherless. The Psychology of Atheism*,[389] Vitz propone (y constata con numerosos ejemplos) que tener un padre ausente o un «padre defectuoso» hace más difícil la creencia en Dios, en especial un Dios Padre personal.

Vitz parte de uno de los dogmas del ateísmo para elaborar su hipótesis. Freud postulaba que el complejo de Edipo era el origen de todas las neurosis: «Lo que permanece de ese complejo en el inconsciente representa la disposición para el desarrollo posterior de las neurosis en el adulto»,[390] de tal forma que Vitz solo tiene que utilizar el propio argumentario de Freud para presentar el origen psicológico del ateísmo: «Al postular un complejo de Edipo universal como origen de todas las neurosis, Freud desarrolló involuntariamente una lógica clara para entender el origen del deseo de rechazar a Dios»; «Freud describió a Dios frecuentemente como el equivalente psicológico del padre y por lo tanto una expresión natural de la motivación del complejo de Edipo sería el inconsciente y poderoso deseo de que Dios no exista».[391]

Se lo traduzco: el corolario de Freud es que el ateísmo es consecuencia de una neurosis que no se ha superado y que fue causada por un complejo de Edipo. Estoy seguro de que muchos escépticos dejarían de tener en alta consideración a Freud si conocieran esta conclusión necesaria de sus teorías. Aunque no creer mucho (o nada) de lo que propuso Freud resulta prudente para cualquier persona de cualquier creencia: «Muchos de los documentos que han sido [recientemente] revelados [...] demuestran que muchas de las afirmaciones de Freud eran deliberadamente falsas»; «El interés de Freud estaba limitado a las observaciones de las que pudiera hacer un mal uso a fin de fundamentar sus interpretaciones».[392] No podemos decir que Freud fuera una persona honesta,[393] y «hay buenas razones

389. Spence Publishing, 1999 (3.ª ed. en 2014).

390. Freud, citado por Vitz, *op. cit.*

391. *Ibidem.*

392. Schanberg, *op. cit.*

393. No corresponde a este libro un análisis del carácter o haceres del señor Freud, pero sirva como reivindicación de las muchas personas que han padecido grandemente por su deshonestidad dejar aquí una nota de desagrado hacia su poca admirable biografía. Como muestra: «En 1938 la Gestapo permitió a la familia Freud abandonar

para otorgar solo *una* aceptación limitada a la teoría del complejo de Edipo de Freud».[394]

Dicho lo cual, cuando se combinan los resultados de esos estudios cuantitativos con la investigación del señor Vitz, parece cierto que haber sufrido (o haber creído sufrir) un «padre defectuoso» condiciona a favor del ateísmo. El propio Freud observa:

> El psicoanálisis nos ha enseñado la conexión íntima entre el complejo del padre y la creencia en Dios; nos ha enseñado que el Dios personal lógicamente no es nada más que un padre glorificado, y diariamente se nos demuestra cómo personas jóvenes pierden sus creencias religiosas tan pronto como desaparece la autoridad del padre.[395]

Esta afirmación no incluye las conjeturas de carácter sexual de Freud tan desatinadas como frecuentes, sino que simplemente observa que existe una conexión psicológica entre el padre natural y Dios (Padre). No es una afirmación que pueda sorprender a nadie, ni tampoco es novedosa, pero resulta útil para nuestra tesis que sea el padre del psicoanálisis quien siente las bases para identificar de dónde procede el ateísmo irracional y violento de muchos conocidos escépticos. Sin ir más lejos, el propio Sigmund Freud despreciaba a su padre Jacob por su cobardía y debilidad por no defenderse de las burlas, ofensas y actos antisemitas; además, en alguna carta, Sigmund ya adulto refiere que Jacob era un pervertido sexual y que sus hijos lo sufrieron. Veamos otros casos relacionados.

Voltaire,[396] uno de los más violentos anticlericales de su tiempo, se aver-

---

Austria, incluyendo a sus cuatro hijas. Pero Freud no quiso tenerlas consigo en Inglaterra, por lo que las cuatro murieron en campos de concentración». Eva Weisweiler, *Die Freuds*, Colonia, Kiepenheuer & Witsch, 2006. Citado por Schanberg, *op. cit.*

394. Vitz, *op. cit.*

395. Sigmund Freud, *Leonardo da Vinci. A Study in Psychosexuality*, Nueva York, Random, 1910, 1947, p. 98. Citado por Vitz, *ibidem.*

396. De acuerdo con el relato del doctor Fochin, el médico que atendió a Voltaire en sus días finales, sus últimas palabras fueron: «No he tragado nada más que humo. Me he intoxicado con el incienso que me hizo perder la cabeza. Estoy abandonado de Dios y de los hombres», y luego le interpeló al médico: «Le daré la mitad de mis riquezas por seis meses más de vida», y cuando le contestó que no era posible: «¡Entonces moriré e iré

gonzaba de su padre (no aristocrático) y de sus orígenes (provincianos), fantaseó con que su padre era otro (noble por supuesto), cambió su apellido (originalmente Arouet) por algo que recordara el de su madre (que sí pertenecía a un rango menor de la nobleza), y su primera obra teatral se tituló *Edipo*.

El barón d'Holbach[397] fue un filósofo francoalemán, ateo profeso, conocido por sus voluminosos tratados contra la religión y el cristianismo. Su abuelo murió el mismo año que él nació, y su padre cuando él tenía trece años.

Ludwig Feuerbach,[398] autor de la influyente obra *La esencia del cristianismo*, sostenía que Dios no es sino una proyección del ser humano (idea después cabalgada por otros muchos jinetes ateos). Sufrió el abandono de su padre cuando tenía trece años y este se fue a vivir con su amante a una ciudad cercana, con el escándalo que eso supuso en la Alemania de principios del siglo XIX.

Friedrich Nietzsche es otro caso de ateo que confirma la teoría de Vitz. Su padre era un pastor luterano que falleció dejándolo huérfano con cuatro años. Apenas seis meses después también falleció su hermano menor.

Karl Marx, influido por Feuerbach y Nietzsche, y ateo como ellos, manifestó un profundo desprecio por su padre debido a que se convirtió al cristianismo por conveniencia, y fue el primero de su familia en no ser rabino judío.[399]

---

al infierno!». Y el recuerdo de la enfermera que lo atendía: «Por todo el dinero de Europa no querría ver morir a otro descreído. Gritó pidiendo perdón toda la noche». Lo cierto es que *se non è vero, è ben trovato*, pero se puede obtener de varias fuentes, por ejemplo, <https://www.consultclarity.org/post/famous-atheist-deathbed-quotes> y <https://frjohnnoonebooks.org/blog/last-words>.

397. Fallecido en 1789 apenas unos meses antes de la Revolución francesa. Algunas biografías sostienen que su padre murió cuando él era mayor de edad, pero parece que más probable esta versión.

398. Filósofo alemán anticristiano y materialista, educado como luterano piadoso, sufrió a temprana edad el abandono de su padre y el intento de suicidio de su hermano mayor. Tras el éxito en su edad adulta, padeció el fracaso y la pobreza en su vejez, sufrió un infarto cerebral y murió a los 68 años, en 1872. William Chamberlain escribió un libro sobre su filosofía en 1941, con un título que quizá lo describe bien: *El cielo no era su destino*.

399. Sobre la poco edificante vida de Marx, véase «¿Son los ateos malas personas?»,

Albert Camus,[400] el escritor francés conocido como el «filósofo del absurdo» y también descreído, nunca conoció a su padre, que falleció en la Primera Guerra Mundial. Parece que al final de su vida pidió ser bautizado empujado por el absurdo de una vida sin Dios. «¿Es acaso una sorpresa que a mi edad esté buscando algo en lo que creer? Perder la vida es algo pequeño. Pero perder el sentido de la vida, ver nuestra razón desaparecer es insoportable. Es imposible la vida sin sentido».[401]

Bertrand Russell,[402] otro escritor ateo del siglo XX, perdió a su padre (y a su madre) cuando tenía cuatro años. «Los padres de Russell habían sido ateos y ultrarradicales y habían dejado instrucciones para que la educación de Bertrand gozara de la protección de John Stuart Mill» (economista liberal anticristiano).[403]

Jean Paul Sartre[404] fue otro «filósofo profesional» y ateo profeso, como Russell. Perdió a su padre cuando apenas tenía quince meses y aparentemente (su padre) era un hombre «insignificante, intimidado por la figura de su

---

en González-Hurtado, *op. cit.* Baste decir que su comportamiento con su padre, madre, esposa, amante, hijos y amigos durante toda su vida adulta es el mejor ejemplo de lo que se conoce como «canalla».

400. Fallecido en 1960 en accidente de automóvil con solo 46 años, escéptico en lo religioso, fue el filósofo existencialista que estuvo más cerca de creer en Dios: admiraba a Jesucristo (en una ocasión dijo amarlo) y mostraba una pulsión moral mayor que sus colegas ateos. En una reunión de intelectuales en 1946, con Sartre y Koestler, aceptó algo que los intelectuales casi nunca admiten, que estaban equivocados: «¿No creéis que somos responsables de la ausencia de valores? Si decimos públicamente que estábamos equivocados y que los valores morales existen y que por tanto debemos hacer lo que debamos para establecerlos e ilustrarlos, ¿no creéis que ese sería el principio de la esperanza?». Citado por su biógrafo Olivier Todd en *Albert Camus. A life*, 1997.

401. Howard Mumma, *Albert Camus and the Minister*, Paraclete Press, 2000, p. 14. Mumma sostiene que Camus se suicidó, algo que no está probado.

402. Intelectual británico fallecido en 1970, fue el tercer duque de Russell al tiempo que socialista. Cuando le preguntaban por qué no compartía con los demás su riqueza, contestaba: «Me temo que no lo ha entendido bien. Yo soy socialista, no pretendo ser cristiano». Citado por Paul Johnson, *Intelectuales*, Madrid, Homo Legens, 2009, p. 381.

403. *Ibidem*, p. 339. El padre de Stuart Mill, el filósofo escocés James Mill, era también ateo.

404. *Ibidem*, p. 385. Sartre falleció en 1980. Ateo y comunista, ocultó durante toda su vida que había sido colaborador de la ocupación nazi en Francia durante la Segunda Guerra Mundial.

padre [...], que llevaba un enorme bigote para compensar su escasa estatura [1,58 metros]».[405] Jean Paul, que heredó su estatura, manifestó pública inquina por su progenitor. En su autobiografía *Les mots*, dice: «Si mi padre hubiera vivido, se habría apoyado en mí y habría acabado por aplastarme. Afortunadamente murió joven»; «el pobre hombre significaba muy poco para mí».

Vitz examina otras muchas biografías de prominentes ateos de la historia: Hitler, Stalin, Hume, H. G. Wells, y «nuevos ateos» como Richard Dawkins, Christopher Hitchens y Daniel Dennett, y las compara con las biografías de otros autores defensores del cristianismo y teístas de las mismas épocas: G. K. Chesterton, Edmund Burke, Dietrich Bonhoeffer, Blaise Pascal, John H. Newman y Soren Kierkegaard, y concluye que «en todos los casos los ateos tuvieron padres abusivos, débiles, distantes, ausentes y en cualquier caso defectuosos, mientras que los teístas tuvieron relaciones positivas con sus padres o en ocasiones con solícitas figuras paternas».[406]

Hay otros estudios que afianzan estas hipótesis. El Instituto de Investigación de la Universidad McGill[407] analizó los efectos de la ausencia de padres en los niños. «Y los resultados son alarmantes: la ausencia del padre durante los periodos de crecimiento crítico lleva a tener habilidades sociales y de comportamiento dañadas en los adultos, e incluso causa un córtex prefrontal deforme, que es la parte del cerebro responsable de planificar comportamientos cognitivos complejos, expresión de la personalidad, toma de decisiones y moderar la conducta social».[408] Y una investigación reciente de la American Psychological Association, basada en dos estudios cuantitativos, concluye: «Los participantes revelaron razones emocionales o relacionales para su escepticismo asociadas a varios indicadores de emociones negativas, tales como ira o la creencia de ostentar privilegios psicológicos, así

405. *Ibidem*, p. 386.

406. Thomas V. Mirus, «Faith of the Fatherless», *Catholic Culture*, 24 de abril de 2014, <https://www.catholicculture.org/commentary/faith-fatherless-psychology-atheism/>.

407. Research Institute of the McGill University Health Centre. «Dads, How Important Are They», 2013, <https://www.mcgill.ca/channels/news/dads-how-important-are-they-231936>. Para saber más sobre la importancia del padre, <https://fathermatters.org/>.

408. <https://www.christiannewswire.com/growing-up-without-a-father-does-what/>.

como vínculos con el miedo y la angustia».[409] Estos resultados son «consistentes con investigaciones anteriores que muestran que el 44 por ciento de los ateos manifiestan que al menos varias de sus dudas, o al menos parte de su decisión de no creer en Dios, son debidas a razones emocionales [...]. Estos individuos se caracterizaban por tener una emocionalidad negativa y también una mayor reacción negativa a sucesos estresantes».

Nada de todo lo anterior determina a nadie a caer en el ateísmo (muchos santos no pudieron disfrutar de sus padres cuando eran niños). Puede condicionar, pero como todo lo que nos lleva a ser felices o desdichados en esta vida (y en la otra) depende de nosotros mismos.

409. En uno de los estudios, esto afecta al 72 por ciento de los ateos y en otro al 54. Andy Tix, «The New Psychology of Atheism», *Psychology Today*, 21 de marzo de 2016.

PARTE V
MESÍAS Y DIOS

Los judíos, rodeándolo, le preguntaban: «¿Hasta cuándo nos vas a tener en suspenso? Si tú eres el Mesías, dínoslo francamente». Jesús les respondió: «Os lo he dicho, y no creéis; las obras que yo hago en nombre de mi Padre, esas dan testimonio de mí. Pero vosotros no creéis, porque no sois de mis ovejas. Mis ovejas escuchan mi voz, y yo las conozco, y ellas me siguen, y yo les doy la vida eterna; no perecerán para siempre, y nadie las arrebatará de mi mano».

Juan 10, 24-28

En el principio existía el Verbo, y el Verbo estaba junto a Dios, y el Verbo era Dios. Él estaba en el principio junto a Dios. Por medio de Él se hizo todo, y sin Él no se hizo nada de cuanto se ha hecho. En Él estaba la vida, y la vida era la luz de los hombres. Y la luz brilla en la tiniebla, y la tiniebla no lo recibió.

Juan 1, 1-5

Lo reconozco, es difícil de creer, es incluso escandaloso. Los cristianos están tan familiarizados con la creencia de que Jesucristo es Dios que no advierten lo increíble y absurdo que es para «los de fuera» pretender que Dios (omnipotente, omnisciente, eterno, inmutable...) se haya hecho humano. Como usted, como yo. ¿De verdad creen que un nacido de mujer es Dios? Ese que se atribuye la divinidad fue un bebé, un niño, un adulto con necesidades de bebé y de niño y de adulto. Vivió, sufrió y murió. Atribuirle un ser divino parece una contradicción, y resulta difícil de concebir que una sola persona tenga dos naturalezas. Es una doctrina sorprendente —tanto que uno se pregunta quién pudo haberla imaginado—, pero que no podemos descartar por incongruente, porque no es imposible.

Ayer fue el cumpleaños de mi hija Paula (y también de mi hija Sofía, son mellizas) y estaba yo dando una conferencia a varios cientos de estudiantes preuniversitarios sobre las evidencias científicas de la existencia de Dios. Al finalizar, un grupo de alumnos tenía más preguntas, la conversación derivó hacia el cristianismo, y una alumna inquisitiva y noble —también llamada Paula— cuestionó si Jesucristo en realidad existió («Sí, sin duda. Jesucristo no es un mito»); si lo que sabemos de Él ahora es lo que decían de Él entonces («Sí, con seguridad. Jesucristo no es una manipulación»); si es posible que Jesucristo fuera un mentiroso o un maniaco («Enormemente improbable»)..., y llegados a ese extremo, ¿no será que en realidad Jesucristo nunca reclamó ser Dios? Voy a contestar esa pregunta a continuación.

13
Jesucristo se creía Dios (parte I)

«Lo que mi Padre me ha dado es más que todas las cosas, y nadie puede arrebatar nada de la mano de mi Padre. Yo y el Padre somos uno». Los judíos agarraron de nuevo piedras para apedrearlo. Jesús les replicó: «Os he hecho ver muchas obras buenas por encargo de mi Padre: ¿por cuál de ellas me apedreáis?». Los judíos le contestaron: «No te apedreamos por una obra buena, sino por una blasfemia: porque tú, siendo un hombre, te haces Dios.

Juan 10, 29-34

Dos breves acotaciones a modo de antecedentes. Por un lado, en tiempos de Jesús el pueblo judío estaba dominado por la ocupación romana, que ya había tenido que reducir varias rebeliones.[410] Y por otro, el judaísmo es la única religión monoteísta de la Antigüedad, y ese monoteísmo es definitorio. Ambos asuntos explican por qué Jesucristo no proclamó su divinidad de forma aparatosa. Respecto a la primera cuestión, vemos en las biografías de Jesús que Él en muchas ocasiones pide a los testigos de sus milagros y

410. Solo en el siglo I, los dominadores romanos sofocaron las rebeliones de Judas el Galileo en el año 6 d. C.; Simón de Perea, muerto entre el 4 a. C y el 15 d. C.; Theudas (parece que hubo dos revueltas de alguien con ese nombre, una antes y otra después de la muerte de Jesús), y Athronges, que se rebeló contra los romanos y contra Arquelao, hermano de Herodes Antipas.

curaciones[411] y a sus discípulos que no digan quién es Él,[412] por «una estrategia práctica. Las aclamaciones mesiánicas podían (y de hecho pasó) llevar a las autoridades a clasificar erróneamente a Jesús como un revolucionario y ordenar su ejecución. Por lo tanto, Jesús presumiblemente retrasa su martirio hasta el momento apropiado».[413] Y respecto a la segunda cuestión, si Jesús se hubiera proclamado Dios sin mayor explicación, los judíos del siglo I hubieran entendido «Dios Padre»; si Jesús hubiera querido decir que Él era Dios pero al tiempo decir que Él no era el Padre, entonces no podía proclamar pura y simplemente «Yo soy Dios», puesto que no hubiera sido entendido. «No puedo enfatizar este punto suficientemente: solo porque Jesús no fuera gritando "¡Yo soy Dios!" por toda Galilea no quiere decir que no afirmara ser divino».[414]

Jesucristo sí manifiesta la pretensión de ser Dios. Y lo hace repetidas veces y de distintas formas. Veamos doce de ellas:

1) «**Yo soy**». En el libro del Éxodo, Moisés le pregunta a Dios sobre su nombre: «"Si ellos me preguntan '¿cuál es su nombre?', ¿qué les respondo?". Dios dijo a Moisés: "'Yo soy el que soy'; esto dirás a los hijos de Israel: 'Yo soy' me envía a vosotros"» (Éxodo 3, 13-14). De tal forma que «Yo soy» es uno de los nombres del Señor (YHWH, en hebreo), y denota la cualidad esencial de Dios: ser. Dios es el que es. Sin principio ni final, Dios es. Así aparece también en el libro de Isaías 43, 11-12: «Yo, yo soy el Señor [...], yo soy Dios», y en el Deuteronomio 32, 39: «Pero ahora mirad: yo soy, solo yo, y no hay dios fuera de mí». Pues bien, Jesús se presenta a sus discípulos de igual modo, «Yo soy», en el episodio en que va caminando sobre las aguas del mar de Galilea, y ello en tres Evangelios diferentes; les dice: «Ánimo, yo soy, no tengáis miedo» (Marcos 6, 50; Mateo 14, 27, y Juan 6, 20). En ese episodio, Jesús se presenta con el mismo nombre que Dios le

411. Por ejemplo, en Mateo 8, 4, tras limpiar a un leproso: «Jesús le dijo: "No se lo digas a nadie, pero ve a presentarte al sacerdote y entrega la ofrenda que mandó Moisés, para que les sirva de testimonio"», o en Mateo 12, 16, tras curar a muchos: «Él los curó a todos, mandándoles que no lo descubrieran».

412. Por ejemplo, en Mateo 16, 20, después de proclamar a Pedro como cabeza de la Iglesia: «Y les mandó a los discípulos que no dijesen a nadie que él era el Mesías».

413. Keener, *The Historical Jesus of the Gospels*, citado por Pitre, *op. cit.*, p. 138.

414. *Ibidem*, p. 120.

comunicó a Moisés, está diciendo para cualquier judío del siglo I (y realmente para cualquiera hoy también) que Él es el que es. Dios.

2) **Se presenta como el Mesías.** Le invito a releer la cita que encabeza esta parte V. Solo quien se cree Dios puede prometer proteger contra cualquier mal. Solo quien pretende ser Dios puede prometer la vida eterna.

3) **«Yo y el Padre somos uno».** Relea ahora la cita que encabeza este capítulo. ¿Nota el paralelismo con la cita anterior? Nadie puede arrebatar nada de la mano de Jesús y nadie puede arrebatar nada de la mano de su Padre. Pero por si había alguna duda, Jesús declara explícitamente: «Yo y el Padre somos uno». *Uno* en griego es neutro, por lo que es más apropiado traducirlo como «Yo y el Padre somos una sola cosa».

4) **«El Padre está en mí y yo en el Padre».** En ese mismo episodio, Jesucristo explicita aún más lo que piensa de Sí mismo. Habla a los judíos y les dice: «Si no hago las obras de mi Padre, no me creáis, pero si las hago, aunque no me creáis a mí, creed a las obras, para que comprendáis y sepáis que el Padre está en mí, y yo en el Padre». Jesús está presentándose como Dios al tiempo que enseña la doctrina de la Trinidad. Un Dios y distintas personas.

5) **Sus contemporáneos entendieron que Jesús pretendía ser Dios...** Los propios judíos entendieron que Jesús afirmaba ser Dios sin pretender ser el Padre; «porque tú, siendo hombre, te haces Dios». De hecho, la acusación que lo llevará finalmente a la muerte será la de blasfemia, el hecho de reclamar ser Dios.

6) **... y Él lo reconoce.** Jesucristo está siendo juzgado delante del Sanedrín y del sumo sacerdote que busca condenarlo. Este le pregunta «¿Eres tú el Mesías, el Hijo del Bendito?». Jesús contesta: «Yo soy. Y veréis al Hijo del hombre sentado a la derecha del Poder y que viene entre las nubes del cielo». El sumo sacerdote, rasgándose las vestiduras, dice: "¿Qué necesidad tenemos ya de testigos? Habéis oído la blasfemia. ¿Qué os parece?". Y todos lo declararon reo de muerte» (Marcos 14, 61-64, pero está también en Lucas 22, 66-71 y en Mateo 26, 59-66).

7) **Expulsa demonios en Su propio nombre** y apelando a Su propio poder, y es reconocido como Mesías y Dios por esos demonios: «De muchos de ellos salían también demonios, que gritaban y decían: "Tú eres el Hijo de Dios". Los increpaba y no les dejaba hablar, porque sabían que él era el Mesías». (Lucas 4, 41). Entiendo que si usted es un escéptico, no crea en los milagros, en la existencia de demonios y tampoco en los exorcismos que

Jesús parecía realizar. Pero en este momento no pretendo discutir si tales milagros o demonios eran reales, sino si Jesucristo —basándonos en lo que nos dicen sus contemporáneos— se creía Dios, y esto es indudable en quien se arroga la capacidad de expulsar demonios.

8) **Acepta el reconocimiento de Mesías y de Dios por parte de sus discípulos.** Cuando Jesucristo les pregunta quién creen que es Él, Pedro hablando por todos contesta: «Tú eres el Mesías, el Hijo del Dios vivo» (Mateo 16, 15-17 y también en Lucas 9, 20-21). Algo que Jesucristo confirma y celebra: «¡Bienaventurado tú, Simón, hijo de Jonás!, porque eso no te lo ha revelado ni la carne ni la sangre, sino mi Padre que está en los cielos», y luego «les mandó a los discípulos que no dijesen a nadie que él era el Mesías».

9) **Llama a Dios Padre *Abba*** (algo así como «papá»). «La costumbre para los judíos era evitar decir el nombre de Dios. Su nombre es la palabra más santa que se puede decir. [...] Si iban a dirigirse a Dios hubieran dicho algo así como "El Santo, Bendito sea Él", pero nunca usarían un nombre personal. Y *Abba* es muy personal [...], tiene la connotación de intimidad en la relación de un niño con su padre [...], es el término de ternura de un hijo con su padre». Y no solo eso, sino que Jesús invitó a sus discípulos a que se dirigieran a Dios de igual manera. Jesucristo se atribuye la capacidad de iniciar un nuevo tipo de relación con Dios, una intimidad que antes no era posible. «Jesús dice que este tipo de lenguaje para la oración, este tipo de relación —*Abba*— con Dios solo es posible a través de la relación con el propio Jesús. Eso lo dice todo sobre cómo se consideraba a Sí mismo».[415]

10) **Perdona los pecados y afirma estar libre de pecado.** Solo Dios está sin pecado; solo Dios puede perdonar los pecados. «Vinieron trayéndole un paralítico llevado entre cuatro y, como no podían presentárselo por el gentío, levantaron la techumbre encima de donde él estaba, abrieron un boquete y descolgaron la camilla donde yacía el paralítico. Viendo Jesús la fe que tenían, le dice al paralítico: "Hijo, tus pecados te son perdonados". Unos escribas que estaban allí sentados pensaban para sus adentros: "¿Por qué habla

415. Ben Witherington III en Lee Strobel, *op. cit.*, pp 148-149. El señor Witherington, norteamericano nacido en 1951, ha sido profesor de Interpretación Neotestamentaria en la Duke University; el Seminario Teológico Gordon-Conwell y en los seminarios de Asbury-Ashland. Protestante y pastor metodista es miembro del Instituto de Investigación Bíblica y de la Sociedad de Literatura Bíblica.

este así? Blasfema. ¿Quién puede perdonar pecados sino solo uno, Dios?"» (Marcos 2, 1-12). Le ruego que imagine la escena. Tiene todo el aire de ser real. Jesús está rodeado por mucha gente y el paralítico no se puede acercar a Jesús, así que los amigos ingenian una forma de presentarlo ante Jesús. Y los escribas inmediatamente se dan cuenta de que Jesucristo se iguala a Dios y que por tanto «blasfema». Para dejar todavía más claro que Jesús sí se consideraba a Sí mismo Dios, manifiesta y demuestra que puede perdonar los pecados y dice: «¿Qué es más fácil, decir al paralítico: "Tus pecados te son perdonados", o decir: "Levántate, coge la camilla y echa a andar?". Pues, para que veáis que el Hijo del hombre tiene autoridad en la tierra para perdonar pecados —dice al paralítico—: "Te digo: levántate, coge tu camilla y vete a tu casa". Se levantó, cogió inmediatamente la camilla y salió a la vista de todos». Una vez más, si es usted escéptico no le pido ahora que crea en el milagro de la curación del paralítico (aunque sería bueno que lo hiciera y si lo piensa no hay razón para no hacerlo), sino que observe cómo este episodio demuestra que Jesucristo sí creía ser Dios. Además, Jesucristo se presenta como si no tuviera pecado y si tiene pecado (como todos los humanos), entonces no es Dios, pero si dice la verdad, entonces sí lo es.

11) **Amaina la tormenta.** Si no cree en la Providencia, hace usted mal, pero no veo posible convencerle aquí, así que puede pensar que ha habido una afortunada casualidad. Me explico: cuando estaba haciendo la investigación para este capítulo, las lecturas de la misa diaria me sugirieron otra ocasión en que Jesús se presenta como Dios.[416] En el libro de Job, Dios muestra su poder aplacando un mar bravío: «[¿]Quién cerró el mar con una puerta, cuando escapaba impetuoso de su seno[?]», y en el salmo 107 igualmente el Señor se manifiesta de esa manera: «Pero gritaron al Señor en su angustia, y los arrancó de la tribulación. Apaciguó la tormenta en suave brisa, y enmudecieron las olas del mar. Se alegraron de aquella bonanza, y Él los condujo al ansiado puerto». Con el mismo poder del Dios de Job, Jesucristo se presenta a sus discípulos calmando una tormenta que los aterrorizaba (en Mateo 8, 25-27 y también en Lucas 8 y en Marcos 4) , y en ese episodio además cumple todo lo profetizado en el salmo.

12) **La transfiguración.** Otra casualidad. El segundo domingo de Cuaresma, que es el día que escribo estas líneas, el Evangelio me ha traído este

416. Lecturas del 23 de junio de 2024: Job 38, 1; 8-11, Salmo, 107, y Marcos 4, 35-40.

episodio en el que Jesucristo se presenta a sí mismo como Dios, el Dios de Moisés, el Dios de los profetas: «Tomó Jesús a Pedro, a Juan y a Santiago y subió a lo alto del monte para orar. Y, mientras oraba, el aspecto de su rostro cambió y sus vestidos brillaban de resplandor. De repente, dos hombres conversaban con él: eran Moisés y Elías, que, apareciendo con gloria, hablaban de su éxodo, que él iba a consumar en Jerusalén. Pedro y sus compañeros se caían de sueño, pero se espabilaron y vieron su gloria y a los dos hombres que estaban con él. Mientras estos se alejaban de él, dijo Pedro a Jesús: "Maestro, ¡qué bueno es que estemos aquí! Haremos tres tiendas: una para ti, otra para Moisés y otra para Elías". No sabía lo que decía. Todavía estaba diciendo esto cuando llegó una nube que los cubrió con su sombra. Se llenaron de temor al entrar en la nube. Y una voz desde la nube decía: "Este es mi Hijo, el Elegido, escuchadlo". Después de oírse la voz, se encontró Jesús solo. Ellos guardaron silencio y, por aquellos días, no contaron a nadie nada de lo que habían visto» (Lucas 9, 28b-36). Y resulta que fueron Moisés y Elías quienes en el Antiguo Testamento experimentaron la presencia de Dios. Ambos estuvieron con Dios, pero ninguno de los dos pudo ver «el rostro de Dios».[417] «En el monte de la transfiguración se les permite finalmente a Moisés y a Elías ver lo que no pudieron ver durante sus vidas terrenas, el rostro de Dios sin velos».[418]

417. Éxodo 33, 18-33 para Moisés, y 1 Reyes 19, 9: 11-13 para Elías.
418. Pitre, *op. cit.*, p. 133.

14

Hijo del hombre, hijo de Dios, hijo de David

> ¿Creía Jesucristo que Él era el Hijo de Dios, el ungido de Dios? La respuesta es sí. ¿Se veía a sí mismo como el Hijo del hombre? La respuesta es sí. ¿Se veía a sí mismo como el Mesías final? Sí, esa era la forma en que se veía a sí mismo. ¿Pensaba que alguno que fuera menos que Dios podía salvar al mundo? No, no creo que lo pensara.
>
> BEN WITHERINGTON III[419]

A veces se escucha que puesto que Jesucristo se llamó a sí mismo «Hijo del hombre» estaba reconociendo que no era Dios; otras veces, que como se presenta como «Hijo de Dios» y ese título se podría aplicar extensivamente a toda criatura, entonces está aceptando que no es Dios; al final otros dicen que puesto que Él se llamó a Sí mismo «Mesías», entonces consentía implícitamente que no era Dios. En todas las ocasiones uno tiene la sensación de que no importa lo que haya dicho Jesucristo, algunos interpretan sus palabras en el sentido de restarle la condición divina, pero lo cierto es que las cuatro denominaciones que se atribuye (Hijo del hombre, Hijo de Dios, Hijo de David y Mesías) lo presentan como Dios.

Veamos las tres primeras denominaciones, pues la de «Mesías» se aborda a propósito de las profecías:

419. Ben Witherington III, en Strobel, *op. cit.*, p. 153.

A) Hijo del hombre

En arameo *Bar-nasha*, en hebreo *Ben-´adam*. Es llamativo que en los Evangelios nadie lo llama así. Solo Él mismo emplea este título para designarse, y además muy frecuentemente: ochenta y una veces en Mateo, catorce veces en Marcos, veinticinco veces en Lucas y doce veces en Juan. Después de Su muerte llaman así a Jesús san Esteban durante su martirio[420] y san Juan en el Apocalipsis.

En el Antiguo Testamento la expresión en ocasiones se usa para expresar lo mismo que «hombre».[421] Por ejemplo, en el Libro de Ezequiel, donde Dios se dirige al profeta llamándole «hijo de hombre», pero hay otra ocasión —muy especial— en que la expresión tiene un significado claramente distinto. En la profecía de Daniel,[422] este tiene la visión «de las cuatro bestias». Una visión y una profecía sombría e inquietante precisamente hasta la llegada de la figura singular, divina y mesiánica nombrada como «Hijo del hombre». Daniel narra que durante el primer año del reinado de Baltasar[423] en Babilonia, tuvo un sueño en que vio a «cuatro bestias gigantescas [...] que representan cuatro reinos que surgirán en el mundo» (Daniel 7). Las imágenes de las bestias son un león, un oso, un leopardo, y la cuarta bestia, distinta a las demás, con «dientes de hierro y garras de bronce», reinó de forma «terrible, espantosa y extraordinariamente fuerte» hasta que llegó el «Hijo del hombre». Dice Daniel: «Seguí mirando. Y en mi visión nocturna vi venir una especie de hijo de hombre entre las nubes del cielo. Avanzó

420. En Hechos de los Apóstoles 7, 56: «Y dijo: "Veo los cielos abiertos y al Hijo del hombre de pie a la derecha de Dios"».

421. Por ejemplo, en los libros de Ezequiel y de Job.

422. Daniel fue un profeta judío de los siglos VII y VI a.C. Él y otros judíos fueron tomados prisioneros durante el reinado de Nabucodonosor II hasta la toma de Babilonia por Ciro, rey de Persia. Algunos autores suponen que Daniel fue una figura mítica, pero no dan prueba de ello aparte de que «todo en la Biblia debe ser dudado y si se puede, desacreditado». Nabucodonosor conquistó Jerusalén en el año 587 a.C. y destruyó el Templo un año después, <https://totallyhistory.com/daniel-timeline/>. Es posible sin embargo que el libro de Daniel fuera compuesto posteriormente, en el siglo II a.C., en la época de los macabeos, como sostiene Sayés, *op. cit.*, p. 99.

423. Baltasar o Bel-Sar-Usur fue el hijo del rey Nabonido, el último del Imperio neobabilónico, y fue corregente con su padre hacia el 553 a.C.

hacia el anciano y llegó hasta su presencia. A él se le dio poder, honor y reino. Y todos los pueblos, naciones y lenguas lo sirvieron. Su poder es un poder eterno, no cesará. Su reino no acabará».[424]

Tal y como sugiere Brant Pitre, el «Hijo del hombre» no es otro que el Mesías (el Cristo): «El Hijo del hombre es el rey del quinto reino, el eterno reino de Dios. Este reino será establecido cuando la cuarta bestia sea destrozada».[425] Y su identidad resulta clara desde la perspectiva actual y conociendo la historia posterior.

La siguiente tabla explica la profecía y ayuda a entenderla.[426]

LA PROFECÍA DEL HIJO DEL HOMBRE, SEGÚN DANIEL

Sueño de Daniel	Cinco imperios	Fechas
León	Babilonio	Siglo VI a. C.
Oso	Persa	Siglo V a. C.
Leopardo	Griego	Siglo IV a. C.
Cuarta bestia	Romano	Siglo I a. C.
Hijo del hombre	Reino de Dios	Siglo I y siguientes

De esta forma, «el Hijo del hombre es una figura divina del libro de Daniel en el Antiguo Testamento que vendría al final del mundo para juzgar a la humanidad y reinar para siempre. Por lo tanto, la declaración de ser Hijo del hombre sería en efecto la declaración de divinidad».[427] Esta interpretación es la auténtica que nos dan los autores judíos del siglo I. Ellos identificaban «Hijo del hombre» con Mesías y Dios, así lo podemos ver en

424. Versículos 13-14. Nótese que el lenguaje de la profecía de Daniel es muy similar al que usa Jesucristo cuando se refiere a Sí mismo durante el juicio delante del Sanedrín.

425. Pitre, *op. cit.*, p. 111.

426. Adaptado de *ibidem*, p. 112.

427. William Lane Craig, *The Son Rises. Historical Evidence for the Resurrection of Jesus*, Moody Press, 1981, p. 140. Citado por Strobel, *op. cit.*, p. 319. Craig es un filósofo estadounidense nacido en 1949, profesor de varias universidades en Europa y Estados Unidos. Fue nombrado uno de los 50 más influyentes filósofos vivos por *The Best Schools* en 2016.

el libro de Enoc,[428] compuesto en el siglo II a. C.,[429] en que se anuncia la preexistencia del Hijo del hombre, «escondido en Dios desde antes de la creación del mundo y estará hasta la eternidad ante Él». Este Hijo del hombre «expulsará a los reyes de sus tronos y de sus reinos» y «será un báculo para los justos y los santos, para que en él se apoyen y no caigan; será la luz de los pueblos y la esperanza de quienes están afligidos en su corazón». También «salvará a los justos» y será juez al final de los tiempos. En definitiva, «el autor [del libro de Enoc] presenta al Hijo del hombre como Mesías. Ello se deduce del paralelismo que guarda con el Hijo del hombre daniélico».[430] En otro libro judío, probablemente del siglo I, también se habla del «Hijo del hombre» (IV Esdras 13, 1-52),[431] que inaugura la era mesiánica; este Mesías habría de morir y posteriormente acontecería la resurrección final. Y finalmente el término alude al Mesías en otros textos judíos: «Los rabinos posteriores identificaban "Hijo del hombre" en Daniel con el Mesías (Talmud de Babilonia, Sanhedrín 98a; Números Rabbah 13, 14)».[432]

Por lo tanto, queda claro que cuando Jesús usaba el título «Hijo del Hombre» quería decir que la profecía de Daniel se había cumplido en Él y que Él era el Mesías que iniciaba el reino de Dios anunciado por el profeta. Así lo entendían sus contemporáneos. Así lo entendieron los sacerdotes del Sanedrín. Por eso lo acusaron de blasfemia. Por eso lo condenaron a muerte.[433]

428. 1 Enoc 48, 6; 48, 10, y 52, 4. Libro no incluido en el canon del Antiguo Testamento, pero que tiene un alto reconocimiento entre los primeros padres cristianos, y mayor según han aparecido descubrimientos arqueológicos que demuestran la autenticidad y antigüedad del libro de Enoc.

429. De acuerdo con el doctor Jay Winter en *The Complete Book of Enoch*, Winter Publications, 2015, p. 7. Se puede acceder en Archive.org.

430. Sayés, *op. cit.*, p. 106.

431. También llamado 2 Ezra, no está en el canon del Antiguo Testamento, pero muy citado por los primeros padres cristianos como «el Apocalipsis de Esdras» o «La profecía de Esdras». Cristóbal Colón citó este libro como autoridad para su proyecto de viaje ante los Reyes Católicos.

432. Pitre, *op. cit.*, p. 112.

433. Una exposición y discusión del término *Hijo del hombre* completa (pero a mi juicio menos cautivadora que las citadas en el texto) se puede encontrar en Benedicto XVI, *op. cit.*, I, pp. 373-388.

B) Hijo de Dios

Jesucristo es llamado así incluso antes de su nacimiento. Cuando de acuerdo con la creencia cristiana un ángel anuncia a la que será la Virgen María que concebirá a Jesús, le dice: «Darás a luz un hijo, y le pondrás por nombre Jesús. Será grande, se llamará Hijo del Altísimo». Y poco después: «El Santo que va a nacer será llamado Hijo de Dios» (Lucas 1, 32 y 35).

También es llamado así por Juan el Bautista, que dice de Él: «Y yo lo he visto y he dado testimonio de que este es el Hijo de Dios» (Juan 1, 35), precisamente durante Su bautismo, el episodio que inicia la vida de predicación de Jesús. Después ese título se lo aplican sus discípulos equiparándolo a Mesías y Dios; por ejemplo, cuando Jesucristo les preguntó: «Y vosotros, ¿quién decís que soy yo?». Simón Pedro tomó la palabra y dijo: «Tú eres el Mesías, el Hijo del Dios vivo» (Mateo 16, 15-16).

Así lo entendieron los primeros cristianos, para los que el Hijo de Dios no era otro que Dios. Dice san Pablo: «De muchas maneras habló Dios antiguamente a los padres por los profetas. En esta etapa final, nos ha hablado por el Hijo, al que ha nombrado heredero de todo, y por medio del cual ha realizado los siglos. Él es reflejo de su gloria, impronta de su ser» (Hebreos 13, 1-3).

Y finalmente también los jerarcas judíos entendieron —como Juan, como Pedro, como Pablo, como los cristianos— que el hecho de que Jesucristo se atribuyese el título de «Hijo de Dios» lo asimilaba a Dios (un hijo es de la misma naturaleza que el padre) y por eso buscaron condenarlo. Durante su juicio el Jueves Santo le preguntaron: «Te conjuro por el Dios vivo a que nos digas si tú eres el Mesías, el Hijo de Dios», y Jesús contestó afirmativamente: «Tú lo has dicho» (Mateo 23, 63), y eso fue Su perdición. Después, cuando buscaban confirmar la condena ante el procurador romano Poncio Pilatos lo acusaron de lo mismo: «Nosotros tenemos una ley, y según esa ley tiene que morir, porque se ha hecho Hijo de Dios» (Juan 19, 7).[434]

«Hay, pues, dos personas claramente diferenciadas, una hija de la otra,

434. La ley judía que castiga la blasfemia; a la que se refieren está recogida en Levítico 24, 14: «Saca al blasfemo fuera del campamento. Que todos los que lo oyeron pongan las manos sobre su cabeza, y toda la asamblea lo apedree».

distintas pero iguales. El Hijo recibe su existencia y su naturaleza —todo lo que es y todo lo que tiene— del Padre, pues eso es lo que significa ser hijo. Pero lo recibe "todo" del Padre en perfecta igualdad. Por eso el Hijo es también Dios».[435]

C) Hijo de David

Hay diecisiete versículos en el Nuevo Testamento en que se llama «Hijo de David» a Jesús, aunque en ningún caso se puede entender literalmente, ya que el rey David[436] vivió y murió diez siglos antes. No obstante, en el segundo libro de Samuel (7, 12-16)[437] se menciona la profecía de Natán, que predecía que el Mesías sería de la casa de David, descendiente del gran Rey y que cuando venga «será Él quien construya una casa a mi nombre y yo consolidaré el trono de su realeza para siempre». Esta profecía, confirmada en otras partes del Antiguo Testamento,[438] estaba sin cumplir hasta el nacimiento de Jesucristo. Por una feliz *casualidad*, Jesucristo era descendiente de David, como afirmó san Pablo: «Y se refiere a su Hijo, nacido de la estirpe de David según la carne, constituido Hijo de Dios en poder según el Espíritu» (Romanos 1, 3). Y lo confirma el Evangelio de san Mateo (capítulo 1), que nos proporciona la genealogía de Jesucristo, que desciende de David a través de José, su padre legal. También consta en el Evangelio de Lucas (capítulo 3), que propone que Jesús desciende de David por adopción a través de José y por línea de sangre a través de María.

Los escépticos pueden objetar que estas genealogías no se pueden comprobar, por lo que no hay forma de cerciorarse de que Jesucristo era descendiente del rey David. Es cierto. Las partidas de nacimiento son un invento moderno. Pero lo que queremos demostrar es que Jesucristo se creía Dios, y que ese era el convencimiento de los primeros cristianos, y el hecho de que los evangelistas y los discípulos presenten a Jesucristo como descendiente de

435. Sheed, *op. cit.*, p. 267.

436. David fue el tercer rey de la Monarquía Unificada de Israel y Judá, vivió en los siglos X y IX a. C. Fue precedido por Isbaal o Ish Bosheth, hijo de Saúl, tuvo ocho esposas y una veintena de hijos, y su sucesor fue Salomón.

437. De esta profecía se hacen eco 1 Crónicas 17, 12-14 y Salmos 2, 7 y 89.

438. Que el Mesías sea descendiente del rey David está confirmado en Isaías 11, en Jeremías 33 y en Ezequiel 37.

David demuestra sin lugar a duda que ellos creían que se había cumplido la profecía mesiánica, que era el Cristo y Dios, tal y como lo profesan los cristianos actuales. Pueden estar todos equivocados, pero todos creían y creen lo mismo.

Jesucristo hace una pregunta a los fariseos que nos permite confirmar que se creía el Mesías y pensaba que este era Dios: «¿Qué pensáis acerca del Mesías? ¿De quién es hijo?». Le respondieron: «De David».[439] Es entonces cuando Jesús establece que el Mesías, aquel a quien llamaban «Hijo de David», es de naturaleza divina. Para ello continúa diciéndoles: «¿Cómo entonces David, movido por el Espíritu, lo llama Señor diciendo: "Dijo el Señor a mi Señor: siéntate a mi derecha y haré de tus enemigos estrado de tus pies"? Si David lo llama Señor, ¿cómo puede ser hijo suyo?». Jesús hace referencia literal al salmo 110, compuesto por el rey David, en el que este se refiere al futuro Mesías y lo llama «Señor» (Dios). Y establece en buena lógica que entonces el Mesías tenía que ser Dios. «El Mesías es más que un descendiente de David. El Mesías es también el Señor de David. Desde un punto de vista bíblico, los escribas judíos deberían referirse al Mesías como "el Señor de David"». [440]

439. Mateo 22, 41-46; Marcos 12, 35-37, y Lucas 20, 41-44.
440. Pitre, *op. cit.*, p. 146.

15
Jesucristo se creía Dios (parte II)

> Vosotros me llamáis «Maestro» y «Señor», y decís bien, porque lo soy.
>
> Juan 13, 14

> Sí, Jesús actuó como si fuera Dios, Jesús habló como si fuera Dios, Jesús fue incluso crucificado por afirmar su divinidad, [pero] cuando enseñó sobre el misterio de su identidad lo hizo gradualmente, usando parábolas, acertijos y preguntas.
>
> Brant Pitre[441]

Jesucristo es el único fundador de una religión revelada que dice ser Dios. Ni Moisés ni Abraham se proclamaron a sí mismos divinos; tampoco lo hizo Mahoma, ni Buda, ni Lao Tse, ni Confucio, ni Zoroastro, ni Plotino, ni Baha'ullah, ni Joseph Smith, ni Ibn Nusayr, ni Ronald Hubbard, ni Mani... Algunos se consideraban profetas enviados o inspirados por Dios, otros posiblemente sabían que no eran tales, aunque lo pretendieron así; pero ninguno de ellos se presentó como Dios. Jesucristo sí lo hizo. Jesús dijo que era de la misma sustancia y naturaleza que el Padre (es decir, Dios), al tiempo que no era el Padre. Entiendo que esto es confuso; no se preocupe, no solo para usted también para mí y para todos los que han pensado alguna vez sobre ello.[442]

441. *Ibidem*, p. 194.

442. San Agustín, *Confesiones*, libro XIII, cap. XI: «¿Quién será capaz de comprender la Trinidad omnipotente?», queriendo decir que nadie, y sigue: «Rara es la persona que

En numerosas ocasiones Jesucristo se arroga la naturaleza divina (al mismo tiempo que no se la quita al Padre).

1) «Yo soy la vida». Jesucristo le dice a Nicodemo, un anciano miembro del Sanedrín: «El que no nazca de nuevo no puede ver el reino de Dios» (Juan 3, 3). Y para que lo entendieran quienes lo escuchaban (y nosotros), añadió: «Yo soy la resurrección y la vida: el que cree en mí, aunque haya muerto, vivirá» (Juan 11, 25); «Yo soy el camino y la verdad y la vida. Nadie va al Padre sino por mí» (Juan 14, 6). Es decir, que Él se presenta como la vida nueva, como la vida eterna, y nos explica: «Tanto amó Dios al mundo que entregó a su Unigénito, para que todo el que cree en Él no perezca, sino que tenga vida eterna. Porque Dios no envió a su Hijo al mundo para juzgar al mundo, sino para que el mundo se salve por Él. El que cree en Él no será juzgado; el que no cree ya está juzgado, porque no ha creído en el nombre del Unigénito de Dios» (Juan 3, 16-18). Jesús se muestra como el «hijo único» de Dios y como Dios mismo (la Verdad / la Vida).

2) «Si me conocéis a mí, conocéis al Padre». Jesucristo vuelve a decirlo explícitamente en una conversación con Tomás y con Felipe, y añade: «Ahora ya lo conocéis y lo habéis visto». Felipe le dice: «Señor, muéstranos al Padre y nos basta». Jesús le replica: «Hace tanto que estoy con vosotros, ¿y no me conoces, Felipe? Quien me ha visto a mí ha visto al Padre. ¿Cómo dices tú: "Muéstranos al Padre"? ¿No crees que yo estoy en el Padre, y el Padre en mí? Lo que yo os digo no lo hablo por cuenta propia. El Padre, que permanece en mí, Él mismo hace las obras. Creedme: yo estoy en el Padre y el Padre en mí» (Juan 14, 7-11).

3) «Nadie ha subido al cielo sino el que bajó del cielo el Hijo del hombre. Lo mismo que Moisés elevó la serpiente en el desierto, así tiene que ser elevado el Hijo del hombre, para que todo el que cree en Él tenga vida eterna» (Juan 3, 13). Esta referencia a «ser elevado» se interpreta lógicamente como una profecía sobre la futura muerte de Jesucristo en la cruz.

4) «Yo soy. El que contigo habla». Jesucristo vuelve a manifestarlo explícitamente cuando responde a una samaritana, que le dice: «Sé que va a venir el Mesías, el Cristo; cuando venga, Él nos lo dirá todo». Jesús le con-

---

al hablar de ella sabe lo que dice». Y esto lo afirma uno de los seres humanos más inteligentes que haya existido.

testa: «Yo soy, el que contigo habla». Un precioso episodio que le recomiendo que lea, es maravilloso y muy esperanzador saber que Dios es así.[443]

5) «Antes de que Abraham existiera, yo soy». Jesús está enseñando en el Templo[444] y otra vez se presenta como «Yo soy», como YHWH. «Abraham, vuestro padre, saltaba de gozo pensando ver mi día; lo vio, y se llenó de alegría». Los judíos le dijeron: «No tienes todavía cincuenta años, ¿y has visto a Abraham?». Jesús les dijo: «En verdad, en verdad os digo: antes de que Abraham existiera, yo soy». Entonces cogieron piedras para tirárselas» (Juan 8, 56-59). No solo Jesús se presenta como Dios, sino que lo hace de forma que todos lo entiendan, y por ello los judíos intentaron apedrearlo acusándolo de blasfemia.

6) «Yo no soy de este mundo». En la misma ocasión, hablando con los judíos en el Templo, Jesucristo vuelve a explicitar quién cree ser Él y les dice: «Vosotros sois de aquí abajo, yo soy de allá arriba: vosotros sois de este mundo, yo no soy de este mundo. Con razón os he dicho que moriréis en vuestros pecados: pues, si no creéis que "yo soy", moriréis en vuestros pecados». Otra vez se manifiesta como «Yo soy»/YHWH/Dios.

7) «El Hijo del hombre es Señor del sábado». En una ocasión en que los discípulos de Jesús son amonestados por los fariseos por arrancar espigas y comer en sábado (día sagrado para los judíos y dedicado a Dios), Jesucristo se les presenta como Dios: «Pues os digo que aquí hay uno que es más que el templo [...] porque el Hijo del hombre es señor del sábado» (Mateo 12, 6 y 8).

8) «Pero yo os digo». Jesucristo se arroga la capacidad de completar la ley de Dios. Eso solo lo puede pretender quien se cree Dios. Dice: «Habéis oído que se dijo a los antiguos: "No matarás" [...]. Pero yo os digo: todo el que se deja llevar de la cólera contra su hermano será procesado»; «Habéis oído que se dijo: "No cometerás adulterio". Pero yo os digo: todo el que mira a una mujer deseándola, ya ha cometido adulterio con ella en su corazón»; «Se dijo: "El que repudie a su mujer, que le dé acta de repudio". Pero yo os digo que si uno repudia a su mujer [...], la induce a cometer adulterio,

443. El episodio de la samaritana de Sicar y el pozo de Jacob, en Juan 4, 5-42; la cita, en el versículo 25.

444. Otros fundadores de religiones u hombres sabios crearon academias o lugares de culto e impartían sus lecciones en algún edificio de alguna ciudad. Jesucristo parece también en esto raro: se dedica a ir de pueblo en pueblo predicando y anunciándose.

y el que se casa con la repudiada comete adulterio»; «Habéis oído que se dijo a los antiguos: "No jurarás en falso" [...]. Pero yo os digo que no juréis en absoluto»; «Habéis oído que se dijo: "Ojo por ojo, diente por diente". Pero yo os digo: no hagáis frente al que os agravia»; «Habéis oído que se dijo: "'Amarás a tu prójimo' y aborrecerás a tu enemigo". Pero yo os digo: amad a vuestros enemigos y rezad por los que os persiguen» (Mateo 5, 21-44). Y si los mandamientos tienen un origen divino, Jesucristo se atribuye la capacidad de completarlos al tiempo que los actualiza como «míos», (Mateo 7, 24), algo que solo le puede corresponder a Dios.

9) «Para que todos honren al Hijo como honran al Padre». Jesucristo dice que Él es igual en dignidad que el Padre: «El que no honra al Hijo, no honra al Padre que lo envió» e igual en poder: «Lo mismo que el Padre resucita a los muertos y les da vida, así también el Hijo da vida a los que quiere [...], y le ha dado potestad de juzgar, porque es el Hijo del hombre» Juan 5, 21-27.

10) «El testimonio que yo tengo es mayor que el de Juan» (Juan 5, 36). Primero Jesucristo había dicho que Juan era el mayor de los profetas («En verdad os digo que no ha nacido de mujer uno más grande que Juan el Bautista» [Mateo 11, 11]), y luego —cuando pronuncia la frase del principio de este párrafo— se proclama mayor que el mayor profeta. Finalmente se iguala al Padre: «Las obras que el Padre me ha concedido llevar a cabo, esas obras que hago dan testimonio de mí».

11) «Nadie conoce quién es el Hijo sino el Padre, ni quién es el Padre sino el Hijo». Así nos traslada Lucas otra manifestación de Jesucristo en que se presenta como Dios. La cita completa dice: «Todo me ha sido entregado por mi Padre, y nadie conoce quién es el Hijo sino el Padre, ni quién es el Padre sino el Hijo y aquel a quien el Hijo se lo quiera revelar» (Lucas 10, 22). Haciéndose igual al Padre, se proclama Dios.

12) «Dijeron todos: "Entonces, ¿tú eres el Hijo de Dios?". Él les dijo: "Vosotros lo decís, yo soy"» (Lucas 22, 70). Ya hemos visto quién es el «Hijo del hombre», ya sabemos quién el «Hijo de Dios». Jesús, en el momento decisivo de su vida y delante de los sacerdotes judíos, se presenta como lo que cree ser: Dios.

El 26 de noviembre de 2018, cuando yo vivía en París, empecé a leer *Conocer a Jesucristo* de Frank Sheed. Anoté al final del volumen las ocasiones en que Jesucristo se iba presentando de forma irrefutable como Dios a lo largo de las Escrituras. Quería comprobarlo por mí mismo. El texto de Sheed hacía fácil ese análisis y la conclusión innegable de que —lo fuera o no— Jesucristo se presentó y se creía Dios y Mesías. Aquellas notas me han servido para escribir este capítulo. Cosas de la Providencia.

16

Dos excursos: la Trinidad y la doble naturaleza

Así pues, la cognoscibilidad de Dios por medio de las criaturas no remueve su esencial incomprensibilidad. Dios es incomprensible [...]. El entendimiento humano, aun cuando posea cierto concepto de Dios, y aunque haya sido elevado de manera significativa mediante la revelación de la Antigua y de la Nueva Alianza a un conocimiento más completo y profundo de su misterio, no puede comprender a Dios de modo adecuado y exhaustivo. Sigue siendo inefable e inescrutable para la mente creada. «Las cosas de Dios nadie las conoce sino el Espíritu de Dios», proclama el apóstol Pablo.

SAN JUAN PABLO II[445]

¿Qué podemos decir, hermanos, de Dios? Si lo que quieres decir lo has comprendido, no es Dios; si pudiste comprenderlo, comprendiste otra cosa en lugar de Dios. Si pudiste comprender algo, te ha engañado tu imaginación. Si pudiste comprenderlo, no es Dios; si en verdad se trata de Dios, no lo comprendiste. ¿Cómo, pues, quieres hablar de lo que no pudiste comprender?

SAN AGUSTÍN[446]

445. Audiencia General, 28 de agosto de 1985.

446. Sermón 52, sobre la Trinidad, 16. Esta cita y la anterior son del sermón del padre Juan Manuel Rossi el día de la Santísima Trinidad, 15 de junio de 2025. Le agradezco aquella homilía y estas citas.

1. ¿Cómo tres pueden ser uno?

Los cristianos son monoteístas. Creen en un solo Dios, pero al tiempo afirman que hay tres «personas». En el Credo de Atanasio[447] se dice: «Adoramos a un solo Dios en la Trinidad, y a la Trinidad en la unidad. Sin confundir las personas ni separar la substancia. Porque una es la persona del Padre, otra la del Hijo y otra la del Espíritu Santo. Pero el Padre y el Hijo y el Espíritu Santo tienen una sola divinidad, gloria igual y coeterna majestad [...], así el Padre es Dios, el Hijo es Dios y el Espíritu Santo es Dios. Y, sin embargo, no son tres dioses, sino un solo Dios».

Esta doctrina ha sido propia de los cristianos desde el mismo origen de su religión.[448] Existen numerosos pasajes del Nuevo Testamento que sustentan la creencia en la Trinidad, como cuando Jesús manda a sus discípulos: «Id, pues, y haced discípulos a todos los pueblos, bautizándolos en el nombre del Padre y del Hijo y del Espíritu Santo» (Mateo 28, 19), o bien cuando san Pablo escribe a modo de despedida a los corintios: «La gracia del Señor Jesucristo, el amor de Dios y la comunión del Espíritu Santo estén siempre con todos vosotros» (2 Corintios 13, 13). También existen numerosas referencias en el Antiguo Testamento que se han interpretado como un anuncio de la Trinidad. Por ejemplo, en el Génesis: «El Señor se apareció a Abraham junto a la encina de Mambré, mientras él estaba sentado a la puerta de la tienda, en lo más caluroso del día. Alzó la vista y vio tres hombres frente a él» (Génesis 18, 1-2). Los tres serían las tres personas de la Trinidad. Esta es

447. Este credo o profesión de fe se atribuía tradicionalmente a san Atanasio, obispo de Alejandría, confesor y doctor de la Iglesia que nació hacia el año 296 y murió en 373, pero parece más posible que se compusiera en varios sínodos provinciales, principalmente el de Alejandría del año 361, presidido por el mismo santo.

448. Así, san Clemente Romano, papa que murió mártir por ser cristiano hacia el año 97, el primero de los padres apostólicos y ordenado por san Pedro, dice hacia el año 80: «Tenemos un Dios y un Cristo y un Espíritu de Gracia que se ha derramado sobre nosotros» (1 Clemente 46, 6). San Ignacio de Antioquía, otro padre apostólico, discípulo de san Pablo y san Juan, condenado a muerte por ser cristiano, devorado por las fieras hacia el año 110, recomienda a los cristianos: «Estableceos en las doctrinas del Señor y los apóstoles para que todo lo que hagáis prospere en la carne y en el espíritu, en fe y amor, en el Hijo, en el Padre y en el Espíritu» (Carta a los magnesios, cap. XIII). Todos los textos se pueden encontrar en inglés en <https://www.earlychristianwritings.com/>.

la interpretación que hacen la mayoría de los primeros padres del cristianismo y también san Agustín.

Otro ejemplo del Antiguo Testamento que puede sorprender lo ofrece el texto judío que fundamenta el monoteísmo de esa religión. Es el llamado Shemá (Deuteronomio 6, 4-6), que en hebreo significa «escucha» y que debe ser recitado dos veces al día. Esa oración comienza con וניֵהֹלֱא הָוהְי לֵאָרְשִׂי עַמְשׁ דָחֶא הָוהְי (Shema Yisrael, Yahweh Eloheinu Yahweh Ejad);[449] se traduce usualmente como «Escucha, Israel, el Señor es nuestro Dios, el Señor es Uno», pero su significado literal es otro. El idioma hebreo no usa verbos copulativos en presente y la palabra para nombrar a Dios en la oración no es Adonai (el Señor) sino el tetragrámaton YHWH (Yavé).[450] Como muchos judíos religiosos no pronuncian ese nombre de Dios por respeto, se suele cambiar por Adonai, pero la traducción precisa sería: «Escucha, Israel, Dios, nuestro Dios, Dios, Uno». O lo que es lo mismo, tres veces Dios (Padre, Hijo y Espíritu Santo) y Dios es Uno.

Todo lo anterior muestra que existe la creencia cristiana en la Trinidad y que está recogida en las Escrituras, pero aún no se ha explicado. Intentaré esclarecer algo, pero ya sabemos que resulta imposible comprender a Dios completamente. Sin embargo, esto no es un impedimento lógico para su veracidad. Es razonable que el lenguaje humano —limitado— no alcance a explicar enteramente la esencia de Dios —infinita—. Lo contrario sí sería ilógico.

La doctrina de la Trinidad propone que Dios es uno y trino.[451] Esto no

449. *Elojeinu* es la primera persona del plural de *Elohim*, que quiere decir «nuestro Dios». *Ejad* significa «uno».

450. El tetragrámaton es la palabra de cuatro letras en hebreo que enuncia a Dios: YHWH (o YHVH; Yavé en español y הוהי en hebreo, cuyas letras de derecha a izquierda son Yod, He, Vav y He). Deriva del verbo *ser*. Una vez más, el nombre de Dios nos lleva a su esencia: ser. YHWH presenta a Dios como «yo soy», o «el que es».

451. El primero en usar la palabra *trinidad* fue san Teófilo de Antioquía, en el año 180, un converso del paganismo que fue obispo de esa ciudad: «La Trinidad de Dios, el Padre, el Verbo y Su sabiduría». *Ad Autolychum* II, 15, VI, 78. Para un mayor conocimiento sobre la doctrina de la Trinidad: santo Tomás de Aquino, *Suma teológica*, parte I, <https://tomasdeaquino.org/#2>; san Agustín, *Tratado de la Santísima Trinidad*, <https://archive.org/details/obras-de-San-agustin-v-tratado-de-la-Santisima-trinidad/mode/2up>; de forma más resumida en la *Enciclopedia Católica*, <https://www.newadvent.org/cathen/15047a.htm>, o bien <https://ec.aciprensa.com/wiki/Sant%C3%ADsima_Trinidad>.

es en sí contradictorio, puesto que no se dice *uno y tres* en el mismo sentido, sino que hay un solo Dios en esencia, pero tres personas. El teólogo Robert Sproul[452] pone un ejemplo con la famosa frase que abre *Historia de dos ciudades* de Charles Dickens: «Era el mejor de los tiempos, era el peor de los tiempos; la edad de la sabiduría y también de la locura». No hay contradicción en esas frases porque Dickens se refiere a «mejor de los tiempos» en un sentido distinto que cuando dice «peor». Del mismo modo, no hay contradicción cuando se predica que Dios es uno en cuanto al ser (esencia) y trino en cuanto a personas.

Nos pueden ayudar algunas analogías. A los teólogos no les gustan las analogías porque no son exactamente lo que pretenden ilustrar, pero este no es un libro de teología y puesto que los lectores de este libro son inteligentes (esta es una afirmación para la que espero contar con su concurso), vamos a ofrecer alguna analogía que ayude a entender esta doctrina:

A) San Agustín propone un ejemplo en sus *Confesiones:* «Quisiera que los hombres reflexionaran sobre tres cosas que tienen dentro de ellos [...]. Las tres cosas que yo propongo son: ser, conocer y querer. Pues yo existo, conozco y quiero. Existo sabiendo y queriendo. Sé que existo y quiero. Quiero existir y saber. Quien sea capaz de ello, comprenda cuán inseparable es la vida en estas tres cosas, siendo una la vida y una la mente y una la esencia».[453]

B) La familia también puede servir de analogía, tal y como propone el catecismo de la Iglesia católica: «La familia cristiana es una comunión de personas, reflejo e imagen de la comunión del Padre y del Hijo en el Espíritu Santo».[454] Una familia, distintas personas.

C) Las matemáticas nos sugieren un ejemplo útil: $1 + 1 + 1 = 3$, es decir, la suma de tres unidades no es uno..., pero sí lo es la multiplicación, $1 \times 1 \times 1 = 1$. Y también la potencia: $1 \wedge 1 \wedge 1 = 1$. De esta forma tres 1 pueden también ser 1.

452. Fue un teólogo protestante estadounidense fallecido en 2017, pastor de la Iglesia presbiteriana y fervoroso anticatólico. Profesor en numerosas universidades en Estados Unidos y en Europa.

453. San Agustín, *op. cit.*, libro XIII, cap. XI.

454. Catecismo de la Iglesia católica, <https://www.vatican.va/archive/ccc/index_sp.htm>.

D) La química nos facilita otra analogía: la composición del agua es una, H_2O. Tiene siempre una misma composición (*esencia*) pero aparece en distintos estados (*personas*): solido, líquido y gaseoso.

E) La física nos ofrece otra analogía: la luz es al tiempo onda y partícula. «Esta dualidad de la naturaleza de la luz proporciona un buen paralelismo a los cristianos cuando intentan explicar lo que ellos llaman "el misterio de la Trinidad", es decir, que un solo Dios es al tiempo tres personas —Padre, Hijo y Espíritu Santo—, algo que ellos mismos admiten no puede ser comprendido completamente por el ser humano. La correspondencia de este concepto teológico con la realidad de la luz ha sido observada por cristianos y no cristianos. En palabras del científico judío David Berlinski: "La luz es partícula y onda y es las dos cosas, partícula y onda al mismo tiempo. Esta conclusión encarna un misterio, uno que ningún esfuerzo analítico subsiguiente haya disuelto. El misterio no aparecerá como completamente desconocido a los cristianos persuadidos del aspecto trinitario de la deidad. Si la luz es una partícula y una onda, los creyentes religiosos podrían observar que Dios es Padre, Hijo y Espíritu Santo. Esta es una analogía que no ha despertado la lealtad de los científicos ateos"».[455]

F) Y la física, en concreto la mecánica cuántica, nos ofrece esta última analogía: «La realidad es relacional, y recuerda a lo que postulan los cristianos de la Trinidad: "El hecho de que las propiedades de las partículas se manifiestan solo cuando entran en relación con otras entidades [...], las bases del mundo no están constituidas por mónadas independientes y aisladas, sino por relaciones: la realidad en sí misma es relacional. [...] Se debe tener presente que el pensamiento teológico cristiano vislumbra en la Trinidad la actuación misma de la relación. La Trinidad es relación en sí misma, relación con el universo y relación con todos los seres vivos, sensibles o no».[456]

455. José Carlos González-Hurtado, *op. cit.*, p. 94. Cita de David Berlinski, *The Devils Delusion*, Basic Books, 2009, pp. 92-93.

456. *Ibidem.* La cita es de Paolo Beltrame, «¿Dios juega a los dados? Física cuántica y el misterio del universo», *La Civiltà Cattolica*, 19 de mayo de 2021. La historia del doctor Beltrame, italiano nacido en 1976, también resulta edificante. El señor Beltrame es doctor en Física de Partículas por el Instituto Tecnológico de Karlsruhe (KIT) y profesor investigador en las Universidades de Edimburgo y de California UCLA. Ateo durante gran parte de su vida adulta. En sus propias palabras: «Estaba fascinado

2. ¿Cómo puede ser Dios y hombre?

Me han planteado con cierta frecuencia el argumento «Puesto que Jesucristo sí fue hombre, no pudo ser Dios». Y lo han hecho amigos musulmanes (más que mis amigos judíos, en principio más cercanos a esta verdad cristiana). Arguyen que el cristianismo es contradictorio: si Dios se hubiera hecho hombre, entonces Dios habría perdido ciertas cualidades divinas, como la inmutabilidad o la eternidad. La doble naturaleza (humana y divina) de Jesucristo no es un asunto fácil, y la religión fundada por Jesucristo ha sufrido históricamente muchas herejías que atentaban contra esa verdad cristiana.[457]

---

por la física, deformado por el pensamiento racional y ebrio de vanidad hasta el punto de que le decía a Dios: "No estás ahí, e incluso en la remota posibilidad de que Tú estés, no me importa: pongo una piedra superimpenetrable enfrente de Tu tumba"». Citado por Maggie Ciskanik, en Magis Center el 9 de agosto de 2021, <https://www.magiscenter.com/blog/the-ongoing-hunt-for-dark-matter-a-conversation-with-dr.-paolo-beltrame>. En la Navidad de 2015 Beltrame se «encontró con Dios», en sus propias palabras: «No estaba buscando a Dios realmente, al menos no hasta ese momento. El ciervo (estaba observando una manada de ciervos hambrientos entre la nieve desde el despacho en el centro de investigación) me sugirió de pronto e insistentemente la presencia de un Dios amoroso y vivo en toda la Creación, rodeándome y abrazándome. Después asistió a un retiro con los padres jesuitas y dos años después fue aceptado en la Orden de San Ignacio. Hoy es el padre Beltrame S. J. y es investigador en el Observatorio Vaticano y en el Arizona Cosmology Lab de la Universidad de Arizona-Tucson.

457. Por ejemplo, los ebionitas insistían en que Jesucristo era solo hombre y negaban su divinidad. Fue una secta judeocristiana de los primeros siglos y desapareció en el siglo VII. Algunos autores sugieren que Mahoma era seguidor de esta herejía cristiana y que la visión del islam sobre Jesucristo deriva de ello. Los docetistas, por otro lado, enseñaban que la existencia humana de Jesucristo era una mera ilusión. Jesucristo parecía humano, pero no lo era. Esta doctrina fue rechazada en el primer Concilio de Nicea, en el año 325. El marcionismo (siglo II), parecido al docetismo y en las antípodas de los ebionitas, proponía que Jesucristo era solo una entidad espiritual pero también rechazaba el Antiguo Testamento y a Dios Padre. El arrianismo (Arrio vivió en los siglos III-IV) por su parte proponía que Jesucristo era la más importante criatura, pero no Dios, y por tanto Jesucristo estaba subordinado a Dios Padre. Esta herejía tuvo enorme difusión y solo gracias a figuras inmensas como san Atanasio de Antioquía y del obispo Osio de Córdoba fue apartada del cristianismo en el primer Concilio de Nicea. Por su parte los nestorianos seguían al patriarca de Constantinopla, Nestorio, que murió hacia el año 450, y no creían en la doble naturaleza de Jesucristo, sino que solo tenía naturaleza divina y que por tanto

Hoy sin embargo es una certeza sostenida por todas las Iglesias cristianas (católica, ortodoxas y protestantes) y se puede afirmar que el hecho de que Dios se hiciera hombre puede resultar sorprendente (de hecho, lo es y mucho), pero no es contradictorio. Para que haya contradicción, algo se tiene que afirmar y negar al mismo tiempo y en el mismo sentido. Si yo le digo que mi hija Clara está ahora en su habitación y al tiempo sostengo que no está en su habitación, existe una contradicción. Si yo le digo que mi hija Clara está en su habitación y al tiempo que no está solo en su habitación, no existe contradicción, puesto que además de estar ahora en su habitación está al tiempo en mi pensamiento, y también está ahora en estas líneas. Jesucristo es inmutable en cuanto a Dios y no lo es en cuanto a hombre. No hay contradicción.

Tampoco es imposible, puesto que imposible sería si no estuviera al alcance de Dios hacerse hombre, pero puesto que Dios es omnipotente, sí está dentro de sus capacidades. Podemos pensar que es inoportuno o que no está a la altura de la dignidad de Dios que decida hacerse hombre, pero eso es una decisión Suya, y es una muestra de soberbia considerar que uno le debe decir a Dios lo que tiene que hacer. Yo estoy de acuerdo con que el ser humano no merece que Dios se haga hombre a fin de salvarlo. Pero no puedo sino estar halagado por ello y humildemente agradecido. Por lo tanto, la doctrina de la encarnación no es ni contradictoria ni imposible.

Vamos a arriesgarnos también aquí con algunas analogías:

A) Desde la física, el ejemplo de la luz que ya hemos visto, que es a la vez onda y partícula, puede ayudarnos a comprender a Jesucristo hombre y Dios. Louis de Broglie, cristiano premio Nobel de Física, sugirió que toda materia tiene propiedades de onda, es la llamada «hipótesis de Broglie». Albert Einstein escribió al respecto: «Parece que algunas veces tenemos que

era un error considerar a María «madre de Dios» (Theotokos), también los monofisitas sostenían que Jesucristo tenía una sola naturaleza, entre ellos Filoxeno, obispo de Hierápolis en el siglo v. Hay más y reconocemos que hay muchos matices que se pueden añadir a lo anterior..., pero esto lo que demuestra es que el cristianismo fue depurándose doctrinalmente durante los primeros siglos (y hasta la fecha), ya es suficiente para una nota al pie. Si quiere saber más le sugiero que lea los diferentes artículos sobre cada una de esas sectas en la *Enciclopedia Católica* online (de EWTN), en <https://ec.aciprensa.com/wiki/P%C3%A1gina_principal>.

usar una teoría y otras veces la otra, y a veces podemos usar cualquiera. Estamos confrontados con un nuevo tipo de dificultad. Tenemos dos visiones contradictorias de la realidad. Separadamente ninguna de ellas explica completamente el fenómeno de la luz, pero conjuntamente sí lo hacen».[458] Cambie «luz» por «Jesucristo» y lo comprenderá un poco mejor.

B) Como habrá visto, yo me inserto en ocasiones en este libro; de este modo tengo dos naturalezas: por un lado, existo en la realidad física (por lo menos cuando escribí estas líneas) y al tiempo existo en el libro.

C) En su vida —una sola—, usted ha experimentado fracasos y éxitos, alegrías y tristezas. Usted, una sola persona, tiene cuerpo y alma, y en ese sentido es material e inmaterial; es espacial y no espacial; es mortal e inmortal; tiene alegrías y tristezas, y todo al mismo tiempo.

D) Otros ejemplos de andar por casa: una sola moneda tiene cara y cruz; una sola pila tiene polo positivo y negativo; lo mismo ocurre con un imán; la Tierra —un planeta— también tiene dos polos; cualquier propuesta individual tiene aspectos positivos y negativos; cada día de veinticuatro horas tiene noche y día...

La verdad suele acompañar a la «y» más que a la «o»: Jesucristo es Dios y hombre; desde Aristóteles se proclama que el hombre está formado por cuerpo y alma; se puede comprender más a Dios gracias a la fe y a la razón; no hay conflicto entre libertad verdadera y ley moral objetiva;[459] Dios es a la vez justo y misericordioso; la Biblia es palabra de Dios y escrita por hombres; la Iglesia es un misterio divino y una institución humana; el ser humano puede ser santo y pecador; la oración es a la vez hablar con Dios y escuchar a Dios; Jesucristo es Mesías y Dios.[460]

A modo de conclusión: Jesucristo existió con toda seguridad y dijo lo que creemos que dijo. Hemos verificado que los Evangelios son fiables, también lo son las copias que nos han llegado, y no son contradictorios ni los Evangelios ni sus copias. Todas las pruebas nos sugieren que Jesucristo sí

458. González-Hurtado, *op. cit.*, p. 92.

459. Véase la explicación de san Juan Pablo II en *Veritatis Splendor*, n.º 35-56.

460. Para entender mejor la encarnación (como para entender mejor casi todo), santo Tomás de Aquino, *Suma teológica*, parte III, cuestión 1. Para todas las obras de santo Tomás sigo las versiones y traducciones de <https://tomasdeaquino.org/>.

sabía lo que decía y se lo creía, y también hemos comprobado que dijo que era Dios.

Nadie nunca tuvo una pretensión tan osada, pero hasta aquí no hemos podido encontrar razón que la desdiga.

SECCIÓN II. CONFIRMACIONES

Jesucristo no es un mito ni una manipulación, no es un mentiroso ni un maniaco, y sí afirmó ser el Mesías. Vamos a examinar las evidencias que constatan que esa afirmación es verdadera: evidencias históricas, evidencias provenientes de la propia Biblia —las profecías— y evidencias científicas.

Una de las premisas falsas de lo que hemos llamado «escepticismo de las fisuras» es suponer que la opción por defecto es no creer. No es así. Como en casi todas las decisiones que tiene que tomar en su vida, también aquí le invito a que piense en la razonabilidad y probabilidad de veracidad de cada una de las opciones. Al final de esta sección debe preguntarse: ¿resulta más razonable —visto lo visto— creer que Jesucristo es Dios, o lo más razonable es que no lo sea?

Es posible que todavía sienta que tiene que dar un salto a la fe. Mi intención es que eso no ocurra, y que si sucede, el salto sea muy corto, un paso apenas, y además con red. Pero no se engañe, porque siempre tendrá que dar un paso, bien en esa dirección, bien en la contraria, y el salto hacia la fe atea resulta descomunal (se necesita mucha fe para ser ateo), y además, si se equivoca por ese camino, la caída —me temo— es por un abismo infernal.

PARTE VI
EVIDENCIAS HISTÓRICAS

> Y Dios, el Verbo, nació verdaderamente de una virgen, habiéndose revestido de un cuerpo como el nuestro. Aquel que forma a todos los hombres en el seno, fue Él mismo en un seno e hizo para Él mismo un cuerpo de la semilla de la Virgen.
>
> San Ignacio de Antioquía[461]

461. Carta a los tralianos, cap. x, hacia el año 70. San Ignacio de Antioquía, también llamado Teóforo, nació en Siria en el año 30 y murió en Roma hacia el 98. Fue discípulo del apóstol san Juan. Escribió siete cartas que están mencionadas por san Eusebio y san Jerónimo y se conservan en una colección que data del siglo IV. San Policarpo, amigo íntimo de Ignacio, menciona cada carta por su nombre. Hoy no se duda de su autenticidad. Véase *Padres apostólicos*, Biblioteca de Patrística, 50, Madrid, Ciudad Nueva, 2000, trad. de Juan José Ayán, y <https://ec.aciprensa.com/wiki/San_Ignacio_de_Antioqu%C3%ADa>.

17
Primeros cristianos

> El sermón cristiano más antiguo, el informe más antiguo de un mártir cristiano, el relato pagano más antiguo sobre la Iglesia, la oración litúrgica más antigua (1 Corintios 16, 22), todas se refieren a Jesús como el Señor y como Dios [...], claramente el mensaje que la Iglesia creía y enseñaba era que «Dios» era un nombre apropiado para Jesucristo.
>
> JAROSLAV PELIKAN[462]

En el último libro de la Biblia cristiana, el Apocalipsis, su autor —san Juan— cuenta: «Dice el Señor Dios: "Yo soy el alfa y la omega, el que es, el que era y ha de venir, el todopoderoso"» (1, 8), y acto seguido y por tres veces le atribuye ese título a Jesucristo, no dejando duda ninguna de que Jesús es Dios a ojos del autor. Dice: «Cuando lo vi [a Jesús], caí a sus pies como muerto. Pero Él puso su mano derecha sobre mí, diciéndome: "No temas; yo soy el primero y el último"» (1, 17). Más tarde el propio Jesucristo se presenta con el mismo título: «Esto dice el primero y el último, el que estuvo muerto y ha vuelto a la vida» (2, 8). Y ya al final del libro repite: «Mira, yo vengo pronto y traeré mi recompensa conmigo para dar a cada uno según sus obras. Yo soy el alfa y la omega, el principio y el fin, el primero y el último».

No cabe duda: san Juan reconoce a Jesucristo como Dios, como lo hicie-

462. *The Christian Tradition. A History of the Development of Doctrine*, vol. 1, «The Emergence of the Catholic Tradition (100-600)», University of Chicago Press, 1971. Citado por Strobel *op. cit.*, p. 152. Pelikan, estadounidense de origen eslovaco, muerto en 2006, fue un profesor de Historia de la Cristiandad e Historia Medieval en la Universidad de Yale y pastor luterano, pero a los 75 años y tras una audiencia con san Juan Pablo II se convirtió a la Iglesia ortodoxa.

ron los evangelistas y como lo creyeron todos los primeros cristianos. Ello está recogido y atestiguado por los documentos de los primeros concilios y en los escritos de los llamados «padres de la Iglesia».[463]

Pero el ser humano no puede evitar pensar (por regla general, es algo bueno), y todos los cristianos hemos reflexionado sobre Jesucristo, sobre Su relación con el Padre, sobre la naturaleza humana y divina del Hijo, sobre la tercera persona de la Trinidad... Y siempre hemos llegado a un punto en que no podíamos avanzar más. Es lógico: si usted pudiera entender todo de Dios sería como Él y aunque le tengo en alta estima por ser lector de este libro, me temo que usted —como yo— también es contingente.

Ahora bien, el hecho de no poder conocer todo de Dios no ha impedido al hombre intentarlo, y esas lucubraciones han dado lugar a errores. «La reflexión en torno a la persona de Jesús [...] y el intento de articular un credo común fueron una de las grandes preocupaciones de la comunidad cristiana. En ese esfuerzo lógicamente hubo desviaciones [...]. Las primeras desviaciones vienen del judaísmo, son los ebionitas (pobres), los mandeístas (*manda* significa «ciencia»), los nicolaítas [...], más importancia tuvo el montanismo [...], diversas corrientes de tipo gnóstico».[464] Podríamos añadir, por ejemplo, el docetismo, el nestorianismo, el monofisismo, el monotelismo, el arrianismo, el apolinarismo, el adopcionismo, el pelagianismo... Se han pensado y defendido todas las alternativas posibles (e incluso alguna imposible) sobre la relación de divinidad y humanidad de Jesucristo.

Puesto que las teorías cristológicas recogen todas las posibilidades en relación con las naturalezas divina y humana de Jesucristo y se contradicen entre sí, estará de acuerdo (salvo que sea usted subjetivista) en que necesariamente todas menos una son incorrectas y (salvo que sea relativista) aceptará que necesariamente una de ellas es verdadera.

El subjetivista no cree que exista el error y el relativista no cree que exis-

463. «Padres de la Iglesia» son los pensadores y escritores cristianos antiguos, ortodoxos en su doctrina y con fama de santidad, que vivieron hasta el siglo VIII. Normalmente se dividen en padres latinos y padres griegos, y también en padres antenicenos, grandes padres y padres posteriores. Un magnífico y muy completo artículo, en <https://ec.aciprensa.com/wiki/Padres_de_la_Iglesia#Apelaci.C3.B3n_a_los_Padres> y <https://www.ecatholic2000.com/fathers/untitled.shtml?src=lm>.

464. Juan de Isasa, *Historia de la Iglesia*, Madrid, Acento Editorial, 1998, p. 19.

ta la verdad. Los realistas —entre los que me cuento— sabemos que existe la verdad y también el error. Por ello no nos escandaliza, y de hecho nos reconforta, que la Iglesia haya discernido que muchas de esas opiniones están equivocadas (son herejías).[465] Si usted se pregunta por qué habríamos de creer lo que la Iglesia propone (y no otra de las alternativas), le sugiero dos respuestas (posiblemente haya más).

La primera: si Jesucristo es Dios, entonces no puede mentir, y precisamente la primera vez que Jesucristo menciona la palabra *Iglesia* prometió que «el poder del infierno no prevalecería» (entre los poderes del infierno está el error, de modo que Jesús promete que el error no prevalecerá). En Mateo 16, 17-20, Jesucristo habla con san Pedro en presencia de todos los apóstoles. «Jesús le dijo: "Bienaventurado eres Simón, hijo de Jonás, porque no te ha revelado esto la carne ni la sangre, sino mi Padre que está en los cielos. Y yo a mi vez te digo que tú eres Pedro, y sobre esta piedra edificaré mi Iglesia,[466] y las puertas del infierno[467] no prevalecerán contra ella.[468] A ti te daré las llaves del Reino de los Cielos; y lo que ates en la tierra quedará atado en los cielos, y lo que desates en la tierra quedará desatado en los cielos"». Y un poco más adelante Jesucristo afirma que estará con su Iglesia hasta el fin de los tiempos: «Id, pues, y haced discípulos a todos los pueblos, bautizándolos en el nombre del Padre y del Hijo y del Espíritu Santo;

465. La palabra *herejía* proviene del griego αἵρεσις, que significa «selección o cosa elegida». Designa una doctrina que se fijaba especialmente en un punto olvidando el conjunto. Como dijo G. K. Chesterton, «una herejía es siempre una media verdad convertida en una completa falsedad», *America*, 9 noviembre de 1935, y también: «Toda herejía es una verdad enseñada de forma desproporcionada», *Daily News*, 26 de junio de 1909.

466. Jesucristo, justo antes de mencionar por primera vez la palabra *iglesia*, establece lo que se ha llamado «la primacía de Pedro», aceptada por los apóstoles y primeros cristianos desde el siglo I (aunque luego contestada).

467. «Las puertas del infierno» puede traducirse como «los poderes del infierno».

468. La interpretación de la «indefectibilidad de la Iglesia» como que los errores no prevalecerán proviene de los primeros cristianos. En el segundo Concilio de Constantinopla (553) el papa Virgilio establece: «Tenemos en cuenta lo que fue prometido acerca de la Santa Iglesia y a Aquel que dijo que las puertas del infierno no prevalecerán contra ella». Santo Tomás, en la introducción a la *Catena Aurea*, escribe en 1262: «La sabiduría puede llenar los corazones de los fieles, y silenciar la terrible insensatez de los herejes, adecuadamente representados como las puertas del infierno».

enseñándoles a guardar todo lo que os he mandado. Y sabed que yo estoy con vosotros todos los días, hasta el final de los tiempos» (Mateo 28, 19-20). Esa promesa, además de ser tranquilizadora para los cristianos, es una previsión que tiene lógica.

La segunda respuesta proviene de la historia. Usted podrá pensar que es por casualidad o por fortuna, pero la doctrina cristológica que propuso la Iglesia primitiva (la doble naturaleza de Jesucristo: perfecto hombre y perfecto Dios) es la misma que sostienen hoy la Iglesia católica y la ortodoxa y la mayoría, sino todas, las protestantes, y ha prevalecido muchas veces en contra de lo que parecía probable,[469] o sea, que parecería que la promesa de Jesucristo se ha cumplido.

Los primeros concilios —reuniones de los sucesores de los apóstoles— también manifiestan la creencia en la divinidad de Jesucristo, en su muerte y en su resurrección. En los concilios de Nicea (año 325) y el tercero de Éfeso (año 431) se reiteró la creencia en que Jesucristo era Dios y hombre, y el cuarto concilio ecuménico, que se celebró en octubre del año 451 en Calcedonia, promulgó esta declaración dogmática:

> Siguiendo las huellas de los santos padres, enseñamos, con pleno acuerdo, a confesar un solo y mismo Hijo y Señor nuestro Jesucristo, el mismo perfecto en la divinidad y perfecto en la humanidad, Dios verdadero y hombre verdadero, compuesto de alma y cuerpo; consustancial con el Padre según la divinidad, consustancial con nosotros según la humanidad; semejante a nosotros en todo fuera del pecado; engendrado del Padre antes de los siglos según la divinidad, de María, Madre de Dios, según la humanidad, en los últimos tiempos por nosotros y por nuestra salvación, un solo y mismo Hijo, Señor, unigénito que debe reconocerse en dos naturalezas sin confusión, sin mutación, sin división, sin separación, sin quitar de ninguna manera la diferencia de las naturalezas por razón de la unión, y más aun salvando la propiedad de una y otra naturaleza que

469. Por ejemplo, durante la ofensiva arriana a partir del siglo IV parecía que la creencia en Jesús Dios y hombre iba a perecer, tanto que san Atanasio llegó a decir: «Los católicos que se mantienen fieles a la tradición, aun si ellos son reducidos a un manojo, ellos son la verdadera Iglesia de Jesucristo». Sin embargo, tras el bautismo del rey visigodo-hispano Recaredo en el año 587, el arrianismo acabó por desaparecer, aunque algunos estudiosos coinciden en afirmar que el islam es su deudor y continuador.

concurre en una sola persona y subsistencia: no en dos personas partido y dividido, sino en un solo y mismo Hijo y unigénito Dios Verbo, Señor, Jesucristo.[470]

No piense que esta declaración, o las de los concilios previos, surgieron espontáneamente de los entendimientos de los obispos o padres conciliares que buscaban innovar el cristianismo. No son dogmas impuestos, sino que recogen lo que los cristianos ya creían. Esta declaración afirma que «sigue la huella de los santos padres», que a su vez siguen a los apóstoles, de quienes fueron discípulos. Hay una continuidad sólida y demostrable en las doctrinas cristianas. Podremos estar de acuerdo o no, pero no podemos decir que no era eso lo que creían los cristianos.

La creencia en la divinidad de Jesucristo es también unánime entre los padres de la Iglesia, muchos de los cuales murieron mártires precisamente por sostener esa creencia. Una vez más, es posible que estuvieran equivocados, pero pensaban que lo que profesaban era tan verdad y tan importante que merecía dar su vida. No podemos ser exhaustivos (hay cientos de textos de docenas de padres de la Iglesia),[471] pero sí presentar los escritos y pensamiento de los padres apostólicos, que son aquellos que conocieron y tomaron su fe directamente de los apóstoles y que vivieron y escribieron antes del Concilio de Nicea, en los siglos I y II, «de modo que sus escritos se consideran ecos de las enseñanzas apostólicas genuinas».[472] Y también podemos añadir autores cristianos extracanónicos de los dos primeros siglos a fin de demostrar que la creencia en la divinidad de Jesucristo y en la Trinidad eran doctrinas universales de la Iglesia primitiva antes del Concilio de Nicea: «Geográficamente, a Roma la representan Clemente y Hermas; Policarpo escribió desde Esmirna, de donde también Ignacio envió cuatro de las siete epístolas que escribió en su camino de Antioquía a Asia Menor; san Papías fue obispo de Hierápolis en Frigia; el Didache fue escrito en Egipto o Siria; la carta a Bernabé, en Alejandría».

470. Recogido —entre otras muchas fuentes— en la carta encíclica «Sempiternis Rex Christus» del papa Pío XII, dedicada al 1.500 aniversario del Concilio de Calcedonia.

471. Todas las obras de todos los padres de la Iglesia están en <https://www.ecatholic2000.com/?src=lm>.

472. Esta y la siguiente cita, en John Bertram Peterson, «The Apostolic Fathers», *The Catholic Encyclopedia*, vol. 1, Nueva York, Robert Appleton.

1) San Clemente de Roma fue el tercer sucesor de Pedro en el papado y el primero de los padres apostólicos, y según san Ireneo «había visto a los apóstoles Pedro y Pablo y había conversado con ellos y aún le sonaban en sus oídos la predicación de los apóstoles, y no era él solo, sino que aún sobrevivían muchos a los que los apóstoles les habían enseñado». Tertuliano afirma que fue ordenado presbítero por san Pedro y san Eusebio en su *Historia de la Iglesia*, que «trabajó con» san Pablo. Nació a principios del siglo I y murió mártir en el año 100, posiblemente arrojado al mar atado a un ancla de hierro. Ha sobrevivido una epístola de san Clemente a los cristianos de Corinto, llamada «primera epístola de Clemente», que es aceptada con unanimidad como auténtica: «La historia de la primera epístola de Clemente claramente y continuamente muestra a Clemente como el autor de esa carta. Es considerada el documento auténtico cristiano más antiguo fuera del Nuevo Testamento» y se escribió apenas unas décadas después de la muerte de Jesús.

- «Nuestro Señor Jesucristo, el cetro de la majestad de Dios, no vino en la pompa del orgullo y la arrogancia, aunque Él hubiera podido hacerlo, pero en una baja condición, tal y como el Espíritu Santo había declarado refiriéndose a Él» (1 Clemente 16).
- «El Señor continuamente nos prueba que habrá resurrección futura de la cual Él ha dado en nuestro Señor Jesucristo los primeros frutos resucitándolo de entre los muertos» (1 Clemente 24).
- Y en su bendición final: «La gracia de nuestro Señor Jesucristo esté con vosotros, y en todas partes que estén los llamados a Dios por Él, y para Él la gloria, el honor, el poder, la majestad y el dominio eterno por siempre. Amén».

2) San Ignacio de Antioquía fue discípulo del apóstol san Juan. Vivió en el siglo I y murió mártir en el anfiteatro de Flavio. Ya hemos hablado de él y mencionado la Carta a los tralianos. Otros textos suyos confirman idéntica fe:

- «Jesucristo, que era de la semilla de David de acuerdo con la carne, era al tiempo Hijo de hombre e Hijo de Dios» (Carta a los efesios, XX).
- «Jesucristo, que estaba con el Padre antes del principio del tiempo» y «Hay un solo Dios que se ha manifestado por Jesucristo, su Hijo,

quien es la Palabra Eterna» (Carta a los cristianos de Magnesia, VI y VIII).[473]

- «Glorifico a Dios, Jesucristo... Él era verdaderamente de la semilla de David de acuerdo con la carne e Hijo de Dios de acuerdo con la voluntad y el poder de Dios. Él fue verdaderamente nacido de una virgen, fue bautizado por Juan a fin de que toda justicia fuera satisfecha por Él y bajo Poncio Pilatos y Herodes el Tetrarca fue verdaderamente clavado en su humanidad [a la cruz] por nosotros. De ese fruto somos nosotros por Su bendita y divina pasión, para que Él establezca un ejemplo a todas las edades, a través de Su resurrección, para sus santos y fieles tanto judíos como gentiles en el cuerpo único de su Iglesia» (Carta a los cristianos de Esmirna, I).
- «Hay un Padre, un Hijo y un Paráclito [Espíritu Santo]. No una persona con tres nombres, tampoco tres personas que se encarnaron, sino tres que poseen igual honor» (Carta a los cristianos de Filipo).

3) San Policarpo de Esmirna fue amigo san Ignacio de Antioquía (ambos fueron obispos en sus respectivas ciudades) y describe su martirio. También él fue un padre apostólico que recibió su fe directamente de un apóstol (san Juan, el «discípulo amado» de Jesús). Nacido en el año 70, murió martirizado (quemado vivo y atravesado por una lanza) durante las persecuciones del emperador Antonino Pío en el año 155 precisamente por afirmar que Jesucristo era Dios.[474] Solo nos ha llegado su Carta a los filipenses:

- «Para todos aquellos que bajo los cielos hayan de creer que nuestro Señor y Dios Jesucristo y en su Padre que lo resucitó de entre los muertos [...]. Jesucristo Él mismo, que es el Hijo de Dios» (cap. 12).

4) San Ireneo de Lyon fue discípulo de san Policarpo y menciona que este

473. Son los autores cristianos, como san Ignacio de Antioquía y posteriormente de forma explícita san Agustín en las *Confesiones*, quienes primero establecen que el tiempo es una entidad creada y por tanto no eterno (algo comprobado por la ciencia física a partir del siglo XX), en contra de las creencias paganas y de las religiones orientales, que pretenden equivocadamente que el tiempo es eterno y no creado.

474. Compilación de «Primeros escritores cristianos», en <https://www.earlychristianwritings.com/churchfathers.html>.

santo fue «nombrado e instruido por los apóstoles» y que «conversó con muchos que habían conocido a Cristo» y que «siempre enseñó aquello que había aprendido de los apóstoles y que la Iglesia había enseñado».[475] (Otra realidad incontrovertible cuando se leen a los primeros padres es que hay continuidad en las enseñanzas, desde los apóstoles a los padres y de estos a las siguientes generaciones de cristianos). San Ireneo nació hacia el año 120 posiblemente en Asia Menor y sucedió al mártir san Potino como obispo de Lyon. Escribe *Contra las herejías*,[476] un tratado en que presenta la fe de la Iglesia primitiva y confirma que los primeros cristianos creían lo que creen hoy:

- «La Iglesia [...] ha recibido de los apóstoles y sus discípulos esta fe: un solo Dios, el Padre omnipotente, creador del cielo, la tierra, el mar y todas las cosas que hay en ellos; y en un Cristo Jesús, el Hijo de Dios, quien se encarnó para nuestra salvación; y en el Espíritu Santo, quien habló a través de los profetas [...], y en el nacimiento de una virgen, y la pasión y la resurrección de los muertos y la ascensión a los cielos [...]. Cristo Jesús, nuestro Señor y nuestro Dios y Salvador y Rey de acuerdo con la voluntad del Padre» (*Adversus Haereses* 1, 10, 2).
- Además, esas creencias cristianas eran universalmente aceptadas, tal y como describe san Ireneo: «Habiendo recibido esta predicación y esta fe (de los apóstoles), la Iglesia, aunque esparcida por el mundo entero, las conserva con esmero, como habitando en una sola mansión, y cree de manera idéntica, como no teniendo más que una sola alma y un solo corazón; y las predica, las enseña y las transmite con voz unánime, como si no poseyera más que una sola boca. Porque, aunque las lenguas del mundo difieren entre sí, el contenido de la tradición es único e idéntico. Y ni las Iglesias establecidas en Alemania, ni las que están en España, ni las que están entre los celtas, ni las de Oriente, es decir, de Egipto y Libia, ni las que están fundadas

475. San Ireneo, en *Adversus Haereses* 3, 3-4, <https://www.newadvent.org/fathers/0103303.htm>.

476. *Adversus Haereses* fue escrita en el año 180 en griego. El contenido de la obra está comprobado fuera de duda por numerosas copias en latín y armenio. Existen también fragmentos en griego que datan del año 200. Papiro Oxyrhynchus 405.

en el centro del mundo, tienen otra fe u otra tradición» (*Adversus Haereses* 1, 10, 1).

Hemos encontrado alguna literatura procedente de los llamados Testigos de Jehová (una religión no cristiana) que pretende que los primeros padres no profesaban la creencia de que Jesucristo era Dios, o bien que no creían en la Trinidad. Los textos anteriores y los posteriores son inapelables al respecto, por lo que podemos decir sin duda que, en el mejor de los casos, los Testigos de Jehová están equivocados. Se puede no aceptar esa creencia, pero es indudable que los primeros cristianos —como los actuales— profesaban esas convicciones.[477]

5) San Justino Mártir[478] fue un filósofo y apologista cristiano nacido hacia el año 100, se convirtió al cristianismo hacia el año 130 y fundó una escuela filosófica en Roma. Murió decapitado junto con seis de sus discípulos durante el reinado de Marco Aurelio, en el año 165, parece ser que debido a una denuncia del filósofo cínico Crescencio, que los acusó de «ateos». Resulta irónico que los ateos de nuestro siglo persigan a los cristianos por ser creyentes y los paganos del siglo I los persiguieran por ateos. Justino —otro más— confirma que los cristianos del siglo I creían en la divinidad de Jesucristo y en la Trinidad.

- «El Padre del universo tiene un Hijo, quien habiendo sido la palabra de Dios, es también Dios. En la Antigüedad se apareció en forma de fuego y en forma de ángel a Moisés y otros profetas; pero ahora en los tiempos de vuestro reinado se hizo hombre de una virgen».[479]
- «Y Cristo siendo el Señor y Dios e hijo de Dios [...], y es su poder inseparable e indivisible con el Padre, y a quien [Cristo] las escrituras proféticas llaman Dios».[480]

477. Sobre una respuesta a las pretensiones de los Testigos de Jehová, <https://www.risenjesus.com/the-early-church-fathers-on-jesus>.

478. Añado el título de «santo» a cualquier autor que así sea declarado por alguna Iglesia cristiana. En el caso de san Justino Mártir, es considerado santo por la Iglesia católica, las Iglesias ortodoxas orientales, el anglicanismo y también por Iglesias luteranas.

479. Justino Mártir, *Primera apología*, cap. 63. Escrita en el año 153 y dirigida a las autoridades romanas.

480. Justino Mártir, *Diálogo con Trifón*, CXXVIII. De estas obras de san Justino

6) Arístides fue un filósofo griego nacido a finales del siglo I, converso al cristianismo y muerto hacia el año 133. Escribió una *Apología*[481] a principios del siglo II dirigida al emperador Antonino Pío en la que compara lo que dicen acerca de Dios «los bárbaros, los griegos, los judíos y los cristianos», y sobre estos últimos dice:

- «Los cristianos trazan el principio de su religión desde Jesús el Mesías, quien es llamado el Hijo de Dios el Altísimo. Y dicen que Dios bajó del cielo y de una virgen hebrea asumió su encarnación. Y el Hijo de Dios vivió en una hija de hombre. Esto está enseñado en el Evangelio, como es llamado, que fue predicado entre ellos [...]. Este Jesús nació de la raza de los hebreos y tuvo doce discípulos a fin de que el propósito de su encarnación fuera cumplido. Pero Él mismo fue crucificado por los judíos y murió y fue enterrado y dicen que tras tres días resucitó y ascendió al cielo» (cap. 2).

7) San Melitón de Sardes fue un obispo de esa ciudad cerca de Esmirna, en Asia Menor, en el siglo II (murió en el año 180). San Hipólito, en el siglo IV, dice de él que fue uno de los escritores que enseñó sobre la dualidad de naturalezas de Jesucristo, y es que aunque nos quedan no muchas copias de sus escritos tenemos algún extracto de su *Apología de la fe cristiana*, escrita en el año 172 y dirigida al emperador Marco Aurelio. (No puedo sino maravillarme de la valentía de los primeros cristianos y de la confianza que tenían en su fe. Repetidas veces escriben a los emperadores paganos sobre el cristianismo y repetidas veces encontraron el martirio como respuesta... Aunque, bien pensado, al final estos apologistas fueron los que ganaron). En esa *Apología* y en fragmentos de otras obras se encuentran estas declaraciones que confirman —otra vez— que los cristianos de entonces creían en lo mismo que los de ahora creen:

quedan fragmentos antiguos de papiro que son testimonios arqueológicos confirmatorios de las copias posteriores.

481. La *Apología* de Arístides es junto con otra de Cuadratus, de la que quedan fragmentos, la primera apología cristiana que ha subsistido. Aunque algunos autores ateos como Renan dudaron de su autenticidad, esta se ha comprobado gracias al descubrimiento de varios manuscritos en versiones siríaca, armenia y griega durante los siglos XIX y XX.

- «Nacido como hijo, presentado como cordero, sacrificado como oveja, enterrado como hombre, resucitó de entre los muertos como Dios, puesto que era de naturaleza humana y divina».
- «Este es Él quien fue hecho carne de una virgen, cuyos huesos no fueron rotos en el madero, cuyo enterramiento no fue resuelto en la tierra, quien se levantó de entre los muertos y se alzó de la tumba bajo las alturas de los cielos. [...] Este es el que nació de María, la cordera inmaculada».
- «Las actividades de Jesús después de su bautismo y especialmente sus milagros dieron indicación y seguridad al mundo sobre su divinidad escondida en su carne. Siendo Dios y al tiempo hombre perfecto, Él dio indicaciones seguras de sus dos naturalezas: de su deidad, por los milagros durante los tres años que siguieron a su bautismo, y de su humanidad durante los treinta que fueron antes de ese bautismo».[482]

8) San Atenágoras de Atenas[483] fue un filósofo griego, converso al cristianismo, que vivió entre los años 133 y 190. Se han conservado solo dos de sus obras: una *Apología* (que es una súplica en favor de los cristianos dirigida a los emperadores Marco Aurelio y su hijo Cómodo, que fue desoída) y un *Tratado sobre la resurrección.* También Atenágoras deja constancia que los primeros cristianos creían en la Santísima Trinidad y que —por tanto— Jesucristo era Dios:

- «¿Quién entonces no estará sorprendido de escuchar que los hombres que hablan de Dios Padre y de Dios Hijo y de Dios Espíritu Santo, y que declaran su unión en su poder y su distinción en su orden sean llamados ateos?».
- «Por lo tanto, nosotros no somos ateos, puesto que reconocemos un Dios, no creado, eterno, invisible, impasible, incomprensible, ilimitado, que es comprendido solo mediante el entendimiento y la razón

482. La primera referencia es de S. G. Hall, *Fragmentos de san Melitón sobre la Pascua*, Oxford, 1979; la segunda, de *Quasten*, *Patrology*, *Christian Classics*, 4 vol., 1952-1960, vol. I, p. 244; la tercera, en un tratado sobre la naturaleza de Cristo encontrado en un fragmento de *Hodegos*, de san Anastasio Sinaíta.

483. Es considerado padre de la Iglesia por todos los cristianos, pero santo solo por la Iglesia ortodoxa, posiblemente por lo poco que se conoce de su vida.

> [...] por el que el universo ha sido creado mediante Su logos. [...] Puesto que nosotros reconocemos también al Hijo de Dios [...], pero el Hijo de Dios es el logos del Padre en idea y operación, puesto que por Él todo fue hecho. El Padre y el Hijo siendo uno y el Hijo estando en el Padre y el Padre en el Hijo. Unicidad en poder y espíritu, el entendimiento y la razón del Padre es el Hijo de Dios [...], pero si preguntáis qué se quiere decir con el Hijo diré brevemente [...] que es preexistente. Desde el principio Dios, que es la mente eterna, tenía el logos en Sí, siendo desde la eternidad colmado del logos».[484]

En su *Apología* Atenágoras (como varios otros) también refuta la acusación de canibalismo que se achacaba a los cristianos por aquellos que malinterpretaban la doctrina, según la cual en la Eucaristía se consumía —de hecho— la carne y la sangre de Cristo (cap. XXXV).

9) San Teófilo de Antioquía fue el sexto obispo de Antioquía, vivió en el siglo II (muerto en el año 183). Nació pagano y se convirtió al cristianismo en edad madura. Solo se conserva una obra suya, *Ad Autolycum*, que es una apología del cristianismo dirigida a su amigo pagano Autólico. (Algo similar suelo hacer yo con mis amigos escépticos. Permítame un excurso. ¿Por qué se hace apología del cristianismo con los amigos? Porque es intrínseco a la amistad desear lo mejor para el amigo. Los apologetas ateos no prometen la felicidad —salvo que sean muy temerarios o inmorales— y ello porque, incluso si sostienen su fe atea de buena fe, son conscientes de que tal fe no conduce a la Felicidad). Teófilo defiende las raíces judías del cristianismo, refuta las difamaciones habituales (como la acusación de canibalismo), dice que los Evangelios son inspirados por Dios y es el primer autor en mencionar la palabra *Trinidad*, pero lo hace sin necesitar explicarla, lo que nos lleva a pensar que no era un concepto nuevo, sino ya aceptado y corriente entre los cristianos.

- «De igual manera también los tres días que fueron antes de las luminarias[485] son también tipos de la Trinidad, de Dios, de Su palabra y de Su sabiduría».

484. Para ambas referencias, Atenágoras, *Apología*, cap. X.
485. Las luminarias son las luces que arden permanentemente ante el Santísimo Sacramento. En este caso se refiere a los tres días previos a la resurrección.

- «Las Sagradas Escrituras nos enseñan: "Al principio era la palabra, y la palabra estaba con Dios". Luego dice: "La palabra era Dios y todas las cosas llegaron a existir a través de Él, y sin Él ninguna cosa tuvo existencia"».[486]

10) San Clemente de Alejandría fue un teólogo y filósofo del siglo II (nació hacia el año 150 y falleció en el 215). Converso al cristianismo, fue maestro de Orígenes (erudito, asceta y teólogo, su padre murió martirizado y él falleció posiblemente a causa de las torturas que le infligieron) y de san Alejandro de Jerusalén (otro obispo cristiano, erudito, filósofo santo y mártir; fue arrojado a las bestias en el Coliseo). Alejandría era entonces el centro cultural del mundo y allí fundaron los cristianos una Escuela de Instrucción Oral, algo así como la primera universidad del mundo, que dirigió Clemente. «Por el hecho de estar en Alejandría, el centro de la filosofía neoplatónica, se podría sospechar que si alguien fue tentado a hacer a Cristo subordinado al Padre, y por tanto menos que completamente Dios, hubiera sido él. Sin embargo, al leer sus escritos se revela que él abrazó completamente la verdadera divinidad de Cristo»:[487]

- «La palabra, el Cristo, ha aparecido como hombre. Él solo es ambos, al tiempo Dios y hombre, el autor de todas nuestras bendiciones, [...] como Dios habrá de conducirnos después a la vida que nunca acaba».
- «Rechazado por su apariencia, pero en realidad adorado, [Jesús es] el Redentor, el Salvador, el pacificador, la palabra divina y es muy evidente que es el Dios verdadero, Él que se pone al nivel del Señor del universo porque Él era su Hijo».[488]

San Clemente escribe un tratado sobre la riqueza que se conserva casi completo titulado «¿Quién será el hombre rico que se salve?». Sí, ya sé que no es el objeto de este capítulo, pero creo que es oportuno y necesario para

486. Las dos referencias, en Teófilo de Antioquía, *Ad Autolycum* II, 15 y II, 22.
487. Eric Francke, «The Trinity and Deity of Christ», en Earlychurch.net.
488. La primera referencia, de *Exhortación a los Griegos* (o *Protrepticus*) 1, 7.1 y la segunda, de 10, 110.1.

corregir algún malentendido sobre el cristianismo e incluso puede servir de instrucción a algunos cristianos despistados. En él enseña que la riqueza no es condenada en sí misma, ni es intrínsecamente mala: «La riqueza es un instrumento. ¿Puedes hacer buen uso de ella? Entonces está al servicio de la justicia. ¿Alguien hace mal uso de ella? Entonces es representante del error» (cap. XIV). Ni tampoco lo son los ricos. «Aquel que tiene posesiones, y oro y plata y casas como regalos de Dios, y sirve con ellos al Dios que los da para la salvación del mundo [...] y es superior a la posesión de las cosas y no esclavo de sus posesiones [...], es capaz de soportar su pérdida con mente alegre al igual que su abundancia. Este es el que está bendecido por el Señor y considerado pobre de espíritu y será heredero del reino de los cielos, no aquel que no podría vivir siendo rico» (cap. XVI).

11) La Carta a Bernabé no contiene ninguna indicación de su autor o destinatarios. Su objetivo es moralizar e impartir sabiduría sobre lo que se llama «la economía de la salvación».[489] Aun así, en todo el texto no hay duda alguna de que el autor considera a Jesús como Dios y Mesías en quien se cumplen las profecías del Antiguo Testamento: «Los profetas, habiendo obtenido gracia de Él, profetizaron sobre Él. Y Él (puesto que era necesario que Él se encarnara) aboliese la muerte y revelase la resurrección de los muertos y que padeciese (tal y como tuvo que hacer) a fin de que Él cumpliese la promesa hecha a nuestros padres» (cap. V). Y que hizo milagros: «Más aún, enseñó a Israel haciendo grandes milagros y signos» (cap. V). Y que era Dios: «Jesús, que se manifestó en carne, no es hijo de hombre sino el Hijo de Dios, [...] observar cómo David lo llamó Señor e Hijo de Dios» (cap. XII).

12) Otros padres apostólicos. Esta es una referencia al resto de ellos, aunque se detienen menos en temas cristológicos:

a) El libro llamado *El Pastor* fue escrito por Hermas, posiblemente hermano del papa Pío I, que vivió entre los siglos I y II. Incluye cinco visiones, doce mandamientos y diez similitudes o parábolas. No es canónico ni aceptado como preceptivo o magisterial en ninguna obediencia cristiana. «Todo

489. Por «economía de la salvación» se entiende el régimen o el conjunto de todo lo dispuesto por Dios en orden a la salvación de los hombres y la administración que de los bienes espirituales y de la gracia ha confiado en su Iglesia». Padre Jon M. de Arza, en Elteologoresponde.org.

el libro muestra interés por las virtudes cristianas, es una obra ética, no teológica. La intención es sobre todo predicar el arrepentimiento [...]. Hermas evita el dogma y cuando entra incidentalmente es de forma vaga o incorrecta, [...] se ha pensado que no distingue al Hijo del Espíritu Santo [...], pero sus palabras no son claras y sus ideas sobre el tema pueden haber sido más bien misteriosas y confusas que definitivamente erróneas».[490] Es decir, su contenido no es cristológico sino moralista.

b) San Papías fue obispo de Hierápolis y discípulo de san Juan, nació en el año 60 y falleció en el 130, posiblemente mártir, contemporáneo por tanto de san Policarpo y san Justino. No se conserva completo ninguno de sus escritos, pero sí fragmentos de varios. Es una importante fuente antigua que deja constancia de que la enseñanza de los apóstoles se convirtió en tradición oral antes de fijarse en las Escrituras. También prueba la autoría de los Evangelios y que el canon del Nuevo Testamento estaba fijado ya a finales del siglo I o principios del II: «Es bastante probable que Papías tuviese un Nuevo Testamento compuesto por los cuatro Evangelios, los Hechos, las principales epístolas de san Pablo, el Apocalipsis, las cartas de san Juan y la primera de Pedro».[491] No nos ha llegado ningún escrito suyo que trate la naturaleza de Cristo o de la Trinidad, es posible que no se ocupara de esas sutilezas puesto que san Eusebio pensaba de él que era «un varón de mediocre inteligencia» (Hist. Ecl. III, 39,13); de donde se deduce que se puede llegar a ser obispo sin tener muchas luces y —lo que es más prometedor para los que no somos eclesiásticos— también alcanzar la santidad.

c) La *Didajé*, o más propiamente *Enseñanza del Señor a las naciones por medio de los doce apóstoles*, es un tratado corto y anónimo descubierto por un obispo ortodoxo griego en Nicomedia en 1875, del que luego se encontraron traducciones latinas. No habla de la naturaleza de Cristo (da la sensación de que muchos de estos textos no se paran a discutir la divinidad de Jesús porque lo consideran un hecho cierto y no contestado por los lectores a quienes se dirigen). Escrito originalmente en griego en el siglo I, revela cómo los judíos cristianos se adaptaban a los nuevos cristianos que venían de entre los gentiles. Parte del texto se puede considerar el primer catecismo escrito, con algunas enseñanzas que parecen dirigidas a los tiempos presen-

490. John Chapman, *The Catholic Encyclopedia*, vol. 7.
491. *Ibidem.*

tes: «No asesinarás a un niño mediante aborto ni lo matarás cuando esté vivo»; «No corromperás a los niños» (cap. 2, 2), y otras que nos parecen apropiadas para todos los tiempos y para todas las gentes —cristianos y no cristianos—, y que presentan la singularidad del cristianismo y explican su atractivo: «No abrigarás resentimientos» (cap. 2, 2); «No odiarás a ningún hombre, aunque si reprobarás a alguno, y por otros deberás rezar, y a los otros deberás amar más que a tu vida» (cap. 2, 7); «No estés irritado, porque la indignación lleva al asesinato, ni seas envidioso ni conflictivo ni iracundo» (cap. 3, 3); «Deberás recibir como buenos los accidentes que te acaezcan, sabiendo que nada ocurre sin Dios» (cap. 3, 16).

En definitiva, todos los autores anteriores vivieron durante los siglos I y II, recibieron su fe de los primeros apóstoles y escribieron sus obras antes del Concilio de Nicea. No hay nada en los documentos de ese concilio —ni de los posteriores— que no fuera creído y manifestado antes por los padres apostólicos. Sus obras y sus vidas sirven como confirmación de su firme creencia en que hay un Dios Padre, un Dios Hijo y un Dios Espíritu Santo que son un solo Dios, que Jesucristo era Dios y hombre y que nació de una virgen, que fue crucificado, que resucitó al tercer día y que ascendió a los cielos, que quien cree en Él y sigue sus caminos tendrá vida eterna.

Esas convicciones unánimes y rotundas de todos ellos se recogieron en fórmulas que se recitaban entre los creyentes cristianos. Eso que ellos llaman «credo».

18
Milagros

Todos los profetas del Antiguo Testamento recurren a Dios para tener el poder de realizar un milagro, pero Jesús declara y muestra que el poder divino para curar proviene de Sí mismo y solo de Él. Por ejemplo: «Yo te digo, levántate» (Marcos 5, 41). Esto no solo lo diferencia de los profetas del Antiguo Testamento, sino que además implica Su divinidad.

ROBERT SPITZER[492]

Milagro es un efecto que excede a la fuerza natural de los medios que se emplean para producirlo; y no milagro es un efecto que no excede a la fuerza natural de los medios empleados. Así, los que curan por una invocación al diablo no realizan un milagro, porque no excede esto a la fuerza natural del diablo. Pero los milagros y la verdad son necesarios, porque hay que convencer al hombre entero, en cuerpo y en alma.

BLAISE PASCAL[493]

Lo sé, aquí es donde puedo perder a muchos lectores. El hombre occidental del siglo XXI, que presume de hiperracional (pero que en realidad es emotivo

492. *Christ Science and Reason*, San Francisco, Ignatius Press, 2024, p. 82. El padre Spitzer es un jesuita estadounidense nacido en 1952. Expresidente de la Universidad Gonzaga en Washington, es doctor en Filosofía por la Catholic University of America, máster en Divinity por la Universidad Gregoriana de Roma y en Teología por la Weston School. Aparece con frecuencia en programas de ciencia y fe en la cadena EWTN.

493. *Pensamientos*, XII, 804 y 805.

en exceso, impresionable y sentimental), parece no considerar siquiera la posibilidad de los milagros. Si usted está entre aquellos que no cree en los milagros «por principio», voy a intentar ayudarle a sobreponerse a ese escepticismo. Fíjese que he situado este capítulo en las evidencias históricas, y no en las evidencias científicas, donde podría estar de forma legítima.

Sin embargo, si cree que los milagros pueden haber existido, o incluso darse en la actualidad, le reconfortará saber que la mayor parte de los médicos también (solo el 9 por ciento dicen no creer en los milagros)[494] y una cuarta parte admite «haber observado curaciones milagrosas». En otro estudio entre médicos estadounidenses, tres cuartas partes creen en los milagros (pasados y presentes) y el 55 por ciento afirma que «han visto resultados que consideran milagrosos entre sus pacientes».[495] (Hasta el más escéptico licenciado en Sociología admitirá que los médicos están más cualificados que él para evaluar si una curación es milagrosa). Además, si usted cree en los milagros debe saber que la inmensa mayoría piensa igual,[496] y además va en aumento,[497] sobre todo entre las personas de más formación.[498]

Empecemos por definir *milagro*. Santo Tomás dice: «Todo cuanto por obra divina se realiza en las cosas fuera de su orden natural suele llamarse

494. J. Pawlikowski *et al.*, «Doctors' Religiosity and Belief in Miracles», 2014.

495. Según HCD Research y el Louis Finkelstein Institute for Religious and Social Studies de The Jewish Theological Seminary en Nueva York, 2004. La muestra fue de 1.100 médicos de todas las religiones. Para sorpresa de muchos, los protestantes eran los más creyentes en los milagros, seguidos de los católicos.

496. Pew Research Center 2010. Encuesta entre 36.000 estadounidenses. Casi el 80 por ciento creen en los milagros (el porcentaje es prácticamente igual para los menores de 30 años y los mayores de esa edad). *Psycology Today*, 15 de diciembre de 2017, <https://www.psychologytoday.com/us/blog/emotional-nourishment/201712/do-you-believe-in-miracles>.

497. De acuerdo con la General Social Survey de 1991, 1998, 2008 y 2018, del National Opinion Research Center de la Universidad de Chicago. Análisis de Ryan Burge para ARDA en <https://www.graphsaboutreligion.com/p/do-you-believe-in-miracles>. En 1991 el 26 por ciento de la población afirmaba que «definitivamente no» y «probablemente no» creía en los milagros, mientras que el 46 por ciento optaba por «definitivamente sí». En 2018 los primeros bajaron al 23 y los segundos subieron hasta el 52 por ciento.

498. «El porcentaje de personas con estudios universitarios que definitivamente creen en los milagros subió desde el 45 por ciento en 1991 hasta el 63 en 2018». Ryan Burge, *op. cit.*

milagro».[499] Otra definición más «operativa»: «Un milagro es una intervención prodigiosa y significativa por parte de Dios en el sistema de causas naturales».[500] Sea como fuere, para que exista un milagro tiene que existir Dios. Si no cree en la existencia de Dios, resulta consecuente que no crea en los milagros..., pero ya que sabemos que necesariamente existe «eso-que-llamamos-Dios»,[501] entonces no existe objeción lógica para la existencia de los milagros, simplemente los habrá si Él quiere.

Tiene cierto predicamento la equivocada idea de Hume de que los milagros son «una violación de las leyes de la naturaleza»,[502] y puesto que estas no pueden ser violadas, se debe rechazar la posibilidad de los milagros. Pero ese pensamiento es una «falacia de petición de principio», que presupone la conclusión. Algo así como «los milagros no existen porque no pueden existir». Además, los milagros no son «violaciones de la ley de la naturaleza» porque por definición no están sometidos a estas. Dicho de otra manera, Dios podría haber diseñado la naturaleza de forma que Él pudiera intervenir. De hecho, conociendo lo que conocemos de «ese-que-llamamos-Dios» gracias a la ciencia, resulta «coherente con el personaje» que así haya sido.

Por todo lo anterior, si Jesucristo fuera quien decía ser (Dios), no habría nada sorprendente en que obrara milagros. En total, hay unos treinta y cinco milagros realizados por Jesucristo en los Evangelios:[503] veinte en cada uno de los Evangelios de Mateo y Lucas, diecinueve en el de Marcos y ocho en el de Juan, aunque considerando las menciones en situaciones generales y contextos distintos, parece que realizó cientos; de hecho, Juan nos advierte: «Muchos otros signos, que no están escritos en este libro,

499. Santo Tomás de Aquino, *Suma contra gentiles*, libro III, cap. CI, México, Porrúa, 2010, p. 515.

500. Kreeft y Tacelli, *op. cit.*, p. 121.

501. González-Hurtado, *op. cit.*

502. David Hume en *An Enquiry Concerning Human Understanding*, sección X, «Sobre los milagros». Hume era un escéptico, y su aproximación al problema es la de un naturalista, no un metafísico. No reflexiona sobre la naturaleza de los milagros, sino que lo que objeta es que se pueda creer en ellos. Su argumento es que puesto que Dios no existe, los milagros tampoco, y las razones para dudar de ellos siempre serán mayores que las evidencias. Algo muy parecido a un pensamiento circular.

503. Una lista de 34 de ellos con sus referencias, en <https://www.christianity.com/wiki/jesus-christ/what-miracles-did-jesus-perform.html>.

hizo Jesús a la vista de los discípulos».[504] Y en el último versículo de su Evangelio nos repite: «Muchas otras cosas hizo Jesús. Si se escribieran una por una, pienso que ni el mundo entero podría contener los libros que habría que escribir».[505]

De los milagros referidos, quince son curaciones milagrosas. Se menciona la sanación de un paralítico, de dos ciegos, de otro ciego de nacimiento, de un hombre sordo y de otro sordomudo, de varios leprosos, de un hombre con la mano paralizada, de una mujer que sufría hemorragias. También curó a distancia a un siervo de un centurión romano, cura la oreja del soldado del sumo sacerdote cortada por Pedro durante su prendimiento en el Huerto de los Olivos y sana a la suegra de Pedro. Estas curaciones se producen instantáneamente, no se menciona ninguna recaída posterior y no hay explicación conocida de origen natural para ellos.

Además, hay «hasta diez prodigios realizados por Jesús en los que se pone de manifiesto la obediencia de las fuerzas naturales a su autoridad»:[506] convierte el agua en vino, hace que la pesca sea abundante, calma una tempestad, multiplica panes y peces, camina sobre el agua en el mar de Galilea y hace que Pedro encuentre la moneda de plata para pagar los impuestos en la boca de un pez. Es interesante reproducir las frases de Jesucristo al respecto. Le pregunta a Simón Pedro: «¿Qué te parece, Simón? Los reyes del mundo ¿a quién le cobran impuestos y tasas, a sus hijos o a los extraños?». Contestó: «A los extraños». Jesús le dijo: «Entonces, los hijos están exentos. Sin embargo, para no darles mal ejemplo, ve al mar, echa el anzuelo, coge el primer pez que pique, ábrele la boca y encontrarás una moneda de plata. Cógela y págales por mí y por ti».[507] (Creemos que tener que realizar un milagro para poder pagar los impuestos acerca a Jesucristo al hombre de hoy en formas que posiblemente los evangelistas nunca imaginaron. Lamentablemente, en nuestra época Pedro tendría que pagar impuestos primero por la moneda encontrada, y posteriormente responder difíciles preguntas sobre esos «bienes aflorados»).

504. Juan 20, 30.

505. Juan 21, 25.

506. Antonio Puente Mayor, *Jesús de Nazaret. En busca de la verdad*, Madrid, 2023, La Esfera de los Libros, p. 253.

507. Mateo 17, 25-27.

También hay siete exorcismos en los Evangelios que demuestran que Jesucristo tiene poder para expulsar a los demonios: arroja al espíritu mudo y sordo fuera del niño al que afligía, libera al geraseno poseído por el demonio llamado Legión y a la hija de una mujer sirofenicia, también a María Magdalena... Si le resulta difícil creer en la existencia de demonios, le sugiero que se pregunte en qué basa esa creencia, puesto que no creo que sea por su propia experiencia, o la falta de ella que tienen otros.[508]

Sobre los exorcismos de Jesucristo, hasta los teólogos pusilánimes, cuya labor principal parece ser buscar cualquier excusa que permita dudar de algún detalle de las Escrituras para conseguir la aprobación de los escépticos, tienen que reconocer su veracidad. Así, John P. Meier admite: «Es improbable que la tradición cristiana primitiva se hubiese tomado la molestia de arrojar dudas sobra la fiabilidad de una figura tan importante describiéndola [María Magdalena] sin razón aparente como antigua endemoniada», y esa liberación «explicaría perfectamente una dedicación a Él tan intensa como para seguirlo en su crucifixión, muerte y sepultura».[509]

Los Evangelios también recogen tres resurrecciones atribuidas a Jesucristo: la de la hija de Jairo, un jefe de la sinagoga, la del único hijo de la viuda de Naín y la de su amigo Lázaro.[510]

508. La mayoría de la población estadounidense cree en estos espíritus; solo el 28 por ciento no cree en el demonio y otro porcentaje igual no cree en los ángeles, según una encuesta de Gallup en julio de 2023. Los protestantes creen en ángeles y demonios más que los católicos, y las mujeres más que los hombres.

509. John P. Meier, *Un judío marginal. Nueva visión del Jesús histórico*, Estella, Verbo Divino, 2003, tomo II-2, p. 174. Citado por Puente Mayor, *op. cit.*, p. 266. Meier fue un sacerdote católico estadounidense fallecido en 2022. Estudió en la Universidad Gregoriana y en el Instituto Bíblico de Roma y fue profesor de la Universidad de Notre Dame. Existe una «instrucción sobre la verdad histórica de los Evangelios» de la Pontificia Comisión Bíblica, publicada el 21 de abril de 1964, que advierte: «Algunos autores [...], movidos por prejuicios racionalistas, repulsan reconocer la existencia del orden sobrenatural y la intervención de un Dios personal en el mundo, realizada mediante la revelación propiamente dicha, y asimismo la posibilidad de los milagros y profecías». Véase también Trent Horn, «Because Some Scholar Told Me So», Catholic.com, 30 de abril de 2024, <https://www.catholic.com/magazine/online-edition/watch-out-for-wild-and-crazy-Scholarship>.

510. Mateo 9, 18-19, 23-26; Marcos 5, 21-24, 35-43, y Lucas 8, 40-42, 49-59. Lucas 7, 11-16. Juan 11, 1-45.

> Estas historias de resurrección deben ser distinguidas de la historia de la resurrección de Jesucristo, porque no son una transformación en la gloria y el poder divino como la resurrección de Jesús, sino solo la restauración de la situación corporal anterior; además, esos «levantamientos de entre los muertos» son solo temporales, mientras que la resurrección espiritual es eterna. A pesar de estas diferencias, los episodios de levantamiento de entre los muertos son muy significativos en revelar la divinidad de Jesucristo, porque el poder sobre la vida y la muerte se pensaba que pertenecía solo a Dios.[511]

Y además Jesucristo realiza esas resurrecciones sin apelar a otro poder que el que Él mismo cree tener; así, dice *Talitha qumi*, «Yo te lo digo, niña, levántate», o bien «¡Muchacho, a ti te lo digo, levántate!», o bien «Lázaro, sal afuera». Estos sucesos tienen difícil explicación naturalista e incluyen detalles que refutan cualquier interpretación que no sea la milagrosa; por ejemplo, en la resurrección de Lázaro, su hermana Marta avisa a Jesús: «Señor, ya huele mal porque lleva cuatro días». «Según la ciencia forense, el periodo enfisematoso o de formación de gases aparece a partir del cuarto día, pero este puede acelerarse en función del clima. Decimos esto a propósito de quienes puedan pensar en una catalepsia o estado comatoso del personaje».[512]

La mayoría de los milagros de Jesús están corroborados por la atestación múltiple de distintas fuentes, y existe la mención de estos en fuentes hostiles al cristianismo, como Celso, el Talmud de Babilonia, Flavio Josefo, el *Toledot Yeshu*, Flegón de Trales, Galeno y Hierocles. Por otro lado, el análisis filológico de las narraciones confirma su origen. Por ejemplo, en los relatos de las resurrecciones anteriores, «en dos de ellas hay semitismos y expresiones palestinas precristianas [...]; estas expresiones indican el origen palestino y la composición cercana al tiempo de Jesús»; «las tres narraciones contienen o bien nombres propios de personas, nombres de lugares o ambas cosas [...]. Marcos y Lucas indican que resucitó a la hija de Jairo (un líder de la sinagoga). Un líder galileo de la sinagoga de nombre Jairo habría sido muy conocido en la región y resucitar a su hija habría sido ampliamente recordado. Adicionalmente Juan menciona tres nombres relacionados con la

511. Spitzer, *op. cit.*, p. 87.
512. Puente Mayor, *op. cit.*, p. 289.

resurrección de Lázaro [...], también que la resurrección ocurrió en Betania, un pequeño pueblo en el que ese milagro habría sido recordado por casi todos [...], el pueblo de Naín es tan pequeño que casi todo el mundo habría conocido y recordado este milagro sorprendente. Es interesante que la población de Naín no estaba identificada hasta que la puerta de ese pueblo fue descubierta en una excavación arqueológica reciente».[513]

La atestación en múltiples fuentes, la mención por autores hostiles al cristianismo, el análisis lingüístico y la arqueología nos proveen de evidencias que sugieren que lo más razonable es pensar que ocurrió tal y como se nos cuenta. Pero antes de añadir otras evidencias, me permito apelar a su sentido común. Me gustaría que se imaginara que es un habitante de Betania o Cafarnaúm en aquella época y que lee esta descripción: «En los pueblos, ciudades o aldeas donde llegaba colocaban a los enfermos en la plaza y le rogaban que les dejase tocar al menos la orla de su manto; y los que la tocaban se curaban».[514] Piénselo un momento, verá que esa exposición no solo es verosímil, sino que es lógica, usted (y yo y la mayoría de las personas que conozco) haría lo mismo. Imagínese que fuera usted ciego de nacimiento y le dijeran que hay Alguien que «se cree Dios» y que puede devolverle la vista. ¿No haría lo posible para conocerlo? Y si fuera posible, ¿no Le pediría su ayuda?, porque pensaría ¿qué tengo que perder? Y si después de recobrar la vista, le interpelaran por haberse dejado engañar por un farsante o un pecador, ¿cuál sería su respuesta? Pues posiblemente algo como «Si es un pecador, no lo sé; solo sé que yo era ciego y ahora veo», y además «Jamás se oyó decir que nadie le abriera los ojos a un ciego de nacimiento; si este no viniera de Dios, no tendría ningún poder».[515] Es decir, usted haría, diría y pensaría lo mismo que el ciego del Evangelio, y es que cuando uno lee los Evangelios tiene la vívida impresión de que narran algo que ocurrió, las reacciones son las naturales y esperables, las descripciones tienen el perfume de lo real, el aspecto de lo auténtico, y nada parece impostado o inventado.

Pero es que la verosimilitud de la narración de los milagros tiene otra confirmación en forma de coincidencias no planeadas:[516] distintos autores

513. Spitzer, *op. cit.*, pp. 86-87.
514. Marcos 6, 56.
515. Juan 9, 25, 32-33.
516. Llamadas originalmente *undesigned coincidences* por John James Blunt, un pas-

del Nuevo Testamento dan detalles complementarios de un mismo hecho. Por ejemplo, el milagro de la multiplicación de los panes y los peces, recogido en los Evangelios de Lucas y de Juan.[517] Los detalles son muy conocidos: se han congregado unas cinco mil personas siguiendo a Jesús, se ha hecho tarde y apenas tienen cinco panes y dos peces para comer. Jesús multiplica esos pocos alimentos y resultan suficientes para dar de comer a todos e incluso para que sobre una gran cantidad.

Juan nos dice: «Jesús entonces levantó los ojos y, al ver que acudía mucha gente, dijo a Felipe: "¿Con qué compraremos panes para que coman estos?"». ¿Por qué le pregunta precisamente a Felipe? Los apóstoles más importantes y más nombrados son Pedro, Juan y Santiago. Si alguien se hubiera inventado el suceso, lo normal no hubiera sido mencionar a Felipe. La razón nos la da la versión de Lucas, que nos dice que antes del milagro Jesús «se retiró a solas hacia una ciudad llamada Betsaida», y resulta que Felipe era el único de los apóstoles que había nacido y vivía en Betsaida,[518] por lo que era lógico que Jesús le preguntara a él y no a otro cómo adquirir comida allí. Esta coincidencia no planeada entre dos textos distintos corrobora las dos versiones y es inverosímil que haya sido coordinada para pretender veracidad.

Otro ejemplo aparece después de la sanación milagrosa de la suegra de Pedro recogida en los Evangelios de Marcos y Mateo.[519] Este episodio es menos conocido, alguien dirá que hasta esto corrobora la mala prensa de las suegras (aprovecho para reivindicar a los suegros y suegras desde aquí, ya que tengo los mejores suegros que nadie podría desear). Sea como fuere, Mateo nos dice que tras curarla «al anochecer, le llevaron muchos endemoniados; Él, con su palabra, expulsó los espíritus y curó a todos los enfer-

---

tor anglicano fallecido en 1855, que escribió *The Veracity of the Gospels and Acts of Apostles, Argued From the Undesigned Coincidences to Be Found in Them, When Compared*, en 1828. Se inspiró en otro pastor anglicano, conocido apologista, William Paley, fallecido en 1805, que escribió *Horae Paulinae* mostrando las coincidencias entre las cartas de san Pablo y los Hechos de los Apóstoles. Se puede leer el libro de Blunt en inglés en <https://archive.org/details/undesignedcoinci1851blun/mode/2up>.

517. Lucas 9, 10-17 y Juan 6, 5-14.

518. De acuerdo con Juan 1, 43. Pedro y Andrés también habían nacido en Betsaida pero vivían en Cafarnaúm.

519. Marcos 1, 21, 29-35 y Mateo 8, 14-16.

mos». Y uno no puede sino preguntarse ¿por qué al anochecer?, ¿por qué esperar horas para llevar a un enfermo? Y la respuesta en forma de coincidencia no planeada la provee el Evangelio de Marcos, que nos informa del día concreto cuando dice: «Entran en Cafarnaúm y, al sábado siguiente, entra en la sinagoga a enseñar»; es decir, que es sábado, el día santo para los judíos, por eso la población de Cafarnaúm acude a Jesús al terminar el *sabbat*. De esta forma, el Evangelio de Marcos complementa y da credibilidad al de Mateo y viceversa.[520]

No se menciona con mucha frecuencia que Jesucristo es el único fundador de una religión que hizo milagros. «El Buda, Confucio, Mahoma y otros fundadores religiosos no hicieron milagros ni resucitaron de entre los muertos. Jesucristo ofreció sus milagros y su resurrección como prueba de su divinidad».[521] También transmitió ese poder de realizar milagros a los apóstoles: «Llamó a sus doce discípulos y les dio autoridad para expulsar espíritus inmundos y curar toda enfermedad y toda dolencia [...]. Curad enfermos, resucitad muertos, limpiad leprosos, arrojad demonios. Gratis habéis recibido, dad gratis».[522] Y sus discípulos así lo hacen: «Se pusieron en camino y fueron de aldea en aldea, anunciando la buena noticia y curando en todas partes»; «Los setenta y dos volvieron con alegría diciendo: "Señor, hasta los demonios se nos someten en tu nombre"».[523] Y después de crucificado Jesucristo, hay muchos reportes de curaciones realizadas por ellos. Por ejemplo, Pedro sana a un mendigo cojo: «"No tengo plata ni oro, pero te doy lo que tengo: en nombre de Jesucristo Nazareno, levántate y anda". Y agarrándolo de la mano derecha lo incorporó. Al instante se le fortalecieron los pies y los tobillos, se puso en pie de un salto, echó a andar».[524] Ananías le devuelve la vista a san Pablo: «Salió Ananías, entró en la casa, le impuso las manos y dijo: "Hermano Saulo, el Señor Jesús, que se te apareció cuando venías por el camino, me ha enviado para que recobres la vista y seas lleno de Espíritu Santo"».[525] Luego Pablo curará a un cojo (Hechos 14, 8-10), como antes lo

520. Para conocer más coincidencias no planeadas entre los Evangelios y los Hechos de los Apóstoles, Lydia McGrew, *Hidden in Plain View*, DeWard, 2017.

521. Keeft y Tacelli, *op. cit.*, p. 172.

522. Marcos 10, 1 y 8.

523. Lucas 9, 6 y 10, 17.

524. Hechos 3, 6.

525. Hechos 9, 17.

había hecho Pedro con un paralítico (Hechos 9, 33-35), e incluso resucitará a un joven que fallece de un accidente mientras lo escuchaba (Hechos 20, 9-12).

El escéptico pensará que todo lo anterior son creaciones fantasiosas. ¿Por qué cree eso? El pensamiento que está detrás de ese juicio suele ser «porque tales cosas no pueden ser», y la pregunta posterior será: ¿y usted por qué sabe que tales cosas no pueden ser? Cualquiera de las respuestas suele acudir a prejuicios, dogmas, ideologías, convencionalismos, todos ellos arbitrarios y aceptados *a priori* de forma acrítica. Porque aplicando la lógica, lo más probable es que tales cosas ocurrieran en realidad. Pensemos:

a) ¿Por qué iban a mentir todos? No hubo beneficio para quienes realizaron tales milagros ni para quienes los relataron (de hecho, todos terminaron asesinados).

b) Esos milagros fueron observados por muchos, por cientos, por miles (por ejemplo, el muchacho que fallece escuchando a Pablo lo hace en medio de una gran congregación).

c) Esos sucesos fueron consignados mientras muchos de esos testigos seguían con vida y podían corroborarlo (o hubieran podido desmentirlo).

De acuerdo, esos hechos no son normales. Lo acepto, pero precisamente por eso los llamamos «milagros». Al milagro normal de todos los días lo llamamos «la vida», que también es algo extraordinario aunque nos demos menos cuenta.

Le ofrezco una reflexión sobre los milagros que une el pensamiento de san Agustín en el siglo IV con las observaciones de Eugene Wigner, un físico teórico y matemático ganador del Premio Nobel de Física en 1963.[526] Dice Agustín:

> Los milagros con que rige todo el universo y atiende o provee a la universalidad de las criaturas han perdido su valor por ser ordinarios, de tal suerte que apenas se para nadie a contemplar las obras de Dios, tan maravillosas y estupendas en cualquier grado de semilla [...]. [Por eso Jesucristo] se reservó para sí ciertas cosas, que hacía en tiempo oportuno fuera del orden y curso ordinario de la naturaleza, a fin de que los hombres para quienes las cosas cotidianas ha-

526. Eugene Wigner fue un científico austrohúngaro-estadounidense fallecido en 1995.

bían perdido su valor quedaran estupefactos al ver no cosas mayores, sino insólitas. Porque mayor milagro es gobernar todo el mundo entero que saciar con cinco panes a cinco mil hombres; sin embargo, aquello no lo admira nadie; lo otro lo admiran los hombres no por ser cosa más grande, sino más rara.[527]

Por otro lado, el señor Wigner publicó en 1960 un documento que lo hizo más famoso que los descubrimientos que le valdrían el Premio Nobel: «The Unreasonable Effectiveness of Mathematics in the Natural Sciences».[528] En él presentaba el milagro inexplicable de la conexión entre la matemática y la física, y la capacidad de la mente humana para reconocer esa conexión: «La enorme utilidad de las matemáticas en las ciencias naturales es algo que bordea lo misterioso y para lo que no hay explicación racional». Al igual que Agustín, consideraba un milagro no las excepciones, sino la regularidad de las leyes naturales:

> Es [...] un milagro que, a pesar de la desconcertante complejidad del mundo, se puedan descubrir ciertas regularidades en los sucesos. Una de ellas, descubierta por Galileo, es que dos rocas dejadas caer desde la misma altura y al mismo tiempo llegan al suelo al mismo tiempo [...]. La primera razón por la que es sorprendente es porque es verdad, no solo en Pisa y en tiempo de Galileo, es verdad en cualquier sitio de la tierra, ha sido siempre verdad y será siempre verdad.

También observa que «no es natural en absoluto que "las leyes de la naturaleza" existan y mucho menos que el hombre sea capaz de descubrirlas», y continúa presentando la inexplicable conexión (al menos desde la ideología naturalista) entre matemáticas y física:

> Es difícil evitar la impresión de que un milagro nos afronta aquí, bastante comparable es su sorprendente naturaleza al milagro de que la mente humana pueda hilar mil argumentos sin meterse en contradicciones, o a los dos milagros, el de las leyes de la naturaleza y el de la capacidad de la mente humana de adi-

527. San Agustín, *In Ioann*, XXIV, 1, pl. 30, pp. 1592-1593.

528. Se puede leer completo en <http://www.hep.upenn.edu/~johnda/Papers/wignerUnreasonableEffectiveness.pdf>.

> vinarlas. [...] El milagro de la adecuación del lenguaje matemático para la formulación de las leyes de la física es un regalo maravilloso que no entendemos ni tampoco merecemos. Tendríamos que estar agradecidos por él y tener la esperanza de que seguirá siendo válido en futuras investigaciones y que se extenderá, para mal o para bien, a nuestro gusto, incluso aun así quizá también a nuestro desconcierto, a amplias ramas del aprendizaje.

El astrofísico Mario Livio explica la consecuencia de las observaciones de Wigner (y de san Agustín):

> Wigner manifestó la verdad que todo científico y filósofo ateo conocía y temía afrontar: la matemática y la física, con origen en dos ámbitos completamente distintos, la primera de la pura especulación de la mente y la segunda de los datos empíricos que la realidad física proporciona a nuestra experiencia, no tienen ninguna razón para estar conectadas de ninguna manera comprensible o predecible. Y, sin embargo, la matemática ha sido maravillosamente efectiva para describir leyes físicas y predecir los resultados de los experimentos del mundo real. ¿Por qué?, preguntó Wigner y no pudo encontrar una respuesta. Nadie puede. Los científicos siguen usando las matemáticas y confiando en las matemáticas como si supieran con seguridad que las matemáticas deben ser relevantes para su experiencia física. Pero no pueden explicar por qué. La arrogante reivindicación de que la ciencia explicará el mundo cada vez más ha llegado a un final; la ciencia ni siquiera se puede explicar a sí misma.[529]

Ahora que releo otra vez lo anterior, creo que hasta los «negacionistas» de los milagros estarán de acuerdo en que este capítulo habría tenido buen acomodo en la parte de Evidencias científicas.

529. Mario Livio, *Is God a Mathematician?*, Simon & Schuster, 2010. Livio es un astrofísico rumano-israelí-estadounidense nacido en 1945. Doctor en Astrofísica Teórica por la Universidad Hebrea de Jerusalén, fue profesor del Instituto Tecnológico de Israel.

19

La resurrección, centrando el tema

Si Cristo no ha resucitado, vuestra fe no tiene sentido, seguís estando en vuestros pecados.

San Pablo, 1.ª Carta a los corintios 15, 17

Mi carne descansa esperanzada. Porque no me abandonarás en la región de los muertos ni dejarás a tu fiel ver la corrupción.

Salmos 16, 9-10

Si hay algo fundamental en lo que creen los cristianos es en la resurrección de Jesucristo y en las implicaciones que tiene para ellos mismos.

> Todos los sermones predicados por todos los cristianos en el Nuevo Testamento se centran en la resurrección. El Evangelio o la «buena nueva» significa en esencia la noticia de la resurrección de Cristo. El mensaje que corrió como la pólvora por la Antigüedad, que encendió los corazones, transformó vidas y puso el mundo patas arriba no fue «Ama a tu prójimo». Cualquier persona moralmente sensata ya lo sabía: no era noticia. La noticia era que un hombre que afirmaba ser el Hijo de Dios y el Salvador del mundo había resucitado de entre los muertos.[530]

Y esa noticia y la promesa que conlleva hacen al cristianismo especial entre todas las religiones. Hay más diferencias, pero una sustancial es que mientras que los huesos de Buda, Mahoma, Confucio, Lao Tse, Moisés y

530. Kreeft y Tacelli, *op. cit.*, p. 205.

otros fundadores de religiones reposan en la tierra, los cristianos creen que Jesucristo no está en aquella tumba en donde lo pusieron después de su crucifixión.

Todas las fuentes cristianas afirman que Jesucristo resucitó. Por ejemplo, Mateo dice: «El ángel habló a las mujeres: "Vosotras no temáis, ya sé que buscáis a Jesús el crucificado. No está aquí: ¡ha resucitado!, como había dicho"» (Mateo 28, 5-6).

Pero antes de ver las evidencias de que Jesucristo resucitó, vamos a asegurarnos de que estamos hablando de lo mismo.

Lo que significa y lo que no significa

La resurrección es «la transición desde la vida mortal en la tierra, a través de la muerte física, a una nueva y completamente diferente forma de vida inmortal»;[531] en el lenguaje de los credos cristianos, esta se llama «resurrección del cuerpo» (*resurrectio carnis* en latín y *anástasis ton nekron* en griego) y tiene sentido porque según los cristianos el alma no puede morir, de modo que no puede resucitar. Lo importante para usted es que si Jesucristo ha resucitado y los cristianos tienen razón, usted también resucitará. «Pero Cristo ha resucitado de entre los muertos y es primicia de los que han muerto [...]. Pues lo mismo que en Adán mueren todos, así en Cristo todos serán vivificados» (1 Corintios 15, 20 y 22).[532] Dicho más claramente: «Sabiendo que quien resucitó al Señor Jesús también nos resucitará a nosotros con Jesús» (2 Corintios 4, 14). Esta promesa es exclusiva del cristianismo.

Hay algunos conceptos contiguos que pueden ser confundidos con la resurrección. La resurrección no es:

A) **Reanimación,** que ocurre cuando una persona revive de una situación de muerte aparente. Es decir, nunca estuvo realmente muerta. (Afortunadamente esta situación no ocurre muy frecuentemente).

531. Felix Just, en Catholic-resources.org. Preferimos esta definición a la encontrada en la *Enciclopedia Católica*, que dice que la resurrección es «levantarse de nuevo de entre los muertos, la reanudación de la vida».

532. Los cristianos (católicos, ortodoxos y muchos protestantes) creen que todos los hombres, salvados o no, resucitarán. En el IV Concilio de Letrán, cap. «Firmiter», del año 1215.

B) **Resucitación,**[533] que ocurre cuando el alma de una persona muerta se reúne de nuevo con su mismo cuerpo tras una separación temporal. Ocurrió con Lázaro de acuerdo con el relato evangélico. Después de revivir gracias al milagro de Jesucristo y pasado el tiempo que tuviese que pasar, Lázaro murió (o volvió a morir). (Esta situación ha ocurrido todavía con menos frecuencia).

C) **Reencarnación.** Es el renacimiento del alma en un cuerpo diferente pero físico y mortal. (Esta situación, nos atrevemos a decir a despecho de algunos, no ha ocurrido realmente nunca).

D) **Inmortalidad.** Es la incapacidad de morir, y por tanto la continuación de la vida por toda la eternidad. Especialmente referida al alma.

E) **Asunción.** Es la traslación a los cielos. Algo que les ocurrió a Elías y Henoc (según los judíos y cristianos)[534] y a María (según la mayoría de los cristianos).

Otras distinciones pertinentes:

a) El resucitado no es un fantasma ni un espíritu. Cuando Jesucristo resucitado se presenta a los apóstoles reunidos, «ellos, aterrorizados y llenos de miedo, creían ver un espíritu», pero Jesús les corrige: «Palpadme y daos cuenta de que un espíritu no tiene carne y huesos, como veis que yo tengo» (Lucas 24, 37-39).

b) El resucitado tiene un cuerpo; de hecho, los cristianos creen en «la resurrección del cuerpo», no solo en la inmortalidad del alma.

c) El resucitado tiene el mismo cuerpo que cuando estuvo vivo. Jesús le dice a santo Tomás: «Trae tu dedo, aquí tienes mis manos; trae tu mano y métela en mi costado» (Juan 20, 27).

d) Pero es un «cuerpo glorioso», que viene a significar que no se somete a las leyes de la física o la química, que no es corruptible.[535] «El Cuerpo de Cristo, después de la resurrección, muestra que era de la misma naturaleza, pero de distinta gloria».[536]

533. Para la RAE, *resucitación* es lo que nosotros llamamos *reanimación.*

534. En Génesis 5, 24 y 2 Reyes 2, 1-14.

535. Santo Tomás de Aquino, *Suma teológica*, parte III, «Sobre las cualidades de Cristo resucitado», cuestión 54.

536. San Gregorio Nacianceno, citado por *ibidem.*

Lo que dicen que pasó

Jesucristo había sido enterrado el viernes, y a partir de entonces:

Suceso	Quién lo cuenta
El domingo por la mañana algunas mujeres encuentran el sepulcro vacío	Mt 28, 1-2/ Mc 16, 1-8/ Lc 24, 1-11/ Jn 20, 1-2, 11-13
Pedro y el discípulo amado corren a la tumba vacía (en Lucas es solo Pedro)	Lc 24, 12/ Jn 20, 2-10
Jesús se aparece a las mujeres (en Juan solo a María Magdalena)	Mt 28, 9-10 / Mc 16, 9-11 / Jn 20, 14-18
Los guardias que estaban en el sepulcro informan a las autoridades de que está vacío	Mt 28, 11-15
Jesús se aparece a los dos discípulos camino de Emaús	Mc 16, 12-13 / Lc 24, 13-35
Jesús se aparece a los discípulos el domingo por la tarde en Jerusalén	Lc 24, 36-43 / Jn 20, 19-23
Jesús se aparece otra vez a sus discípulos, una semana más tarde y esta vez con Tomás	Jn 20, 24-29
Jesús se aparece a los once cuando se sientan en la mesa	Mc 16, 14-18
Jesús se aparece a los once en un monte en Galilea y les da la «gran encomienda»: hacer discípulos entre todos los pueblos y bautizar en nombre del Padre, del Hijo y del Espíritu Santo	Mt 28,16-20
Jesús se aparece otra vez a sus discípulos en el mar de Tiberíades	Jn 21, 1-3
Jesús se vuelve a aparecer, últimas palabras y ascensión	Mc 16, 19-20 / Lc 24, 44-53

Además, tenemos otros sucesos narrados por Pablo en sus cartas y por Lucas en Hechos de los Apóstoles. Jesús se apareció durante cuarenta días tras su resurrección (Hechos 1, 3) y muchas veces más: solo a Pedro, y también a los doce (1 Corintios 15, 5) y a un grupo de más de quinientas personas («Después se apareció a más de quinientos hermanos juntos, la mayoría de los cuales vive todavía, otros han muerto»), y a Santiago y otra vez a los doce y a Pablo (1 Corintios 15, 6-8), y lo hizo en todo tipo de lugares y a cualquier hora del día.

Posibles discrepancias

Se han señalado seis posibles discrepancias entre las narraciones de los Evangelistas. Pienso que quienes objetan lo que va a leer a continuación están intentando encontrar una fisura en la que aposentar su increencia.

a) **El número de mujeres en la tumba.** Mateo dice que fue María Magdalena y «la otra María». Marcos dice que «María Magdalena, María la de Santiago y Salomé». Lucas dice: «Eran María la Magdalena, Juana y María, la de Santiago. También las demás, que estaban con ellas». Y Juan solo menciona a María Magdalena. Esta objeción asume falsamente que Juan pretende decir que María Magdalena fue la única mujer que fue al sepulcro y que los evangelistas pretenden ser exhaustivos en la mención de quienes integraban el grupo de mujeres. Pero Lucas advierte que no menciona a todas («las demás, que estaban con ellas») y Juan más adelante da a entender que sabe que fueron varias: «Se han llevado del sepulcro al Señor y no sabemos dónde lo han puesto».

b) **Las mujeres hablaron o callaron.** Mateo y Lucas dicen que las mujeres contaron a los discípulos lo que habían visto y oído, pero Marcos 16, 8 dice: «No dijeron nada a nadie, del miedo que tenían» «Una lectura razonable del escrito de Marcos es que las mujeres corrieron directamente hasta donde estaban los discípulos sin pararse ni hablar con nadie en el camino»,[537] lo que es congruente con el hecho de que tuvieran miedo. Y Marcos un poco más adelante nos dice de María Magdalena: «Ella fue a anunciárselo a sus compañeros».

c) **Guardias sí o guardias no.** Los miembros del Sanedrín pidieron una guardia a Pilatos porque habían escuchado y entendido la promesa de Jesús de que resucitaría al tercer día (Mateo 27, 63-66). Mateo menciona esa guar-

537. Karlo Broussard, «Responding to Skeptics of the Resurrection, *Catholic Answers*, 4 de mayo de 2023.

dia y los otros evangelistas lo obvian. Esta objeción sería válida si algún otro relato hubiera dicho que no se puso ninguna guardia en el sepulcro. Pero no es el caso. El hecho de que otros relatos no mencionen un aspecto de la historia no hace que ese aspecto no haya ocurrido. Además, «el llamado Evangelio de Pedro [apócrifo] también menciona la historia de la guardia en la tumba, y este relato es muy posible que sea independiente de Mateo, puesto que las similitudes verbales son prácticamente nulas».[538] Otro argumento a favor de la existencia de los soldados es que si hubiera sido falso, los judíos probablemente habrían alegado que el cuerpo fue robado porque no había guardia (argumento que nunca se usó) y habrían argüido que la pretensión cristiana de que «los centinelas temblaron de miedo y quedaron como muertos» (Mateo 28, 4) era falsa porque nunca hubo tales guardias, pero eso tampoco pasó.

d) **Fueron a Galilea o no fueron.** Mateo (28, 16) y Juan (21, 1) dicen que los discípulos fueron a Galilea tal y como el ángel les había sugerido a las mujeres, pero esto no es mencionado por Lucas ni por Marcos. Una vez más, para haber contradicción alguno de los otros dos evangelistas debería haber dicho que Jesús no se apareció en Galilea. Una omisión no es una contradicción.

e) **Hay diferencias relativas al número de ángeles en la tumba**, y sobre si fue solo Pedro a la tumba o fue con Juan. Ya hemos comentado estos dos asuntos y su solución.

Tras esta revisión, me reafirmo en que los escépticos acaban otorgando más credibilidad a los Evangelios a pesar de pretender lo contrario, puesto que las diferencias entre esos relatos no existirían si hubiera habido una acción concertada entre los evangelistas con la intención de defraudar (en cuyo caso, los cuatro habrían escrito lo mismo). «Cuando se examinan los relatos de la resurrección en su contexto inmediato, todo ello acompañado con la evidencia histórica y de los manuscritos, se concluye que muestran una notable coherencia. Lo que podría aparecer como inconsistencias se convierten en detalles complementarios de distintas fuentes o testigos, lo que refuerza más que socava la credibilidad».[539]

538. William Lane Craig, «The Guard at the Tomb», Reasonablefaith.org, «Faith».
539. «Are the Resurrection Accounts Contradictory?», Biblehub.com.

Tercer día

Jesucristo sabía que iba a morir y también que iba a resucitar. Antes de la Pascua en que fue asesinado profetizó a los suyos: «El Hijo del hombre tiene que padecer mucho, ser reprobado por los ancianos, sumos sacerdotes y escribas, ser ejecutado y resucitar a los tres días» (Marcos 8, 31). Él dijo «a los tres días» o «al tercer día», y como los relatos de la Pasión y resurrección nos dicen que murió el viernes (día 14 del mes de Nisán),[540] según contamos hoy en día, Jesucristo habría tenido que resucitar un lunes.[541]

Permítame una digresión. Los surcoreanos son un año más jóvenes desde junio de 2023. Entonces los legisladores de aquel país decidieron cambiar el sistema tradicional de contar la edad.[542] El sistema de edad coreano usado durante siglos calculaba que los individuos nacían en el año 1 (no en el 0 como nosotros) y además ganaban un año cada 1 de enero. (Aunque posiblemente en Corea del Norte la edad de cada uno depende de lo que decida el secretario general del Partido Comunista y bienamado líder). Es decir, una persona nacida el 31 de diciembre tenía dos años al día siguiente. Este ejemplo muestra que la forma de contar los días y los años es muy arbitraria y se basa en la cultura y la tradición del lugar. Del mismo modo, hay varias particularidades en la forma de contar los días en un contexto judío. Todos los que hemos vivido en Israel o en ambientes judíos sabemos que un día termina y el siguiente empieza con la puesta de sol, no a medianoche. (Como consecuencia, esa hora es variable a lo largo del año). Otra particularidad, es que «la Biblia usa habitualmente el "conteo inclusivo", lo que quiere decir que se debe incluir el día por el que se empieza [...]. En Hechos de los Apóstoles 10 se incluye un ejemplo claro de conteo inclusivo: Cornelio describe una visión que dice ocurrió "hace cuatro días" cuando resulta claro en la narración que fue

540. Nisán es el primer mes en los calendarios hebreo bíblico y babilonio. Tiene siempre treinta días y coincide con el principio de la primavera: se corresponde con marzo-abril en el calendario gregoriano.

541. En los otros Evangelios las expresiones son ligeramente distintas, pero obviamente todas se refieren al mismo lapso de tiempo. Lucas 9, 22; Juan 2, 19, y Mateo 12, 40.

542. Kelly Ng y Yuna Ku, *BBC News*, 28 de junio de 2023.

solo tres días antes (Hechos 10, 3-30)».[543] Otra particularidad es que cuando se dice «después del día X», no se refiere a un momento después de que el día X termine, sino a un momento después de que el día X empiece. Finalmente, «tres días y tres noches» (usado en el Evangelio de san Mateo) «era un modismo judío apropiado para un periodo que cubría solo dos noches»,[544] y hay varios ejemplos de ello en el Antiguo Testamento,[545]

En definitiva, «Jesús fue crucificado el viernes por la tarde. Una vez que cae la noche y el Sábado Santo empieza en el calendario judío, ese es el día dos. Llega el sábado por la tarde y empieza el día tres».[546]

Indicios

Ningún apóstol concebía siquiera la posibilidad de que Jesús resucitara. Incluso las mujeres acudieron al sepulcro con ungüentos porque esperaban encontrar el cadáver: «El primer día de la semana, de madrugada, las mujeres fueron al sepulcro llevando los aromas que habían preparado» (Lucas 24, 1). Esto es un indicio de que la resurrección ocurrió en realidad. Si los discípulos la hubieran esperado, es posible que hubiesen escrito sus relatos solo para reivindicar esa opinión. Pero los escribieron a pesar de que demostraban lo poco que habían entendido de lo dicho por Jesús. Sé que esto no es una prueba, pero es un indicio de sentido común.

Otro indicio: la mayoría de los discípulos esperaba que Jesús —siendo el Mesías— liberara a Israel de la ocupación romana, tal como dicen los discípulos camino de Emaús (Lucas 24, 21). Cuando murió crucificado todos creyeron que otro falso mesías había sido desenmascarado. Todos los seguidores de Jesús lo abandonaron. Los apóstoles huyeron y se escondieron: «Estaban los discípulos en una casa, con las puertas cerradas por miedo a

543. Joe Hechmeyer, «How to Count Three Days», en <Catholic.com/magazine>, 4 de diciembre de 2023.

544. R. T. France en «El Evangelio según San Mateo», en los *Comentarios del Nuevo Testamento Tyndale*, Grand Rapids, Eerdmans, 1987, p. 213. Son 20 volúmenes escritos por teólogos cristianos evangélicos. France fue un clérigo, teólogo y profesor universitario norirlandés y anglicano fallecido en 2012.

545. David no había comido por «tres días y tres noches», en 1 Samuel 30, 1 y 12-13; José y sus hermanos en Génesis 42, 17-18; Ester y Mordecai en Ester 4, 16 y 5, 1.

546. Hechmeyer, *op. cit.*

los judíos» (Juan 20, 19). Todo muy lógico. Y de pronto —después de la resurrección— se transforman radicalmente: «Abandonan sus ocupaciones y comprometen su vida a difundir un mensaje específico: que Jesucristo es el Mesías de Dios que murió en una cruz, volvió a la vida y ellos lo vieron resucitado». [547] Los discípulos tímidos, cobardes y pusilánimes se transformaron en animosos, valientes y audaces, «y estuvieron dispuestos a vivir el resto de sus vidas proclamando esa verdad sin ningún beneficio desde el punto de vista humano».[548] La única razón que explica esa transformación es que creyeron que había resucitado. «Los primeros seguidores de Jesús tuvieron experiencias que ellos creyeron que fueron apariciones de Jesús resucitado. Nadie disputa esta frase en el mundo contemporáneo».[549]

Un indicio más: los apóstoles (y los padres apostólicos después, y sus discípulos más tarde y así hasta hoy) murieron por proclamar que Jesucristo había resucitado. Se puede argumentar que el mundo está lleno de personas que pretenden morir como mártires. Eso es verdad, y ese sacrificio no presupone la bondad o la veracidad de ninguna causa. Pero nadie está dispuesto a morir por algo que sabe que es mentira. Y hay otra diferencia con los mártires de otras religiones: «Los musulmanes puede que estén dispuestos a morir por su creencia de que Alá se reveló a Mahoma, pero esa revelación no fue hecha de forma pública y observable, por lo que pueden estar equivocados sobre ello. Ellos es posible que piensen sinceramente que es verdad, pero no lo pueden saber de hecho porque no fueron testigos. Sin embargo, los apóstoles estaban dispuestos a morir por algo que habían visto con sus propios ojos y habían tocado con sus propias manos».[550]

«Cuando tienes a once personas creíbles sin ningún motivo oculto, con mucho que perder y nada que ganar y todos ellos están de acuerdo en que observaron algo con sus propios ojos [...], entonces hay un problema para justificar eso».[551]

Otro indicio más: los primeros testigos de la resurrección fueron todos mujeres. «En el judaísmo del siglo I, las mujeres tenían un estatus social más

547. J. P. Moreland, citado en Strobel, *op. cit.*, p. 268.

548. *Ibidem.*

549. Gary Habermas, «The Historical Jesus. 17 Minutes of Straight Facts», en YouTube, presentación en Universidad de California en Santa Bárbara.

550. *Ibidem.*

551. *Ibidem.*

bajo y carecían de derecho legal para actuar como testigos»,[552] algo que fue utilizado contra los cristianos por Celso, quien reprocha que los primeros testigos cristianos sean «mujeres histéricas». Si el sepulcro vacío fuese una historia inventada, entonces el inventor no habría puesto como primeros testigos del suceso a personas cuyo testimonio no tenía valor.

Perspectiva judía

La doctrina de la resurrección aparece ya en el Antiguo Testamento en varias ocasiones:

- Isaías 26, 19: «¡Revivirán tus muertos, resurgirán nuestros cadáveres, despertarán jubilosos los que habitan en el polvo!».
- Daniel 12, 2 y 13: «Muchos de los que duermen en el polvo de la tierra despertarán: unos para vida eterna, otros para vergüenza e ignominia perpetua». «Tú, vete hasta el final y descansa. Te alzarás a recibir tu destino al final de los días».
- Sabiduría 3, 1-8: «En cambio, la vida de los justos está en manos de Dios, y ningún tormento los alcanzará. Los insensatos pensaban que habían muerto, y consideraban su tránsito como una desgracia [...], pero ellos están en paz. Aunque la gente pensaba que cumplían una pena, su esperanza estaba llena de inmortalidad. Sufrieron pequeños castigos, recibirán grandes bienes, porque Dios los puso a prueba y los halló dignos de Él [...]. En el día del juicio resplandecerán y se propagarán como chispas en un rastrojo».
- 2 Macabeos 12, 43-45: «Obró con gran rectitud y nobleza pensando en la resurrección. Si no hubiera esperado la resurrección de los caídos, habría sido inútil y ridículo rezar por los muertos. Pero, considerando que a los que habían muerto piadosamente les estaba reservado un magnífico premio, la idea era piadosa y santa».
- El Talmud. Sanhedrin 10, 1. «Estos son los que no tienen participación en la vida futura, aquel que dice que la resurrección de los muertos no está enseñada en la Torá».

552. Kreeft y Tacelli, *op. cit.*, p. 225.

Sin embargo, la resurrección no era algo sustancial al judaísmo: «El consenso doctrinal judío era que la resurrección era una doctrina poco importante, pero los cristianos mantenían que esta era la doctrina central sobre la que se fundaba todo lo demás».[553] Los primeros cristianos —que eran judíos— no querían romper con la tradición de sus antepasados y no querían ser expulsados de la sinagoga, y sin embargo se arriesgaron a ello. ¿Por qué? «Tuvo que haber una causa que fuera lo suficientemente poderosa e influyente como para hacerles separarse de un consenso doctrinal al que básicamente se adherían. Esa causa poderosa e influyente debía ser algo más que una tumba vacía. Tenía que ser la experiencia de un Jesús glorificado y espiritualmente transformado, una aparición que era continua con su anterior cuerpo pero radicalmente transformada en espíritu, poder, gloria y luz».[554]

El 7 de mayo de 1979 en la revista *Time* se pudo leer un artículo inusual. Pinchas Lapide, un teólogo judío ortodoxo, afirmaba que la resurrección de Jesús era un suceso histórico probado. Conclusión a la que llegaba basándose en que la evidencia era abrumadora. El artículo era un resumen de su libro recién publicado,[555] en el que Lapide sostenía que los relatos de la resurrección en las Escrituras mostraban una honestidad extrema. No adornaban ningún hecho que hubiera podido parecer embarazoso para Jesucristo o los discípulos (los apóstoles aparecen como un grupo no muy brillante de hombres medrosos y con poca fe); demostraban que ninguno esperaba la resurrección; presentaba al vicario de Jesús negándolo tres veces el día de su juicio. Otra evidencia era la transformación de los discípulos: «Cuando esta banda de apóstoles acobardados y temerosos que estaban a punto de dejarlo todo para huir desesperadamente a Galilea; cuando estos pastores, labradores y pescadores que habían traicionado a su maestro y le habían fallado miserablemente, de repente se transformaron en una sociedad llena de confianza con una misión, convencidos de la salvación y capaces de trabajar

553. Spitzer, *op. cit.*, p. 150.

554. N. T. Wright, *The Resurrection of the Son of God*, Mineápolis, Fortress Press, 2006, citado por Spitzer, *op. cit.*, p. 152. Wright es un obispo anglicano ingles nacido en 1948. Fue profesor en la Universidad de St. Andrews en Escocia y lo es en Oxford.

555. Pinchas Lapide, *The Resurrection of Jesus. A Jewish Perspective*, Wipf & Stock Pub, 2002. Lapide fue un teólogo e historiador judío y diplomático israelí fallecido en 1997.

con mucho mayor éxito después de la Pascua que antes, entonces no hay visión o alucinación capaz de explicar esa revolucionaria transformación».[556]

Lapide no se convirtió al cristianismo, pero sí sostuvo que «mediante su crucifixión Jesucristo se convirtió en el salvador de los gentiles. Pero en su parusía también se manifestará como el Mesías de Israel».[557]

Aprovechando que estamos hablando del señor Lapide, tengo la intención de contribuir a la justicia explicando que después de la Segunda Guerra Mundial hubo una campaña contra el papa Pío XII acusándolo de connivencia con el nazismo o al menos de «hipócrita que permaneció silencioso durante el nazismo».[558] Con más frecuencia de lo que sería lógico esperar, observamos que hombres buenos son acusados de hacer o decir exactamente lo contrario de lo que en realidad hicieron o dijeron. Resulta curioso que precisamente aquellos que más trabajaron por una causa en demasiadas ocasiones sean calumniados como si hubieran defendido la contraria. El objetivo es —parece— manchar la reputación de quienes en realidad son un ejemplo. Uno de ellos fue el papa Pío XII. Ahora sabemos que esa campaña fue fabricada y promovida por el servicio de inteligencia comunista soviético.[559] Lapide escribió al respecto:

> La Iglesia católica bajo el pontificado de Pío XII fue instrumental para salvar 700.000, pero probablemente hasta 860.000 judíos de una muerte cierta en las manos de los nazis [...]. Estos números, aunque son pequeños en comparación con nuestros seis millones de mártires cuyo destino está más allá de la

556. *Ibidem*, p. 125.

557. Pinchas Lapide, *The Church in the Power of the Spirit*, Nueva York, Harper & Row, 1977, p. 139.

558. La difamación más conocida es la de Rolf Hochhuth con su obra de teatro *The Deputy*, en 1963. Lo irónico es que Hochhuth, alemán fallecido en 2020, fue miembro de las Juventudes Hitlerianas durante la Segunda Guerra Mundial y en 2005 fue acusado de antisemitismo, entre otras razones por defender el historiador David Irving, oficialmente condenado por ser un negacionista del Holocausto.

559. En 2007 Mihai Pacepa, un teniente general jefe de la Securitate (servicio secreto rumano) que había desertado a Estados Unidos, reveló la operación Seat 12, una campaña de difamación contra Pío XII orquestada por la Unión Soviética. Así, el guion de *The Deputy* fue creado por agentes de la KGB y el productor de la obra estaba pagado por los soviéticos, y se convirtió en película, dirigida por Costa Gavras, marxista hijo de un emigrado comunista ruso.

consolación, exceden con mucho aquellos que fueron salvados por otras Iglesias, instituciones religiosas u organizaciones de rescate, y la combinación de todas ellas.[560]

Me acaba usted de ayudar a hacer mi buena acción del día. Restablecer el balance de la justicia es algo noble que ennoblece.

560. Pinchas Lapide, *Three Popes and the Jews*, Hawthorn, 1967, pp. 214-215.

20
La resurrección, ¡en verdad ha resucitado!

Cuando resucitó de entre los muertos, los discípulos se acordaron de que lo había dicho, y creyeron a la Escritura y a la palabra que había dicho Jesús.
Juan 2, 22

Las apariciones

«Hay consenso entre los académicos que estudian la resurrección de Jesús, subsiguiente a su muerte por crucifixión de que sus discípulos verdaderamente creyeron que Él se les había aparecido como resucitado».[561] También ha sido dicho por un autor declaradamente ateo: «Se tiene que tomar como certidumbre histórica que Pedro y los discípulos tuvieron experiencias después de la muerte de Jesús en las cuales Jesús se les apareció como el Cristo resucitado».[562] «Usted puede rechazar esos informes si quiere pero no puede decir que no existan testigos»[563].

Estas son las doce apariciones de Jesucristo resucitado que se encuentran en las Escrituras por su orden:[564]

561. Gary Habermas y Michael Licona, *The Case for the Resurrection of Jesus*, Michigan, Kregel, 2004, p. 60.

562. Gerd Lüdemann, *What Really Happened to Jesus?*, Westminster, John Knox Press, Louisville, 1995, p. 80.

563. Pitre, *op. cit.*, p. 183.

564. Durante los cuarenta días antes de la ascensión. Basado en «Post Resurrection Appearances of Jesus Christ», en <Catholic.org/lent/appearances>, contrastado con Caroline Perkins, «The Many Appearances of Jesus After the Resurrection, According to Scripture», en Churchpop.com del 16 de abril de 2023. Pitre lista nueve apariciones

Orden	Aparición	Lugar	Fecha y hora	Referencias
1	A María Magdalena y las otras mujeres en la tumba vacía	En la tumba en Jerusalén	Domingo de madrugada	Mt 28, 1-8 / Mc 16, 1-8 / Lc 24, 1-12 y Jn 20, 1-10
2	A María Magdalena llorando en la tumba vacía	Jerusalén	Domingo por la mañana	Mc 16, 9-11 / Jn 20, 11-18
3	A las otras mujeres que se congregaron	Jerusalén	Domingo por la mañana	Mt 28, 9-10
4	A Cleofás y otro discípulo camino de Emaús	Cerca de Emaús	Domingo por la tarde	Mc 16, 12-13 / Lc 24, 13-32
5	A Pedro	Jerusalén	Domingo por la tarde	Lc 24, 33-35 / 1 Co 15, 5
6	A los diez discípulos (sin Tomás)	Jerusalén	Domingo noche	Lc 24, 36-53 / Jn 20, 19-25
7	A los once discípulos (incluyendo Tomás)	Jerusalén	Siguiente domingo	Jn 20, 26-31 / Mc 16, 14
8	A siete discípulos que habían vuelto a ser pescadores	Mar de Galilea	¿Una semana después?	Jn 21, 1-25
9	A los once discípulos	Montaña en Galilea	Hacia el final de los 40 días	Mt 28, 16-20 / Mc 16, 15-20
10	A más de quinientas personas	¿Galilea?	Hacia el final de los 40 días	1 Co 15, 6
11	A Santiago	¿Jerusalén?	Hacia el final de los 40 días	1 Co 15, 7
12	A todos los discípulos antes de Su ascensión	Monte de los Olivos, Jerusalén	40.º día	Mc 16, 19 / Lc 24, 44-53 / Hch 1, 1-14/ 1 Co 15-7

de Jesucristo, pero reconoce que eso se debe a que no tiene espacio para presentarlas todas.

Además, Jesús se apareció a san Pablo en el camino de Damasco y esto ocurrió unos dos años después (Hechos 9, 3-5 y 1 Corintios 15, 8).

Es decir, hubo cientos de testigos, en distintos días y semanas, lugares y circunstancias. «Estoy de acuerdo con la evaluación de Edward Clarke, un juez de la Corte Suprema inglesa que realizó un concienzudo análisis de la primera Pascua [cristiana]: "Para mí la evidencia es concluyente, y vez tras vez en la Corte Suprema he asegurado un veredicto con evidencias ni mucho menos tan convincentes"».[565] Dicho por otro afamado abogado, este no inglés: «Digo inequívocamente que la evidencia de la resurrección de Jesucristo es tan abrumadora que obliga a la aceptación de la prueba y no deja ningún resquicio para la duda».[566]

Las alternativas

Los hechos son que el sepulcro estaba vacío el domingo por la mañana y que hubo cientos de testigos que aseguran que Jesucristo apareció tras su presunta resurrección.

Los judíos, los romanos y los cristianos, todos ellos, sabían que Jesucristo había sido enterrado en el sepulcro donado por José de Arimatea. Por eso la tumba vacía «es uno de los primeros y mejor autentificados hechos acerca de Jesús».[567] Los cristianos dicen que Jesucristo resucitó, una hipótesis consistente con los dos hechos probados (Jesús fue visto vivo tras su crucifixión y la tumba estaba vacía), pero si usted es escéptico pensará que tiene que haber una alternativa mejor. Si hubo testigos de Jesucristo vivo tras su muerte (perdone por el pleonasmo, es para evitar la hipótesis de la resurrección) y la tumba estaba vacía, las alternativas son limitadas:

1) Jesucristo no murió.
2) Los romanos o los judíos robaron el cadáver.

565. Gary Habermas, citado en Strobel, *op. cit.*, p. 258.

566. «The Evidence of Christ's Resurrection is Compelling», Thecitizen.com, 15 de abril de 2014. Lionel Luckhoo fue un abogado y diplomático de Guyana fallecido en 1997. Es conocido por sus 245 defensas exitosas en casos de asesinato.

567. John A. T. Robinson, *The Human Face of God*, Westminster, Philadelphia, 1973, p. 131. Robinson fue un obispo anglicano inglés y profesor de la Universidad de Cambridge fallecido en 1983.

3) Los cristianos robaron el cadáver.

4) Los cristianos sufrieron alucinaciones.

5) La historia de la resurrección es un mito.

O también alguna combinación de las anteriores. Vamos a analizarlas una a una:

1. Jesucristo no murió

Esta es la llamada «hipótesis del desvanecimiento», que niega la resurrección de Jesucristo por la vía rápida. Simplemente no murió, se desvaneció, cayó inconsciente, retomó la consciencia en el sepulcro y siguió con su vida. Esta no es una teoría propugnada por ningún autor anticristiano de la Antigüedad, la apoya el islam y fue propuesta en el siglo XVIII por Friedrich Schleiermacher[568] (uno siempre encuentra un teólogo alemán para cualquier teoría) y en el siglo XIX por el líder religioso Mirza Ghulam Ahmad,[569] que consideraba que él mismo era el Mesías. En el siglo XX aparece sobre todo en novelas de conspiraciones religiosas, en las que los clérigos son invariablemente los malos, y por alguna extraña razón suelen ir encapuchados mientras pasean por criptas oscuras. Estas son otra manifestación de la cristianofobia que ha acompañado a la religión de Jesús desde su fundación.

Algunos arguyen que José de Arimatea era un personaje ficticio, y el principal indicio que plantean es que Jesucristo estuvo poco tiempo en la cruz, confirmado en el Evangelio de Marcos por la reacción de Pilatos: «Pilatos se extrañó de que hubiera muerto ya» (Marcos 15, 44), lo que podía haber tenido como consecuencia que fuera enterrado vivo.

Esta teoría tiene inconsistencias internas. Leamos el pasaje entero del evangelista Marcos 15, 43-47:

> Vino José de Arimatea, miembro noble del Sanedrín, que también aguardaba el reino de Dios; se presentó decidido ante Pilatos y le pidió el cuerpo de Jesús. Pilatos se extrañó de que hubiera muerto ya; y, llamando al centurión, le preguntó si hacía mucho tiempo que había muerto. Informado por el centurión,

568. Teólogo alemán protestante, calvinista, racionalista, hijo de un clérigo calvinista fallecido en 1834.

569. Fue un indio musulmán fallecido en 1908. Fundador de la comunidad Ahmadia, un movimiento del islam.

concedió el cadáver a José. Este compró una sábana y, bajando a Jesús, lo envolvió en la sábana y lo puso en un sepulcro, excavado en una roca, y rodó una piedra a la entrada del sepulcro. María Magdalena y María, la madre de Joset, observaban dónde lo ponían».

Es decir:

a) El mismo pasaje que se usa como argumentación para la teoría del desvanecimiento presenta a José de Arimatea como el causante de la extrañeza de Pilatos. (No hay razón alguna para dudar de la existencia de José de Arimatea, pero su pretendida no existencia resulta contradictoria con la veracidad del pasaje y de la reacción de Pilatos).
b) Pilatos comprueba que Jesús está muerto al preguntar al centurión.
c) Hay múltiples testigos.

En cualquier caso, siempre resulta edificante ver que los escépticos otorguen credibilidad a las Escrituras, aunque sea para contradecirlas. Pero además la teoría no se sostiene científicamente. Desde un punto de vista médico, este es el resumen de un análisis publicado en *Journal of American Medical Association*:

> Jesús de Nazaret fue sometido a juicios judíos y romanos, fue azotado y fue condenado a muerte por crucifixión. La flagelación produjo laceraciones lineales profundas y pérdida de sangre considerable, y es probable que preparó el escenario para el *shock* hipovolémico, como lo demuestra el hecho de que Jesús estaba demasiado debilitado para llevar el larguero [patíbulo] al Gólgota. En el lugar de la crucifixión, las muñecas fueron clavadas en el patíbulo y, después de que el patíbulo fue levantado sobre el poste vertical [*stipes*], sus pies fueron clavados en el estípite. El efecto fisiopatológico principal de la crucifixión era una interferencia con la respiración normal. En consecuencia, la muerte se debió principalmente a un *shock* hipovolémico y al agotamiento por asfixia. La muerte de Jesús fue asegurada por la perforación de la lanza de un soldado en su costado. La interpretación médica moderna de la evidencia histórica indica que Jesús estaba muerto cuando fue bajado de la cruz.[570]

570. William Edwards, Wesley Gabel y Floyd Hosmer, «On the Physical Death of

El doctor José de Palacios Carvajal[571] dedica más de 70 páginas a las heridas infligidas a Jesucristo durante el viernes en que falleció: empieza describiéndolo antes de los sucesos: «Hombre sano y fuerte, medía 1,80, pesaba 78-79 kilos», y analiza los hechos, las lesiones que producen y las consecuencias: la hematodriosis o sudor de sangre, el juicio, lesiones faciales, la flagelación, la cuantificación energética, fisiopatología de la flagelación, el dolor, trauma torácico y trauma músculo-cutáneo, la corona de espinas, la Vía Dolorosa (el camino con la cruz a cuestas), la crucifixión, los clavos, las posturas del crucificado, la muerte, la comprobación de la muerte y la lanzada. Y concluye:

> Certifico que Jesús de Nazaret [...] ingresa ya cadáver debido a un politraumatismo por lesiones múltiples y de repetición que han provocado hemorragias abundantes y un hemotórax derecho. Todo ello ha dado lugar a un *shock* traumático irreversible en el que están presentes tres factores que le han provocado la muerte: el factor hipovolémico, el nervioso y el tóxico, todo ello complicado por una insuficiencia respiratoria mecánica.[572]

Otro testimonio científico es el del patólogo estadounidense Frederick Zugibe, que también afirmó que «era imposible que Jesús hubiera sobrevivido a su crucifixión y que ninguna droga o medicación hubiera sido capaz de impedir el dolor que Jesús experimentó o inducirle sueño profundo o simular su muerte».[573]

Aceptémoslo: Jesucristo sí murió.

Jesus Christ», JAMA, vol. 255, 1, publicado online el 21 de marzo de 1986. Los autores son médicos de los departamentos de Patología y Medical Graphics de la Clínica Mayo. Énfasis añadido.

571. *La Sábana Santa. Estudio de un cirujano*, Galería del Libro, 2009, pp. 87-158. Palacios Carvajal fue un médico español nacido en 1928, presidente de la Sociedad Española de Ortopédica y Traumatología y vicepresidente mundial. Profesor en varias universidades.

572. *Ibidem*, p. 136.

573. Frederick Zugibe, fallecido en 2013, fue el jefe médico de Rockland County en Nueva York.

2. Los romanos o los judíos robaron el cadáver

Voy a apelar a su sentido común (algo que suelo hacer con mis lectores, cuyo sentido común tengo en gran estima, por razones que estoy seguro de que usted comprende): los romanos fueron cómplices o autores del asesinato de Jesús para prevenir disturbios: «Al ver Pilatos que todo era inútil y que, al contrario, se estaba formando un tumulto, tomó agua y se lavó las manos ante la gente, diciendo: "Soy inocente de esta sangre. ¡Allá vosotros!"» (Mateo 27, 24). No tiene, por tanto, sentido que después fueran ellos quienes robaran el cadáver, lo que podría precisamente ser fuente de disturbios.

En lo que se refiere a los judíos,[574] el Talmud culpa a los cristianos del robo y el *Toledot Yeshu* dice que los cristianos tenían esa intención pero quien finalmente lo robó fue un jardinero. Si el cadáver hubiera estado en manos de los judíos cuando los cristianos empezaron su predicación sobre la resurrección de Jesucristo, aquellos no hubieran tenido más que mostrar el cadáver para desmentir a estos.

Ni los judíos ni los romanos tienen la culpa (al menos no de esto).

3. Los cristianos robaron el cadáver

Esta alternativa, mirada superficialmente, parece tener lógica. Los discípulos, interesados en hacer progresar su religión, roban el cadáver de Jesucristo y después anuncian que ha resucitado. Esto lo previeron los judíos de aquel tiempo y por eso pidieron a Pilatos que pusiera guardia en el sepulcro. Pilatos contestó: "Ahí tenéis la guardia: id vosotros y asegurad la vigilancia como sabéis". Ellos aseguraron el sepulcro, sellando la piedra y colocando la guardia» (Mateo 27, 62-66).

Y cuando el cadáver desapareció a pesar del cuerpo de guardia que lo custodiaba, «algunos de la guardia fueron a la ciudad y comunicaron a los sumos sacerdotes todo lo ocurrido. Ellos, reunidos con los ancianos, llegaron a un acuerdo y dieron a los soldados una fuerte suma, encargándoles: "Decid que sus discípulos fueron de noche y robaron el cuerpo mientras vosotros dormíais"» (Mateo 28, 11-13). Es decir, ya entonces la teoría pre-

574. Me estoy refiriendo a «los judíos» de forma genérica, pero se debe entender como «los líderes judíos de la época» o «parte del Sanedrín de entonces». Lejos de mi ánimo pretender achacar aquellos actos y los hechos que provocaron a todos los judíos.

valente de los enemigos del cristianismo fue que los propios cristianos robaron el cadáver.

Pero esta hipótesis resulta inverosímil a la vista de otros sucesos: «El factor decisivo contra este argumento es el hecho histórico de que nadie, fuera fuerte o débil, santo o pecador, cristiano o hereje, jamás confesó libremente ni bajo presión, soborno o tortura que toda la historia de la resurrección fuese un bulo».[575] No es creíble que ninguno confesara dónde estaba el cuerpo o quién sabía dónde estaba, o que el cuerpo del fallecido estaba escondido. Si todos conspiraron para mentir, la conspiración habría sido descubierta y esa religión hubiera muerto antes de nacer. Y como la historia nos ha demostrado una y otra vez, resulta imposible mantener el secreto en una conspiración cuando sus miembros están amenazados con perderlo todo si permanecen en ella y además tienen incentivos para descubrirla. Chuck Colson fue asesor especial para el presidente estadounidense Richard Nixon durante el escándalo Watergate, que acabó con esa presidencia: «Yo sé cómo de imposible es mantener una mentira para un grupo de personas, incluso para los más poderosos del mundo. El encubrimiento del Watergate duró solo unas pocas semanas antes de que el primer conspirador desertara y proporcionara la evidencia [incriminatoria]».[576]

Esta teoría tiene otras grietas: todos los apóstoles (menos uno) y la mayoría de los que dicen que vieron a Jesús resucitado murieron martirizados por manifestar esa creencia. Y los hombres son capaces de morir por lo que creen que es verdad (esa es una de las grandezas del ser humano que apuntan a la existencia de eso que llamamos Dios) y lo harán incluso si lo que ellos creen verdad es realmente falso, pero nunca nadie ha dado su vida por ninguna causa o idea que supiera que era un fraude.

Además, la posibilidad de una conspiración de apóstoles para robar y esconder el cuerpo de Jesús no se corresponde con el carácter y la biografía que conocemos de ellos. Pedro, Mateo, Santiago, Andrés..., ninguno era ministro, secretario de Estado ni jefe de Gabinete. (Acabo de perder a todos

575. Kreeft y Tacelli, *op. cit.*, p. 215.

576. «Resurrection Theories Debunked», en Josh.org. Chuck Colson fue un político y abogado fallecido en 2012. Estuvo en prisión por el caso Watergate. Se convirtió al cristianismo, fundó una organización religiosa, Prison Fellowship International, y abogó por la unión de católicos y evangélicos. Obtuvo el Premio Templeton en 1993.

los lectores que son ministros, secretarios de Estado o jefes de Gabinete. No es pérdida menor, son colectivos siempre crecientes). Eran gente sencilla y honesta, incapaces de fabricar un engaño como el pretendido. Creer que unos pescadores de Galilea del siglo I fabricaron la mentira más famosa, longeva y exitosa de la historia demuestra una fe que yo no soy capaz de tener.

Y finalmente, ¿para qué?, ¿qué ganaban? Los cristianos le dirán que lo ganaron todo, pero es un *todo* distinto, y este no es un libro de teología.

4. Los cristianos sufrieron alucinaciones

La llamada «teoría de la alucinación» supone que las apariciones de Jesucristo después de su crucifixión y enterramiento fueron visiones, alucinaciones o ilusiones. Ha sido propuesta por un teólogo alemán, Gerd Lüdemann.[577] Si usted mañana, al entrar en su cocina viera a su abuela ya fallecida preparando el desayuno, lo primero que supondría es que está teniendo una alucinación (y después me echaría la culpa a mí por habérselo sugerido desde estas líneas). Esta hipótesis hace aguas por numerosos lados. Para empezar, explicaría solo uno de los hechos: las apariciones, pero no la ausencia del cadáver.

Otras objeciones son:

a) «Las alucinaciones son incidentes individuales. Por su propia naturaleza, solo una persona puede ver una alucinación en un momento dado. Ciertamente no pueden ser vistas por un grupo de personas y tampoco es posible para una persona inducir la alucinación en otra. Puesto que la alucinación existe solo en ese sentido subjetivo y personal, resulta obvio que otros no pueden presenciarlas».[578] Y no existen registros de que nunca hayan ocurrido en grupo: «He buscado en la literatura profesional escrita por psiquiatras, psicólogos y otros profesionales médicos durante las dos últi-

577. Lüdemann fue un teólogo evangélico alemán fallecido en 2021. Fue profesor en la facultad teológica de Gotinga. Perdió la fe cristiana y se declaró ateo. Dedicó varios libros a atacar al cristianismo. Le exigieron dejar el puesto en el seminario por evidente discrepancia con sus fines, pero perdida la fe decidió no perder también su puesto.

578. Gary Collins, citado en «What is the Hallucination Theory?», Gotquestions.org. Collins fue un doctor en Psicología canadiense fallecido en 2021, y profesor en las universidades de Atlanta y de Virginia.

mas décadas y todavía no he encontrado un caso documentado de alucinación en grupo».[579]

b) Las alucinaciones no comen, y Jesucristo sí lo hizo en público después de su resurrección (Lucas 24, 42-43 y Juan 21, 1-14).

c) Las alucinaciones no se tocan, y los discípulos tocaron a Jesús (Mateo 28, 9; Lucas 24, 39, y Juan 20, 27).

d) Las alucinaciones no duran horas o días. Duran minutos.

e) Las alucinaciones no son recurrentes (si lo son, no son alucinaciones, sino un problema psiquiátrico estable).

f) Las alucinaciones no se presentan a gentes diversas en diversas ocasiones.

Digamos que si usted tiene una alucinación y otros muchos tienen la misma, en muchas ocasiones y a lo largo de semanas y en distintos escenarios, y esa alucinación come y conversa y se toca..., debería considerar que su alucinación es muy real.

Yendo todavía más lejos, en 2015 se realizó la más exhaustiva revisión clínica[580] sobre cada una de las posibles hipótesis psiquiátricas de los relatos de los testigos de la resurrección: la hipótesis de la alucinación estaba entre las analizadas, pero también se estudiaron la hipótesis de trastorno de conversión[581] y la hipótesis de visiones producidas por la aflicción que acompaña el duelo o el luto. El estudio es concienzudo y la primera conclusión lo demuestra: «Basándonos en búsqueda completa en Pubmed de la literatura médica desde 1918 hasta 2012 respecto a los discípulos de Jesús y los asuntos relacionados. Las hipótesis psiquiátricas de las experiencias poscrucifixión de los discípulos no se encuentran en la literatura médica revisada por pares»[582]. Sobre la hipótesis de la alucinación concluían los autores: «La

579. Gary A. Sibcy, citado en *ibidem*, es un doctor en Psicología estadounidense. Profesor de Liberty University.

580. Jospeh Bergeron y Gary R. Habermas, «The Resurrection of Jesus. A Clinical Review of Psychiatric Hypotheses for the Biblical Story of Easter», LBTS Faculty Publications and Presentations 402, 2015.

581. «Se caracteriza por experimentar perturbaciones en las funciones corporales, pero con síntomas inconsistentes con el conocimiento actual de la anatomía y la neurofisiología». *Ibidem*. El término *conversión* no está relacionado con la conversión religiosa.

582. *Ibidem*, p. 4.

hipótesis de la alucinación referida a los relatos bíblicos de la resurrección de Jesús es ingenua en lo que respecta a las complejas y variadas patologías psiquiátricas y neurofisiológicas necesarias para producir los síntomas de la alucinación».[583] Y en referencia a las otras posibles alteraciones psiquiátricas: «Los intentos de explicar los relatos de los discípulos sobre la resurrección de Jesús mediante hipótesis psiquiátricas y subjetivas están plagados de dificultades. Finalmente está probado que son clínicamente inverosímiles e históricamente irreales».[584]

5. La historia de la resurrección es un mito

Esta teoría sostiene que los discípulos de Jesucristo crearon un mito y que no pretendían que la resurrección se entendiese de forma literal.

He evaluado la teoría del mito referida a las Escrituras en general. En lo que respecta a la resurrección de Jesús, proponemos estos argumentos adicionales para refutarla:[585]

a) **No hubo tiempo.** «Sabemos de otros casos en que se desarrollaron mitos y leyendas sobre milagros alrededor de la figura de un fundador de religión, como por ejemplo el Buda o Lao Tse o Mahoma. En cada caso transcurrieron muchas generaciones antes de que surgiese el mito».[586] Por ello, los proponentes de esta teoría se basan en la hipótesis de que los primeros ejemplares de las Escrituras son del siglo III o finales del siglo II (aunque incluso de este modo no habría tiempo), sin embargo ahora sabemos que los primeros papiros y manuscritos son del siglo I, que fueron escritos por testigos oculares de los hechos, y leídos y aceptados como verdaderos por contemporáneos suyos. Nadie discute que las cartas de Pablo están escritas en el siglo I, en vida de los testigos con los que convivió Jesucristo.

Julius Müller «propuso a sus contemporáneos que mostraran un solo ejemplo de un gran mito o leyenda de cualquier momento de la historia que hubiera surgido alrededor de una figura histórica y en el que se creyese de

583. *Ibidem*, p. 26.
584. *Ibidem*.
585. Kreeft y Tacelli, y Craig, *op. cit.*
586. Kreeft y Tacelli, *op. cit.*, p. 223.

forma generalizada después de los treinta años posteriores a la muerte de dicho personaje. Nadie le ha respondido nunca».[587]

b) **No existen contraejemplos.** La teoría del mito se asienta sobre afirmaciones gratuitas de quienes la presentan y la credulidad de quienes la reciben. No existe ninguno de los más de 25.000 manuscritos de los Evangelios en todos los idiomas que sea contradictorio en lo que se refiera a la resurrección. Ningún autor que defienda esta teoría ha presentado algún manuscrito que la apoye.

c) **El estilo no encaja.** El estilo de los Evangelios es sobrio, a veces lacónico. Las descripciones son concisas, nada literarias. A veces incluyen detalles nimios pero que demuestran verosimilitud. Por ejemplo, nadie sabe por qué se describe que Jesucristo estaba escribiendo en la arena en el episodio del intento de lapidación de la adúltera (Juan 8, 6). La explicación más plausible es que el autor lo viera haciéndolo. Los personajes de los Evangelios son normales, casi pedestres, sus reacciones son las esperables. Los apóstoles no aparecen como héroes, cuando hablan no son grandilocuentes ni altisonantes. Por el contrario, las historias míticas y legendarias están plagadas de grandes hechos, sucesos espectaculares y héroes intrépidos con cualidades únicas; su lenguaje es ampuloso, a veces excesivo. Por ejemplo, el llamado Evangelio de Pedro,[588] uno de los apócrifos, del siglo II, hace un relato de la resurrección de Jesucristo en que «el sepulcro no solo está rodeado de guardias romanos, sino también por los fariseos y los ancianos judíos y por una muchedumbre... De repente, en la noche, resuena una fuerte voz en los cielos y descienden dos hombres de las alturas hacia el sepulcro. La piedra que cubre la entrada se retira rodando sola y los hombres entran en el sepulcro. Los tres hombres salen del sepulcro y dos de ellos sujetan al tercero. Las cabezas de estos dos hombres se extienden hasta las nubes, pero la del tercero va más allá de las nubes. Entonces sale una cruz del sepulcro y una voz en las alturas pregunta: "¿Has predicado a los que duermen?". Y la cruz contesta: "Sí"».[589]

587. *Ibidem*, p. 224.

588. Ya san Serapión de Antioquía en el siglo II y Eusebio de Cesarea en el siglo III advertían contra esta falsificación y afirmaban —como así está corroborado— que Pedro no fue su autor.

589. William Lane Craig, *Apologetics. An Introduction*, Moody Press, 1984, p. 189. Hay otro ejemplo mencionado por Kreef y Tacelli referido a Apolonio de Tiana. La

d) **Otros argumentos.** Los Evangelios no contienen anacronismos, las historias míticas sí. Los Evangelios demuestran un conocimiento directo de lugares reales, las narraciones fantásticas suceden en Narnia (en el mejor de los casos). Los Evangelios muestran momentos embarazosos de sus protagonistas y realidades *inaceptables* (como que sean mujeres quienes primero den testimonio de Jesús resucitado), las historias legendarias son épicas.

Y para terminar, los propios Evangelios niegan la hipótesis mítica: «Pues no nos fundábamos en fábulas fantasiosas cuando os dimos a conocer el poder y la venida de nuestro Señor Jesucristo, sino en que habíamos sido testigos oculares de su grandeza» (2 Pedro 1, 16). Por lo tanto, si alguien pretende que la historia de la resurrección es un mito, sería más una mentira intencionada que un mito, y esa hipótesis ya ha quedado resuelta.

Comprender

Dice san Agustín: «Nuestra esperanza y nuestra fe es la resurrección de los muertos [...]. Eliminada la fe en la resurrección de los muertos, se derrumba toda la doctrina cristiana».[590] Y también: «Quienes dicen que los muertos no resucitan no son cristianos».[591]

Si a la verdad histórica de las apariciones de Jesús después de su muerte, añadimos los testimonios fehacientes y también históricos de la tumba vacía, y luego analizamos los escenarios alternativos que hicieran posible esas dos series de eventos, y comprobamos que ninguno de dichos escenarios resulta creíble, ni siquiera razonable, tenemos que concluir que la resurrección ocurrió.

De este modo, la resurrección se puede conocer. Pero es posible que no comprenda cómo se realizó, cómo se realizará en usted y otros muchos *cómos;* eso es otro argumento a favor de la resurrección, ya que «puesto que nosotros mismos no poseemos una experiencia de este género renovado y

conclusión es la misma: el estilo, lenguaje, personajes e historia son distintos que los de los Evangelios.

590. San Agustín, *Sermón* 361, 2, «La resurrección de los muertos», predicado en Cartago en diciembre del año 403.

591. *Ibidem*, 3.

transformado de materialidad y de vida, no debemos maravillarnos de que esto supere lo que podemos imaginar».[592]

Podemos conocer mucho de la resurrección,[593] pero no podemos comprenderla del todo. Esto no es un argumento en contra, es solo una prueba de que no hemos resucitado todavía. (Y entonces, ya veremos).

592. Benedicto XVI, *op. cit.*, I, p. 318.

593. Santo Tomás de Aquino, *Suma teológica*, parte III, cuestión 53, «Sobre la resurrección de Cristo».

PARTE VII
PROFECÍAS

> Si un solo hombre hubiera compuesto un libro de predicciones de Jesucristo, acerca del tiempo y de la manera, y si Jesucristo hubiera venido conforme con estas profecías, ello tendría una fuerza infinita. Pero hay aquí mucho más: una sucesión de hombres durante cuatro mil años que, constantemente y sin variación, vienen, los unos después de los otros, prediciendo este mismo advenimiento.
>
> BLAISE PASCAL[594]

> Estudiáis las Escrituras pensando encontrar en ellas vida eterna; pues ellas están dando testimonio de Mí.
>
> Juan 5, 39

John Barton Payne,[595] autor de la *Gran enciclopedia de la profecía bíblica*, (uno se da cuenta de que hay «enciclopedias» de todo lo imaginable) identi-

594. *Pensamientos*, x, 710. Pascal fue un matemático, físico, filósofo y escritor católico francés fallecido en 1662. Inventó las primeras calculadoras, hizo grandes contribuciones en la mecánica de fluidos y las teorías probabilísticas. En la noche del 23 de noviembre de 1654 tuvo una experiencia religiosa intensa, tomó un papel y escribió: «Fuego. Dios de Abraham. Dios de Isaac. Dios de Jacob, no de los filósofos ni de los académicos», y añadió la cita de Salmos 119, 16: «No olvidaré tus palabras. Amén». Desde entonces cosió ese documento, conocido como el Memorial, a cualquier ropa que llevara. Tras su conversión, escribió los que se consideran sus mejores libros.

595. Fue un profesor estadounidense de Teología del Antiguo Testamento, fallecido en 1979, y presidente de la Sociedad Teológica Evangélica.

ficó 574 versículos del Antiguo Testamento que se refieren al Mesías y 191 profecías que tienen «una referencia personal a Cristo». Otro académico, Alfred Edersheim,[596] encontró 456 referencias en el Antiguo Testamento. La mayor parte de los eruditos considera que hay entre 200 y 400 profecías que se refieren al Mesías. El tema da para un libro en varios volúmenes. Usted no quiere eso ni yo tampoco. Lo extraordinario es que ninguna de ellas contradice lo que sabemos de Jesucristo, aunque hay bastantes que son ambiguas porque constan de unas pocas palabras que se pueden interpretar de varias maneras, e incluso resulta dudosa la intención de su autor. Por eso los estudiosos de la Biblia no se ponen de acuerdo en el número. Pero existen profecías que indudablemente lo son, se refieren al Mesías y coinciden con lo que sabemos de Jesucristo. De esas nos ocupamos a continuación.

Tengo que hacerle una confesión. El cumplimiento en la persona de Jesucristo de profecías escritas cientos de años antes de su nacimiento presenta unas evidencias confirmatorias a favor de su divinidad que me resultan enormemente persuasivas y que no puedo rebatir racionalmente. Será que, habiendo vivido en Israel durante años trascendentales de mi vida, reconozco la verdad inserta en el judaísmo, o quizá que no he podido encontrar otra explicación aceptable a tales y tantas coincidencias. Por ello, voy a esforzarme más en presentar los hechos con ecuanimidad y dejarle a usted que juzgue.

596. Fue un erudito bíblico judío austríaco, converso al cristianismo. Ordenado sacerdote anglicano, se hizo misionero para el pueblo judío. Falleció en 1889.

21
Isaías

> Pero Dios cumplió de esta manera lo que había predicho por los profetas, que su Mesías tenía que padecer.
>
> Hechos de los Apóstoles 3,18

Setecientos cincuenta años antes del nacimiento de Jesucristo, el profeta judío Isaías habló del Ungido que habría de venir para redimir al pueblo de Israel. De Isaías dice la *Enciclopedia Judía* que es «el mayor de los profetas hebreos de los que quedan monumentos literarios».[597] Todo lo que predijo y describió del Mesías coincide con la vida y muerte de Jesucristo. Así, los cristianos a menudo lo han entendido como un presagio. Veamos si esa interpretación es plausible.

En el capítulo 7 Isaías profetiza: «El Señor, por su cuenta, os dará un signo. Mirad: la Virgen está encinta y da a luz un hijo, y le llamarán Emmanuel». Naturalmente los cristianos han interpretado este pasaje como una referencia al nacimiento de Jesucristo que ellos presumen fue de María-Virgen.

Es cierto que la creencia en la virginidad de María ha acompañado al cristianismo desde su nacimiento. Por ejemplo, el Evangelio de Lucas, en el episodio de la anunciación, menciona: «En el mes sexto, el ángel Gabriel fue enviado por Dios a una ciudad de Galilea llamada Nazaret, a una virgen desposada con un hombre llamado José, de la casa de David; el nombre de la virgen era María».[598] También es cierto que los primeros cristianos pensaron

597. El nombre de Isaías en hebreo tiene el mismo significado y etimología que el de Jesús (יְשַׁעְיָהוּ, *Yəšaʿyāhū,* Yavé salva). Vivió en el siglo VIII a. C. La opinión prevalente es que los 66 capítulos de su libro fueron escritos por él mismo. Véase <https://jewishencyclopedia.com/articles/8235-isaiah>.

598. Lucas 1, 26-27. La creencia en la perpetua virginidad de María era unánime entre todos los cristianos hasta no hace mucho. Los reformadores protestantes (Lutero,

que esta coincidencia sucedió como cumplimiento de la profecía de Isaías. Así, Mateo concluye: «Todo esto sucedió para que se cumpliese lo que había dicho el Señor por medio del profeta: "Mirad: la Virgen concebirá y dará a luz un hijo y le llamarán Emmanuel, que significa Dios-con-nosotros"».[599] Y no es menos cierto que esa casualidad no demuestra que Jesús fuera a quien se refería el profeta. Y es posible que —aunque fuera con buena voluntad— los discípulos de Jesús extrajeran más conclusiones de las que esa coincidencia permite.

Lo que sí parece cierto es que el propio Jesús creía que Él era a quien se había referido el profeta Isaías. Así lo proclamó: «Fue a Nazaret, donde se había criado, entró en la sinagoga, como era su costumbre los sábados, y se puso en pie para hacer la lectura. Le entregaron el rollo del profeta Isaías y, desenrollándolo, encontró el pasaje donde estaba escrito: "El Espíritu del Señor está sobre mí, porque Él me ha ungido. Me ha enviado a evangelizar a los pobres, a proclamar a los cautivos la libertad, y a los ciegos, la vista; a poner en libertad a los oprimidos; a proclamar el año de gracia del Señor". Y, enrollando el rollo y devolviéndolo al que lo ayudaba, se sentó. Toda la sinagoga tenía los ojos clavados en él. Y él comenzó a decirles: "Hoy se ha cumplido esta Escritura que acabáis de oír"» (Lucas 4, 16-21). Lo que lee Jesucristo es el principio del capítulo 61 de Isaías, referido al Mesías que habría de venir, y Jesús declara públicamente que tales palabras se refieren a Él. Esto demuestra que Él lo creía (o pretendía), pero no que tal cosa fuera verdad.

Más adelante, en los capítulos 50, 52 y 53, Isaías nos habla de alguien a quienes los cristianos identifican con Jesucristo: «Ofrecí la espalda a los que me golpeaban, las mejillas a los que mesaban mi barba; no escondí el rostro ante ultrajes y salivazos. El Señor Dios me ayuda, por eso no sentía los ultrajes; por eso endurecí el rostro como pedernal, sabiendo que no quedaría defraudado».

Calvino, Zwinglio, Cranmer...) profesaron esa creencia, y también los teólogos protestantes durante otros 350 años tras la Reforma. La primera oración cristiana pidiendo el amparo de María, en el ya mencionado Papiro 407, datado en el año 250, llama «Virgen» a la madre de Jesús.

599. Mateo 1, 23. No seguimos aquí la versión de la CEE que dice: «Y le pondrán por nombre Emmanuel», porque la traducción literal es: «Y le llamarán por el nombre Emmanuel» (*et vocabunt nomen eius Emmanuel*). Es decir, que Jesucristo será conocido o tendrá el sobrenombre de «Dios con nosotros». Véase Vulgata en el Archivo Vaticano.

Este relato no puede referirse al propio Isaías, puesto que el profeta era posiblemente un aristócrata que no sufrió persecuciones ni ese tipo de vejaciones. Sin embargo, en la narración de la pasión y muerte de Jesucristo que nos ofrecen sus testigos, Jesucristo sí recibió salivazos y fue brutalmente golpeado. Una vez más, podría referirse a otro profeta que fuera martirizado, aunque tampoco consta que los profetas contemporáneos de Isaías sufrieran esa suerte.[600]

Luego Isaías presenta a alguien a quien llama Siervo: «Mirad, mi Siervo tendrá éxito, subirá y crecerá mucho [...] y asombrará a muchos pueblos, ante él los reyes cerrarán la boca, al ver algo inenarrable y comprender algo inaudito». Es cierto que esa descripción podría aplicarse a Jesucristo después de su presunta resurrección, pero es suficientemente ambigua para no ser concluyente. Además, dice que ese Siervo sufrirá torturas que lo desfigurarán y acabarán con su muerte: «Como muchos se espantaron de Él porque desfigurado no parecía hombre, ni tenía aspecto humano [...] sin figura, sin belleza. Lo vimos sin aspecto atrayente, despreciado y evitado de los hombres, como un hombre de dolores, acostumbrado a sufrimientos, ante el cual se ocultaban los rostros, despreciado y desestimado». A pesar de lo cual, el Siervo no protesta: «Maltratado, voluntariamente se humillaba y no abría la boca: como cordero llevado al matadero, como oveja ante el esquilador, enmudecía y no abría la boca. Sin defensa, sin justicia, se lo llevaron».

Los cristianos ven en ese pasaje una profecía de la pasión y muerte de Jesucristo, y una descripción de su aspecto tras su tortura. Esto es lo que nos consta de los padecimientos de Jesús: lo azotaron con un *flagrum* romano, un flagelo con mango corto y con varias cadenas finas terminadas en pequeñas bolas de plomo o anzuelos diseñado para causar el mayor dolor al golpear y arrancar trozos de piel. En principio, no debían usarlo en órganos vitales para no provocar una muerte prematura. Se ha estimado que Jesucristo sufrió unos trescientos impactos de estas bolas de plomo.[601] También le colocaron en la cabeza lo que los cristianos llaman «corona de espinas», que fue un casco tupido de espinas afiladas y largas que le encajaron como

600. Amós, Oseas y Miqueas son contemporáneos de Isaías. A Amós se lo considera su «progenitor espiritual», <https://www.jewishencyclopedia.com/>.

601. Según el médico forense José Cabrera Forneiro, *CSI: Jesús de Nazaret, el crimen más injusto*, Madrid, Neverland, 2014.

si fuera una gorra.[602] Además, le hicieron recorrer un largo camino cargando con el *patibulum*, el palo corto de la cruz, cuyo peso es de unos cincuenta kilos; es probable que se desollara los hombros, y también las rodillas a causa de las caídas. Luego lo clavaron a la cruz atravesándole las muñecas, rasgando piel, carne y músculos y pasando entre los huesos. Para los pies el clavo entró por los empeines, donde el pie es más ancho. Sin duda, cualquier persona que haya sufrido lo anterior podría ser descrito como Isaías presenta al Siervo: esta coincidencia tampoco es concluyente.

Isaías añade detalles que pueden sernos de utilidad: «Le dieron sepultura con los impíos y una tumba entre los ricos».[603] Y Jesús fue crucificado entre «dos ladrones», o «dos malhechores», o «dos bandidos»,[604] y además, tras su muerte quien le proveyó «un sepulcro nuevo» (es decir, un sepulcro costoso, de rico) fue José de Arimatea (un hombre rico).[605]

Es difícil no ver algo más que un cúmulo de casualidades, pero es que hay más: Isaías explica el fin último del suplicio y posterior muerte del Siervo: «El Señor quiso triturarlo con el sufrimiento, y entregar su vida como expiación [...]. Él soportó nuestros sufrimientos y aguantó nuestros dolores [...]; el Señor cargó sobre él todos nuestros crímenes [...]. Mi siervo justificará a muchos, porque cargó con los crímenes de ellos [...]. Él tomó el pecado de muchos e intercedió por los pecadores».

Estos pasajes de la profecía de Isaías atrajeron la atención de los cristianos, puesto que ellos piensan que Jesucristo vino a «dar su vida en rescate por muchos» y que «Cristo sufrió su pasión [...] por los pecados, el justo por los injustos, para conduciros a Dios» (Marcos 10, 45 y 1 Pedro 3, 18).

602. Frederick Zugibe, *The Crucifixion of Jesus. A Forensic Enquiry*, Nueva York, M. Evans, 2005.

603. En este caso, acudo a la traducción latina porque el texto de la CEE está errado, en lugar de «ricos», la CEE propone «malhechores», y en latín es *cum divitibus tumulum eius*. Véase Nova Vulgata en el Archivo Vaticano, <https://www.vatican.va/archive/bible/nova_vulgata/documents/nova-vulgata_index_lt.html>. También la traducción es mejor en la versión estándar protestante, King James: «and with the rich in his death» (y con los ricos en su muerte).

604. De acuerdo respectivamente con Mateo 27, 38; Lucas 23, 32, y Marcos 15, 27. Juan simplemente menciona que lo crucificaron entre «dos».

605. La falsedad filomarxista de algunos teólogos, según la cual las personas adineradas no pueden ser dignas seguidoras de Jesucristo, no tiene acomodo ni en la Biblia ni en las enseñanzas de Jesús.

Es lo que los cristianos llaman «expiación vicaria», gracias a la cual todos los bautizados podemos tener vida eterna (algo a lo que no podíamos acceder antes de ese sacrificio, debido a los pecados de la humanidad). Dice san Pablo: «Todos pecaron y todos están privados de la gloria de Dios, y son justificados [...] mediante la redención de Cristo Jesús, a quien constituyó en sacrificio de propiciación» (Romanos 3, 23-24). Esta idea coincide en gran medida con el concepto judío de *korban*[606] y la tradición según la cual «en el Día de la Expiación —Yom Hakkippurim— el lugar sagrado es rociado con la sangre del novillo inmolado como víctima de expiación, cuya vida se ofrece así a Dios en lugar de la de los hombres pecadores merecedores de la muerte».[607] En pocas palabras, el Siervo se sacrifica para salvar a muchos.

Entonces, ¿quién es el Siervo a quien se refiere Isaías? Naturalmente, los cristianos proponen que es Jesucristo. Pero para no pecar de crédulos, busquemos la interpretación «auténtica» de los comentaristas judíos antiguos: el rabino Jonathan ben Uzziel[608] asimila el Siervo con el Mesías y traduce Isaías 53 como: «Mirad, mi Siervo el Mesías prosperará, subirá y será fuerte».[609] Igual interpretación propone el Talmud (Sanhedrín 98b), y también el Midrash Rabbah[610] y el Midrash Tanhuma,[611] que dice específicamente: «Se refiere al rey Mesías [...], es más grande que los patriarcas, y está dicho: "Mi Servidor será grande, y elevado y sumamente noble". Será mayor que Abraham [...], elevado por encima de Moisés [...], más prominente que los ángeles [...]. ¿Y de quién procede? Procede de David».[612]

606. *Korban* (en plural *korbanot*) son las ofrendas y sacrificios ordenados en la Torá y realizados por los hombres ante Dios a fin de obtener perdón o rendir homenaje.

607. Benedicto XVI, *op. cit.*, II, pp. 53-54.

608. Jonathan ben Uzziel fue uno de los 80 sabios registrados en la Mishná, discípulo de Hillel el Viejo; vivió durante la ocupación romana de Judea. El Talmud lo menciona varias veces. Tradujo al arameo a los profetas mayores y menores, traducción todavía existente.

609. Targum Jonathan sobre Isaías 53.

610. *Midrash* (en plural *midrashim*) es un término hebreo que designa una exégesis bíblica, y significa «interpretación textual». Fueron compuestas entre el año 400 y el 1200. Midrash Rabbah se refiere a cada parte de los *midrashim* Agadá, textos no legalistas de literatura rabínica clásica, referidos al Pentateuco, con exhortaciones, consejos y anécdotas sobre varios temas, desde la medicina a los negocios.

611. Es un *midrash* de toda la Torá de tipo homilético, del siglo VIII o IX.

612. Véase en Jews for Jesus, una organización fundada por Moishe Rosen, judío

Es decir:

1) Existe una profecía escrita 700 u 800 años antes de Jesucristo que los más autorizados eruditos judíos afirman que se refiere al Mesías.

2) Jesucristo se presenta como el Mesías esperado por el pueblo judío.

3) Los detalles de la vida y muerte de Jesucristo, hasta los más triviales, coinciden de una forma sorprendente con aquella profecía.

Como dicen los judíos conversos al cristianismo: «¿Tiene usted una idea de que alguien haya cumplido esta sorprendente profecía o que se haya aproximado a ello? La historia nos dice que solo un hombre, Yeshua de Nazareth, cumplió esta y otras increíbles profecías que se encuentran en la Biblia judía».[613]

Nota final para los más escépticos. El Gran Rollo de Isaías es el manuscrito más importante de los Rollos del mar Muerto, descubierto en la cueva Q1 a mediados del siglo XX. Ha sido datado cuatro veces por el método del carbono-14 y es seguro que los pergaminos se remontan a una fecha entre el siglo IV y el II a. C. Sus diecisiete hojas contienen el texto del libro de Isaías completo de principio a fin. Es decir, que Isaías predijo lo que sabemos que predijo y ello consta en manuscritos escritos siglos antes de que Jesucristo naciera. Jesús vivió y murió como sabemos que lo hizo y resulta que esa vida y muerte y aquellas predicciones coinciden.

---

estadounidense fallecido en 2010 que fue misionero cristiano para otros judíos, <https://jewsforjesus.org/learn/the-rabbis-dilemma-a-look-at-isaiah-53>.

613. <https://lightofmessiah.org/blog/isaiah-53-the-Suffering-messiah>. Light of the Messiah es una organización cuyo objetivo es «llevar el mensaje de Jesús de vuelta al pueblo judío», dirigida por el judío cristiano Murray Tilles.

22
Y llegó el tiempo

> Y les dijo: «Esto es lo que os dije mientras estaba con vosotros: que era necesario que se cumpliera todo lo escrito en la Ley de Moisés y en los Profetas y Salmos acerca de mí». Entonces les abrió el entendimiento para comprender las Escrituras.
>
> Lucas 24, 44-45

Los judíos —o al menos los ilustrados— esperaban la llegada del Mesías aproximadamente durante el tiempo en que Jesucristo vivió en esta tierra;[614] de eso tenemos varias evidencias. Por ejemplo, Flavio Josefo en *La guerra de los judíos*,[615] refiriéndose a por qué ese pueblo se levantó contra Roma, afirma: «Pero lo que más les movió a la guerra fue un oráculo ambiguo que se encontraba entre sus escritos sagrados según el cual alrededor de ese tiempo uno de su país se convertiría en soberano del mundo». Flavio Josefo no rechaza el vaticinio, sino que atribuye su cumplimiento a su señor: «Este oráculo ciertamente se refiere al reinado de Vespasiano, quien fue declarado emperador en Judea».

También hay una referencia a esa expectación cuando Gamaliel, fariseo y doctor en la Ley, menciona a otros personajes que se habían hecho pasar por el Mesías: Teudas y Judas de Gamala (Hechos 5, 36-37), debido al «furor mesiánico» de la época.

La razón de esa expectativa era que por entonces se cumplían dos profecías que señalaban el tiempo del Mesías. Los judíos no lo sabían enton-

614. Otros ejemplos en Shailer Mathews, «The Jewish Messianic Expectation in the Time of Jesus», *Biblical World*, vol. 12, n.º 6, diciembre de 1898, pp. 437-443.

615. En VI, 5.4. Esta obra presenta la historia del pueblo de Israel desde el año 164 a. C. hasta el final de la guerra con Roma en el año 73.

ces, pero también se estaba cumpliendo una tercera. Empecemos por esta última.

1) Antes de la destrucción del Templo

> Voy a enviar a mi mensajero para que prepare el camino ante mí. De repente llegará a su Templo el Señor a quien vosotros andáis buscando; y el mensajero de la alianza en quien os regocijáis, mirad que está llegando, dice el Señor del universo.
>
> Malaquías 3,1

Malaquías es el último profeta del canon del Antiguo Testamento. La *Enciclopedia Judía* sugiere que su libro se escribió hacia el 430 a. C.[616] Otros estudiosos piensan que Malaquías vivió y profetizó durante la dominación persa y después de la reconstrucción del Segundo Templo, hacia el año 515 a. C. Alguna tradición judía lo identifica con Esdras, y así lo pensaba también san Jerónimo. Sea como fuere, entre los siglos VI y V antes de que naciera Jesucristo, Malaquías deja por escrito la profecía que encabeza este epígrafe y que se refiere al Mesías. Para que se cumpla esa predicción (que el mensajero/Mesías entre en el Templo), es necesario que el Templo esté en pie, pero resulta que fue destruido por Tito en el año 70 y sigue sin ser reconstruido desde entonces. Por eso, el Cristo ha tenido que llegar antes de ese año. Esto lo confirma Ageo, un profeta menor que dice que cuando venga el Cristo, «llenaré este templo de gloria, dice el Señor del universo».[617]

Alguien podría sugerir la posibilidad de que ese vaticinio esté todavía por cumplirse, que aunque el Templo haya estado destruido durante veinte siglos, es posible que se reconstruya en el futuro, y sea entonces cuando se cumplan los anuncios de Malaquías y Ageo, pero eso no es posible debido a una tercera profecía que no deja lugar a dudas: «Matarán a un ungido inocente. Vendrá un príncipe con su tropa y arrasará la ciudad y el templo». Esto dice el profeta Daniel. Por lo tanto el Ungido (el Mesías) habrá de

616. <https://jewishencyclopedia.com/articles/10321-malachi-book-of>.
617. Ageo 2, 7. Ageo, o Haggai, fue coetáneo de Zacarías y vivió durante el siglo VI a. C.

morir antes de que se destruya el Templo y esa destrucción será llevada a cabo por «un príncipe».

Tito Flavio Sabino Vespasiano fue el artífice de la destrucción del Templo en el año 70. Fue el segundo emperador de la dinastía Flavia y reinó desde el año 79 hasta su muerte en el 81. En el año 70 era un general romano, hijo del emperador reinante Vespasiano, un «príncipe» por tanto. El resto de la profecía de Daniel también parece cumplirse, puesto que predice que «su final [de la ciudad y el Templo] será un cataclismo; guerra y destrucción están decretadas hasta el fin». Y es que tras la guerra y el saqueo romano murieron entre 600.000 y 1,1 millones de judíos,[618] 100.000 fueron hechos prisioneros, Jerusalén fue devastada, la comunidad judía se dispersó en lo que se llamará la Diáspora. Un «cataclismo» proporcionalmente peor que el Holocausto.

Un detalle interesante: Tito rehusó tomar la corona triunfal que le ofrecieron alegando que no había obtenido la victoria solo, sino que había «sido el vehículo a través del cual el Dios de los judíos había manifestado su ira contra ellos».[619] Interesante confesión para alguien que, aunque era pagano, conocía bien el judaísmo, ya que estaba prometido con Berenice, hermana de Herodes Agripa II, rey de Judea.

2) Cuando Judá pierda el reino

> No se apartará de Judá el cetro, ni el bastón de mando de entre sus rodillas, hasta que venga Aquel a quien está reservado, y le rindan homenaje los pueblos.
>
> Génesis 49, 10

El libro del Génesis es el primero de la Biblia judía y también del Antiguo Testamento cristiano. Lo más probable es que fuera escrito o dictado por el propio Moisés hacia el año 1400 a. C., tal y como se afirma en la tradición

618. Flavio Josefo da la cifra de 1,1 millones, y de acuerdo con Charles Murison esas fueron las víctimas judías en esa guerra. Moshe David Herr considera que pereció un tercio de la población.

619. Lucio Flavio Filóstrato, *Vida de Apolonio de Tiana*, 6, 29. Se puede ver en Archive.org. Filóstrato fue un filósofo griego sofista y pagano del siglo II. Escribió esta biografía mitificada de otro filósofo griego neopitagórico del siglo I.

judía y se confirma en otros libros del Pentateuco.[620] El Génesis nos cuenta que Jacob (también llamado Israel, el hijo de Isaac) bendice a sus doce hijos (los padres de las doce tribus) y profetiza que los descendientes de Judá serán los llamados a gobernar la nación. Así será. Siglos después, cuando se forme el reino, los descendientes de Judá, David, Salomón, Roboam y Abías serán los reyes de Israel. También predice que el Mesías vendrá cuando Judá pierda «el cetro» y el «bastón de mando», es decir, el poder real, el de legislar y juzgar. Eso pasó en la época de Herodes el Grande (aquel que mató a los inocentes en el tiempo del nacimiento de Jesús), que no era judío; su padre era idumeo y, más importante para su consideración racial, su madre era una princesa nabatea originaria de Petra. Por tanto, Herodes étnicamente era árabe por ambas líneas familiares y fue nombrado rey de los judíos por el Senado romano tomando el poder del último de los príncipes macabeos (Antígono II, en el año 37 a. C.), que fueron los últimos reyes judíos de Jerusalén. Y para mayor abundamiento, es el sumo sacerdote judío quien reconoce que «el cetro se ha apartado de Judá» y que ya no hay rey judío en Jerusalén cuando durante el proceso de Jesucristo acepta —a fin de conseguir la condena a muerte que solicitaban a Poncio Pilatos— que «no tenemos más rey que el César» (Juan 19, 15).

Además, poco antes del juicio y la muerte de Jesucristo los romanos habían quitado al Sanedrín el poder de condenar a muerte. Así lo reconoce el Talmud: «Un poco más de cuarenta años antes de la destrucción del Templo, el poder de dictar sentencias capitales les fue quitado a los judíos».[621] Eso daba cumplimiento a la profecía del Génesis. «El rabino Rachmon dice: "Cuando los miembros del Sanedrín se hallaron privados de su derecho sobre la vida y la muerte, se apoderó de ellos una consternación general; cubrieron las cabezas con cenizas y sus cuerpos con sacos exclamando: 'Ay de nosotros, pues le ha sido quitado el cetro a Judá. ¡Y el Mesías no ha venido!'"».[622]

620. Algunos autores del siglo XIX consideran que el Génesis tuvo varios autores y que se escribió cerca del año 800 a. C. En cualquier caso, muchos siglos antes del nacimiento de Jesucristo.

621. Talmud Jerusalén, Sanhedrin, folio 24 recto.

622. Citado por Mc Dowell, *op. cit.*, p. 171.

3) Tras setenta semanas

> Entiende la sentencia, comprende la visión: setenta semanas están decretadas sobre tu pueblo y tu ciudad santa; para poner fin al delito, cancelar el pecado y expiar el crimen, para traer una justicia eterna, para que se cumpla la visión y la profecía, y para ungir el santo de los santos. Has de saberlo y comprenderlo: desde que se decretó la vuelta y la reconstrucción de Jerusalén hasta que aparezca el Mesías príncipe ungido pasarán siete semanas luego y pasarán sesenta y dos semanas; y entonces será reconstruida con calles y fosos, pero serán tiempos de angustia. Pasadas las sesenta y dos semanas, matarán al Ungido inocente. Vendrá un príncipe con su tropa y arrasará la ciudad y el templo, pero su final será un cataclismo; guerra y destrucción están decretadas hasta el fin.
>
> Daniel 9, 23-26

El libro de Daniel forma parte del Tanaj, la Biblia judía, en su tercera sección llamada Ketuvim (que se puede traducir como «Escritos»); también forma parte del Antiguo Testamento cristiano. Su acción se desarrolla durante el exilio del pueblo judío en Babilonia[623] y fue probablemente escrito en el año 530 a. C.[624]

Si usted es cristiano, muy posiblemente le sorprenda saber que un profeta del siglo VI a. C. vaticinó exactamente cuándo iba a aparecer el Mesías. Si no es cristiano y no conoce el cristianismo, esta es solo una de las muchas cosas que le sorprenderán. No se preocupe, todo tiene sentido, todo encaja. Relájese y disfrútelo. No hay nada igual.

623. En el año 587 a. C. Nabucodonosor II, rey de Babilonia, conquista el reino de Judá, destruye Jerusalén, esclaviza a los judíos y los deporta a su reino.

624. Algunos autores contestan la tradición que atribuye a Daniel la autoría en el siglo VI a. C. A veces este espíritu iconoclasta resulta patéticamente ridículo.

La profecía de las semanas de Daniel es compleja, pero voy a intentar darle varias claves para interpretarla.[625]

Lo primero que hay que saber es que *shavu'a* —«semana», en hebreo original— significa «un periodo de siete», por lo que «setenta semanas» es un periodo de setenta sietes y se refiere al número de años. Esta es la interpretación unánime de todos los estudiosos y está confirmada por la interpretación auténtica de la Biblia. En el libro del Levítico 25, 8 se dice: «Haz el cómputo de siete semanas de años, siete veces siete, de modo que las siete semanas de años sumarán cuarenta y nueve años».

Otra consideración es que los calendarios judíos antiguos son lunares, de 360 días por año. Por tanto, el periodo de la profecía de Daniel se puede interpretar de forma que habrán de pasar 69 periodos de 7 años hasta que se dé muerte al Mesías (483 años lunares) y ese tiempo corresponde a 476 años solares (con 365 días).

La profecía empieza a contar «desde que se decretó la vuelta y la reconstrucción de Jerusalén», que había sido destruida en el año 587 a. C. por el Imperio babilonio. En la historia existen cuatro decretos para reconstruir el Templo, pero solo uno proclamaba la reconstrucción de Jerusalén. Fue suscrito por Artajerjes, emperador persa desde el año 465 hasta el 424 a. C., y ocurrió en el séptimo año de su reinado,[626] es decir, en el 458 o 457 a. C. y se promulgó en el año 445-444 a. C.[627]

Daniel predice que el Mesías, el «Ungido inocente», será asesinado 476 años después de la promulgación del decreto de Artajerjes, es decir, en el año 32 o 33. Precisamente cuando fue crucificado Jesucristo.[628] Le aseguro que en el cálculo anterior no hay engaño. Es sorprendente, de acuerdo, pero es así. Cada vez que lo menciono, pienso o escribo me admiro y no puedo

625. Tras estudiar una docena de interpretaciones de la profecía de Daniel, doy aquí una combinación de ellas que es la que más me convence. Destacan: Pitre, *op. cit.*, pp. 114-118; David Jeremiah, «Decoding Daniel's Seventy Weeks Prophecy»; M. Koerber, «Four Interpretations of the "70 Weeks" in Daniel», junio de 2013, y «The Daniel 9, 24-27 Project», Biblearchaeology.org.

626. De acuerdo con lo constatado en el libro de Esdras 7, 11-25.

627. Esto coincide con lo relatado en Nehemías 2, 1, que menciona el 20.º año del reinado de Artajerjes.

628. Para la fecha de la crucifixión, véase Jimmy Akin, «The Accurate Date of the Crucifixion», *Catholic Answers*, 27 de marzo de 2024.

evitar sentir fascinación por un Dios que nos deja suficientes guijarros para que quienes quieran seguir el camino sepan encontrarlos.

La interpretación de la profecía de Daniel como referencia al tiempo de llegada y muerte del Mesías y la precisión con que se ajusta a los tiempos de Jesucristo han sido comprendidas por cristianos y no cristianos. Los rabinos prohibieron el cálculo de las «70 semanas» a sus discípulos por su evidente concordancia con las fechas de Jesús.[629] Y Tertuliano en el siglo II escribía: «Por lo tanto, se debe preguntar sobre la Natividad del Cristo, su pasión y la exterminación de la ciudad de Jerusalén puesto que Daniel lo predice». Y Julio Africano a principios del siglo III afirmaba: «Es calculando desde Artajerjes y hasta el tiempo de Cristo como se calculan las setenta semanas». Y por la misma época, Orígenes: «Las semanas de años, las cuales había predicho el profeta Daniel, que se extienden hasta la majestad de Cristo, han sido completadas».[630]

Para finalizar, la profecía de Daniel asocia la muerte del Mesías con la destrucción de Jerusalén y del Templo. Parece que estas desgracias fueran consecuencia de aquel asesinato. Jesucristo también se refiere a la destrucción que predice[631] aconsejando que «los que estén en Judea, que huyan a los montes; los que estén en medio de Jerusalén, que se alejen; los que estén en los campos, que no entren en ella», consejos que parecen haber seguido los cristianos, ya que se habían alejado de Jerusalén cuando ocurrió la destrucción y el pillaje de los romanos. Esto está recogido en las crónicas de Eusebio de Cesarea y Epifanio de Salamina, que constatan que los seguidores de Jesucristo, siguiendo la interpretación de su Maestro, huyeron a Pella, en la región de Decápolis, al otro lado del río Jordán, y se salvaron. Flavio Josefo —no cristiano— también deja constancia de este hecho.[632]

629. De acuerdo con Taylor Marshall, un estudioso, profesor y escritor católico estadounidense que fue pastor de la Iglesia presbiteriana.

630. «How Was the 70 Weeks of Daniel Understood Over the Ages?», *Christianity*, 2019.

631. Mateo 24, 15; Marcos 13, 14, y Lucas 21, 20.

632. San Eusebio de Cesarea (siglo III) en *Historia de la Iglesia* 3.5.3; san Epifanio de Salamina (siglo IV) en Panarion (*Adversus Haereses*) 29.7, 7-8 y 30. 2, y Flavio Josefo (siglo I), *op. cit.*, II, 14.2 y II, 20.1.

23
Nacimiento y estirpe

¡Bienaventurados los ojos que ven lo que vosotros veis! Porque os digo que muchos profetas y reyes quisieron ver lo que vosotros veis, y no lo vieron; y oír lo que vosotros oís, y no lo oyeron.

Lucas 10, 23-24

Los profetas han predicho y no han sido predichos; los santos han sido después predichos y no predicentes. Jesucristo, predicho y predicente.

Blaise Pascal[633]

Hay muchas profecías en el Antiguo Testamento que se refieren al origen, nacimiento y genealogía del Mesías que ha de venir. No vamos a anticipar si se cumplen en Jesucristo, ni si tal cumplimiento es o puede ser casual. Lo correcto es dejarle a usted como juez. Para ello vamos a transcribir las profecías, explicando quién es el profeta, cuándo realizó la predicción, en ocasiones una explicación auténtica de esa profecía (es decir, la interpretación tradicional judía, no cristiana) y después los hechos que sugieren su posible cumplimiento en la persona de Jesucristo. (Sé que este libro tiene muchas notas a pie de página, algo que sin duda me va a recriminar el editor cuando reciba este manuscrito, pero esas notas cumplen varios objetivos, y uno de ellos es que «no me tenga que creer a mí». Escribo las notas tal y como me gustaría a mí leerlas si estuviera en su lugar. Si usted no las necesita, óbvielas).

633. *Pensamientos* XI, 739.

1) Nacido de mujer. Nacido de una virgen

El Mesías será un hombre, un ser humano «nacido de mujer». Hay que reconocerlo, esta predicción no restringe los candidatos a ser considerados el Mesías, pero explica la misión que Jesucristo creía tener y que los cristianos le atribuyen. El Génesis cuenta cómo la serpiente (Satanás) engaña a Eva, y esos a quienes llamamos «nuestros primeros padres» desobedecen a Dios. Por esa desobediencia entra el sufrimiento y el mal en el mundo. Entonces Dios (Padre) advierte a la serpiente: «Pongo hostilidad entre ti y la mujer, entre tu descendencia y su descendencia; esta te aplastará la cabeza cuando tú la hieras en el talón». David L. Cooper, el fundador de la Biblical Research Society, afirma:

> En Génesis 3, 15 encontramos la primera predicción relativa al Salvador del mundo [...], en el oráculo original Dios preanunció el conflicto que habría de librarse a través de las edades entre la descendencia de la mujer y la de la serpiente y que eventualmente sería ganado por la primera. Esta promesa primitiva indica una lucha entre el Mesías de Israel, el Salvador del mundo, por un lado, y Satanás, el adversario del alma humana por el otro. Predice que la victoria completa será del Mesías.[634]

El Nuevo Testamento presenta el cumplimento de esa profecía con el nacimiento de Jesucristo: «Mas cuando llegó la plenitud del tiempo, envió Dios a su Hijo, nacido de mujer, nacido bajo la ley, para rescatar a los que estaban bajo la ley, para que recibiéramos la adopción filial» (Gálatas 4, 4-5).

Sobre la predicción de Isaías según la cual el Mesías había de nacer de una virgen, ya he expuesto esta profecía y su cumplimiento en el capítulo 21, pero es necesario recordarlo aquí.

634. David L. Cooper, *God and Messiah*, citado por McDowell, *op. cit.*, p. 149. Cooper fue un pastor baptista estadounidense fallecido en 1965. Fundador de la Biblical Research Society y doctor en Filosofía y Lenguas Semíticas, dedicó gran parte de su vida a la proclamación del cristianismo entre el pueblo judío.

2) Nacerá en Belén

Miqueas fue un profeta judío del siglo VIII a. C., contemporáneo de Isaías, Amós y Oseas, autor del sexto libro de los llamados «doce profetas menores». Predice exactamente dónde habrá de nacer el Mesías: en Belén de Judá, llamada Efratá en la Antigüedad. Esta aldea fue la cuna del rey David y está a unos diez kilómetros al sur de Jerusalén.

> Y tú, Belén Efratá, pequeña entre los clanes de Judá, de ti voy a sacar al que ha de gobernar Israel; sus orígenes son de antaño, de tiempos inmemoriales. Por eso, los entregará hasta que dé a luz la que debe dar a luz, el resto de sus hermanos volverá junto con los hijos de Israel. Se mantendrá firme, pastoreará con la fuerza del Señor, con el dominio del nombre del Señor, su Dios; se instalarán, ya que el Señor se hará grande hasta el confín de la tierra. Él mismo será la paz» (Miqueas 5, 1-4).

La interpretación de que Belén habría de ser el lugar de nacimiento del Mesías es la misma que los escribas le dan a Herodes cuando pregunta por ello tras la visita de los magos/sabios que vienen buscando al Cristo. «El rey Herodes se sobresaltó y toda Jerusalén con él; convocó a los sumos sacerdotes y a los escribas del país, y les preguntó dónde tenía que nacer el Mesías. Ellos le contestaron: "En Belén de Judea, porque así lo ha escrito el profeta: Y tú, Belén, tierra de Judá, no eres ni mucho menos la última de las poblaciones de Judá, pues de ti saldrá un jefe que pastoreará a mi pueblo Israel"» (Mateo 2, 3-6).

Belén está a unos ciento treinta kilómetros de Nazaret y hasta allí se llegó la Virgen María para dar a luz a Jesucristo cumpliendo con el empadronamiento ordenado por los romanos (y la profecía de Miqueas). «También José, por ser de la casa y familia de David, subió desde la ciudad de Nazaret, en Galilea, a la ciudad de David, que se llama Belén, en Judea, para empadronarse con su esposa María, que estaba encinta. Y sucedió que, mientras estaban allí, le llegó a ella el tiempo del parto y dio a luz a su hijo primogénito, lo envolvió en pañales y lo recostó en un pesebre, porque no había sitio para ellos en la posada» (Lucas 2, 4-7).

Nota sobre el censo romano para escépticos. Algún autor ateo[635] ha pre-

635. Por ejemplo, Antonio Piñero, citado por Puente Mayor, *op. cit.*, p. 108.

tendido que nunca hubo ningún empadronamiento durante tiempos de Augusto y que todo fue un invento de san Lucas cuando escribe: «Sucedió en aquellos días que salió un decreto del emperador Augusto, ordenando que se empadronase todo el Imperio. Este primer empadronamiento se hizo siendo Cirino gobernador de Siria» (Lucas 2, 1-3). Esto nos proporciona un buen ejemplo del «escepticismo de las fisuras».

No existía ninguna prueba de ese censo, y aunque Suetonio nos había hablado de las memorias o testamento de Augusto escrito «dieciséis meses antes de su muerte», donde quizá se mencionaría, no había ni rastro de ese documento. Hasta que apareció una copia en piedra del *Res gestae Divi Augusti* (Hazañas del divino Augusto) con el texto completo de ese testamento en Ankara, actual Turquía. Después se descubrieron otras copias parciales en Apolonia y Antioquía de Pisidia. En el capítulo VIII de aquellas memorias se mencionan no solo un censo, sino tres realizados en tiempos de Augusto.[636] En palabras de Juan Sánchez Galera: «Uno de los puntos más destacados de sus memorias [de Augusto] es el referido al censo, que efectivamente se hace el mismo año del nacimiento de Jesucristo y con carácter universal. Queda, con ello, demostrada no solo la existencia de ese primer censo universal del que nos habla san Lucas, sino que hasta el año concreto coincide».[637]

3) Su ascendencia

En distintas profecías a lo largo de todo el Antiguo Testamento, los profetas van estableciendo la estirpe del Cristo que vendrá. Así, Dios le promete a Abraham que el Mesías será de su linaje: «Todas las naciones de la tierra se bendecirán con tu descendencia, porque has escuchado mi voz» (Génesis 22, 18); también se lo promete a Isaac, el hijo de Abraham: «En tus descendientes se bendecirán todas las naciones de la tierra» (Génesis 26, 4). Puesto que Abraham tuvo dos hijos (Isaac e Ismael), con esta profecía se

636. El *Res gestae Divi Augusti* recoge los hechos más relevantes del reinado de Augusto en 35 párrafos. El segundo censo que menciona se llevó a cabo bajo el consulado de Censorino (muy posiblemente el mismo Cirino que menciona Lucas).

637. Juan Sánchez Galera, entrevista en *Religión en Libertad*, 29 de noviembre de 2024, sobre su libro *El censo de Augusto. La ley que Dios obedeció*, La Esfera de los Libros.

elimina la mitad de los descendientes del patriarca. Isaac tuvo también dos hijos, Jacob y Esaú. Dios le promete a Jacob, el nieto de Abraham, que el Mesías sería de su descendencia, por lo tanto el Cristo será un israelita: «Tu descendencia será como el polvo de la tierra, y te extenderás a occidente y oriente, a norte y sur; y todas las naciones de la tierra serán benditas por causa tuya y de tu descendencia» (Génesis 28, 10-14). Y también está profetizado en Números 24, 17: «Lo veo, pero no es ahora, lo contemplo, pero no será pronto: Avanza una estrella de Jacob, y surge un cetro de Israel».

Jacob tuvo doce hijos; con la siguiente profecía, Dios define que el Mesías vendrá de la simiente de uno de los doce. Será de la tribu de Judá (el bisnieto de Abraham) y por tanto judío: «No se apartará de Judá el cetro, ni el bastón de mando de entre sus rodillas» (Génesis 49, 10). Pero las profecías aquilatan todavía más el linaje del Mesías, Isaías profetiza que será descendiente de Jesé, que era a su vez descendiente de Judá: «Pero brotará un renuevo del tronco de Jesé, y de su raíz florecerá un vástago. Sobre él se posará el espíritu del Señor [...]. Aquel día, la raíz de Jesé será elevada como enseña de los pueblos: se volverán hacia ella las naciones y será gloriosa su morada» (Isaías 11, 1-11).

Más aún, de acuerdo con el profeta Samuel, el Mesías será descendiente del rey David, que es uno de los ocho hijos de Jesé: «Yo suscitaré descendencia tuya después de ti. Al que salga de tus entrañas le afirmaré su reino. Será él quien construya una casa a mi nombre y yo consolidaré el trono de su realeza para siempre. Yo seré para él un padre y él será para mí un hijo» (2 Samuel 7, 12-16).

Todas las anteriores profecías son interpretadas de forma mesiánica por la literatura judía tradicional[638] (por supuesto, también por la cristiana), y son todas ellas muy anteriores al nacimiento de Jesucristo. Ya sabemos en qué fechas se escribieron el Génesis y el libro de Isaías, y sobre los libros de Samuel, la tradición judía es consistente en fecharlos en el siglo XI a. C. Además de la Biblia, Samuel es mencionado en la literatura rabínica y también por Flavio Josefo en las *Antigüedades judías*. En cuanto al libro de los Números, el cuarto del Pentateuco, «hay abundantes evidencias de que el libro de los Números no fue escrito por Moisés y no es contemporáneo a los he-

638. Véase McDowell, *op. cit*, cap. 9.

chos que describe»,[639] y parece que se escribió durante varios siglos, con las partes más recientes fechadas en el siglo VI a. C.

El cumplimiento de todas esas profecías en Jesucristo aparece en las genealogías escritas en detalle en el capítulo 1 del Evangelio de san Mateo, que desciende por la estirpe de Abraham hasta Jesús, y en el capítulo 3 del Evangelio de Lucas, que asciende por el linaje de Jesús hasta llegar a Abraham. La lista de los nombres es idéntica en Abraham y David, y distinta posteriormente. Esto tiene una explicación: que un linaje siga la línea genealógica de la parte de José, y el otro, la línea de la parte de María.[640] Si, como pretenden los escépticos, Mateo y Lucas se hubieran confabulado para amañar el relato, habrían presentado la misma genealogía, aunque siempre podrán argumentar que esas genealogías se confeccionaron *a posteriori* para que se cumplieran las profecías. Es cierto. Para el creyente cristiano, o para quien estime que los evangelistas no se permitirían esas falsedades, el cumplimiento de las promesas de Dios sobre el linaje del Mesías en la persona de Jesucristo es un argumento poderoso para señalar a Jesús como el verdadero Cristo. Sin embargo, si usted duda de la credibilidad de los evangelistas, estas coincidencias no probarán que Jesús era el Mesías, pero al menos sí le demostrarán que los primeros cristianos no pretendían que Jesús fuera solo «un maestro», sino que querían presentarlo como Dios y como el Cristo.

4) Los reyes de Oriente le ofrecerán regalos por su nacimiento

Se da la providencial circunstancia que escribo estas líneas desde Colonia, en Alemania. La tradición cristiana que nos llega desde hace dieciocho siglos establece que las reliquias de los Reyes Magos[641] están conservadas en la

639. *Enciclopedia Judía*, art. 11.617 sobre el libro de los Números. La datación tradicional establece que se escribió en el siglo XIII a. C.

640. Hay otras explicaciones de las discrepancias. Véase Eusebio de Cesarea, *Historia de la Iglesia*, libro I, cap. 7. Otra explicación común es que Mateo presenta la genealogía legal y Lucas la genealogía biológica.

641. Es posible que esas reliquias no sean las de los Magos de Oriente, pero también es posible que sí lo sean. Lo que sabemos es que fueron llevadas a Constantinopla por la emperatriz Elena (santa Elena), madre de Constantino, en el año 314, y que desde 1164

catedral de esta ciudad. De ellos trata esta profecía que se encuentra en Salmos 72, 10-11, según la cual los reyes de Oriente traerán regalos al Mesías: «Los reyes de Tarsis y de las islas le paguen tributo. Los reyes de Saba y de Arabia le ofrezcan sus dones; póstrense ante él todos los reyes, y sírvanle todos los pueblos». Y esa profecía parece cumplirse con Jesucristo: «Habiendo nacido Jesús en Belén de Judea en tiempos del rey Herodes, unos magos de Oriente se presentaron en Jerusalén preguntando: "¿Dónde está el rey de los judíos que ha nacido? Porque hemos visto salir su estrella y venimos a adorarlo" [...]. Entraron en la casa, vieron al niño con María, su madre, y cayendo de rodillas lo adoraron; después, abriendo sus cofres, le ofrecieron regalos: oro, incienso y mirra» (Mateo 2, 1-11).

Una vez más, la profecía fue escrita muchos siglos antes de que Jesucristo naciera. Hay 150 salmos y están datados en distintas épocas. En concreto, se estima que el salmo 72 se escribió en los siglos X-XI a. C.[642]

En esta ocasión, si usted es escéptico sobre la intención de Mateo, va a ser más difícil mantener su increencia porque existe al menos una fuente independiente que menciona la matanza de niños que ordenó Herodes (Macrobio, *Saturnales*, sección I, nota 120), y si esa masacre de infantes está históricamente comprobada, resulta bastante plausible la explicación dada por Mateo, es decir, si unos magos —reyes—, nobles visitantes de Oriente, buscan al Ungido, lógicamente preguntan en el palacio del rey. El rey Herodes, a quien la historia nos muestra como un paranoico psicópata,[643] no puede identificar a su posible rival y decide acabar con todos los niños varones.

5) Matanza de niños por Herodes

San Mateo afirma sin paliativos que el asesinato de los niños inocentes no hacía sino cumplir otra profecía, esta del profeta Jeremías. Según el relato en Mateo 2, 16-18, los magos no regresan a dar cuenta a Herodes de

---

están en Colonia. Cuando la hornacina fue abierta en 1864, encontraron los restos de tres seres humanos.

642. <blueletterbible.org/study>.

643. Recientemente se ha realizado un análisis psicológico e histórico sobre Herodes y fue diagnosticado con «desorden de la personalidad paranoico», Kasher y Witztum, 2007, p. 431.

quién es ni dónde está el niño Ungido a quien han venido a ver, y entonces: «Al verse burlado por los magos, Herodes montó en cólera y mandó matar a todos los niños de dos años para abajo, en Belén y sus alrededores, calculando el tiempo por lo que había averiguado de los magos. Entonces se cumplió lo dicho por medio del profeta Jeremías».

Jeremías es el profeta judío de quien más información se tiene. Escribió el libro que lleva su nombre, así como los libros de los Reyes y el de las Lamentaciones, con ayuda de su discípulo Baruc. Nació en el año 650 a. C. en una aldea cercana a Jerusalén. «En el decimotercer año del rey Josías (626 a. C.) y siendo todavía un hombre joven, Jeremías fue llamado a ser profeta».[644]

Jeremías predice la matanza de inocentes en Belén y sus alrededores: «Esto dice el Señor: "Se escucha un grito en Ramá, gemidos y un llanto amargo: Raquel, que llora a sus hijos, no quiere ser consolada, pues se ha quedado sin ellos"» (Jeremías 31, 15). Raquel fue la mujer de Jacob (Israel), la matriarca de Israel, y simboliza a todas las madres que lloraron las muertes de sus hijos. Se supone que está enterrada en Ramá, una aldea vecina a Belén, a menos de ocho kilómetros al norte.

A pesar de la referencia de Macrobio mencionada antes, hay autores que insisten en que esta matanza no ocurrió. La principal razón que aducen es que no la menciona Flavio Josefo. Pero este hecho no llegó a los escritos del historiador judeorromano porque es un episodio menor. En la época vivían unos setecientos habitantes en Belén, por lo que la mejor estimación sería que Herodes mandó asesinar a unos veinte. Una minucia para el criminal rey. Las razones para suponer que sí ocurrió esa masacre me parecen más sólidas.[645]

644. *Enciclopedia Judía*, en la entrada «Jeremías».

645. <https://www.ncregister.com/blog/did-the-Slaughter-of-the-innocents-really-happen> y <https://biblearchaeology.org/research/new-testament-era/2411-the-Slaughter-of-the-innocents-historical-fact-or-legendary-fiction>.

24
Demasiadas coincidencias

> Pero no fue suficiente que hubiera profecías; hacía falta que estuvieran distribuidas por todos los lugares, y conservadas en todos los tiempos. Y a fin de que no se tomara este concierto como un efecto del azar, hacía falta que ello fuera predicho.
>
> Blaise Pascal[646]

No hay profecía en el Antiguo Testamento que se refiera al Mesías que no encaje armónicamente con los hechos de la vida de Jesucristo. Todas y cada una de ellas parecen cumplirse. Es desconcertante, porque las predicciones no eran de sencillo cumplimiento. Vamos a analizar las profecías que mencionan algún pormenor de la existencia del Cristo para comprobar si también coinciden con lo que sabemos de Jesús.

1) El Mesías será precedido por un mensajero

Dios dice a través del profeta Malaquías: «Voy a enviar a mi mensajero para que prepare el camino ante mí. De repente llegará a su santuario el Señor a quien vosotros andáis buscando» (3, 1). Y de acuerdo con el profeta Isaías: «Una voz grita: "En el desierto preparadle un camino al Señor; allanad en la estepa una calzada para nuestro Dios; que los valles se levanten, que montes y colinas se abajen, que lo torcido se enderece y lo escabroso se iguale. Se revelará la gloria del Señor"» (40, 3-5). (Recordemos que la interpretación en clave mesiánica de todos estos textos del Antiguo Testamento no se debe a comentaristas cristianos, sino que tiene su origen

646. *Pensamientos* X, 707.

en los Targunim, traducciones e interpretaciones rabínicas de la Biblia judía).

En el caso de Jesucristo, este precursor es Juan el Bautista (porque bautizó a Jesús), y parece que esa función era conocida por él mismo: «"¿Tú quién eres?". Él confesó y no negó; confesó: "Yo no soy el Mesías". Le preguntaron: "Entonces, ¿qué? ¿Eres tú Elías?". Él dijo: "No lo soy". "¿Eres tú el Profeta?". Respondió: "No". Y le dijeron: "¿Quién eres, para que podamos dar una respuesta a los que nos han enviado? ¿Qué dices de ti mismo?". Él contestó: "Yo soy la voz que grita en el desierto: 'Allanad el camino del Señor', como dijo el profeta Isaías"» (Juan 1, 19-23, también en Mateo 3, 3 y Lucas 1, 17).

Es cierto que siempre se puede decir que un profeta precede a otro, por lo que vaticinar que haya alguien que «allane los caminos» no limita mucho las posibilidades en la persona de Jesucristo, pero el hecho de que Juan se haya atribuido para sí el cumplimiento de la profecía de Isaías sí delimita en ese tiempo y a esa generación la aparición del Mesías.

Para aquellos lectores que sigan aferrados a la teoría mítica, existen también fuentes independientes (no cristianas) y antiguas que confirman la existencia de Juan el Bautista. Por ejemplo, Flavio Josefo[647] describe que Juan tenía «una influencia más poderosa que la mayoría de las personas de su tiempo [y da] una descripción más detallada de Juan que de Jesús».[648]

2) El Mesías empezará su ministerio en Galilea

Isaías nos dice que el Mesías iniciará su cometido en Galilea: «No habrá ya oscuridad para la tierra que está angustiada. En otro tiempo humilló el Señor la tierra de Zabulón y la tierra de Neftalí, pero luego ha llenado de gloria el camino del mar, el otro lado del Jordán, Galilea de los gentiles» (8, 23). Y parece confirmado en el Evangelio de san Mateo: «Al enterarse Jesús de que habían arrestado a Juan se retiró a Galilea. Dejando Nazaret se estableció en Cafarnaúm, junto al mar, en el territorio de Zabulón y Neftalí, para que se cumpliera lo dicho por medio del profeta Isaías: "Tierra de

647. *Antigüedades Judías*, 18.5.2.116.

648. G. J. Goldberg, «John the Baptist and Josephus», en <https://josephus.org/home.htm>.

Zabulón y tierra de Neftalí, camino del mar, al otro lado del Jordán, Galilea de los gentiles. El pueblo que habitaba en tinieblas vio una luz grande; a los que habitaban en tierra y sombras de muerte, una luz les brilló". Desde entonces comenzó Jesús a predicar diciendo: "Convertíos, porque está cerca el reino de los cielos"» (Mateo 4, 12-18). Si nos ponemos el sombrero de escéptico, el hecho de que se cumpla esta profecía podría solo significar que Jesucristo conocía la profecía de Isaías e hizo por cumplirla, o bien ser solo una casualidad. Otra más.

3) El Mesías entrará en Jerusalén montado en un asno

Durante el domingo que ahora se llama «de Ramos», antes de la Pascua y de la que iba a ser la última semana de Jesús en la tierra, entró en Jerusalén a lomos de un asno. Nos lo cuenta Mateo 21, 6-9: «Fueron los discípulos e hicieron lo que les había mandado Jesús: trajeron la borrica y el pollino, echaron encima sus mantos, y Jesús se montó. La multitud alfombró el camino con sus mantos; algunos cortaban ramas de árboles y alfombraban la calzada. Y la gente que iba delante y detrás gritaba: "¡Hosanna al Hijo de David!». El episodio también lo narra Lucas 19, 35-37. De esta manera, Jesucristo hace que se cumpla otra profecía, esta del profeta Zacarías, que inició su labor durante el reinado de Darío el Grande, rey de Persia, hacia el año 520 a. C., y que escribió: «¡Salta de gozo, Sion; alégrate, Jerusalén! Mira que viene tu rey, justo y triunfador, pobre y montado en un borrico, en un pollino de asna». Puesto que los evangelistas mencionan que fue Jesucristo quien pidió que le llevaran el asno, se puede colegir que Él estaba intentando cumplir aquella predicción. Eso u otra coincidencia.

4) El Mesías no lo será solo para los judíos, sino también para los gentiles

No saben cómo me alegra el cumplimiento de esta profecía. Isaías, Oseas, Joel y el autor del Deuteronomio (que narra las palabras de Moisés antes de entrar en la Tierra Prometida) y de los Salmos (el rey David), todos predicen que el Mesías lo será para judíos y gentiles: «Es poco que seas mi siervo para restablecer las tribus de Jacob y traer de vuelta a los supervivientes de Israel. Te hago luz de las naciones, para que mi salvación alcance hasta el confín de la tierra» (Isaías 49, 2). Y así lo cumplen Jesucristo y luego sus discípulos. Pablo y Bernabé hacen público que no solo llevan la salvación al pueblo de Israel: «Así nos lo ha mandado el Señor: "Yo te he puesto como luz de los gentiles, para que lleves la salvación hasta el confín de la tierra"» (Hechos 13, 47). Puedo decirle sin orgullo pero con enorme agradecimiento que, gracias a esa profecía y su cumplimiento, usted puede leer estas palabras hoy.

5) El Mesías ejecutará milagros

El profeta Isaías, unos ocho siglos antes del nacimiento de Jesucristo, ya predijo que Dios vendría en persona y que el Cristo realizaría el tipo de milagros que luego le atribuyeron a Jesucristo: «"¡He aquí vuestro Dios! Llega el desquite, la retribución de Dios. Viene en persona y os salvará". Entonces se despegarán los ojos de los ciegos, los oídos de los sordos se abrirán; entonces saltará el cojo como un ciervo y cantará la lengua del mudo» (35, 3-6).

25
Su pasión y su muerte

> Entonces él les dijo: «¡Hombres duros de entendimiento, cómo les cuesta creer todo lo que anunciaron los profetas! ¿No era necesario que el Mesías padeciera esto para entrar así en su gloria?». Y, comenzando por Moisés y siguiendo por todos los profetas, les explicó lo que se refería a Él en todas las Escrituras.
>
> Lucas 24, 24-25

No podemos rebatir que muchos de los cumplimientos de las profecías están al margen de la voluntad de Jesucristo y del control humano de Él o sus discípulos. Si Jesucristo fuera solo humano, no pudo decidir dónde nacer, ni cuándo, ni quiénes fueron sus padres, ni su linaje, ni controlar lo que hizo Herodes ni otros de sus contemporáneos, como tampoco quién lo entregó o cuándo lo hizo, ni sobre cómo morir, ni sobre los soldados que le ofrecieron vinagre, le lancearon el costado y no le rompieron los huesos; tampoco sobre la reacción de la gente ni en cómo lo enterraron. Todos esos detalles fueron profetizados y todos se cumplieron en Jesucristo sin que Él humanamente pudiera influir en ese cumplimiento.

Las profecías que ofrezco a continuación fueron escritas por diversos autores en distintos libros y a lo largo de dos mil años, y sin embargo todas parecen cumplirse en el periodo de las veinticuatro horas últimas de Jesucristo en esta tierra (y lo que presumiblemente pasó tras tres días).

Uno tiene la sensación de haber colocado cada uno de los reyes de la baraja en distintos sitios de la misma, haber barajado concienzudamente y que después aparezcan los cuatro naipes juntos y ordenados encima del mazo de cartas. Estamos solos y no nos hemos hecho trampa a nosotros mismos. ¿Cuáles son las posibilidades de que eso haya ocurrido?, y, sobre todo, ¿qué mensaje nos quiere mandar Quien ha ordenado los reyes en la baraja?

1) Traicionado por un amigo

«Incluso mi amigo, de quien yo me fiaba, que compartía mi pan, es el primero en traicionarme» (Salmos 41, 10). El salmista escribe esto hacia el 1000 a. C., al final de la vida del rey David.

Y Zacarías 13, 6 también predice que el Mesías será traicionado aludiendo a sus heridas: «"¿Qué son esas heridas en tus manos?". Él responderá "Esas por las que fui herido en la casa de mis amigos"».[649]

Jesucristo, en la última cena, tras compartir el pan con sus discípulos («en la casa de sus amigos»), tras establecer la Eucaristía para la eternidad y sabiendo que usted y yo tendemos a la incredulidad, nos lo dice (como si solo nos hablara a nosotros): «Tiene que cumplirse la Escritura: "El que compartía mi pan me ha traicionado". Os lo digo ahora, antes de que suceda, para que cuando suceda creáis que yo soy» (Juan 13, 18).

2) Por treinta monedas de plata

No fueron cuarenta ni veinte, ni fueron de cobre o de oro. Fueron treinta monedas de plata el precio de la traición por la que Judas entregó a Jesucristo: «"¿Qué estáis dispuestos a darme si os lo entrego?". Ellos se ajustaron con él en treinta monedas de plata» (Mateo 26, 15). Y con eso se cumplió lo profetizado por Zacarías seis siglos antes: «Y les dije: "Si os parece bien, pagadme mi salario; si no, dejadlo". Y contaron mi salario: treinta monedas de plata» (11, 12).

Alguien podría pensar que treinta monedas[650] es una cantidad estándar y que por tanto no resulta muy sorprendente esa coincidencia. Lamentablemente para nuestro escepticismo, eso no es correcto. En otras ocasiones narradas en la Biblia, las cantidades son distintas; por ejemplo, para el pago por José (presentado en Génesis 37, 28) el precio fue de veinte séqueles, y el

649. De la versión latina en la Biblioteca del Vaticano.

650. Se supone que fueron 30 séqueles de Tiro, de una pureza del 94 por ciento en plata, y que equivalían cada uno a 4 denarios. Cada denario era el precio de un día de salario, por lo que puede calcularse que el pago recibido por Judas equivaldría hoy a una cantidad entre 8.000 y 15.000 euros. <https://www.catholicshare.com/how-much-might-judas-30-pieces-of-Silver-be-worth-today/>.

pago por el que el rey David compró una era y unos bueyes fueron cincuenta séqueles»[651] (2 Samuel 24, 24).

3) Dinero que fue arrojado al templo

«El precio por el que el Señor fue tasado» no le aprovechó a Judas: «Él, arrojando las monedas de plata en el templo, se marchó; y fue y se ahorcó» (Mateo 27, 5). Tal y como se había profetizado: «Me dijo el Señor: "Echa al tesoro el valioso precio en que me han tasado". Cogí las treinta monedas de plata y las eché en el tesoro del templo» (Zacarías 11, 13). Así que Zacarías, seiscientos años antes de Judas, predijo dónde iban a terminar las treinta monedas del traidor.

4) Abandonado por sus discípulos

Zacarías sigue profetizando sobre la muerte del Mesías: «Hiere al pastor, que se dispersen las ovejas» (13, 7); profecía que Jesucristo les recordará a los apóstoles durante la última cena: «Jesús les dijo: "Todos os escandalizaréis, como está escrito: Heriré al pastor y se dispersarán las ovejas"» (Marcos 14, 27). Y es exactamente lo que ocurrió: «En aquel momento todos los discípulos lo abandonaron y huyeron» (Mateo 26, 56). También en Marcos 14, 50.

Nota sobre la credibilidad de los evangelistas: si razonamos en buena lógica, ¿resulta creíble que mientan y ello les haga aparecer como cobardes públicamente y delante de su comunidad? Porque los evangelistas nos cuentan que todos los discípulos (incluyéndose a sí mismos) huyeron y abandonaron al Maestro —a Dios mismo—.

Resulta lógico mentir para pasar por valiente y resoluto, pero no para presentarse como pusilánime o miedoso. Ahora bien, la reacción de los apóstoles —y saberles santos— nos llena de esperanza a los que nos tememos que hubiéramos reaccionado de igual manera en aquellas circunstancias.

651. <https://www.vatican.va/archive/bible/index_sp.htm>. La versión de la CEE habla de «medio kilo de plata».

5) Acusado por falsos testigos

En el salmo 35, compuesto un milenio antes de Jesucristo, se pone en boca del Mesías lo que iba a ocurrir: «Se presentaban testigos violentos: me acusaban de cosas que ni sabía, me pagaban mal por bien, dejándome desamparado». Esto coincide con lo narrado en las biografías de Jesucristo: «Los sumos sacerdotes y el Sanedrín en pleno buscaban un falso testimonio contra Jesús para condenarlo a muerte y no lo encontraban, a pesar de los muchos falsos testigos que comparecían» (Mateo 26, 59-60).

6) Despreciado, objeto de burla y odiado

Veintidós salmos profetizan los acontecimientos de ese día, siete por boca del Cristo: «Pero yo soy un gusano, no un hombre, vergüenza de la gente, desprecio del pueblo; al verme, se burlan de mí, hacen visajes, menean la cabeza. "Acudió al Señor, que lo ponga a salvo; que lo libre si tanto lo quiere"». Y en Salmos 109, 25: «Soy despreciable para ellos; al verme, menean la cabeza». Y dice Mateo: «Los que pasaban, lo injuriaban, y meneando la cabeza, decían: "Tú que destruyes el templo y lo reconstruyes en tres días, sálvate a ti mismo; si eres Hijo de Dios, baja de la cruz"» (27, 39-40).

Jesucristo profetiza lo que le va a pasar. Hablando con sus discípulos antes de la pasión les advierte: «Si yo no hubiera hecho en medio de ellos obras que ningún otro ha hecho, no tendrían pecado, pero ahora las han visto y me han odiado a mí y a mi Padre, para que se cumpla la palabra escrita en su ley: "Me han odiado sin motivo", y cuando ello ocurre se cumple también la profecía del salmo 69, 5, que predice que "más que los pelos de mi cabeza son los que me odian sin razón; numerosos los que me atacan injustamente"».

7) Crucificado

Sabemos que Jesucristo fue crucificado, lo dicen así tanto todas las fuentes cristianas como todas las no cristianas que se refieren a Jesús y que ya hemos visto. Lucas nos dice: «Y cuando llegaron al lugar llamado La Calavera, lo crucificaron allí, a él y a los malhechores, uno a la derecha y otro a la izquierda» (23, 33). Lo que sucede además es que ese fin para el Mesías está profetizado en los Salmos: «Me taladran las manos y los pies, puedo contar mis huesos» (22, 17-18). Y también un poco antes: «Tengo los huesos descoyuntados» (22, 15), así como en distintos profetas: el ya citado Isaías 53 y Zacarías: «Y volverán sus ojos hacia mí, al que traspasaron» (12, 10).

Lo sorprendente es que la crucifixión fue introducida por los romanos cuando Judea se convirtió en un protectorado suyo en el año 63 a. C., es decir, que esa forma de pena capital era desconocida en los tiempos de David, Isaías y Zacarías, que sin embargo profetizaron que el Mesías perecería crucificado.

8) Se reparten y rifan las vestiduras

El salmo 22 nos dice desde la voz del Mesías: «Se reparten mi ropa, echan a suerte mi túnica». Y eso es exactamente lo que pasa: los soldados romanos se reparten sus vestidos y, para no estropear la túnica que era de calidad, la echan a suertes: «Los soldados, cuando crucificaron a Jesús, cogieron su ropa, haciendo cuatro partes, una para cada soldado, y apartaron la túnica. Era una túnica sin costura, tejida toda de una pieza de arriba abajo. Y se dijeron: "No la rasguemos, sino echémosla a suertes, a ver a quién le toca". Así se cumplió la Escritura: "Se repartieron mis ropas y echaron a suerte mi túnica"» (Juan 19, 23-24).

9) Tiene sed y le dan a beber vinagre

Con el último hálito de su vida, Jesucristo satisface dos profecías más que estaban escritas desde hacía mil años en los Salmos. Nos dice san Juan: «Después de esto, sabiendo Jesús que ya todo estaba cumplido, para que se cumpliera la Escritura, dijo: "Tengo sed". Había allí un jarro lleno de vinagre. Y, sujetando una esponja empapada en vinagre a una caña de hisopo, se la acercaron a la boca. Jesús, cuando tomó el vinagre, dijo: "Está cumplido". E, inclinando la cabeza, entregó el espíritu» (19, 28-30). Que el Mesías sufriría una ardiente sed lo predice el salmo 22, 16: «Mi garganta está seca como una teja, la lengua se me pega al paladar». Y que le darían a beber vinagre lo profetiza el salmo 69, 22: «Para mi sed me dieron vinagre».

10) Sin ningún hueso quebrado

El salmo 34, 20 predice que, a pesar de las torturas y suplicios a que será sometido el Mesías, no le romperán un hueso: «Él cuida de todos sus huesos, y ni uno solo se quebrará». El cumplimiento de esta profecía no depende de la voluntad de Jesús. Un crucificado tiene poco que decir sobre lo que hagan con él, por lo que el hecho de que no le rompieran ningún hueso (y sí lo hicieran con los ladrones que estaban a su lado) solo puede entenderse como un cumplimiento deliberado de la profecía por parte de eso que los cristianos llaman Providencia.

Veamos lo que pasó tras morir Jesucristo, según lo cuenta Juan 19, 31-34: «Los judíos entonces, como era el día de la Preparación, para que no se quedaran los cuerpos en la cruz el sábado, porque aquel sábado era un día grande, pidieron a Pilatos que les quebraran las piernas y que los quitaran. Fueron los soldados, le quebraron las piernas al primero y luego al otro que habían crucificado con él; pero al llegar a Jesús, viendo que ya había muerto, no le quebraron las piernas, sino que uno de los soldados, con la lanza, le traspasó el costado, y al punto salió sangre y agua».

Juan añade una nota de reconfirmación: él mismo fue testigo presencial de lo que narra y nos recuerda que eso que él vio hace que se cumplan las escrituras de los Salmos y de Zacarías 12, 10. Y además nos dice que nos lo cuenta con el objetivo de que creamos. Esta es una característica distintiva de los cristianos: están empeñados en convencer a otros para que crean lo mismo que ellos:[652] «El que lo vio da testimonio, y su testimonio es verdadero, y él sabe que dice verdad, para que también vosotros creáis. Esto ocurrió para que se cumpliera la Escritura: "No le quebrarán un hueso"; y en otro lugar la Escritura dice: "Mirarán al que traspasaron"».

652. Las personas que solo han conocido sociedades de raíces cristianas no aprecian suficientemente este carácter misional o apologético del cristianismo. El judaísmo no pretende ganar adeptos; de hecho, la conversión es un proceso arduo. Y en el islam no se procura tanto convencer para ganar conversos sino casi al revés: convertirlos para luego convencerlos.

26
¿Cuáles son las probabilidades?

Pero todo esto ha sucedido para que se cumplieran las Escrituras de los profetas.

Mateo 26, 56

Peter Stoner fue un astrónomo estadounidense, presidente de los departamentos de Astronomía y Matemáticas del Pasadena City College y presidente de la división científica del Westmon College, fallecido en 1980. Escribió junto con Robert Newman, doctor en Astrofísica por la Universidad de Cornell, un libro que tuvo considerable repercusión hace unas décadas, *Science Speaks. Scientific Proof of the Accuracy of Prophecy and the Bible*[653] (La ciencia habla. Pruebas científicas de la precisión de las profecías y de la Biblia). Stoner era cristiano, Newman lo sigue siendo.

Como hemos dicho, hay entre 200 y más de 500 profecías que los estudiosos calculan que se han cumplido en Jesucristo y nosotros hemos explicado una treintena. Pues bien, en el capítulo tercero del libro de Stoner y Newman, que se titula «Las profecías de Cristo», ellos calculan la probabilidad de la ocurrencia conjunta de tan solo ocho profecías, a saber:

1) Nacerá en Belén.
2) Será precedido por un mensajero.
3) Entrará en Jerusalén montado sobre un asno.
4) Será traicionado por un amigo.
5) Por treinta monedas de plata.
6) El dinero será arrojado al tesoro del Templo.

653. <https://archive.org/download/sciencespeakspeterw.stoner/SCIENCE%20SPEAKS-%20Peter%20W.%20Stoner.pdf>.

7) Será martirizado y no se defenderá.
8) Será crucificado.

Es decir, querían saber cuáles eran las probabilidades de que esas profecías se hubieran cumplido conjuntamente en un individuo aleatorio y simplemente por casualidad, para evitar la conjetura de que Jesucristo era especial porque aquellas profecías se hubieran cumplido en Él.

Para hacer el cálculo, los profesores Stoner y Newman recurrieron a las estimaciones de 600 estudiantes del Pasadena City College. Les explicaron las profecías y les pidieron que estimaran cuál era la posibilidad de que ocurriera cada una proponiendo cálculos razonables pero muy conservadores. Aquí se entiende por conservador inclinarse por la posibilidad de que el evento hubiera sucedido en otras personas a fin de sesgar el resultado «en contra de Jesucristo».

Por ejemplo, para la primera se calculó cuál es el porcentaje de población que haya nacido en Belén. La población media de Belén se calculó en 7.150 habitantes y la media histórica de la población mundial en 2.000 millones, por lo que las posibilidades aleatorias de que un individuo haya nacido en Belén son de 7.150/2.000.000.000, es decir, una persona entre $2{,}8 \times 10^5$ ha nacido en Belén.

Para calcular las probabilidades de la segunda proposición, plantearon: de aquellos nacidos en Belén, ¿cuántos habrán enviado un mensajero antes que ellos para preparar el camino? Los estudiantes calcularon que fue uno entre 1.000. (Parece que tienen más costumbre de enviar mensajeros que yo, puesto que mi estimación habría sido mucho menor).

Para la tercera cuestión, la pregunta fue: ¿uno de cada cuántos entraría en Jerusalén montado en un pollino? El cálculo de Stoner fue de 1 entre 100. (Me parece que el uso de burros está sobreestimado. Y me temo que esta apreciación es cierta en muy distintos sentidos).

Estimaron que la cuarta de las profecías ocurriría en 1 ocasión de entre 1.000.

Para calcular la ocurrencia de la quinta, hubo que estimar cuántos de aquellos traidores recibieron exactamente treinta monedas de plata. Los estudiantes calcularon que sería 1 de entre 10^4, pero Stoner lo rebajó a 1 entre 1.000. (Creo que la estimación realista es muchísimo menor).

La sexta cuestión podría pasar en 1 ocasión de cada 100.000, según las estimaciones de este estudio.

La séptima —que será martirizado y no se defenderá— podría cumplirse en 1 entre 1.000. (No creo que este porcentaje sea realista ni en el caso de que las agredidas fueran monjas clarisas).

El octavo de esos hechos (la crucifixión) se estimó calculando el porcentaje de crucificados desde tiempos del rey David de entre todas las personas que existieron. Se pensó que era una persona entre 10.000. (Una vez más, nos parece ridículamente elevado y espero fervorosamente que no haya sido así).

La solución para el cálculo de la probabilidad conjunta de que hayan ocurrido esas ocho profecías (y siempre siendo enormemente conservadores) es la combinación de todas las probabilidades individuales. Es decir: 1 entre $2{,}8 \times 10^5 \times 10^3 \times 10^2 \times 10^3 \times 10^3 \times 10^5 \times 10^3 \times 10^4$. En total 1 entre 10^{28}.

Para calcular cuáles son las probabilidades de que eso haya ocurrido en una persona en concreto, los autores estiman la población total humana que ha existido desde que las profecías fueron formuladas. Esto es $8{,}8 \times 10^{10}$, o para simplificarlos 10^{11} personas en todo el mundo. Por tanto, si dividimos estos dos números encontramos la probabilidad de que una persona (de entre todas las existentes desde los tiempos de las profecías) haya cumplido aleatoriamente esas ocho predicciones. Es decir, hay una posibilidad entre 10^{17}. Es decir, que es extraordinariamente improbable que haya habido una persona en quien se hayan cumplido esas profecías.

Por poner un símil: tiene usted más posibilidades de que le toque el premio gordo de la Lotería de Navidad durante cuatro años seguidos a que haya existido una persona que haya cumplido esas ocho profecías.

Por todo lo anterior, es razonable que quien no conoce a Jesucristo no espere nunca que se cumpla lo profetizado. Nadie debería ser tan ingenuo como para esperar que le toque la lotería varias veces seguidas, igual que resulta difícil considerar razonable a quien, tras conocer a Jesucristo y el cumplimiento de las profecías, no reconoce algo mucho mayor que mera casualidad.

27

¿Y por qué los judíos no se convierten al cristianismo?

Así se cumple en ellos la profecía de Isaías: «Oiréis con los oídos sin entender; miraréis con los ojos sin ver; porque está embotado el corazón de este pueblo, son duros de oído, han cerrado los ojos; para no ver con los ojos, ni oír con los oídos, ni entender con el corazón, ni convertirse para que yo los cure.

Mateo 13, 14-15

No puedo gloriarme de nada, realmente de nada, y decir que mi conversión fue honesta equivale a: no fue deshonesta, que es algo de honor. Alcanzada la hora de la Gracia, me convertí.

Eugenio Zolli (previamente Israel Zolli) [654]

Si las profecías de los autores de la Biblia judía atestiguan tan claramente que Jesucristo es el Mesías esperado, entonces, ¿por qué no se convirtieron y se convierten todos los judíos? La respuesta rápida y más correcta es que habrá que preguntar a cada uno de ellos.

Otra contestación podría ser que muchos judíos sí se convierten, o quizá sería mejor decir que se hacen cristianos sin dejar de ser judíos, lo que propiamente no es una conversión, sino una culminación del judaísmo. Así lo explicaba el filósofo judeofrancés Henri Bergson:

Mis reflexiones me han acercado cada vez más al catolicismo, en el que percibo el cumplimiento perfecto del judaísmo. Me habría convertido si no hu-

654. Zolli, *op. cit.*, p. 297.

biese asistido a la espantosa oleada de antisemitismo que desde hace unos años se está desarrollando por todo el mundo. He querido permanecer entre quienes mañana serán los perseguidos. Sin embargo espero que un sacerdote católico [me asista en mi muerte]. Si no, necesitaré recurrir a un rabino, sin esconderle a él ni a nadie mi adhesión moral al catolicismo.[655]

Así fue, Bergson murió en el París ocupado por los nazis el 3 de enero de 1941. Un sacerdote católico rezó las plegarias en su funeral.

De modo similar lo explicó Moishe Rosen, fundador de Jews for Jesus[656] (Judíos por Jesús), quien explicaba: «No me llamen judío converso [...]. Nací judío y moriré judío, pero soy un judío que cree en Jesucristo».

Las reflexiones de Bergson y Rosen nos parece que tienen mucho sentido, ya que prácticamente la totalidad de los primeros cristianos lo fueron sin dejar de ser judíos. Por otro lado, san Juan Pablo II llamaba a los judíos «nuestros hermanos mayores»[657] (una denominación afortunada que utilizo cuando hablo del judaísmo).

El cumplimiento de las profecías del Antiguo Testamento en la persona de Jesucristo no es ajeno a los muchos procesos de conversión al cristianismo. El movimiento Messianic Judaism (Judaísmo Mesiánico), nacido en la segunda mitad del siglo XX, tiene casi medio millón de miembros que reconoce a Jesucristo como Mesías.[658] Por su lado, muchos judíos ortodoxos ven al cristianismo como un enemigo, y en Israel ha habido atentados y boicots contra los judíos mesiánicos y conversos al cristianismo. Esa animosidad no se produce contra los conversos a otras religiones.

La explicación de por qué unos se convierten y otros no puede estar en esta reflexión de Israel Zolli, rabino jefe de Roma que él mismo se convirtió

655. Testamento de Henri Bergson, escrito el 7 de febrero de 1937. Bergson fue un filósofo francés judío, muerto en 1941. Licenciado en Letras y Matemáticas en la Escuela Normal Superior de París, académico de Francia, recibió el Premio Nobel de Literatura en 1927.

656. Organización misional cristiana estadounidense dedicada al pueblo judío.

657. Se dice que san Juan Pablo II fue el primer papa católico en visitar una sinagoga, pero ciertamente Pedro visitaba regularmente las sinagogas, al igual que los primeros papas.

658. Según Jewish Voice, una organización para acercar a los judíos a la fe en Jesucristo, <https://www.jewishvoice.org/>.

al catolicismo adoptando el nombre de Eugenio para honrar al papa Pío XII (cuyo nombre original era Eugenio Pacelli), quien hizo tanto por la salvación de los judíos durante la ocupación nazi de Roma: «Dios llama y el hombre escucha su voz. Dios sabe llamar. Llama siempre. Hay quien acoge su voz y hay quien la rechaza. Y así es como el hombre que escucha la llamada aparece como traidor o vil a los ojos de quien no ha oído ni oye la voz de Dios».[659]

El cristianismo siempre ha demostrado tener un gran atractivo para los judíos, principalmente los eruditos y buenos conocedores del cumplimiento de las profecías de la Biblia en la persona de Jesucristo: Solomon ha-Levi fue un rabino español del siglo XIV versado en el Talmud y la literatura rabínica, «el más rico y prominente judío de Burgos»,[660] se bautizó como católico a los cuarenta años tomando el nombre de Pablo de Santa María tras convencerse de la verdad del cristianismo al leer las obras de santo Tomás de Aquino —según propia confesión— y consecuentemente convirtió a sus hermanos y sus cinco hijos, pero no a su mujer, que murió como judía años más tarde.

Yehosúa ben Yosef fue otro erudito rabino judío y médico español, del siglo XV, discípulo de Solomon ha-Levi, a quien al principio atacó tras su conversión. Después de estudiar el cristianismo y bajo la influencia de san Vicente Ferrer, Yehosúa se convirtió él también al catolicismo y tomó el nombre de Jerónimo de Santa Fe. En su *Tractatus contra perfidiam Judaeorum* demuestra cómo la Biblia judía acredita a Jesucristo como el Mesías esperado.[661]

Hemos leído decenas de biografías de judíos notables conversos al cristianismo. La lista es larga.[662] Aunque cada uno tuvo distintos caminos y razones propias para dar ese paso, raramente fueron conversiones por interés: «Los hebreos que se convierten en la actualidad, como en los tiempos de san Pablo, suelen tener en tantos aspectos de la vida terrena, mucho o todo que perder y poco o nada que ganar».[663] Más bien podríamos concluir que

659. Zolli, *op. cit.*, p. 38.

660. *Enciclopedia Judía*, art. 11.950.

661. Esta argumentación ya la inauguró san Justino en *Dialogus cum Triphone Iudaeo*, escrito en el año 155, en que dialoga con un judío llamado Trifón y le expone que Jesús es el Mesías prometido en las escrituras hebreas y el cristianismo es la continuación del judaísmo.

662. Varias listas en Hagiography Circle, <http://newsaints.faithweb.com/new_martyrs/Jewish_Catholics.htm>.

663. Zolli, *op. cit.*, p. 165.

en cada conversión convergen dos fuerzas: por un lado, un empuje desde el judaísmo, que principalmente se basa en la comprensión de que el Nuevo Testamento es la «continuación» y la culminación de la Biblia Judía, y por otro lado, la atracción desde el cristianismo, que se basa en su mensaje novedoso y la fascinación por su fundador.

Ya hemos dicho que este no es un libro de teología, no vamos a presentar las que podrían considerarse evidencias a favor del cristianismo procedentes de su propio mensaje, pero las hay. Zolli, en su proceso de abrazar el cristianismo, escribió: «El Nuevo Testamento es un testamento... nuevo [...], enseñanzas del tipo: "Bienaventurados los puros de corazón" y la oración en la cruz marcan una línea de demarcación entre el mundo de ideas antiguas y un universo moral nuevo».[664]

El mensaje novedoso de Jesucristo, que además da cumplimiento a todo lo explicado de Dios en el Tanaj, cautivó a Zolli como lo hace con todos los que conocen bien la Biblia judía y el Nuevo Testamento. Dice en su autobiografía:

> ¿Pero quién ha dicho nunca, aparte de Jesús: «Bienaventurados los puros de corazón»? La justicia antiguo-testamentaria es conmutativa entre hombre y hombre, en consecuencia debe ser la misma que la de Dios frente al hombre. Se ofrece y se hace el bien por el bien recibido, y se hace daño por el daño padecido. No recompensar el mal con el mal equivale, en cierto modo, a una falta de justicia [...]. Qué sorpresa me llevé [con estas palabras de Jesús]: «Pero yo os digo: amad a vuestros enemigos. Rezad por vuestros enemigos».

Un ejemplo excepcional de todo lo anterior fue Edith Stein, una filósofa alemana y judía y católica y monja fallecida en 1942. De joven fue una judía observante y más tarde cayó en el agnosticismo. Brillante estudiante de Filosofía, tras obtener su doctorado fue seleccionada por Edmund Husserl para ser su asistente en la Universidad de Friburgo. Leyó la autobiografía de santa Teresa de Ávila en una noche durante las vacaciones de verano en 1921 y después escribió: «Cuando terminé el libro me dije a mí misma: esta es la verdad». Al año siguiente se bautizó como católica. En 1933 entró en el monasterio de carmelitas descalzas (la orden de santa Teresa) bajo el nombre en re-

664. Zolli, *op. cit.*, p. 102.

ligión de Teresa Benedicta de la Cruz. Siguió escribiendo libros de pensamiento. Para evitar la persecución antisemita nazi, fue trasladada con su hermana Rosa (también conversa y también carmelita) a Holanda. Tras la invasión de Holanda por los nazis, la Conferencia Episcopal Católica hizo público un manifiesto condenando el racismo y el antisemitismo nazi que fue leído en todas las iglesias el 20 de julio de 1942.[665] Como consecuencia, las autoridades nazis ordenaron el arresto de todos los judíos conversos al catolicismo. Las hermanas Stein y otros casi mil judíos católicos fueron enviados a los campos de concentración.

La que luego será reconocida como santa de la Iglesia católica y nombrada patrona de Europa conoció en Auschwitz a la polaca Maria Magdalena Dominika, otra religiosa católica y judía conversa. Su nombre original era Lisamaria Meirowsky, también fue una brillante estudiante con doble doctorado en Dermatología y Pediatría por la Universidad Friedrich Wilhelm de Bonn y la de Roma. Al igual que Edith Stein, se convirtió al catolicismo (en 1933), también siguió la estela de un santo español (entró en la orden dominica),[666] escapó a Holanda para huir de los nazis, fue arrestada allí y llevada a los campos de exterminio. Ambas murieron el 9 de agosto de 1942 en las cámaras de gas. Eran Teresa Benedicta de la Cruz y María Magdalena Dominika, católicas y judías.

En el testamento de sor Teresa Benedicta de la Cruz, escrito en 1939 y que se descubrió en la celda de su monasterio después de ser deportada por las SS, manifestó un deseo: «Le pido al Señor que acepte mi vida y mi muerte [...], a fin de que el Señor sea aceptado por Su pueblo y que Su reino llegue a la gloria, por la salvación de Alemania y por la paz del mundo».[667] Solo podemos añadir: que así sea.

665. La Iglesia católica fue durante bastante tiempo la única institución que denunció la ideología nacionalsocialista y el antisemitismo. El papa Pío XI escribió la única encíclica publicada en alemán «Mit Brennender Sorge» (Con ardiente preocupación) denunciando esa ideología y mandó que fuera leída en todas las iglesias de Alemania el Domingo de Pasión de 1937.

666. Fundada por santo Domingo de Guzmán, muerto en 1221. Fue quien recibió de la Virgen María el regalo del santo rosario.

667. Para leer su biografía, <https://www.vatican.va/news_services/liturgy/saints/ns_lit_doc_19981011_edith_stein_en.html>.

PARTE VIII
EVIDENCIAS CIENTÍFICAS

¿Sabéis distinguir el aspecto del cielo y no sois capaces de distinguir los signos de los tiempos?

Mateo 16, 3

Dios se manifiesta permitiendo al hombre establecer la verdad [...]. Dios es la Verdad. La ciencia demuestra que Dios existe.

DEREK BARTON[668]

668. Sir Derek Harold Richard Barton, científico británico establecido en Estados Unidos y fallecido en 1998, fue profesor del MIT y de las universidades de Illinois, Wisconsin y Texas. Galardonado con el Premio Nobel de Química en 1969. Citado por Margenau y Varghese en *Cosmos*, *Bios*, *Theos*, Open Court, 1992, p. 144.

28
Arqueología[669]

¿Ha encontrado la arqueología algo que invalide las afirmaciones de la Biblia? No. Nada. [...] La conclusión ha sido que algunas afirmaciones bíblicas han quedado demostradas, otras han resultado probables y ninguna ha sido refutada por la arqueología.

PETER KREEFT y RONALD TACELLI[670]

Quien esto escribe sostiene el punto de vista de que la historia escrita por Lucas (San Lucas evangelista) es insuperable en cuanto a su fiabilidad. Estamos describiendo las razones y argumentos que cambiaron el punto de vista de quien esto escribe que empezó su trabajo con la impresión de que la historia había sido escrita mucho después de los sucesos y que no era fiable en su conjunto.

WILLIAM M. RAMSAY [671]

669. Este capítulo ha contado con la inestimable ayuda de Álvaro Villaseca Álvarez, que me ha proporcionado numerosos artículos y documentos e informado de los últimos descubrimientos arqueológicos bíblicos. Villaseca Álvarez es arqueólogo, historiador y profesor de Historia en Madrid. Nacido y educado como cristiano evangélico, recientemente se ha convertido al catolicismo.

670. Kreeft y Tacelli, *op. cit.*, p. 258.

671. William Mitchell Ramsay, *The Bearing of Recent Discovery on the Trust Worthiness of the New Testament.* Ramsay fue un arqueólogo escocés fallecido en 1939, profesor en la Universidad de Oxford y la mayor autoridad en la historia de Asia Menor.

Le sugiero un juego. Imagínese que le ofrezco una bolsa de terciopelo negro. La bolsa está abierta por su parte superior pero no puede ver el contenido. Le digo que la bolsa tiene una gran cantidad de bolas —no le digo cuántas— y que pueden ser blancas o negras. El juego consiste en que tome las bolas de la bolsa de una en una y compruebe cuántas blancas puede sacar hasta que extraiga una negra. Su primera extracción es una bola blanca, también la segunda, igualmente la tercera —cree que tiene buena suerte, y lo cierto es que la tiene—, saca la cuarta bola, es blanca también, y la quinta y la sexta y la séptima y la octava... Llega a pensar que no hay bolas negras en la bolsa, pero un amigo le asegura que sí y que no debe usted fiarse, que en cualquier momento sacará una negra. Pero sigue extrayendo bolas blancas. Lleva varias docenas, pero reconoce que el hecho de no haber sacado una negra no implica que no las haya.

Las evidencias arqueológicas sobre la divinidad de Jesucristo son como las bolas blancas: por muchas que extraigamos, nunca nos otorgarán la certeza de que no haya una bola negra en la bolsa. Pero desde que esta disciplina apareció en Europa en el siglo XV, de mano de los hombres de Iglesia que buscaban recuperar su pasado, solo hemos extraído bolas blancas. La geología acudió en ayuda de la arqueología (también gracias a los eclesiásticos cristianos)[672] y sacamos más bolas blancas y más rápidamente. Pero siempre hay quien espera que aparezca una bola negra, no me pregunten por qué. Solo imagino que debe de ser frustrante.

Es imposible ser exhaustivo sobre los descubrimientos arqueológicos que corroboran lo dicho por las Escrituras cristianas. Simplemente hay miles (de bolas blancas) y hasta la fecha no se ha descubierto nada, ni un artefacto, ni un documento, ni una lápida o inscripción en los cientos de yacimientos que haya desdicho lo narrado en los Evangelios (ni una sola bola negra); y es que los descubrimientos arqueológicos que hoy conocemos para reconstruir la vida y muerte (y resurrección) de Jesús «no son solo abundantes; son impresionantes».[673]

672. Nicolás Steno, obispo y beato católico danés, nacido luterano y fallecido en 1686, es considerado el padre de la geología.

673. James H. Charlesworth, citado por José María Zavala, *Últimas noticias de Jesús*, Barcelona, Planeta, 2023, p. 17. Charlesworth es un profesor universitario estadounidense nacido en 1940, director del proyecto Dead Sea Scrolls en Princeton Theological Seminary.

Para proporcionarle el mayor número de evidencias arqueológicas, propongo listar los últimos descubrimientos arqueológicos —hallazgos de las últimas décadas, y alguno anterior que considere especialmente meritorio— con el lugar o el hecho bíblico que confirma. Así, además de certificar lo que narran las Escrituras, nos apercibimos de una afortunada consecuencia: a medida que la ciencia avanza (cualquier ciencia), el espacio que queda para el escepticismo es menor, y las fisuras en las que se puede esconder la incredulidad son más pequeñas o inexistentes. Veamos:

1) **Los mosaicos de la prisión de Megido.** En el año 2005 se descubrieron en una prisión de alta seguridad israelí, que fue construida por los británicos en los años 40 del siglo pasado cerca de la antigua ciudad de Armagedón[674] (Megido, en el norte de Israel), unos mosaicos datados en el año 230. Desde su descubrimiento, han estado cubiertos sin que el público pueda visitarlos y custodiados por la Israel Antiquities Authority (IAA). Estaban en una capilla o lugar de oración de 5 por 10 metros que se ha llamado «la iglesia más antigua conocida» y han sido considerados «uno de los mayores descubrimientos hechos en Israel en un siglo».[675] Hay tres mosaicos con símbolos cristianos enormemente bien conservados en lo que era un ala de un edificio residencial usado por la Legio VI Ferrata. Encima del mayor de ellos posiblemente se celebraba la Eucaristía, y tiene un medallón con la imagen de dos peces. El pez era (y sigue siendo) un símbolo de los cristianos porque la palabra griega para «pez» *(*ΙΧΘΥΣ*)* servía como acrónimo para Jesús Cristo Dios Hijo y Salvador (I = Iesous; X = Xristos; Θ = Zeou; Y = Yios; S = Soter). Pero todavía más llamativas son las inscripciones en griego que se pueden leer perfectamente en los mosaicos. Una dice: «Gaianus, también llamado Porfirio, un centurión, nuestro hermano, habiéndolo deseado con unción, ha mandado hacer este mosaico-inscripción. Brutus ha hecho el trabajo».[676] Sabemos así que Gaianus, un centurión romano, tenía un nombre latino y otro griego y que era cristiano («nuestro hermano»). En el Nue-

674. Armagedón o Har Megiddo es el lugar donde algunos presumen que el Apocalipsis profetiza la batalla final entre el bien y el mal. «Y los congregó en un lugar llamado en hebreo Harmaguedón» (Apocalipsis 16, 16).

675. Ariel David y Ruth Schuster en *Haaretz* / Archaelogy, 3 de junio de 2024.

676. Las traducciones al inglés se pueden ver en Bryant G. Wood, «The Meggido Prison Mosaic Inscriptions», 16 de septiembre de 2024, en Biblearchaeology.org.

vo Testamento se mencionan varios centuriones romanos que eran cristianos.[677] La segunda inscripción menciona varios nombres de mujer: «Recuerda a Primilla y Ciríaca y Dorothea y también a Chreste». Cinco de las siete personas mencionadas en todas las inscripciones son mujeres. La igualdad en dignidad de la mujer y el hombre es también un signo distintivo del cristianismo, novedoso entonces (y ahora también): «No hay judío y griego, esclavo y libre, hombre y mujer, porque todos vosotros sois uno en Cristo Jesús».[678] Y he dejado la mejor para el final: la llamada «inscripción Akeptous», que dice: «Akeptous, la amiga de Dios, ha ofrecido este altar a Dios Jesucristo en conmemoración». Es decir, que tenemos otra prueba —escrita en un mosaico romano— de que los cristianos creían que Jesús era Dios y lo adoraban desde el principio de esa religión y más de un siglo antes del Concilio de Nicea. También sabemos que celebraban la Eucaristía y usaban altares para ello. Akeptous es probablemente la primera mujer cristiana, de millones que la siguieron, que usó sus bienes para embellecer el culto a su Dios. (Por ello le damos gracias desde aquí).

2) **Poncio Pilatos.** El 15 de junio de 1961 en Cesarea Marítima, una ciudad fundada en el siglo IV a. C., pero que obtuvo su mayor importancia gracias al rey Herodes (el padre, el asesino... Perdonen que me resista a llamarlo «el Grande»), que mandó construir un puerto y dedicó la ciudad a César Augusto, bueno, pues ese día y mientras se excavaba el teatro romano, la arqueóloga italiana Maria Teresa Fortuna Canivet descubrió un bloque de piedra caliza del siglo I que se convirtió en la prueba más antigua de la existencia del juez romano de Jesucristo. Esa piedra tiene una inscripción que confirma lo que dicen los Evangelios sobre la existencia de Poncio Pilatos como «gobernador de Judea».[679]

La inscripción dice:

[NAUTI]S TIBERIEUM
[PONTI]US PILATUS

677. En Mateo 8, 5-13, y Cornelio en Hechos 10, 1-5.

678. Gálatas 3, 28.

679. Lucas 3, 1: «En el año decimoquinto del imperio del emperador Tiberio, siendo Poncio Pilatos gobernador de Judea, y Herodes tetrarca de Galilea». En la Biblia se nombra a Pilatos como *hegemanos*, el líder o gobernador.

[PRAEF]ECTUS IUDA[EA]E
[REF]E[CIT][680]
(A los marinos este Tiberium[681]
Poncio Pilatos
Prefecto de Judea
Lo restauró)

Esto confirma que Poncio Pilatos fue el prefecto romano durante el tiempo de Jesucristo y refuerza la veracidad de lo narrado por los Evangelios. No ha habido ningún autor escéptico (de los cientos que han poblado la literatura bíblica)[682] que haya dudado de la existencia de Poncio Pilatos, que es un personaje menor que ha pasado a la historia solo gracias al Nuevo Testamento cristiano y a tres menciones mínimas hechas por Flavio Josefo, Filón de Alejandría y Tácito. Y sin embargo algunos de esos autores incrédulos se aventuran a negar la existencia de Jesucristo, al que también mencionan esos tres autores, además de varias docenas más.

Más recientemente se ha descubierto otra pieza arqueológica referida a Pilatos. En 2018 se consiguió descifrar la inscripción en griego en un anillo de cobre hallado en Herodión[683] que menciona «Pilatus», un nombre poco corriente, por lo que es posible que el anillo perteneciera a un sirviente del juez que envió a Jesucristo al Calvario.

3) **Osario de Caifás.** Otro personaje importante del Nuevo Testamento, y que como Poncio Pilatos no sale muy bien parado en la historia, es Caifás. Fue el sumo sacerdote que presidió la parodia de juicio que llevó a la condena de Jesucristo. Caifás fue designado sumo sacerdote por el gobernador romano Valerius Gratus en el año 18. Caifás, cuyo nombre completo era Yehosef Caifás, fue yerno de Anás, que sirvió como sumo sacerdote hasta

680. Según la interpretación que realizó Géza Alföldy, historiador romanista húngaro fallecido en 2011, citado por Zavala, *op. cit.*, p. 146.

681. «Tiberium debe ser entendido como algo de proporciones modestas. Posiblemente una pequeña estructura adjunta al teatro», Joan Taylor, *New Testament Studies*, 2006.

682. Análisis presentado en el EvC Forum por Kapyong, 7 de noviembre de 2011. Mensaje 623512 en Evcforum.net.

683. Fue una fortaleza palacio construida por Herodes padre hacia el 20 a. C, situada a doce kilómetros al sur de Jerusalén.

el año 15.[684] Caifás fue sumo sacerdote durante el tiempo en que Poncio Pilatos era prefecto de Judea, y junto con otros miembros del Sanedrín había decidido asesinar a Jesús: «Entonces se reunieron los sumos sacerdotes y los ancianos del pueblo en la casa del sumo sacerdote, llamado Caifás, y se pusieron de acuerdo para prender a Jesús a traición y darle muerte» (Mateo 26, 3-4). Fue entonces cuando Caifás pronunció unas palabras tenidas por proféticas por los cristianos: «Uno de ellos, Caifás, que era sumo sacerdote aquel año, les dijo: "Vosotros no entendéis ni palabra; no comprendéis que os conviene que uno muera por el pueblo, y que no perezca la nación entera". Esto no lo dijo por propio impulso, sino que, por ser sumo sacerdote aquel año, habló proféticamente, anunciando que Jesús iba a morir por la nación» (Juan 11, 49-51).

Casi dos mil años después, en noviembre de 1990, durante la construcción de un parque recreativo en el Bosque de la Paz, cerca de Abu Tor, un barrio del sudeste de Jerusalén, unos trabajadores encontraron una cueva artificial en piedra caliza que contenía cuatro *loculi* o nichos y cuatro osarios. La IAA localizó ocho osarios más. Basándose en los vasos, lámparas de aceite y una moneda de Herodes Agripa que se encontraron en la cueva, se determinó con seguridad que las tumbas eran del siglo I. Uno de los osarios estaba más ornamentado que los demás, tenía una inscripción con el nombre «Yehosef bar Qafa» (Iosef hijo de Caifás), o bien «esta inscripción se puede entender como Iosef de la familia Caifás».[685] Encontraron los huesos de seis personas, entre los que había un hombre adulto de unos sesenta años. Después de considerables análisis, los expertos israelís confirmaron su autenticidad y que «es muy posible que este hombre fuera Yehosef Caifás, el sumo sacerdote en tiempo de Jesús».[686] Veinte años más tarde, en 2011, arqueólogos de las universidades de Bar-Ilan y de Tel Aviv descubrieron otro osario con el nombre familiar Caifás, también certificado como auténtico por la IAA. En él se puede leer una anotación que dice: «Miriam Hija de Yeshua hijo de Caifás, sacerdotes de Ma'aziah de Beth'Imri», de tal for-

684. Estos datos están tomados de Flavio Josefo, *Antigüedades*, 18 y 20.

685. Ronny Reich, «Caiaphas Name Inscribed on Bone Boxes», Biblical Archaeology Society Library, septiembre-octubre de 1992.

686. «Ossuary of the High Priest Caiphas, 18-36 CE», en Center of Judaic Online Studies (COJS.org).

ma que «las palabras de la inscripción indican que Caifás —el padre de Yeshua y abuelo de Miriam— fue un miembro prominente de una familia de sacerdotes durante el primer siglo de nuestra era, de la familia Yehosef bar Caifás, que se hizo famoso por su participación en el juicio y crucifixión de Jesús».[687] Es decir, que muy probablemente hayan encontrado el osario de la nieta del Caifás bíblico.

4) **Cirino.** María, la madre de Jesús, y su marido, José, tuvieron que salir de Nazaret para ir a Belén por un censo ordenado por César Augusto, y «este primer empadronamiento se hizo siendo Cirino gobernador de Siria» (Lucas 2, 2). En 1991, en Antioquía de Pisidia, se encontró una inscripción en una piedra datada alrededor del año 11 a.C., conocida como *Res gestae Divi Augusti* (Hazañas del divino Augusto), que dice: «Una gran multitud vino de toda Italia para mi elección [...] cuando Publius Sulpicius (Quirinius) y Gaius Valgius fueron cónsules». Y en lo que se refiere al censo, queda confirmado por la llamada «lápida de Venecia o de Quintus Aemilius Secundus», que es una lápida sepulcral romana del siglo I encontrada en Beirut en el siglo XVII y llevada a Venecia, donde se encuentra expuesta en el Museo Nacional de Arqueología, y dice: «Quintus Aemilius Secundus, hijo de Quintus de la tribu Palatina, [...] a las órdenes de Quirinus llevé a cabo el censo del distrito de Apamea, que implicó a 117.000 ciudadanos». Se han descubierto más inscripciones y textos sobre Cirino. «He analizado los datos históricos, cada una de las inscripciones conocidas de Cirino y he concluido que lo que se sabe de Cirino desde la historia es consistente con la afirmación de Lucas».[688]

5) **Sergius Paulus.** En Hechos de los Apóstoles se menciona a un procónsul romano en Chipre que se convirtió al cristianismo por mediación de Pablo y Bernabé después de que estos retiraran la ominosa influencia de un mago y realizaran un milagro en su presencia: «Después de atravesar toda la isla hasta Pafos, encontraron a un mago, un falso profeta judío, llamado Barjesús, que estaba con el procónsul Sergio Paulo, hombre pru-

687. Boaz Zissu y Yuval Goren, «The Ossuary of Miriam Daughter of Yeshua Son of Caiphas», *Israel Exploration Journal*, n.º 61(1), 2011, p. 79.

688. Bryan Windle, «Quirinius an Archaeological Biography», 19 de diciembre de 2019, en Bible Archaeology Report. En este artículo también se explica la fecha del censo y su congruencia con los Evangelios.

dente» (13, 6-7). Ahora veamos qué tiene que decir la arqueología: las inscripciones sobre Sergius Paulus son numerosas y concluyentes (tanto que han sido calificadas como uno de los *top* 10 descubrimientos arqueológicos referidos al Nuevo Testamento).[689] En 1877 Luigi Palma di Cesnola[690] descubrió una inscripción en Solos, en el norte de Chipre, del siglo I, que dice: «Apollonius a su padre [...] consagró este recinto y monumento de acuerdo con los deseos de su familia [...] durante el tiempo del procónsul Paulus». Y la inscripción manifiesta que se compuso en el año 54 y se refiere a un suceso anterior. Es decir, que hubo un procónsul Paulus en la época en que Pablo y Bernabé se encontraron con Sergio Paulo. Otra inscripción fechada en el año 47 en Roma menciona: «Lucius Sergius Paulus sirvió como comisionado del río Tíber o bien antes o después de ser nombrado procónsul en Chipre»[691]. Se han descubierto varias inscripciones adicionales sobre Sergius Paulus en la región de Antioquía de Pisidia (en la actual Turquía) y en una de ellas se menciona a gran parte de la familia Paula incluyendo a L. Sergius Paulus. Además, Plinio el Viejo en el libro segundo de su *Historia natural* menciona a 18 autores en los que se ha basado para su obra, y entre ellos está Sergius Paulus y —también es casualidad— hace referencia a la existencia de magos y hechiceros en Chipre en el siglo I que —a juzgar por su mención— debían ser prominentes en la isla: «Había diferentes grupos de magos desde el tiempo de Moisés [...] y de hecho muchos miles siguen los caminos de Zoroastro especialmente durante tiempos recientes en la isla de Chipre».[692]

Sergio Paulo fue procónsul en Chipre, el libro de los Hechos de los Apóstoles es fidedigno y podemos decir con William Ramsay que «Lucas es un historiador de primer orden, no solo sus afirmaciones y hechos son dignos de crédito, sino que posee un verdadero sentido histórico [...], ese

689. De acuerdo con Bible Archaeology Report, 19 de enero de 2019. Hay otras clasificaciones de otros estudiosos y medios de arqueología o de historia: Biblical Archaeology Society, Aciprensa, Associates for Biblical Research, Armstrong Institute of Biblical Archaelogy Christianity Today, etcétera.

690. Arqueólogo italoestadounidense fallecido en 1904, fue el primer director del Museo Metropolitano de Arte de Nueva York.

691. Bryan Windle, «Sergius Paulus. An Archaelological Biography», 15 de noviembre de 2019, Bible Archaeology Report.

692. Plinio el Viejo, *Historia natural*, xxx, 2.

autor debe ser colocado entre los mayores historiadores de la humanidad».[693]

6) **Otras inscripciones.** Pablo decía la verdad. Ya hemos mencionado a William Mitchell Ramsay, uno de los más importantes arqueólogos del siglo xx, inicialmente anticristiano y ateo. «Había estado años preparándose deliberadamente para la anunciada tarea de dirigir una expedición y exploración en Asia Menor y Palestina, donde esperaba encontrar la evidencia de que el libro [la Biblia] era el producto de monjes ambiciosos y no el libro celestial que pretendía ser. Consideró que el punto más débil de todo el Nuevo Testamento era la historia de los viajes de Pablo. Nunca habían sido investigados en profundidad por nadie en los lugares referidos. Equipado como nunca nadie antes, partió hacia el hogar de la Biblia. Allí estuvo quince años excavando. Tras ello publicó un grueso volumen, *San Pablo, el viajero y el ciudadano romano*. El libro causó furor y consternación entre los escépticos del mundo. Su contenido era completamente inesperado porque era contrario a la intención anunciada por el autor años antes. Durante otros veinte años el mismo autor escribió libro tras libro, todos llenos de evidencia adicional confirmando la verdad exacta y precisa de todo el Nuevo Testamento y ello comprobado por las palas sobre el terreno [...] ninguna [de esas evidencias] ha sido refutada, ni he encontrado ningún intento de refutarlas».[694]

Como consecuencia de sus descubrimientos el señor Ramsay dio un paso que jamás habría imaginado: se bautizó en la fe cristiana, al igual que Pablo casi dos mil años antes.

San Pablo fue también un viajero infatigable: «Después de esto dejó Atenas y se fue a Corinto» (Hechos 18, 1), siempre difundiendo la fe en Jesucristo. «Pablo se dedicó enteramente a predicar, dando testimonio ante los judíos de que Jesús es el Mesías» (Hechos 18, 5), y convirtió a muchos a la nueva fe. Se quedó en Corinto año y medio. «Pero, siendo Galión procónsul de Acaya, los judíos se abalanzaron de común acuerdo

693. William M. Ramsay, *St. Paul the traveler and Roman Citizen*, citado por Rob Sullivan, «Cypriots, Sorcerers and Sergius», Biblearchaeology.org, 6 de abril de 2022.

694. Josh McDowell, *La nueva evidencia que demanda un veredicto*. McDowell, estadounidense nacido en 1939, es también un converso al cristianismo desde el ateísmo después de confirmar la veracidad de las Escrituras.

contra Pablo y lo condujeron al tribunal» (Hechos 18, 12). Galión era Lucius Junius Gallio Annaeanus, nacido el año 5 a. C. en Córdoba y hermano mayor de Lucius Annaeus Seneca, el filósofo estoico hispanorromano, conocido como Séneca el Joven, que fue tutor de Nerón (gran tutor, peor discípulo). Lucius Junius cambió su nombre original —Lucius Annaeus Novatus— tras ser adoptado por el senador Junius Gallio. En 1905 un equipo francés de excavación encontró en Delfos nueve fragmentos de piedra que tenían una inscripción de una copia de una carta del emperador Claudio a la ciudad: «Tiberius Claudius Caesar Augustus Germanicus investido con poder tribunicio por 12.ª vez y aclamado emperador por 26.ª, padre de la patria [...], ahora como se ha dicho que [Delfos] está desprovista de ciudadanos como mi amigo y procónsul L. Junius Gallio me ha reportado recientemente y deseando que Delfos recobre su esplendor pasado...». Esa inscripción confirma que Galión fue procónsul de Acaya, tal y como san Lucas cuenta en Hechos de los Apóstoles, y además nos ayuda a comprobar la fecha en que Pablo estuvo en Corinto, ya que los procónsules servían en su puesto durante solo un año; así que Galión (y Pablo) estuvieron en Corinto entre los años 51 y 52.

Por otro lado, Séneca, en *Naturales quaestiones*, describe a su hermano Galión como hombre incisivo que no se dejaba influir por los halagos ni por los sobornos,[695] lo que también coincide con el relato bíblico de Galión cuando dictó sentencia sobre la acusación contra san Pablo: «Galión dijo a los judíos: "Judíos, si se tratara de un crimen o de un delito grave, sería razón escucharos con paciencia; pero, si discutís de palabras, de nombres y de vuestra ley, vedlo vosotros. Yo no quiero ser juez de esos asuntos". Y les ordenó despejar el tribunal» (Hechos 18, 13-16).

Estando en Corinto, san Pablo escribe la Carta a los romanos que se recoge en el Nuevo Testamento; en ella manda recuerdos de otros cristianos de la ciudad: «Os saluda Erasto, tesorero de la ciudad, y Cuarto, el hermano» (Romanos 16, 2). Y el tal Erasto es mencionado otra vez por Pablo y también por Lucas en Hechos de los Apóstoles.[696] Es decir, que según san Pablo y san Lucas Erasto, era un cristiano que ejercía de *oikonomos* (ecóno-

695. Séneca el Joven, *Naturales quaestiones*, IV, prefacio.

696. San Pablo en la segunda Carta a Timoteo 4, 20: «Erasto se quedó en Corinto». Y en Hechos 19, 22: «Envió a Macedonia a Timoteo y Erasto».

mo, tesorero) en Corinto. Esto también se ha comprobado que es cierto gracias a la ciencia. Los arqueólogos en 1929 descubrieron una gran piedra con una inscripción cerca del teatro de Corinto cuyo texto decía: «Erasto, [como pago] por ser edil pagó este pavimento de su propio pecunio». Y el director de la excavación, Theodore Leslie Shear, identificó esta referencia con el Erasto del Nuevo Testamento.[697]

7) **Ciudades desaparecidas.** Muchas de las localizaciones mencionadas en el Nuevo Testamento eran desconocidas hasta hace menos de un siglo. Ello daba pie a que escépticos poco sutiles confundieran la ausencia de pruebas con la prueba de la ausencia. Pero la ciencia avanza (gracias a Dios y al esfuerzo de los hombres) y va recubriendo con conocimientos esa fisura. Ese proceso —vivido por él mismo— lo describe bien William Ramsay: «Puedo decir con franqueza que entré en esta investigación sin prejuicio alguno en favor de la conclusión que ahora voy a intentar justificar al lector. Al contrario, empecé con una opinión desfavorable hacia ella [...]. No estaba previsto entonces investigar el asunto minuciosamente pero más recientemente me he encontrado frecuentemente en contacto con el libro de los Hechos de los Apóstoles, que resulta ser una autoridad para la topografía, antigüedades y sociedad de Asia Menor. Gradualmente me di cuenta a través de varios detalles de que la narración mostraba una verdad maravillosa».[698]

a) Cafarnaúm (Kfar Nahum), la aldea de Nahún, uno de los profetas menores judíos que vivió en el siglo VII a.C., desapareció en el siglo XI. El Nuevo Testamento sitúa en esa villa el centro del ministerio público de Jesús: «Dejando Nazaret se estableció en Cafarnaúm, junto al mar, en el territorio de Zabulón y Neftalí» (Mateo 4, 13). Allí predicó en la sinagoga: «Y entran en Cafarnaúm y, al sábado siguiente, entra en la sinagoga a enseñar» (Marcos 1, 21). Allí instruyó a muchos: «Y bajó a Cafarnaúm, ciudad de Galilea, y los sábados les enseñaba» (Lucas 4, 31); allí sanó a muchos: «La población entera se agolpaba a la puerta. Curó a muchos enfermos de diversos males y expulsó muchos demonios» (Marcos 1, 33-34), y allí vivía san Pedro con su

697. Theodore L. Shear fue un arqueólogo estadounidense fallecido en 1945, director de las excavaciones de Corinto y del ágora de Atenas. Fue profesor en las universidades de Bonn, Barnard College, Columbia, Nueva York, Johns Hopkins y Princeton.

698. Ramsay, *St. Paul...*, *op. cit.*, cap. 1.1, Hodder and Stoughton, pp. 7-8.

familia: «Al entrar Jesús en Cafarnaúm [...]. Al llegar Jesús a la casa de Pedro, vio a su suegra en cama con fiebre» (Mateo 8, 5 y 14). Como pasa con frecuencia con las cosas cristianas, lo que parece tener importancia para ellos no la tiene para el mundo: Cafarnaúm no tenía nada que uno hubiera esperado del lugar donde se originaría la religión más extendida de la historia: «La extensión mínima de Cafarnaúm en el siglo I d. C. sería de 6 hectáreas y en todo caso no superaría las 10 hectáreas y la población en tiempo de Jesús oscilaría entre 600 y 1.500 habitantes».[699] Cafarnaúm pasó a llamarse Tel Hum[700] y fue abandonada durante la ocupación musulmana, desapareció y solo reapareció en el siglo XIX, cuando se descubrieron ruinas pertenecientes a una sinagoga, pero el lugar no se identificó como el Cafarnaúm bíblico, que seguía sin reaparecer. Décadas después, en 1866, Charles William Wilson[701] la identificó como la primera aldea cristiana. A principios del siglo XX los padres franciscanos Gaudenzio Orfali y Vendelin von Benden excavaron aquella sinagoga en la que Jesús enseñó. Y entre 1968 y 1985 descubrieron y excavaron una iglesia bizantina que había sido construida sobre una casa del siglo I, en la que unos cincuenta años después de la resurrección de Jesús se había ampliado la habitación principal y convertido en una *domus ecclesia* (casa iglesia).[702] Había pinturas de los siglos III y IV que demostraban que el lugar había sido venerado por los primeros cristianos. Unos escritos de la monja española y viajera Egeria (en el año 380) y de un peregrino anónimo de Piacenza (en el 570) manifiestan que la iglesia de Cafarnaúm se había construido encima de la casa de san Pedro.[703] Incluso con todos esos indicios, es posible que no sea la casa de san Pedro, pero teniendo en cuenta las evidencias resulta más probable que sí lo sea.

b) En el Nuevo Testamento se menciona Betsaida siete veces, más que ninguna otra ciudad, con la excepción de Jerusalén y Cafarnaúm. Betsaida

699. Puente Mayor, *op. cit.*, p. 230.

700. «Capernaum. City of Jesus and its Jewish Synagogue», Israel, Ministerio de Asuntos Exteriores, sitio arqueológico n.º 8.

701. Arqueólogo, topógrafo y militar británico muerto en 1905.

702. «Excavations at Capernaum», Custodia Terrae Sanctae. Franciscans serving the Holy Land, en Custodia.org.

703. Eric M. Myaers y Mark A. Chancey, *Alexander to Constantine. Archaeology in the Land of the Bible*, Yale University Press, 2012, p. 191, citado por Bryan Windle, en *Bible Archaeology Report*, 8 de julio de 2019.

fue el lugar donde ocurrió el milagro de los panes y los peces, y su nombre significa «casa del pescador», o bien «casa del cazador», en arameo y en hebreo, y era el lugar de nacimiento de san Pedro, su hermano san Andrés y de san Felipe: «Felipe era de Betsaida, ciudad de Andrés y de Pedro» (Juan 1, 44). «Parece que hacia el final del siglo tercero, la ciudad de los apóstoles había sido abandonada»,[704] y después perdida.[705] Pero en 2017 los estudiosos que trabajaban en el sitio arqueológico de El-Araj, en el noreste del mar de Galilea, descubrieron a escasos 200 metros de la orilla un baño de la época romana decorado con mosaicos. Aventuraron que ese tipo de construcción no podía ser un pequeño campamento judío, puesto que «no se encuentran baños romanos en aldeas judías»,[706] y que posiblemente en ese lugar se encontró la Betsaida bíblica. Muchos lo dudaron entonces,[707] pero los arqueólogos siguieron excavando y en 2019 anunciaron que habían descubierto «una estructura bizantina que identificaron como la iglesia de los Apóstoles porque san Willibaldo de Dryopolis (obispo de Eichstätt en Bavaria, del siglo VIII, nacido en Wessex, el primer peregrino a Tierra Santa de origen inglés del que se tiene noticia) estuvo en Palestina durante varios años a partir del 723 y nos dejó la noticia de que había un templo bizantino construido sobre la casa natal de Pedro y Andrés en Betsaida. En 2022 se descubrieron unas inscripciones en los mosaicos de hace más de 1.500 años que reforzaban los indicios de que Betsaida había estado allí.[708] Por un lado, una anotación en el mosaico recordaba al donante de la basílica: «Constantino, un servidor de Cristo», pero además estaba la que se llamó «la inscripción de san Pedro»: una oración de intercesión a san Pedro, que es

704. Steven Notley y Mordechai Aviam, directores del proyecto de excavación en El Araj, la probable localización de Betsaida, en *Biblical Archaeology Review*, primavera de de 2020.

705. También existe la teoría de que hubo dos Betsaidas, a saber Betsaida Julia y Betsaida de Galilea, pero ambas actualmente perdidas.

706. Steven Notley, citado en «Biblical Sites. Is El Araj Betsaida?», en Bible Archaeology Report, 11 de septiembre de 2019.

707. Por ejemplo, Rami Arav, líder de otra excavación en Et-Tell, también al norte del mar de Galilea, que asimismo pretende ser la antigua Betsaida. Sobre esta disputa, Megan Sauter, «The Great Bethsaida Debate», *Bible History Daily*, 9 de marzo de 2020.

708. Nathan Steinmeyer, «Discovering Biblical Bethsaida», *Bible History Daily*, 17 de agosto de 2022.

designado como «el jefe y comandante de los apóstoles y el guardián de las llaves del cielo».[709] Esto afianzaba la teoría de que la basílica fue construida en el lugar de nacimiento de Pedro y confirmaba la primacía de este entre todos los Apóstoles.[710]

En el verano de 2023 descubrieron nuevas evidencias de una ciudad pesquera en el siglo I: monedas, aparejos de pesca y, lo más sorprendente, un tintero, lo que desmonta la asunción de que los pescadores eran necesariamente iletrados. Ese mismo otoño descubrieron paredes enterradas que datan del siglo II o III. El descubrimiento de Betsaida y la basílica construida fue considerado el más importante descubrimiento arqueológico del mundo en 2023.[711]

8) **Piscina de Siloé.** «Y al pasar, vio Jesús a un hombre ciego de nacimiento. Y sus discípulos le preguntaron: "Maestro, ¿quién pecó: este o sus padres, para que naciera ciego?". Jesús contestó: "Ni este pecó ni sus padres, sino para que se manifiesten en él las obras de Dios. Mientras es de día tengo que hacer las obras del que me ha enviado: viene la noche y nadie podrá hacerlas. Mientras estoy en el mundo, soy la luz del mundo". Dicho esto, escupió en la tierra, hizo barro con la saliva, se lo untó en los ojos al ciego, y le dijo: "Ve a lavarte a la piscina de Siloé". Él fue, se lavó, y volvió con vista» (Juan 9, 1-7). Siloé significa «enviado». Esta piscina fue destruida y ocultada por la arena, las rocas y el tiempo después de la primera guerra judeorromana en el año 70. Los aluviones procedentes del monte Sion cubrieron el sitio hasta con cuatro metros de cieno. En el siglo V la emperatriz

709. «Ancient Greek inscription in Mosaic reveals birthplace of Apostle Saint Peter», *Ancient Origins*, n.º 22, agosto de 2022. Y Steven Notley, en *Biblical Archaeology Society Library*, invierno de 2023.

710. La primacía de Pedro está claramente establecida en las Escrituras y aceptada de forma unánime por los padres de la Iglesia, aunque haya sido discutida por variadas razones. Por ejemplo, san Cipriano de Cartago, obispo y mártir en el año 257, durante la persecución del emperador Valeriano, fue posiblemente el más importante escritor cristiano antes de san Jerónimo y san Agustín. Pensaba que la uniformidad no era conveniente ni práctica, pero sí la unidad. En el tratado *Sobre la unidad de la Iglesia católica* recuerda: «Aunque luego les dé a todos los apóstoles igual potestad, sin embargo constituyó una única cátedra [...], el primado se lo otorga a Pedro para señalar una sola Iglesia y una sola cátedra».

711. «Top Ten Discoveries in 2023», Bible Archaeology Report, 27 de diciembre de 2023. Se pueden ver las actualizaciones en <https://www.elarajexcavations.com/updates>.

Aelia Eudocia hizo construir una piscina para conmemorar el milagro de Jesús, ignorando el lugar exacto de la antigua. Ese emplazamiento fue un misterio hasta junio de 2004. Durante los trabajos realizados para reparar una cañería de agua que iba a Jerusalén aparecieron unos escalones de piedra. Los arqueólogos Ronny Reich y Eli Shukrin identificaron la histórica piscina de Siloé. Hasta entonces los estudiosos escépticos «decían que no existía la piscina de Siloé y que el evangelista san Juan estaba usando una mera presunción»,[712] pero una vez más parece que la ciencia se alió con los Evangelios para demostrar su autenticidad: «Ahora hemos encontrado la piscina de Siloé [...] exactamente donde Juan dijo que estaba [...], una Escritura que algunos pensaban que era pura teología ahora se demuestra que está basada en la historia».[713] Aquel descubrimiento fue una noticia sensacional: «La cerámica encontrada demuestra que la piscina se usaba en el siglo I».[714] «Puede que sea el *miqvah* (baño ritual) más grande jamás encontrado».[715] Pero sobre todo porque se ha hallado el lugar perdido en que Jesucristo curó a un ciego de nacimiento. Aquellos que conocían al ciego le interrogaron para saber cómo había adquirido la vista que nunca tuvo: «Él contestó: "Ese hombre que se llama Jesús hizo barro, me lo untó en los ojos y me dijo que fuese a Siloé y que me lavase. Entonces fui, me lavé, y empecé a ver"» (Juan 9, 11). Cuando leo este episodio me atrevo a decir que todos necesitamos visitar nuestra propia piscina de Siloé. Yo al menos pido al buen Dios ver mejor.

9) **Prohibido robar cadáveres.** «Edicto del césar: Es mi decisión en lo concerniente a tumbas y sepulturas [...] que estas permanezcan inmutables a perpetuidad. Pero si alguien acusa legalmente a otra persona que haya destruido o de cualquier manera haya extraído a aquel que estaba enterrado, o haya movido con mala intención a otros lugares a aquellos que estaban enterrados, cometiendo un crimen contra ellos o haya movido las piedras que cierran los sepulcros. Contra esa persona yo ordeno que se cree un tribunal de justicia [...], no se debe permitir a nadie que mueva a aquellos

712. Thomas H. Maugh II, «Biblical Pool Uncovered in Jerusalem», *Los Angeles Times*, 9 de agosto de 2005.

713. James H. Charlesworth, *ibidem*.

714. «Pool of Siloam», en Bibleplaces.com. Se pueden ver fotos antiguas, la piscina bizantina y las primeras fotografías del descubrimiento.

715. Charlesworth, *op. cit.*

que han sido enterrados, pero si alguien lo hace es mi deseo que este sufra pena capital con la acusación de robatumbas».[716] Esta inscripción de 22 líneas escritas en griego se encontró en una losa de mármol plana de 60 centímetros de largo por 37,5 de ancho en Nazaret. Fue comprada en 1879 por Wilhelm Fröhner y enviada a su colección sin ser traducida. En 1925 la adquiere la Bibliotèque Nationale en París y en 1930 Mijaíl Rostóvtsev[717] repara en su posible importancia. ¿Y cuál es su importancia?

> «¿Por qué se puso en una aldea como Nazaret, donde antes nunca había pasado nada importante, una advertencia imperial tan solemne? Todo hace pensar que la autoridad provincial relacionaba ese revuelo del cadáver robado con alguien de allí, y quiso advertir por ese procedimiento de que estaba dispuesta a tomar cartas en el asunto. En realidad, los comentarios eran sobre quién y cómo lo habrían robado, e incluso si había sido robado. Lo que nadie dudaba es que aquel cadáver ya no estaba donde lo dejaron. Había desaparecido. ¿Quién pudo ser ese personaje de una aldea perdida en Galilea cuya sepultura había dado tales quebraderos de cabeza a los funcionarios del Imperio? En el siglo I Nazaret era un poblado aislado en una ladera, lejos de las grandes vías de comunicación que cruzaban Galilea. Sus habitantes, varios centenares, vivían sobre todo de la agricultura y habitaban en unas cuevas naturales o excavadas en roca caliza, y ampliadas con una superficie explanada por delante, con paredes de adobe y una cubierta elemental. El único vecino de esa población que es notorio en la literatura antigua se llamaba Jesús. Fue condenado a muerte por el pretor romano Poncio Pilatos, y crucificado».[718]

Francisco de Zulueta[719] dató la inscripción entre el año 50 a.C. y

716. Traducido del inglés de Clyde E. Billington, en Biblearchaeology.org y en *Artifax*, primavera de 2020.

717. Mijaíl Ivánovich Rostóvtsev fue un historiador ruso fallecido en 1952. Profesor de la Universidad de San Petersburgo, tras la Revolución bolchevique huyó a Estados Unidos, donde fue profesor en las universidades de Wisconsin-Madison y Yale.

718. Francisco Varo, «Rabí Jesús de Nazaret», citado por Rafael Sanz Carrera, «Escritura Sagrada», 27 de abril de 2013.

719. Francisco María José de Zulueta fue un historiador y jurista español afincado en Inglaterra y fallecido en 1958. Hijo del conde de Torre Díaz, fue el primer católico al que se le concedió el título de Regius Professor en Inglaterra (Oxford) desde la Reforma

50 d. C.,[720] y parece claro que se refiere a enterramientos de judíos: «El edicto no menciona que se hayan excavado del suelo cadáveres o urnas funerarias. La inhumación y enterramiento en el suelo en cementerios de cadáveres o urnas funerarias con cenizas humanas era el tipo de enterramiento más común para los gentiles durante el Imperio romano. [...] El hecho de que no hubiera entierros de gentiles en tumbas con piedras de cerramiento durante el mundo romano antiguo sugiere con fuerza que la inscripción de Nazaret fue escrita para un judío o un judeocristiano y no para un gentil pagano». Y que se escribiera un rescripto o edicto del césar para esta eventualidad es una anormalidad: «Con la excepción de la inscripción de Nazaret, no hay otra referencia en todo el derecho romano a una pena de muerte impuesta para aquel que abre una tumba y roba un cadáver».[721] Y es que el edicto romano no menciona penas para aquellos que roban las tumbas —algo más frecuente—, sino para aquellos que roban cadáveres, algo inaudito en el mundo antiguo.[722]

Recordemos que la explicación que dieron los judíos para el sepulcro vacío de Jesucristo fue que sus adeptos habían robado el cadáver. La desaparición del cuerpo de Jesús debió causar considerable conmoción, y la única explicación posible para ese rescripto del césar es que se estaba haciendo eco de aquella acusación. Aunque la inscripción en esta piedra de mármol no demuestra que Jesús resucitara, es un indicio muy sólido de que entonces se alegó que su cadáver había sido robado, de modo que necesariamente sabemos que había desaparecido.

---

protestante. Amigo de J. R. R. Tolkien y primo del cardenal Merry del Val, secretario de Estado del papa san Pío X.

720. Frank Brown piensa que el edicto es del siglo II porque no pudo ser escrito durante el reinado de un rey judío sobre Galilea. Esto se ha demostrado falso, puesto que se han encontrado otros edictos y rescriptos romanos dictados en tiempos de reyes judíos. Flavio Josefo manifiesta que los gobernadores romanos tenían autoridad sobre los reyes y autoridades judías. Clyde Billington, *op. cit.*

721. Billington, *op. cit.*

722. Algún autor considera que el edicto no fue escrito con referencia a Jesucristo basándose en que la piedra de mármol tiene origen en una isla griega. Esa teoría se ha demostrado poco fundamentada puesto que «casi todo el mármol en Israel antiguo era importado debido a la falta de fuentes locales [...], y hay una conexión histórica cercana entre la isla de Kos y Galilea». Bryan Windle, «New Study on Nazaret Inscription», Associates for Biblical Research, 2 de marzo de 2020.

10) **Crucificado.** La crucifixión parece que fue *inventada* por los asirios y los babilonios y luego usada por los persas, los cartagineses y los romanos y hasta la actualidad.[723] «Una estimación conservadora es que en el periodo romano se crucificó a 300.000 personas, principalmente en Europa, pero una cifra de dos millones es más realista».[724] Y de todos los crucificados que en el mundo han sido, el más famoso es Jesús de Nazaret.

No hay prácticamente estudioso o académico alguno que dude de la crucifixión de Jesucristo. Todas las fuentes antiguas (cristianas y no cristianas) son unánimes al respecto,[725] y además hay representaciones de Jesucristo crucificado que nos han llegado desde el siglo I. La primera de la que tenemos referencia es el llamado «grafiti de Alexámenos», una representación de la crucifixión de Jesucristo datada en el año 85, a la que acompaña un texto griego; fue encontrada en 1857 en el monte Palatino de Roma. La imagen muestra a un hombre crucificado con cabeza de asno y a su izquierda otro hombre que levanta una mano. Debajo, un texto en griego grabado con punzón sobre la pared dice: «Alexámenos adora a su Dios», una inscripción que parece tener intención satírica contra los cristianos y contra uno en particular —Alexámenos—. La representación de Jesucristo crucificado con cabeza de burro proviene de la acusación que se dirigía entonces contra los cristianos de adorar a un asno.[726] En la habitación contigua aparece otro grafiti que dice: «Alexamenos fidelis», que viene a ser una réplica a lo anterior, proclama a Alexámenos como cristiano y establece que «es fiel». Resulta ejemplarizante constatar que el primero que dibujó una cruz cristiana fue un pagano con la intención de ofender a un cristiano, y que gracias a él tenemos una prueba

723. En Arabia Saudí existe la pena de muerte por crucifixión de forma legal y se aplica después de la decapitación del condenado. Por otro lado, ISIS y otros grupos terroristas islámicos practican la crucifixión principalmente de cristianos. Véase «Crucifixion from Ancient Rome to Modern Syria», *BBC News*, 8 de mayo de 2014.

724. Ruben van Wingerden, autor de *Roman Crucifixion*, en una entrevista publicada el 11 de marzo de 2024 en *Tilburg University News.*

725. Mara bar Serapión, Celso, Flavio Josefo, Tácito, el Talmud, *Toledot Yeshu*, etcétera. En contra de toda evidencia y sin ofrecer ninguna, el islam propugna que Jesús no fue crucificado: Corán 4, 157.

726. Por ejemplo, mencionado por Marcus Cornelius Fronto, tutor de Marco Aurelio, en un discurso preservado en *Octavius*, de Minucius Felix. Y también por Tertuliano en *A las naciones.* «Alexamenos Graffito», Universidad de Chicago, <https://penelope.uchicago.edu>.

de que los cristianos «adoraban» a Jesucristo como a «su Dios» ya desde el siglo I. Y cuando parecía que el burlador iba a tener la última palabra, aparece el cristiano y declara con rotundidad su fidelidad a Jesucristo. (Usted, como yo, puede buscar paralelismos con otras situaciones históricas del cristianismo hasta llegar al momento actual).

En 1968 un equipo de construcción del Ministerio de Vivienda israelí estaba trabajando en el nordeste de Jerusalén cuando descubrieron un enterramiento. En él los arqueólogos encontraron muchos osarios, y uno de ellos contenía el talón de un hombre crucificado. Su nombre, «Yehohanan, hijo de Hagakol»; debía tener entre 24 y 26 años cuando murió crucificado; sus allegados intentaron retirarlo de la cruz, el clavo acompañó al pie, quedó clavado en el talón y así lo enterraron. Se han datado los huesos y el clavo: son del siglo I. A Yehohanan sí le quebraron las rodillas cuando lo crucificaron, tal y como dicen las Escrituras que hicieron con los acompañantes de Jesucristo, y le clavaron cada pie por separado.[727] «Este descubrimiento confirma la descripción de la crucifixión de la Biblia, incluyendo los clavos en los pies y el quebramiento de las piernas. Aún más: también da respuesta a los críticos que argumentaban que Jesús no podía haber sido enterrado en la tumba de José de Arimatea porque un criminal crucificado no podía ser dignificado con un enterramiento apropiado».[728] «A este, entregado conforme al plan que Dios tenía establecido y previsto, lo matasteis, clavándolo a una cruz por manos de hombres inicuos» (Hechos 2, 23).

11) **El nombre de Dios.** En el año 2022, gracias a la invención de la tomografía computarizada, fue posible desvelar un texto inscrito en una tableta del final de la era del bronce (1400-1200 a. C.) que se había descubierto en el monte Ebal, cerca de la ciudad de Nablus, en Israel. «Esta pequeña "tableta de maldiciones", una hoja de plomo doblada de 2 × 2 centímetros que puede ser uno de los mayores descubrimientos arqueológicos de la historia, [...] la primera vez comprobada en que se usa el nombre de Dios en la tierra de Israel y retrasa el reloj certificando que los israelitas estaban alfabetizados ya cuando entraron en Tierra Santa, y por tanto podrían haber

727. John J. Javis, «Rethinking the Crucified Man from Giv'at Ha-Mitvar», Bible and Spade, otoño de 2002.

728. «Top Ten Discoveries in Biblical Archaeology Relating to the New Testament», Bible Archaeology Report, 19 de enero de 2019.

escrito la Biblia al tiempo que los sucesos que documentaba tuvieron lugar».[729]

Los epigrafistas Gershon Galil, de la Universidad de Haifa, y Pieter Gert van der Veen, de la Johannes Gutemberg de Maguncia, realizaron escaneos tomográficos de la tablilla para averiguar los textos ocultos inscritos en una forma temprana de hebreo. Otros científicos, de la Academia de Ciencias de la República Checa, también intervinieron en la transcripción. Son solo 48 letras e incluyen una maldición, pero también la primera mención del Dios de Israel: «Tú estás maldito por el YHWH. Morirás maldito. Maldito seguramente morirás. Maldecido estás por YHWH, maldito». Resulta más que interesante que esta tablilla con un texto con una maldición ritual se haya encontrado precisamente en el monte Ebal, conocido como «el Monte de la Maldición», un título que le viene dado por la Biblia : «Cuando el Señor, tu Dios, te introduzca en la tierra adonde vas a entrar para tomarla en posesión, darás la bendición en el monte Garizín y la maldición en el monte Ebal» (Deuteronomio 11, 29).[730] Y esa maldición, de acuerdo con la Biblia, fue realizada por Josué en un altar colocado en ese monte. Además, esta tableta demuestra que el pueblo judío era monoteísta y ya adoraba a YHWH entre 1.200-1.400 años antes de Jesucristo, y puesto que por aquel entonces sabían y podían escribir, no hay impedimento para que hayan podido escribir los textos del Antiguo Testamento. «De hecho el equipo [descubridor] afirma que la tableta es evidencia de que ciertos libros de la Biblia hebrea podían haber sido escritos siglos antes de lo que muchos académicos pensaban previamente».[731] «El escriba que trazó este texto, créanme, podría haber escrito cada capítulo de la Biblia».[732]

Hay autores críticos con el descubrimiento del monte Ebal. Pero el equipo que descubrió la tablilla ha respondido a todas las objeciones y anuncia otros análisis para corroborar su hallazgo. Es posible que la tablilla del monte Ebal no sea lo que parece, pero resulta inquietante que los reparos

729. Amanda Borschel-Dan, «Archaeologist Claims to Find Oldest Hebrew Text in Israel, Including the Name of God», *The Times of Israel*, 24 de marzo de 2022.

730. También aparece en Deuteronomio 27 y en Josué 8.

731. Nathan Stenmeyer, «An Early Israelite Curse Inscription from Mt. Ebal?», *Bible History Daily*, 19 de mayo de 2023.

732. Geshon Galil, uno de los descubridores de la tableta, profesor en la Universidad de Haifa, en Natahn Stenmeyer, *op. cit.*

contra el descubrimiento sean en mayor medida impugnaciones contra quienes realizaron el descubrimiento y por lo que significa ese descubrimiento. El equipo del monte Ebal, dirigido por el doctor Scott Stripling, estaba comisionado por Associates for Biblical Research (ABR), una organización cristiana evangélica. Se publicaron varios artículos despreciativos antes de que el equipo arqueológico presentara sus evidencias;[733] los ataques o bien estaban dirigidos contra los arqueólogos: «Es un grupo de evangélicos que no está interesado en descubrimientos y ciencia [...], es parte de su proceso misionero de profecías mesiánicas»,[734] o bien manifestaban en su crudeza los prejuicios derivados del escepticismo. Según los descreídos, ningún descubrimiento puede corroborar la Biblia, puesto que los sucesos descritos simplemente no han ocurrido. No importa qué evidencias haya: «Cualquier intento de conectar los eventos [de la Biblia] con los descubrimientos en el lugar están condenados al fracaso».[735]

Sin embargo, las pruebas son capaces de cambiar (algunos) prejuicios de (algunas) personas. El antiguo director de las excavaciones en el monte Ebal, Adam Zertal,[736] admitía: «Mis antecedentes académicos hacían difícil para mí aceptar la idea de que el altar de Josué fuera una realidad tangible, [...] yo pensaba que la Biblia estaba llena de mitos». Pero confrontado con la evidencia afirmó: «Puesto que hemos encontrado evidencias materiales de la historia tan antigua como la de Josué, quién sabe cómo de lejos nos puede llevar el estudio arqueológico».[737]

12) **Jesucristo Hijo de Dios,** Señor del Mundo. En 2018 en un enterramiento en la antigua ciudad romana de Nida, al noroeste de la actual Frankfurt, se encontró un cadáver de un hombre de entre 35 y 45 años,

733. Nir Hasson, «From West Bank Debris to Evangelical Hands», *Haaretz* (periódico israelí de tendencia antirreligiosa), 4 de abril de 2022. Más ejemplos, en Christopher Eames, «Mt. Ebal Inscription. The Backlash Begins», Armstrong Institute of Biblical Archaeology, 14 de mayo de 2022.

734. Alon Arad (CEO de Emek Shaveh, una ONG israelí), *ibidem*.

735. Anshell Pfeffer, *ibidem*.

736. Adam Zertal fue un arqueólogo israelí y profesor de la Universidad de Haifa, fallecido en 2015. Desenterró lo que se cree que es el altar de Josué en el monte Ebal.

737. Adam Zertal, «Breaking News. Ancient Hebrew "Curse Tablet" Discovered ate Joshua's altar on Mt. Ebal», Armstrong Institute of Biblical Archaeology, 24 de marzo de 2022.

muerto entre los años 230 y 260.[738] Debajo de la barbilla tenía un amuleto de plata de apenas 3,5 centímetros, la cinta que probablemente lo sujetaba a su cuello hacía mucho tiempo que había desaparecido. La cápsula contenía un papel de plata enrollado. En 2019 se analizó por rayos X y se observó que el pergamino estaba escrito, pero no se podía desenrollar físicamente pues se hubiera desintegrado. En mayo de 2024 y gracias al uso de la tomografía computarizada avanzada, un método no invasivo, los investigadores del Leibniz Center of Archaeology en Maguncia pudieron desenrollar de forma digital un pergamino. La imagen digital mostró un texto latino de 18 líneas:

> En nombre de san Tito, santo, santo, santo. ¡En el nombre de Jesucristo, Hijo de Dios! El Señor del Mundo resiste con fuerza todos los ataques. Dios concede acceso al bienestar, los medios de salvación, protege a la persona que se entrega a la voluntad del Señor Jesucristo, el Hijo de Dios, puesto que delante de Jesucristo todas las rodillas se doblan ante Jesucristo: las celestes, las terrestres y las subterráneas, y toda lengua confiesa a Jesucristo.

Este descubrimiento nos da muchas pistas sobre lo que creían los primeros cristianos; confirma algunas ideas y rebate otras. Por un lado, «el contenido puramente cristiano es extraordinario [...], hay ausencia de referencias a Yavé, ángeles o deidades paganas, lo que subraya su naturaleza exclusivamente cristiana».[739] Una vez más, deja claro que los primeros cristianos ya consideraban a Jesucristo como Dios, y también Hijo de Dios. Además, confirma que mostraban devoción por los santos, a quienes se encomendaban. (San Tito es el discípulo y confidente de san Pablo). Por otro lado, «nunca ha habido una evidencia tan temprana del cristianismo al norte de los Alpes, [...] al norte de las regiones alpinas del Imperio romano generalmente datan solo del siglo IV».[740] Es decir, que este descubrimiento cambia las referencias temporales en por lo menos un siglo. Pero es que todavía hay

738. «Francfort Silver Inscription», en el sitio web del Museo Arqueológico de Frankfurt, <archaeologisches-museum-frankfurt.de>.

739. Markus Scholz, de la Goethe University, en *Archaeology News*, 15 de diciembre de 2024.

740. <archaeologisches-museum-frankfurt.de>.

más, la invocación «santo, santo, santo», el llamado Τρισάγιον (tres veces santo, en español trisagio) es un himno en honor de la Santísima Trinidad. Y este texto al final contiene casi literalmente una cita de la Carta de san Pablo a los filipenses: «De modo que al nombre de Jesús toda rodilla se doble en el cielo, en la tierra, en el abismo, y toda lengua proclame: Jesucristo es Señor» (Filipenses 2, 10-11).

Terminamos aquí este recorrido. Hay cientos de bolas blancas adicionales que podríamos incluir pero ninguna negra. En palabras de John McRay: «La arqueología no ha producido nada que esté inequívocamente en contradicción con la Biblia. Al contrario, como hemos visto, ha habido muchas opiniones de estudiosos escépticos que habían sido codificadas como "hechos" a lo largo de los años y que la arqueología ha demostrado que están equivocadas».[741]

741. Strobel, *op. cit.*, p. 108. McRay fue un arqueólogo estadounidense fallecido en 2018. Fue profesor del Wheaton College en Chicago. Director de varias excavaciones en Israel y autor de *Arqueología y Nuevo Testamento*, libro de texto usado extensamente en universidades de Estados Unidos.

29
«Este es mi cuerpo»

> Que existen lo que yo o cualquier otro llamaría fuerzas sobrenaturales en acción es ahora un hecho científico comprobado.
>
> Robert Jastrow[742]

> Mientras comían, Jesús tomó pan y, después de pronunciar la bendición, lo partió, lo dio a los discípulos y les dijo: «Tomad, comed: esto es mi cuerpo». Después tomó el cáliz, pronunció la acción de gracias y dijo: «Bebed todos; porque esta es mi sangre de la alianza, que es derramada por muchos para el perdón de los pecados. Y os digo que desde ahora ya no beberé del fruto de la vid hasta el día que beba con vosotros el vino nuevo en el reino de mi Padre.
>
> Mateo 26, 26-30[743]

Este libro no pretende ser un escrito de teología y tampoco discernir entre las distintas variantes de cristianismo. Todos los cristianos profesan que Jesucristo es Dios y de las evidencias que existen de esa creencia es de lo

742. Entrevista con Robert Jastrow en *Christianity Today*, 6 de agosto de 1982. Jastrow fue un astrónomo estadounidense fallecido en 2008. Fue el primer presidente del comité de la NASA durante el proyecto Apolo, profesor de Geofísica en la Universidad de Columbia y director del observatorio Mount Wilson en California. Se manifestó como «agnóstico y no creyente», pero con el descubrimiento y las evidencias del *big bang* se convirtió en teísta y manifestó la necesidad científica de la existencia de un Creador.

743. También en Marcos 14, 22-26 y en Lucas 22, 15-20.

que estamos tratando. Creemos que, dadas las evidencias, ser cristiano es la más razonable de las alternativas. Sin embargo, también entre los cristianos existen divisiones (algo que es lamentable pero no sorprendente) y hay unas pruebas de la divinidad de Jesucristo que afectan a una doctrina que divide a los cristianos: los llamados «milagros eucarísticos», que además de apuntar poderosamente a la divinidad de Jesucristo también demuestran lo que se llama «presencia real de Jesucristo en la Eucaristía» (aceptada por los cristianos católicos, ortodoxos, anglicanos y parte de los protestantes, pero rechazado por otros). Hemos dudado incluir este capítulo porque podría incomodar a algunos cristianos, pero finalmente hemos decidido abordarlo por tres razones:

1) Estos sucesos extraordinarios (llamados «milagros») son realmente pruebas científicas de la divinidad de Jesucristo (no se me ocurre de qué otra cosa pueden ser pruebas). Los hechos que vamos a descubrir disipan cualquier desconfianza.

2) Si Jesucristo es el origen de esos llamados milagros, los ha realizado con el ánimo de que se conozcan. No estaríamos cumpliendo con Su voluntad si los omitiéramos.

3) Cuando discernía sobre el asunto me acordé de la frase del salmo «que se me pegue la lengua al paladar»,[744] e intento estar atento a los susurros de la Providencia.

La víspera de ser asesinado, Jesucristo reunió a sus amigos para celebrar la Pascua judía, fue su última cena y fue entonces cuando Él instauró la Eucaristía (nombre que en griego quiere decir «gracias» o «dar gracias»). Desde entonces los cristianos celebran y recuerdan aquella última cena repitiendo las palabras que Jesús utilizó. En virtud del poder divino de Jesucristo y haciendo honor a su promesa, durante la consagración, en la plegaria eucarística —una oración especial que recita el presbítero—, la sustancia del pan se convierte en la sustancia del cuerpo de Cristo y la sustancia del vino en su sangre. Es la transustanciación. Esta doctrina acompaña a los cristianos des-

744. Salmos 136: «Que se me pegue la lengua al paladar si no me acuerdo de ti, si no pongo a Jerusalén en la cumbre de mis alegrías». Es la que se llama «Balada del desterrado», y evoca la caída de Jerusalén a los israelitas desterrados en Babilonia.

de el principio de su religión. El primer texto al respecto se encuentra en la Primera Carta de san Pablo a los corintios,[745] escrita apenas una veintena de años tras la muerte de Jesús. San Ignacio de Antioquía, antes del año 100, ya decía: «Yo deseo el pan de Dios, el pan del cielo, el pan de vida, que es la carne de Jesucristo, el Hijo de Dios [...] y deseo la bebida de Dios, a saber, Su sangre, que es amor incorruptible y vida eterna».[746] Por otro lado, san Cirilo de Jerusalén, padre del Concilio de Nicea, ya la mencionaba como doctrina aceptada en su *Catequesis*, escrita en el año 347.[747]

Tras la consagración, Jesucristo está realmente en el pan y en el vino consagrados. Es lo que se llama la «presencia real», y en ella creen los cristianos católicos, los ortodoxos, los anglicanos (aunque ellos no discuten de qué forma ocurre este misterio) y los luteranos (que la aceptan, pero a través de la «consustanciación», otro proceso distinto).

Los milagros eucarísticos son hechos sobrenaturales referidos a la Eucaristía que no tienen posible explicación natural. Estos fenómenos inexplicables tienen varias posibles manifestaciones: hostias de pan consagradas que se transforman en tejidos miocárdicos, o que manan sangre, o que se conservan sin corromperse durante periodos extremadamente largos, o que no se queman al ser arrojadas al fuego... Todo lo anterior resulta incomprensible para nuestra mentalidad racionalista, pero —citando a santo Tomás de Aquino— «contra los hechos no valen los argumentos», y los hechos son inapelables. Esas situaciones, sin explicación natural, han ocurrido y ocurren, y existen las pruebas que lo demuestran. Pero si no desea creer en ellos —aunque las evidencias sean abrumadoras— no tiene por qué hacerlo, incluso si es usted católico, ortodoxo, anglicano..., porque forman parte de lo que la Iglesia católica considera «revelaciones privadas» a las que no existe obligación doctrinal a adherirse.

745. 1 Corintios 10, 16: «El cáliz de la bendición que bendecimos es comunión de la sangre de Cristo y el pan que partimos es comunión del cuerpo de Cristo». Y también en 1 Corintios 11, 23-29.

746. San Ignacio de Antioquía, Carta a los romanos, VII.

747. Los concilios recogen la fe muy posteriormente. En este caso, en el IV Concilio de Letrán en 1215. Las constituciones dogmáticas de los concilios no inventan creencias, sino que plasman en palabras lo que los cristianos creen. La creencia en la transustanciación fue aceptada unánimemente hasta el siglo XI, con Berengarius, que primero la puso en duda y finalmente se retractó.

Estos sucesos extraordinarios referidos a la Eucaristía han sucedido —así lo atestigua la historia— desde principios del cristianismo, y en muchas ocasiones parecen ocurrir cuando los sacerdotes que celebran tienen dudas de la presencia real. Así, el primer milagro eucarístico nos ha llegado desde los siglos III-IV y está recogido en los *Apotegmas de los Padres del Desierto*,[748] narrado por el padre Daniel el Faranita y referido a un monje de Scete que no creía en la presencia real y a quien el pan y el vino se convirtieron en carne y sangre durante la consagración.[749]

Entiendo que si no había oído hablar de estos milagros (algo que sorprendentemente es muy común) o incluso si había oído hablar de ellos, resulte difícil digerir que en el siglo XXI haya formas consagradas sangrantes o bien hostias incorruptibles, y que la ciencia no pueda dar cuenta de razones naturales para esos hechos. Resulta tan extraordinario que una reacción frecuente es repudiar todo el asunto y evitar que nos moleste. «No encuentro explicación —decimos—, pero eso no quiere decir que no la haya. Y puesto que seguro que la hay, el no conocerla solo demuestra mi ignorancia, así que mejor nos olvidamos del asunto». Este mecanismo es una mezcla de desidia y soberbia (la razón por la que muchos dejan de alcanzar la Verdad). Pero la lógica correcta habría de ser: habiendo excluido todas las causas naturales que puedan explicar esos hechos presuntamente milagrosos, la única explicación posible es debida a causas sobrenaturales.

Una posible objeción es que esos supuestos milagros se han producido en otras épocas, y que habiendo ocurrido en una lejana antigüedad, bien podría tratarse de acontecimientos ordinarios exagerados por las narraciones sucesivas y de los que no podemos tener evidencia alguna. Pero los milagros eucarísticos han ocurrido en todas las épocas; de hecho, parecen haberse multiplicado en los últimos tiempos —aunque es posible que se deba a que hay más medios para registrarlos—. El último del que tenemos constancia es el milagro de Legnica en Polonia, de 2013, y posiblemente otro en Búfalo, Estados Unidos, en 2018.

748. Los apotegmas o dichos de los Padres del Desierto son varias colecciones de historias referidas a los monjes ermitaños y anacoretas que abandonaron las ciudades del Imperio romano para mejor vivir su fe en el desierto de la provincia romana de Egipto, a partir de los siglos III y IV. Se conserva una versión del siglo V.

749. Dichos de los Padres del Desierto, 189, o bien Daniel de Farán, 7. Se puede leer la colección alfabética en Archive.org, en traducción española del padre Martín Elizalde.

Otro posible reparo es que han ocurrido siempre en los mismos lugares, lo que podría indicar que hay algún o algunos falsarios especialistas que operan en ciertas zonas. Pero eso tampoco es así: gracias a Carlo Acutis,[750] gran divulgador de estos hechos milagrosos, se celebró una Exposición Internacional en cuyo catálogo[751] se recogen 158 milagros en sitios tan variados como Austria, Argentina, Alemania, Bélgica, India, Colombia, Egipto, España, Francia, Italia, México, isla de la Reunión, Holanda, Perú, Polonia, Portugal, Croacia, Venezuela, isla de Martinica y Suiza. Italia es el que cuenta con mayor densidad, con 32 milagros, seguida de España con 20.

Una tercera posible objeción es que han sido testimoniados solo por curas y monjas, cuyo interés es que los creamos. Hay cierta falta de lógica en esta objeción: no se entiende por qué un eclesiástico iba a mentir para sostener una creencia que él sabe falsa. Nadie se hace trampas al solitario en asuntos en los que le va la vida. Esto tampoco es correcto, ya que ha habido cientos, miles de testigos de las primeras ocurrencias de esos acontecimientos, y centenares de miles si no millones desde entonces, la mayoría laicos y muchos inicialmente escépticos.

Pero es que además —y tristemente— la realidad ha sido en bastantes ocasiones la contraria. Alguna jerarquía eclesiástica ha sido responsable de la destrucción de varios posibles milagros eucarísticos y de su ocultamiento (algo inexplicable para todos y escandaloso para los cristianos). Dos ejemplos:

a) En 2006 en la parroquia de Nuestra Señora del Divino Amor de Campoalegre, en Colombia, durante la Semana Santa encontraron una hostia consagrada que aparentemente había sangrado. Monseñor Ramón Darío Molina Jaramillo, obispo de Neiva, mandó que se guardara reverentemente en el sagrario. Varios médicos constataron que el líquido presente en la Sagrada Forma era sangre y se programaron otros estudios, pero en 2012 monseñor Froilán Tiberio Casas Ortiz fue nombrado nuevo obispo de Nei-

750. Joven beato católico italiano que pronto será elevado a santo, gran devoto de la Eucaristía y fallecido en 2006. La Exposición Internacional ha visitado más de 10.000 parroquias y salas de exhibición en todo el mundo.

751. Para los detalles de esa exposición, <www.therealpresence.org> (resulta difícil acceder a este sitio web incluso accediendo con distintos buscadores), y para la lista de los milagros, <https://www.miracolieucaristici.org/es/liste/list.html>.

va, se presentó en Campoalegre «y destruyó él mismo la hostia enfrente de su sobrecogido párroco y la enterró en el jardín».[752] Varios estudiosos y periodistas reclamaron explicaciones al obispo, pero no obtuvieron respuesta.[753]

b) En noviembre de 2018 en la parroquia de San Vicente Paul en Springbrook, en la diócesis de Búfalo, en Nueva York, una hostia consagrada puesta a disolver en agua[754] se había tornado rojo brillante y tras unos días cambió a color marrón.[755] El párroco informó a su obispo, monseñor Richard Joseph Malone, y este ordenó al desconcertado párroco destruir el posible milagro eucarístico y que no se realizara ninguna investigación. El suceso salió a la luz gracias a EWTN,[756] que mostró las imágenes del acontecimiento y entrevistó a varios parroquianos testigos.[757]

Otra objeción en contra de los supuestos milagros eucarísticos podría ser que no se han estudiado científicamente y que, por tanto, no se puede constatar la sobrenaturalidad al no descartarse todas las posibles causas naturales. Esto tampoco se corresponde con la realidad: los milagros eucarísticos de Lanciano (del siglo VIII), de Buenos Aires (cinco sucesos distintos entre 1992 y 1996), de Tixla (México, 2006), de Sokolka (Polonia, 2008) y Legnica (Polonia, 2013) sí han sido estudiados en profundidad, y la conclusión es que no hay ninguna explicación natural. En todos ellos ha aparecido sangre humana y tejido cardiaco y células vivas y ADN, y en todos ellos ha

752. Franco Serafini, *A Cardiologist Examines Jesus*, Mánchester, Sophia Institute Press, 2021, p. 107.

753. El papa Francisco aceptó la renuncia de monseñor Froilán Tiberio en 2023, antes de que el prelado tuviera la preceptiva edad de jubilación, 75 años.

754. El procedimiento correcto para disponer de hostias consagradas que se hayan caído o manchado, o que no se puedan consumir, es disolverlas en agua mientras se guardan en lugar sagrado y tras la disolución disponer el agua en el *sacrarium* (lavabo especial con drenaje directamente a la tierra, no al desagüe).

755. Existen fotografías del suceso que se pueden encontrar online.

756. *The World Over*, 6 de diciembre de 2018, <https://www.youtube.com/watch?v=X22I-fz8x9U>.

757. El papa Francisco aceptó la renuncia de monseñor Richard Joseph un año después del supuesto milagro eucarístico, en diciembre de 2019, en medio de un escándalo de encubrimiento de abusos sexuales, así como de desviación de fondos de la diócesis por parte del obispo.

quedado constatado repetidas veces, por laboratorios *ciegos* (que ignoraban de dónde procedían los especímenes) y sin relación con ninguna Iglesia y por profesionales que en muchos casos no eran religiosos, al menos al principio de sus experimentos. Además, hay otro tipo de milagros eucarísticos más evidentes, menos aparatosos pero igualmente inexplicables desde el naturalismo. Hay formas de pan consagrado que sencillamente no se corrompen.

Un cuerpo humano muerto tarda entre dos semanas y hasta dos años en descomponerse. El pan tarda entre cinco y siete días en empezar a corromperse si no está refrigerado, pero puede tardar semanas o incluso unos pocos meses en pudrirse dependiendo de la temperatura y la humedad. Sin embargo, en los milagros eucarísticos el pan consagrado se ha preservado en perfectas condiciones durante años, décadas o siglos. No existe ninguna explicación natural. Un ejemplo es el de Moraleja de Enmedio, un pueblo de la Comunidad de Madrid. Entre 1931 y 1939 hubo en España la mayor persecución contra los cristianos de la historia (mayor que las de Nerón o Diocleciano). Esa persecución que empezó con la proclamación de la Segunda República en 1931, tomó tintes de genocidio tras el inicio de la Guerra Civil en 1936 y hasta su conclusión tres años después. Durante esos años murieron decenas de miles de cristianos (principalmente católicos, aunque no solo) por el simple hecho de profesar esa religión. Además, se asesinó a trece obispos (todos los que tuvieron la mala fortuna de estar en la zona socialcomunista durante la guerra) y a más de 4.000 sacerdotes y casi 2.500 frailes y 500 monjas, en muchas ocasiones con violencia y crueldad posiblemente demoniacas pero en cualquier caso difíciles de describir. Hubo diócesis en las que martirizaron a prácticamente todo el clero.[758] El consuelo para los creyentes es que, como consecuencia de tanto odio, España es el país que cuenta con más santos y beatos en el martirologio romano, más del 50 por ciento del total. En julio de 1936, tras estallar la Guerra Civil, el párroco de Moraleja de Enmedio, don Clemente Díaz Arévalo, escapó disfrazado de pastor de una muerte segura. Antes de huir y con el temor de que las formas que ya estaban consagradas fueran profanadas —había unas cin-

758. Javier Paredes, «España 1936-1939. La mayor persecución religiosa en 2.000 años de cristianismo, a cargo de socialistas y comunistas», *Hispanidad*, 24 de octubre de 2021. Paredes es catedrático emérito de Historia Contemporánea de la Universidad de Alcalá.

cuenta—, las depositó en un copón y se las entregó a su madre para su custodia. Desde entonces, y para evitar que los milicianos socialcomunistas las encontraran en los frecuentes registros a que sometían a la población, fueron pasando de casa en casa, siendo custodiadas por mujeres del pueblo, las Marías de los Sagrarios.[759] El 24 de octubre la casa en que se encontraban las formas consagradas fue ocupada por los milicianos y el copón tuvo que ser escondido entre las vigas de la bodega. Tras la liberación de Moraleja de Enmedio en 1937, se recuperaron las formas incorruptas allí donde se habían escondido y se trasladaron a la iglesia de San Millán, entonces en reparación. Desde entonces se pueden observar en perfecto estado en un copón transparente tras casi un siglo de haber sido consagradas. Se han consumido ocho formas de las veinticuatro que había originalmente, dos de ellas por los antiguos obispos de la diócesis de Getafe, monseñor Francisco José Pérez y Fernández Golfín y monseñor Joaquín María López de Andújar, y la última en 2013. Ellos atestiguaron de las hostias consagradas que «su forma, su tamaño, su textura y su sabor no habían sufrido ningún daño».[760]

Hay otros milagros eucarísticos más espectaculares y que desafían todavía más a la ciencia. En 1572 unos seguidores de Zwinglio[761] pagados por el príncipe de Orange invadieron la ciudad holandesa de Gorkum, entraron en la catedral, rompieron el tabernáculo, extrajeron el Santísimo Sacramento de la custodia en que estaba y lo arrojaron al suelo. Uno de los soldados pisó la hostia con su bota claveteada y le produjo tres agujeros. Hasta aquí nada anormal. (En realidad todo muy anormal, pero usted me entiende). Pero entonces de los agujeros producidos en la hostia empezó a manar sangre. Uno de los mercenarios, arrepentido tras la visión del milagro, puso la sagrada forma a salvo, y se custodió por católicos holandeses hasta que pasó en 1594 a España a manos del rey Felipe II, que la dejó para su veneración en el monasterio de El Escorial, donde está expuesta. Si usted es escéptico,

759. La obra de las Marías de los Sagrarios, mujeres seglares centradas en el culto al Santísimo Sacramento, fue fundada en 1910 por san Manuel González García, obispo español fallecido en 1940.

760. Noticia en Aciprensa del 14 julio de 2021, firmada por Blanca Ruiz.

761. Ulrico Zwinglio fue un sacerdote suizo, fallecido en 1531, uno de los líderes de la Reforma protestante. A diferencia de Lutero, no creía en la presencia real en la Eucaristía, persiguió a los protestantes anabaptistas y convirtió Zúrich en una dictadura teocrática.

hará por dudar de los relatos que nos han llegado del siglo XVI —por mucho que estén constatados por testigos jurados— e incluso dudará de que las manchas marrones o parduzcas que forman como una costra alrededor de los tres agujeros que presenta la Sagrada Forma sean sangre coagulada. También es posible que no caiga en la cuenta de que la hostia está perfectamente conservada en su custodia a pesar de haber estado allí más de 450 años, pero hasta eso lo achacaría a «un fenómeno biológico desconocido en este momento, pero que seguro dentro de unos años comprenderemos». (He observado que la incapacidad de asombro y la sensación de que todo nos es debido y a todo tenemos derecho son características distintivas de personalidades tendentes al ateísmo).

Ahora bien, para desmayo del «escepticismo de las fisuras», hay sucesos similares ocurridos hace poco más de una decena de años que se han estudiado con las más modernas técnicas forenses, que han llegado a la conclusión científica e indudable de que esos fenómenos no tienen origen natural.

Si nos centramos en los milagros eucarísticos estudiados por científicos médicos y fisiólogos durante los siglos XX y XXI, tenemos ocho sucesos hasta el momento:

I) Milagro de Lanciano, Italia, ocurrido en el siglo VIII pero estudiado entre 1970 y 1981.

II) Cuatro sucesos milagrosos distintos ocurridos en Buenos Aires entre 1992 y 1996 y estudiados entre 1992 y 2006.

III) Milagro eucarístico de Tixla, México, ocurrido en 2006 y estudiado entre 2009 y 2013.

IV) Milagro eucarístico de Sokolka, Polonia, ocurrido en 2008 e investigado entre 2009 y 2011.

V) Milagro eucarístico de Legnica, también en Polonia, aunque desde siempre y hasta el fin de la Segunda Guerra Mundial fue Liegnitz, en Alemania, ocurrido en 2013 y estudiado entre 2014 y 2016.

I) **Lanciano.** Esta localidad se encuentra apenas a diez kilómetros del mar Adriático y al sudeste de Roma. En la iglesia de San Francisco existe un mármol del año 1631 que explica lo ocurrido en la ciudad en el año 750: «Un monje sacerdote dudaba de la presencia real del cuerpo del Señor en la hostia consagrada. Mientras celebraba la misa y decía las palabras de la consagración, vio que la hostia se convertía en carne y el vino en sangre.

Todo fue mostrado a los presentes. La carne está aún entera y la sangre se presenta dividida en cinco partes desiguales que, por separado, pesan lo mismo que todas juntas». Efectivamente, el arzobispo de entonces ordenó una investigación que concluyó que la carne y la sangre parecían humanas (no se podía concluir mucho más en el siglo VIII) y que la sangre aparecía coagulada en cinco partes de distinto tamaño, pero que sorprendentemente el peso de cada una era el mismo y también era igual al peso de cualquier combinación de las partes. En 1574, ocho siglos después, el obispo monseñor Rodríguez volvió a estudiar la carne y pesar los cinco coágulos y llegó a igual conclusión. En 1713 se cambió el relicario de marfil original por otro de plata y cristal, donde se puso la hostia-carne, y los coágulos se guardaron en un cáliz. En 1886 se volvieron a inspeccionar los coágulos y entonces tuvieron pesos distintos. Y llegamos a 1970, cuando san Pablo VI permitió una serie de estudios científicos a cargo de los doctores Odoardo Linoli y Ruggero Bertelli,[762] que corroboraron independientemente las conclusiones del profesor Linoli. Este llevó a cabo otro estudio histológico en 1981 con tecnología médica más moderna que confirmó las principales conclusiones, a saber:[763]

a) La sangre y la carne del milagro eucarístico son humanas.

b) La carne tiene la estructura del miocardio y del endocardio (la membrana que recubre las cavidades del corazón) y son de un corazón humano.

c) No se encontraron trazas de conservantes.

d) La sangre es de tipo AB, idéntica en los coágulos de sangre y en la carne, por lo que muy posiblemente pertenecen a la misma persona.

e) Las proteínas de la sangre pudieron ser fraccionadas en los mismos porcentajes que la sangre fresca humana normal.

f) La sangre contenía los siguientes minerales: fósforo, magnesio, potasio y sodio en cantidades reducidas, mientras que se encontró un exceso de calcio.

762. Linoli era profesor de Anatomía, Histología Patológica, Química y Microscopía clínica, y doctor jefe del hospital de Arezzo. Y Bertelli, profesor emérito de Anatomía Humana de la Universidad de Siena.

763. Las conclusiones completas en Renato Bettica Giovannini, «The Eucharistic Relics of Lanciano in Biologic Research», *Sindon*, n.º 17, 1973. Un resumen más reciente en William Saunders, «The Miracle of Lanciano», *Arlington Catholic Herald*, 2003. Y otro complementario en Serafini, *op. cit*, pp. 15 y ss.

Además, el doctor Linoli afirmó que la sangre no podía venir de un cadáver, puesto que se hubiera corrompido rápidamente, y que la estructura de la carne no permitía suponer una falsificación creada hacía siglos, puesto que solo alguien experto en disección habría podido obtener un corte tangencial tan delgado de la superficie del corazón humano. «La carne de Lanciano se parece a la imagen que un cardiólogo visualiza en una pantalla de ultrasonidos: es la vista del eje corto paraesternal obtenida si hubiéramos cortado el corazón a lo largo del eje frontal».[764]

II) **Buenos Aires.** Entre 1992 y 1996 ocurrieron cuatro sucesos en la misma parroquia de Santa María.[765] El 1 de mayo de 1992 aparece sangre en un recipiente de cerámica donde se había dejado una forma consagrada para disolver según el procedimiento ya explicado. El 10 de mayo durante la celebración de la misa aparece sangre en la patena en la que estaba la hostia consagrada. De aquella sangre queda ahora una pequeña costra de sangre coagulada. El 24 de julio de 1994 aparece sangre en la parte interior de un copón que se estaba usando para distribuir la comunión. El 18 de agosto de 1996 se encontró una hostia abandonada en el suelo y se sumergió en agua para disolverla. Varios días después se había transformado en sangre y posteriormente en algo parecido a una costra coagulada.

Estos milagros adquirieron luego un interés adicional porque el obispo auxiliar que encargó su investigación fue Jorge Mario Bergoglio y el arzobispo que recibió las conclusiones en 2006 fue el mismo Bergoglio, futuro papa Francisco. Las primeras evaluaciones se llevaron a cabo por dos médicos, una hematóloga y una oncóloga.[766] Un análisis de la sangre en 1992 concluyó que la sangre era humana y que tenía un exceso de linfocitos (pertenecen a los glóbulos blancos), lo que hace pensar en una respuesta a una infección vírica o que la muestra se tomó de un individuo que sufría un intenso estrés

764. Serafini, *op. cit.*, p. 27. El eje corto paraesternal es la vista que se obtendría de la imagen del corazón cortada horizontalmente a lo largo de una línea imaginaria. Serafini es médico cardiólogo en Bolonia, Italia.

765. El doctor Serafini habla de cinco sucesos y otros los reducen a tres. En realidad, estamos hablando de los mismos hechos, que se pueden fraccionar según distintos criterios.

766. Eran las doctoras Adhelma Myriam Segovia de Sasot, hematóloga del hospital J. M. Ramos Mejía de Buenos Aires, e Isabel Botto, oncóloga que trabajó con el laboratorio del hospital evangélico El Buen Samaritano en Buenos Aires.

psicofísico. En 1999 el doctor Ricardo Castañón Gómez[767] envió las muestras de sangre al laboratorio forense de Hayward, en California, donde identificaron ADN humano, pero no pudieron replicar el perfil genético. En el año 2000 se confió parte del material al doctor Robert Lawrence[768] en California, que estudió los tejidos procedentes del supuesto milagro de 1996 y encontró que los glóbulos blancos estaban entonces todavía vivos, algo completamente inexplicable (resulta imposible que glóbulos blancos sobrevivan más de una hora separados del organismo vivo del que proceden). Las muestras también se enviaron en 2004 al doctor Frederick Zugibe,[769] que concluyó: «Es tejido muscular del corazón, procedente del ventrículo izquierdo cerca del área valvular [...], el músculo cardiaco está inflamado, ha perdido sus estriaciones y está infiltrado con leucocitos [glóbulos blancos]». Y puesto que los leucocitos solo se encuentran en organismos vivos, concluyó: «Esta era una muestra viva en el momento en que se tomó».[770]

En marzo de 2006 el doctor Castañón presentó el informe oficial al arzobispo Bergoglio: se constataba la presencia de sangre humana y de tejido del miocardio en situación de estrés. La reacción del arzobispo y de la curia fue tímida. Solo se permitió la veneración de las reliquias en la capilla, sin permitir ninguna publicidad y evitando denominar «milagro» al suceso (lo llamaron «signo»). «Algo asombroso ocurrió en Buenos Aires cinco veces seguidas,[771] por lo que el mensaje debía ser fuerte y claro. Había sangre y un fragmento de corazón vivo y sufriente. Desde el punto de vista de la fe, si estos signos ocurrieron, evidentemente debíamos necesitarlos. ¿Por qué susurrar con miedo lo que debía ser gritado con toda la fuerza de los pulmones? ¿Por qué «esconder la lámpara debajo del celemín»?[772]

767. Doctor en Psicología Clínica y experto en bioquímica y neuropsicofisiología. Nacido en Bolivia, estudió en Alemania, Italia y Estados Unidos. En 1992 era un ateo confeso. Tras estudiar los milagros eucarísticos de Buenos Aires, México y otros, se convirtió al catolicismo.

768. Patólogo forense con más de cincuenta años de experiencia. Estudió Medicina en UCLA y fue socio de Delta Pathology Associates en Stockton, que se encargó del estudio referido.

769. El doctor Zugibe, fallecido en 2013, fue doctor en Anatomía e Histoquímica por la Universidad de Chicago y jefe médico forense del Rockland County en Nueva York.

770. Serafini, *op. cit.*, pp. 49-50.

771. Serafini cuenta como dos sucesos distintos el milagro de 1996.

772. Serafini, *op. cit.*, p. 55. La cita es del Evangelio de san Mateo 5, 13-16: «Tam-

III) **Tixla.** El 22 de octubre de 2006, durante la celebración de la misa que clausuraba un retiro espiritual en la parroquia mexicana de San Martín de Tours, en Tixla, una hostia que estaba en un copón empezó a manar sangre. Al verla, el sacerdote Raymundo Reyna Esteban se arrodilló y con mano trémula y ojos vidriosos por la emoción la mostró a la congregación de más de 600 personas. (Esta explicación no corresponde a una descripción creativa del suceso. Existen fotos de lo que acabo de reseñar). El obispo de la diócesis, monseñor Alejo Zavala Castro, dio todos los pasos correctos para establecer la verdad sin mostrar precipitación ni prejuicios. Organizó un comité de investigación que tomó declaración jurada a diecisiete testigos y encomendó al doctor Castañón supervisar las investigaciones de una comisión científica que «incluía varios científicos, médicos y laboratorios, entre los que había un patólogo especialista en anatomía, dos expertos en cirugía histopatológica, expertos en biotecnología del ADN, genética forense, bioquímica y farmacología, un experto en medicina legal y forense y dos expertos en imágenes computarizadas. Los seis mayores estudios realizados fueron todos *ciegos*, los investigadores no sabían que estaban investigando una hostia consagrada».[773] Los laboratorios estaban repartidos en México, Estados Unidos, Guatemala y Bolivia. Las conclusiones fueron:

a) Sangre humana verdadera de tipo AB con células vivas estaba siendo exudada desde la hostia consagrada.

b) El origen de la sangre es tejido cardiaco que se encuentra en el centro de la hostia.

c) La sangre se exuda «de dentro afuera», la sangre fluye al exterior, donde se coagula.

d) El tejido y la sangre muestran signos de un traumatismo cardiaco.

e) Hay ADN humano, pero no se pudo obtener perfil genético alguno. Los análisis genéticos se realizaron en dos laboratorios de países distintos y

---

poco se enciende una lámpara para meterla debajo del celemín, sino para ponerla en el candelero y que alumbre a todos los de casa. Alumbre así vuestra luz a los hombres, para que vean vuestras buenas obras y den gloria a vuestro Padre que está en el cielo». Es Jesús el que habla.

773. Spitzer, *op. cit.*, p. 167.

ambos concluyeron: «El material genético escapa a las pruebas genéticas y no puede ser reconocido».[774]

A veces la acumulación de datos produce lo que suelo llamar «efecto papel pintado». Cuando entra por primera vez en una estancia cuyas paredes están cubiertas con papel pintado, es probable que le llame la atención y se fije en él. Pero después de entrar repetidas veces en esa habitación, se habitúa y no le despertará interés alguno. Pues bien, el efecto es similar cuando se presenta un cúmulo de datos; el oyente o lector puede desarrollar un tipo de bloqueo mental que le impide llegar a la conclusión necesaria y deseada. Por ello se lo vuelvo a decir en menos palabras: hay una hostia consagrada que en parte se ha convertido en tejido de un corazón humano, que está vivo y de la que mana sangre humana. Está comprobado y certificado por laboratorios y científicos independientes. Piense qué le sugiere eso. A mí me sugiere lo mismo. Y es lo mismo que le sugeriría a cualquiera que no tuviese prejuicios muy arraigados.

IV) **Sokolka.** El 12 de octubre de 2008 en la iglesia polaca de San Antonio, durante la misa, uno de los sacerdotes dejó caer sin querer una hostia; advertido por un parroquiano, la puso en agua tras la celebración para que se disolviera. Una semana después encontró la hostia parcialmente cubierta con una protuberancia roja. El padre Stanislaw Gniedziejko avisó al arzobispo Edward Ozorowski, que visitó la parroquia para constatar el hecho y ordenó que se guardara con reverencia. Después se retiró el agua de lo que quedaba de la hostia y la costra, se colocó en un corporal (un lienzo pequeño que se usa durante la Eucaristía) y se guardó en un sagrario durante dos años y medio, hasta marzo de 2011. (Se puede acusar a la Iglesia católica de muchas cosas, pero no de precipitada). Entonces el obispo creó una comisión para estudiar el fenómeno. Se encargó el estudio a los profesores Stanislaw Sulkowski y Maria Elzbieta Sobaniec-Lotowska, expertos ambos en patología y anatomía de la Universidad de Bialystok, que llevaron a cabo la investigación en su departamento de Patomorfología. Las conclusiones fueron:

a) El material estudiado era tejido de miocardio humano.

b) La sustancia de la hostia y la sustancia del tejido cardiaco estaban unidos, entremezclados y eran inseparables.

774. Todas las conclusiones adaptadas y resumidas en *ibidem*, que se basa en Ricardo Castañón, *Crónica de un Milagro Eucarístico*, México, GIPLAP, 2014; Serafini, *op. cit.* Y documentos en <Therealpresence.org>.

c) La sustancia conjunta hostia-tejido cardiaco es irreproducible con la tecnología actual. «El alto nivel de interpenetración microscópica observada en la unión es inalcanzable por ningún instrumento humano o metodología concebible o disponible en el momento presente».[775]

d) El tejido cardiaco era de un hombre moribundo pero todavía vivo.

e) La permanencia intacta del tejido así como del pan ácimo después de años y sin signos de descomposición resultaba inexplicable.

f) Todo lo anterior hacía descartar que el espécimen fuera una creación humana.[776]

V) **Legnica.** El 25 de diciembre de 2013 en la Iglesia polaca dedicada a san Jacinto en esta localidad ocurrió lo mismo que en Sokolka: una sagrada forma que acababa de ser mojada en el vino consagrado cayó al suelo y se introdujo en un cáliz metálico con agua para disolverla. El 5 de enero de 2014 un sacerdote comprobó que una parte de la hostia se había desprendido y se había vuelto roja. El obispo de Legnica, monseñor Stefan Cichy, pidió que siguieran observando el fenómeno; tras dos semanas se constató que la sustancia roja permanecía mientras que el resto del pan ácimo se había desleído en el agua. El obispo nombró una comisión para el estudio del posible milagro. Se tomaron unas muestras y se enviaron a la Universidad de Wroclaw y a la Universidad de Szczecin. En enero de 2016 el nuevo obispo, monseñor Zbigniew Kiernikowski, presentó los resultados al Vaticano, que en abril de 2016 declaró que el suceso de Legnica tiene las cualidades para ser considerado un milagro. Las conclusiones de los estudios científicos fueron:

a) El tejido muscular se reconoce como tejido de miocardio.

b) El tejido mostraba alteraciones «que aparecen a menudo durante una agonía».

c) Se obtuvieron suficientes fragmentos de ADN nuclear y mitocondrial que prueban el origen humano.

d) No se encontraron células sanguíneas.

775. Serafini, *op. cit.*, p. 86.

776. Todas las conclusiones adaptadas y resumidas de Spitzer, *op. cit.*, y Serafini, *op. cit.* Y documentos en Therealpresence.org.

e) El tejido no era de origen bacteriano ni tenía contaminación fúngica.[777]

f) La transformación de una hostia de pan en tejido cardiaco se tenía por científicamente inexplicable.

Mucho de lo anterior parece repetitivo. Lo es. Un cristiano dirá que de hecho se repite en cada consagración, en cada Eucaristía. No lo vemos pero sucede. Y a veces quien puede decidirlo decide que sí lo veamos. Y esas veces nos muestran —siempre— sangre humana, siempre del tipo AB,[778] que se sigue produciendo (¿desde dónde?); glóbulos blancos, algo imposible si no es en organismos vivos (¿cómo?); tejido cardiaco que permanece vivo (¿de verdad?); pan y carne unidos inseparablemente (¿de qué manera?); ADN humano, que nunca se puede secuenciar (¡vaya!). «A menos que consideremos que la Iglesia y los doctores que revisaban [los milagros] estuvieran matando a múltiples víctimas para obtener tejido cardiaco con glóbulos blancos intactos, parece indiscutible que el tejido cardiaco vivo que parece ser transmutado desde una hostia consagrada tiene aparentemente causa sobrenatural».[779]

Dos consideraciones para terminar. La primera: algo que los cristianos consideran un indicio de la veracidad y la bondad de un suceso es lo que podríamos llamar «la oposición del mundo». La lógica es como sigue: Dios produce estos sucesos —milagros— para acercar a los hombres a Él. El deseo de Dios, según los cristianos, es que todos los hombres se salven. La cercanía a Dios es lo que produce la felicidad en esta vida y en la vida eterna.[780] Y por su parte, «el enemigo»[781] tiene como objetivo alejar al hombre de Dios —hacer que sea infeliz temporal y eternamente—. Por lo

777. Esta conclusión era oportuna, puesto que unos años antes se había intentado desacreditar el milagro de Sokolka acusándolo de ser solo producto de una bacteria que tornaba rojo el pan ácimo. Era falso, pero el enemigo es conocido por usar el «calumnia, que algo queda».

778. La sangre que se encuentra en la Sábana Santa de Turín, el Sudario de Oviedo y la Túnica de Argenteuil son también del extraordinariamente raro tipo AB.

779. Spitzer, *op. cit.*, p. 187.

780. Un pensamiento de san Josemaría, que considero profundamente inspirador, resume bien la idea: «Cada vez estoy más persuadido: la felicidad en el cielo es para los que saben ser felices en la tierra». San Josemaría Escrivá de Balaguer, *Forja*, 1.005.

781. En EWTN España lo llamamos el Patas, pero nos referimos al ángel caído conocido como Diablo, en cuya existencia también creen los cristianos (y la práctica totalidad del resto de las religiones).

tanto, el enemigo, que también es el «príncipe de este mundo»,[782] hará esfuerzos por evitar que los milagros produzcan sus frutos y usará cualquier medio, incluso el concurso de personas —ignorantes o no de a quién sirven—, para menoscabar la credibilidad de los milagros regalados por Dios. Algún teólogo encontrará esta explicación poco sutil, pero no hago sino seguir la larga y ortodoxa tradición cristiana de no contentar a todos los teólogos.

En este sentido, también existen falsos milagros, que pretenden crear confusión y desconfianza: «El asunto de fenómenos místicos falsos, y de fenómenos verdaderamente inexplicables, cuyos orígenes pueden ser y muy posiblemente sean de origen diabólico es cierto e interesante».[783] De ahí, la benéfica práctica de la Iglesia católica de discernir si un suceso extraordinario puede catalogarse como milagro (y por tanto tener origen divino) o no. Ya hemos visto que los milagros eucarísticos no suelen desvelarse y darse a conocer sin dificultades. Añado otros dos ejemplos: en 2015 la web de la parroquia de Santa María en Buenos Aires, donde se produjeron los milagros de 1992-1996, que mostraba las pruebas de aquellos sucesos, fue atacada por hackers profesionales islamistas turcos[784] que cambiaron las imágenes por otras de una mezquita.[785] Y en la Universidad de Bialystok, de la que eran profesores los expertos que estudiaron el milagro de Sokolka, su rector, Lech Chyczewski, acusó a esos investigadores de «ilegales» y «desleales», puesto que no habían cumplimentado determinados formularios, a lo que la doctora Sobaniec-Lotowska contestó que no pudieron completar el papeleo porque no disponían del número de la tarjeta médica del individuo a quien pertenecía el tejido cardiaco vivo. (Me encanta el sentido del humor de los polacos... cuando lo tienen). Todavía se puede leer en algún blog supuestamente racionalista que las costras rojas que se formaron en los distintos milagros no son sino una contaminación bacteriana, cuando lo cierto es que «cualquier microscopio, incluso el que me regalaron en mi primera comunión, puede discernir esa estupidez: una colonia de enterobac-

782. Juan 12, 31.

783. Serafini, *op. cit.*, p. 44.

784. El Ayyildldiz Team ya había atacado otros objetivos, como los sitios web de varias instituciones europeas y el sistema israelí de defensa.

785. Serafini, *op. cit.*, p. 56.

teria aparece como algo completamente diferente de un tejido muscular estriado del corazón».[786]

La segunda y última consideración se refiere al tipo de sangre, que es siempre el mismo (AB) en los casos en los que se ha determinado (en los milagros de Lanciano y Tixla, así como en la Sábana Santa de Turín, el Santo Sudario de Oviedo y la Santa Túnica de Argenteuil). Solo un 5 por ciento de la población mundial tiene sangre de ese tipo.[787] Con un sencillo cálculo podemos determinar cuál es la probabilidad de que, teniendo cinco eventos con análisis de sangre, los cinco sean del tipo AB, puesto que ese tipo de sangre solo se da en 1 de cada 20 individuos del planeta: $(1/20)^5$, es decir, una posibilidad entre 3,2 millones. «No puedo entender la excesiva prudencia y la actitud sumisa de las autoridades religiosas: el descubrimiento de la concordancia en el tipo de sangre es una "bomba estadística" que la Iglesia católica podría detonar con mayor confianza en la batalla apologética. Quién sabe si el lector en este momento está sufriendo algún tipo de disonancia cognitiva: si la autenticidad de esos paños y esos tejidos está probada con un nivel de confianza del 99,99996875 por ciento debido a la concordancia en el tipo de sangre, ¿por qué entonces nadie habla de ello?».[788]

Cierro este capítulo con una cita de su protagonista: «Entonces Jesús les dijo: "En verdad, en verdad os digo: si no coméis la carne del Hijo del hombre y no bebéis su sangre, no tenéis vida en vosotros. El que come mi carne y bebe mi sangre tiene vida eterna, y yo lo resucitaré en el último día. Mi carne es verdadera comida, y mi sangre es verdadera bebida. El que come mi carne y bebe mi sangre habita en mí y yo en él"» (Juan 6, 53-56).

786. *Ibidem*, p. 91.

787. <https://www.worldatlas.com/>. Se puede ver la variación por países en <https://www.rhesusnegative.net/themission/bloodtypefrequencies/>. Curiosamente, Israel tiene un 8 por ciento de población con sangre tipo AB, uno de los mayores porcentajes del mundo.

788. Serafini, *op. cit.*, p. 208.

30
Tejidos y paños

> José de Arimatea, miembro noble del Sanedrín [...] compró una sábana y, bajando a Jesús, lo envolvió en la sábana y lo puso en un sepulcro, excavado en una roca, y rodó una piedra a la entrada del sepulcro.
>
> Marcos 15:43-46

> Ya no hay dos campos: a favor o en contra de la autenticidad; están aquellos que saben leer y aquellos que no quieren ver.
>
> Père d'Armailhacq S. J. [789]

En 2019, después de más de tres décadas solicitando la información original de los análisis y solo tras un requerimiento legal apelando a la Freedom of Information Act,[790] el Museo Británico accedió a hacer públicos los datos del estudio con carbono 14 realizado en 1988. Ahora sabemos que aquellos exámenes no fueron *ciegos*, sino que los tres laboratorios sabían los unos de los otros e intercambiaron información antes de desvelar los resultados. También sabemos que los estudios no fueron realizados simultáneamente como se dijo, para evitar posibles influencias de unos sobre otros. Incluso con estos *arreglos*, había «diferencias relevantes en los estimados provistos por los tres laboratorios [...], y lo que es más importante, había diferencias

789. Referido a la Síndone. Citado por Charles Foley en el obituario de Paul de Gail, un estudioso de la Sábana Santa fallecido en diciembre de 1983.

790. La ley por la libertad de información del año 2000 en el Reino Unido otorga el derecho a solicitar datos a las autoridades públicas sobre información que guarden y las obliga a responder por escrito.

en los resultados de un mismo laboratorio».[791] Asimismo ahora nos consta que *Nature*, la revista que publicó los resultados, modificó los datos recibidos por los laboratorios,[792] y también que hubo tantos errores estadísticos e inconsistencias que los resultados de un laboratorio eran irreconciliables con los otros: «Diferentes laboratorios produjeron diferentes evaluaciones y estas diferencias eran en la mayoría de los casos estadísticamente significativas». Esos laboratorios modificaron los resultados sobre la marcha después de intercambiar mensajes con el Museo Británico; hubo «serias incongruencias en las mediciones de los datos [...], las medidas de los tres laboratorios sufren de una falta de precisión que afecta seriamente a su fiabilidad», y, por último, el protocolo fue «severamente criticado» y no se siguió, ya que no tomaron siete muestras sino solo una de la esquina superior izquierda,[793] una zona marcadamente diferente del resto de la Síndone.[794] Todo eso lo sabemos ahora, pero los autores del artículo publicado lo omitieron hace treinta años.

Porque, como es muy posible que usted ya haya supuesto, de lo que estábamos hablando es del análisis con carbono 14 que supuestamente de forma científica se realizó en la Sábana Santa en 1988 y que publicó la revista *Nature*. Ese estudio es el responsable de que muchos piensen hoy que la Síndone es de origen medieval, pero ahora sabemos que «la datación por carbono 14 de 1988 fue poco fiable: las muestras examinadas eran obviamente heterogéneas y no hay ninguna garantía de que esas muestras tomadas en un mismo lugar de la tela sean representativas de todo el tejido. [...] Es imposible concluir que la Sábana Santa date de la Edad Media».[795]

791. Tristan Casabianca *et al.*, «Radiocarbon Dating of the Turin Shroud. New Evidence from Raw data», *Archaeometry*, marzo de 2019, p. 3, doi: 10.1111/arcm.12467.

792. *Ibidem*, p. 4 y tabla. Las siguientes citas, pp. 7 y 9. Se puede acceder al documento en *Archaeometry* a través de Researchgate.net.

793. Raymond Rogers, «Studies on the Radiocarbon Sample from the Shroud of Turin», *Thermodinamica Acta*, n.º 425 (1-2), pp. 189-194. Director químico del proyecto STURP, escribió este artículo dos meses antes de morir de cáncer en 2005: concluía que los resultados de la medición con carbono 14 eran irrelevantes porque se realizaron en una muestra que no era la tela original.

794. Del griego σινδών, «sábana».

795. T. Casabianca en entrevista para *L'Homme Nouveau*, publicada el 22 de julio de 2019 en Aleteia.org. Casabianca, investigador francés originalmente ateo, se convirtió al cristianismo y se bautizó en la Iglesia católica en 2016.

Ahora vamos a ver las evidencias. Resumo los hechos: la Sábana Santa es un tejido de lino de 4,4 metros de largo por 1,1 de ancho, con una imagen frontal y otra posterior de un hombre que parece haber sido torturado. El lienzo tiene agujeros remendados con otra tela y manchas de agua y de sangre. La tela tiene más de dos mil años y la imagen es de bajo contraste. En 1898 se fotografió por primera vez y se descubrió que la figura se apreciaba mucho mejor en los negativos fotográficos, por lo que parecía ella misma ser «un negativo» del retrato del hombre de la Síndone. En octubre de 1978 un equipo de científicos[796] realizó una investigación de la Sábana de Turín durante las veinticuatro horas de los cinco días que fueron autorizados a estudiarla. Fue el proyecto STURP.[797] Después de años de estudio, de la publicación en revistas científicas de los resultados individuales y consecuente evaluación de los datos por pares, el doctor John H. Heller presentó el resumen de las conclusiones en octubre de 1981:[798]

a) No se han encontrado pigmentos, ni pinturas, ni tintes, ni manchas, ni quemaduras en las fibras; los estudios con rayos X, fluorescencia, infrarrojos, ultravioleta y microquímica confirman que la imagen no es pintada.

b) El analizador de imagen VP-8[799] muestra que la imagen tiene información tridimensional codificada en ella misma.

c) Ha habido un contacto directo de la Síndone con un cuerpo, lo que explica las marcas de flagelación y la sangre; sin embargo, ese contacto no justifica la imagen de la cara con la alta resolución que ha sido demostrada por la fotografía.

796. En total, 31 científicos de US Air Force —Aeronáutica, laboratorio de armas, Física—, Laboratorio Nacional de Los Álamos; Caltech Laboratory; Santa Barbara Research Center; Universidad de Colorado; Universidad de Western Connecticut, entre otros. Para información sobre el proyecto STURP, <https://www.shroudofturin.com/sturp.html>.

797. Shroud of Turin Research Project, dirigido por el físico nuclear Tom D'Muhala. Los promotores originales fueron los físicos estadounidenses John Jackson y Eric Jumper con el fotógrafo William Mottern.

798. John H. Heller, fallecido en 1995, fue catedrático de Física Médica y Medicina Interna en la Universidad de Yale.

799. El analizador de imagen VP-8 convierte la densidad de la imagen (claros y oscuros) en relieves. Cuando se aplica a una fotografía normal, produce una imagen distorsionada; pero, en el análisis de la Síndone el resultado es una «imagen precisa y topográfica que muestra las características de un relieve natural y correcto de una forma humana».

d) Algunas explicaciones sobre cómo se ha formado la imagen, que podrían ser consideradas desde el punto de vista de la química, son descartadas por la física y a la inversa: alguna explicación que podría aventurarse desde la física es excluida desde la química. Se tiene que obtener una explicación que sea científicamente sólida desde el punto de vista de la física, la química, la biología y la medicina. Aún no existe esa solución. Por lo que la respuesta a la cuestión de cómo se formó la imagen sigue siendo un misterio.

e) La imagen de la Síndone es la de un hombre real que fue flagelado y crucificado. Se trata de un varón de raza caucásica que medía 1,80 metros. Sus características patológicas y fisiológicas son claras y revelan unos conocimientos médicos ignorados hace 150 años.

f) La imagen es muy superficial, con una profundidad de color de 0,2 micrómetros,[800] no tiene direccionalidad ni colores diferentes. Las tonalidades se deben a la cantidad de fibras coloreadas juntas. No es el producto de un artista.

g) Las manchas de sangre son auténticas, contienen hemoglobina, y dan un resultado positivo en análisis de albúmina.[801]

Nuevas evidencias

La Sábana Santa es «la pieza arqueológica más estudiada en la historia de la humanidad»[802] y en los últimos años se han realizado nuevos estudios con nuevas técnicas:[803]

A) **Datación con rayos X.** En abril de 2022 se publicó un estudio en la revista *Heritage*,[804] revisado por pares, liderado por Liberato De Caro y otros

800. Una micra es la milésima parte de un milímetro. 0,2 micras es por tanto cinco veces menor. Ningún artista —ni máquina actual— podría realizar un trabajo de tal precisión.

801. Todos los datos de «A Summary of STURP Conclusions» en Shroud.com, y de John H. Heller, «Informe sobre el Sudario de Turín», Houghton Muffin, 1983.

802. M. Sue Benford y Joseph G. Marino, «Textile Evidence Supports Skewed radiocarbon Date on the Shroud of Turin», Shroud.com, 2002, p. 1.

803. Michael Kowalski, «A Remarkable New Shroud, Dating Measurement», con introducción de John Long, Biblearchaeology.org, 11 de marzo de 2025.

804. *Heritage*, n.º 5(2), 2022, pp. 860-870, <https://doi.org/10.3390/heritage5020047>.

científicos del Consejo Nacional de Investigación de Italia, en el que estudiaron la degradación de las fibras de lino de la Síndone por medio del WAXS.[805] En las conclusiones afirmaban: «Hace más de treinta años se argumentó que la medida de la depolimerización de la celulosa que constituía el lino podría ofrecer la posibilidad de datar la tela. [...] El análisis WAXS presentado aquí sobre el envejecimiento natural de la celulosa del lino de la muestra de la Síndone nos permite concluir que es muy probable que la Sábana Santa sea una reliquia que tiene veinte siglos de antigüedad». Los autores aprovecharon para recordar los errores de la datación publicada en la revista *Nature:* «La datación por rayos X, contrariamente al C14, permite estudios repetidos en la misma muestra y, como se puede hacer en muestras de medio milímetro, estas son inidentificables, comparadas con las muestras de centímetros necesarias en el C14 [...]. De hecho, el tejido de la Síndone es claramente identificable, lo que invalida el procedimiento de pruebas *ciegas*, y como consecuencia ocurrió el sesgo de los análisis de C14 en 1988-1989».

B) **Dataciones optoquímicas y mecánicas.** Hay varios estudios en la última década que utilizan métodos mecánicos y optoquímicos para fechar la Sábana Santa.[806] Se basan en que el componente más importante del lino es la celulosa, formada por miles de moléculas de glucosa que normalmente permanecen unidas en cadenas alineadas unas al lado de las otras y organizadas en una estructura cristalina. Sin embargo, la celulosa del lino se degrada con el tiempo, y esas uniones de las moléculas se destruyen disminuyendo la longitud de esas cadenas y produciendo estructuras menos ordenadas. Se puede medir la degradación de la celulosa usando tres métodos: espectroscopia de infrarrojos (FT-IR/ATR), espectroscopia Raman y análisis mecánico.[807] En todos los casos el resultado es que la Síndone está necesariamente

805. Wide-Angle X Ray Scattering (rayos X con dispersión de ángulo ancho).

806. Fanti y Basso, «Mechanical Characterization of Linen Fibers. The Turin Shroud Dating», *International Journal of Reliability, Quality and Safety Engineering*, vol. 24, n.º 2, 2017; Fanti, Malfi y Crosilla, «Mechanical and Opto-chemical Dating of the Turin Shroud», en la web de conferencias MATEC, 2015, 36, 01001. Giulio Fanti es profesor del departamento de Ingeniería Industrial de la Universidad de Padua.

807. En el primer método, las muestras se exponen a radiación de infrarrojos de distintas frecuencias descendentes, y los picos de intensidad reflejados por el lino varían con la edad de la muestra. En el segundo, se dirige un láser con frecuencia entre infrarrojo y ultravioleta hacia la muestra, lo que refleja un espectro que indica la composición

fechada en la época en que vivió y murió Jesucristo. La conclusión conjunta es: «Se han aplicado dos métodos optoquímicos para analizar la tela de lino y se ha obtenido la fecha de 250 a. C. según el análisis FT-IR/ATR y la fecha de 30 d. C. para el análisis Raman. Estas dos fechas combinadas con el resultado [del estudio] mecánico, todo ello ponderado por sus respectivos niveles de confianza, producen una datación para la Síndone del año 90 d. C. con ± 200 años para un nivel de confianza del 95 por ciento».[808]

C) Evidencias botánicas. En el XVI Congreso Botánico Internacional celebrado en agosto de 1999 en San Luis, Misuri, Avinoam Darim, profesor de Botánica de la Universidad Hebrea de Jerusalén, presentó los resultados de un estudio realizado con Uri Baruch y Mary y Alan Whanger.[809] En la Síndone han quedado restos de pólenes y plantas, y «además de la imagen de un hombre crucificado, la tela contiene imágenes apenas visibles de plantas».[810] Se identificaron estas con PIOT (Polarized Image Overlay Technique) y se descubrió que eran flores originarias de Oriente Medio. Por otro lado, los doctores Darim y Baruch analizaron los granos de polen y descubrieron que veintiocho pertenecen a flores y plantas que todavía existen en Israel, y entre ellas una gran densidad de polen de un tipo de cardo llamado *Gundelia tournefortii*[811] que florece en la región entre marzo y mayo desde hace milenios. Otra planta que se encontró en la Síndone es de la especie *Zygophyllum dumosum*, nativa de Israel, con una morfología inusual de las hojas y por ello fácil de identificar. La circunstancia afortunada es que la *Gundelia tournefortii* y la *Zygophyllum dumosum* coexisten en un área muy limitada en todo el mundo, precisamente el

química que varía con la edad de la muestra. Y para el tercero, se precisó la construcción de una máquina que midiera la capacidad de esfuerzo de las fibras de lino en tensión.

808. Fanti, Malfi y Crosilla, *op. cit.*

809. Baruch es palinólogo —estudio del polen y esporas— y miembro de la Autoridad de Antigüedades de Israel. Alan Whanger, fallecido en 2017, era doctor en Medicina y profesor en la Universidad de Duke, y con su mujer, Mary, miembros del Council for Study of the Shroud.

810. «Botanical Evidence Indicates Shroud of Turin Originated in Jerusalem Area Before 8th Century», *Science News*, 3 de agosto de 1999.

811. Los doctores Whanger sostenían la hipótesis de que esta es la planta que se usó en la corona de espinas con la que torturaron a Jesucristo. Este polen también se ha encontrado en el Sudario de Oviedo.

territorio entre Jerusalén y Hebrón, en Israel, y Madaba y Karak, en Jordania. «Esta combinación de flores solo se puede encontrar en una región del mundo [...], la evidencia indica claramente a agrupaciones de flores del área alrededor de Jerusalén».[812]

Estos estudios siguen en la estela iniciada por Max Frei,[813] posiblemente el mayor experto en palinología de la historia. Sus investigaciones se basaban en que cada grano de polen posee una capa externa (exina) que puede sobrevivir decenas de miles de años, por lo que se puede identificar el tipo de planta que estuvo en contacto con el sujeto de estudio y averiguar cuándo estuvo dónde. En 1973 y en 1978 tomó muestras de la Síndone que analizó en su laboratorio de Zúrich y logró identificar 57 especies de plantas, de las que 40 eran originarias de las zonas de Jerusalén, mar Muerto, desierto del Néguev, Constantinopla y Anatolia, 13 exclusivas de la zona de Néguev y mar Muerto y solo 17 que procedían de Italia y Francia. Y concluyó: «En la Síndone no se ha encontrado ningún elemento que contradiga sus dos mil años de antigüedad».[814] «Puedo afirmar, sin posibilidad alguna de que se me desmienta, que la Síndone fue expuesta en Palestina hace dos mil años. [...] Sencillamente porque [por el análisis del polen sabemos] que ya no estaba en Palestina en la segunda mitad del siglo I y que jamás volvió allá».[815] En 2012 Marzia Boi, de la Universidad de las Islas Baleares, determinó otros pólenes, entre ellos los de varias plantas que se usaban para hacer aceites funerarios hebreos en el siglo I, y concluyó que el cuerpo de la Síndone se untó con «aceite de helicrysum y con bálsamos y ungüentos de láudano, cistus, lentisco, terebinto y posiblemente gálbano aromático».[816] Ungüentos dignos del entierro de un rey.

D) La sangre. Ya hemos visto que el proyecto STURP determinó que había sangre humana en la Síndone; de hecho, tiene 372 manchas de sangre

812. Avinoam Danim, «Why Pollen of the Shroud of Turin Proves Is Real», *Early Church History*, 5 de septiembre de 2019.

813. Max Frei Sulzer fue un criminólogo suizo, doctor en Botánica, profesor de Criminalística en las universidades de Zúrich y Neuchâtel, fallecido en 1983, fundador del departamento científico de la Policía de Zúrich.

814. Frei, Actas del Congreso de Sindonología de Turín, 1978, p. 199.

815. Max Frei, «Speciale Sindone», *Gazzetta del Popolo*, marzo de 1976, p. 39, citado por J. L. Carreño en *La Señal*, Pamplona, Don Bosco, 1983, p. 300.

816. Marzia Boi en *Linteum*, n.º 52-53, 2012, p. 21.

y sabemos que llegaron a la tela antes de que se formara la imagen del cuerpo sobre la sábana. Esto también predica en contra de un posible fraude, puesto que están precisamente donde habrían de estar en un cadáver de un crucificado, lo que implica que el hipotético falsificador tendría que haber puesto las salpicaduras de sangre en la tela sin tener la imagen de un cuerpo sobre el que situarlas. Se han realizado otros estudios: «Los meticulosos análisis de Alan Adler, John Heller, P. L. Bollone y otros muestran que las manchas de sangre de la Síndone son genuinas, contienen hemoglobina, bilirrubina, tipo de sangre AB+, diferenciación de plasma y suero, albúmina humana, suero de sangre humana e inmunoglobulina humana. Estas características de la sangre no están presentes en pinturas o tintes ni en ningún otro químico que no sea sangre, lo que asegura que las manchas de la Síndone son verdaderamente sangre».[817]

E) Evidencias patológicas. El hombre de la Síndone muestra sorprendentes paralelismos en sus heridas con lo que sabemos que sufrió Jesucristo según los relatos (cristianos y no cristianos) de la pasión y con la forma de flagelar, torturar y crucificar romanas (hasta el punto de que es inverosímil probabilísticamente que sea otra persona). Entre ellos:

a) El hombre de la Sábana Santa es un varón de entre 30 y 40 años con un tipo morfológico característico de Oriente Medio.[818]

b) Fue flagelado «a la romana»; es decir, por dos individuos que se situaban a su izquierda y derecha, con un *flagrum* de tres colas similar a los que se han encontrado en Pompeya y Herculano.[819] El hombre de la Síndone muestra 117 laceraciones producidas por el látigo (39 golpes con tres latigazos por golpe).

c) Fue *coronado* con un casquete hecho por largos pinchos que produjeron al menos ocho diferentes torrentes de sangre desde la cabeza que se dividen posteriormente. Esto es consistente con un hombre que movía la cabeza mientras estaba crucificado.[820]

817. Spitzer, *op. cit.*, p. 116.

818. Palacios Carvajal, *op. cit.*, p. 85.

819. Spitzer, *op. cit.*, p. 126.

820. Stephen E. Jones, «The Man in the Shroud and Jesus Were Crowned with Thorns», 8 de octubre de 2013, <https://theshroudofturin.blogspot.com/>.

d) Presenta lesiones en la cara consistentes con los golpes recibidos por Jesucristo en el palacio de Caifás.[821]

e) Clavado a la madera de la cruz con clavos en las manos. En una crucifixión el clavo penetra en las manos entre el segundo hueso metacarpiano, el hueso trapezoide y el hueso grande con un ángulo descendente de unos quince grados desde la palma y hacia la muñeca. El orificio de salida coincide precisamente con el que muestra el hombre de la Síndone.[822]

f) Y en los pies. La tradición cristiana no se ha puesto de acuerdo si a Jesucristo le clavaron los pies con un solo clavo o con dos. Irónicamente, el hombre de la Síndone no nos ayuda a resolver esta incógnita. Eso sí, seguro que fue clavado al *stipe* (madero vertical).[823]

g) Con el hombro dislocado. En 2015 los doctores Matteo Bevilacqua y Michele D'Arienzo presentaron un estudio[824] que demostraba otras circunstancias del hombre de la Síndone. Este tenía que haber cargado con un pesado objeto alargado en el hombro derecho, de tal manera que le dislocó el hombro y produjo una parálisis en la zona superior derecha, lo que explica el decaimiento de ese hombro de unos quince grados, la hiperextensión del brazo y el ligero giro del cuello hacia la izquierda. Todo ello coincide con el hecho de que Jesucristo tuvo que cargar con su cruz camino del Calvario.

h) Alanceado. El hombre de la Síndone presenta una «gran herida inciso-contusa en el hemitórax derecho por golpe de lanza a nivel del quinto espacio intercostal [...], la punta penetró ocho centímetros».[825] Este es el golpe típico del legionario romano: «Era costumbre en las legiones romanas llevar el escudo siempre en el lado derecho y usar la mano izquierda para descargar los golpes mortales». Y explica que de la herida fluyera «sangre y agua», como dice el evangelista,[826] ya que «la lanza rompió el atrio derecho del corazón [...], el empuje de la lanza seguido de un rápido tirón para sacarla produciría ciertamente primero sangre e iría seguido inmediatamente con una efusión pleural desde la cavidad pleural».[827]

821. Palacios Carvajal, en *ibidem*.
822. Frederick Zugibe, *The Cross and the Shroud*, Cresskill, McDonagh, 1981, p. 65.
823. Zugibe sugiere que fueron dos clavos y Carvajal que fue uno solo.
824. Citado por Spitzer, *op. cit.*, p. 129.
825. Palacios Carvajal, *op. cit.*, p. 49, y siguiente cita, p. 148.
826. Juan 19, 34-35.
827. Zugibe, citado por Spitzer, *op. cit.*, p. 124.

i) Las piernas sin fracturar, tal y como mencionan los Evangelios (lo que no es frecuente en un crucificado), y heridas en las rodillas, de las cuales no hablan los Evangelios, pero sí la tradición, y son consistentes con las caídas de Jesucristo camino al Calvario, estas sí narradas por sus biografías.

F) Otros paños.[828]

a) El Sudario o Pañolón de Oviedo es un trozo de lino de 86 × 53 centímetros, con manchas de sangre que, a diferencia de la Síndone, no muestra ninguna imagen. Se encuentra en esta ciudad española desde el año 718, debido a la invasión musulmana,[829] y es venerada como la tela que cubrió la cara de Jesús desde que fue descendido de la cruz hasta que lo llevaron a la tumba. Este sudario se menciona en las Escrituras:[830] se señala que se había puesto aparte, por lo que los cristianos piensan que no estaba sobre el cuerpo de Jesús en el momento de su resurrección, lo que explicaría que no tenga ninguna imagen estampada. Pues bien, Juan Manuel Miñarro, catedrático de la Universidad de Sevilla,[831] realizó el estudio más completo del rostro y el cuerpo de la Sábana Santa y, cuando comparó las manchas de sangre del Santo Sudario y la Síndone, concluyó: «Desde el punto de vista hematológico forense, el hombre del Sudario y el de la Sábana Santa son el mismo. El mismo tipo sanguíneo, AB, setenta manchas de sangre coincidentes en el rostro

828. Esta es una somera mención del Santo Sudario y la Santa Túnica como indicios que apoyan las evidencias provistas por la Sábana Santa. Aunque creo razonable que pertenecieron al hombre de la Síndone, proceden dos observaciones: 1) Esas reliquias no son evidencias de la divinidad de Jesucristo ni de su resurrección, pueden serlo de su pasión y su crucifixión. 2) Los estudios a que se han sometido son considerablemente menores en cantidad y profundidad que los de la Síndone, y por tanto mi confianza en su atribución a Jesucristo es también menor.

829. Existe una referencia a ese sudario del año 570 realizada por un peregrino de Plasencia, y el primer documento específico de sudario es del 1075, referido a la apertura de un arca con reliquias procedentes de Toledo y del siglo VIII.

830. En Juan 20, 6-7: «Llegó también Simón Pedro detrás de él y entró en el sepulcro: vio los lienzos tendidos y el sudario con que le habían cubierto la cabeza, no con los lienzos, sino enrollado en un sitio aparte».

831. Juan Manuel Miñarro, nacido en 1954, es profesor de la Escuela de Bellas Artes en Sevilla.

y cincuenta en la nuca y en el cuello».[832] Por otro lado, Max Frei estudió muestras de polen tomadas del Sudario: «Se encontró polen de seis especies de plantas que coinciden con el polen hallado en la Sábana Santa. Esta tela [el Sudario] tiene polen de Palestina, del norte de África y de España, en cambio no tiene polen de Turquía ni de Francia, muy abundante en la Sábana Santa».[833] Y en 2005 investigadores del Instituto Nacional de Toxicología de Madrid[834] intentaron reconstruir el ADN del hombre del Sudario a partir de algunos hilos impregnados en sangre. Una vez más, como ocurría en los milagros eucarísticos, no pudieron aislar ADN nuclear pero sí se encontraron trazas de ADN mitocondrial humano.[835]

b) La Túnica de Argenteuil. Los cristianos suponen que es la túnica que cubría a Jesucristo antes de su crucifixión, aquella que las Escrituras narran que se echaron a suerte los soldados que lo custodiaban.[836] Es una prenda de lana no merina de 122 centímetros de largo y 90 de ancho, de color marrón púrpura, que se custodia en la basílica de Argenteuil, a doce kilómetros al noroeste de París. Los primeros datos que tenemos de ella son del año 801, en que parece que la emperatriz Irene la Ateniense se la dio a su futuro marido, Carlomagno, como regalo de bodas. El enlace no tuvo lugar, pero el rey franco se quedó con el regalo (sí, yo pienso lo mismo que usted sobre Carlomagno en lo que respecta a este suceso). Carlomagno se lo entregó a una de sus hijas, Teodrada, monja benedictina en Argenteuil. Se escondió de las incursiones vikingas, en las que los nórdicos solían quemar las iglesias cristianas, y durante las guerras de religión, en las que los hugonotes tenían por costumbre quemar las iglesias católicas, y durante la Revolución francesa, en la que los revolucionarios se habituaron a quemar las iglesias cristianas. En 1892 los expertos de la Manufacture Royale des Gobelins de París llegaron a la conclusión de que era un tejido manufacturado según un oficio antiguo y procedente de Palestina o Siria. Más recientemente, el profesor

832. Álvaro Blanco Cruz y otros, «La Sábana Santa», volumen de la Exposición 2012, D. Blanco Producciones.

833. Jorge Loring, *La Sábana Santa dos mil años después*, Planeta Testimonio, 2002, p. 194.

834. Entre otros, Antonio Alonso, biólogo y genetista, exdirector del Instituto Nacional de Toxicología y Ciencias Forenses.

835. Serafini, *op. cit.*, p. 246.

836. En Juan 19, 23-24.

André Marion[837] descubrió nueve manchas de sangre en la parte posterior de la túnica que coincidían con las heridas de la espalda del hombre de la Síndone. Y en 2005 el profesor Gerard Lucotte[838] encontró numerosos pólenes de plantas de Oriente Próximo. «De las quince muestras de polen de Oriente Medio halladas en la túnica, seis se encuentran en la Sábana Santa y siete en el Sudario».[839] Una vez más se dictaminó que la sangre de la túnica era de tipo AB, y el ADN, de origen humano. Se ha sometido a la Santa Túnica a dos pruebas de carbono 14. La muestra para ambos estudios fue la misma, y sin embargo los resultados, significativamente distintos. Un estudio dató al paño hacia el año 590 y otro estimó que podría ser hasta del año 880. «Estos resultados revelan la debilidad intrínseca de la datación con radiocarbono cuando se aplica a tejidos antiguos».[840]

G) **La imagen.** Desde el proyecto STURP, los científicos han estimado que lo más probable es que la imagen de la Sábana Santa haya sido creada por algún tipo de radiación: «Estoy obligado a llegar a la conclusión de que la imagen se formó por una explosión de energía radiante, [...] no hay que darle más vueltas. Eso es ya indiscutible».[841] Las características de la imagen del hombre de la Síndone solo se pueden haber realizado por radiación «porque líquidos, tintes, raspaduras o quemaduras no pueden explicarlo».[842] Esta hipótesis fue confirmada en 2024 por Robert Rucker,[843] que estudió

837. En 1997, André Marion, fallecido en 2009, fue el director del Instituto de Óptica de Orsay, profesor de la Escuela Superior de Electricidad de París y presidente de Applied Biosystems.

838. Doctor en Genética francés, nacido en 1941, fue director del Instituto de Antropología Genética Molecular.

839. Entrevista al historiador Jean Christian Petifils, en *La Nef*, n.º 367, enero de 2025.

840. Serafini, *op. cit.*, p. 125.

841. Raymond Rogers, *Science Digest*, septiembre de 1979, p. 75. Rogers, doctor en Química, estadounidense, fallecido en 2005, fue miembro de STURP y *fellow* del Laboratorio Nacional de Los Álamos.

842. R. Spitzer, *op. cit.*, p. 141, refiriéndose a estudios de los físicos John Jackson, Eric Jumper y William Ercoline.

843. Robert A. Rucker, «Hypothesis for Image Formation on the Shroud of Turin», *British Society for the Turin Shroud Newsletter*. Es máster en Ingeniería Nuclear por la Universidad de Míchigan. Ha publicado 41 documentos y artículos para agencias oficiales.

todas las posibles causas de la imagen (radiación, ondas en un medio, contacto directo, flujo de partículas desde conexiones físicas, difusión de moléculas, ondas de campo) y afirmó: «Se puede concluir que la radiación es la única opción para comunicar la necesaria información desde el cuerpo a la tela».[844] Hay varias hipótesis[845] sobre qué tipo de radiación produjo la imagen del crucificado en la Síndone, pero salvo que usted sea un físico nuclear, las diferencias son nimias y las consecuencias prácticas irrelevantes. Este es el resumen de lo que la ciencia actualmente presume que pasó: «[Se produjo] la desintegración instantánea de los núcleos de los átomos que componían el cuerpo del hombre de la Síndone. Esta desintegración nuclear dio lugar a una lluvia de partículas a baja temperatura [unos 75 °C] que no destruyó la tela. La energía eléctrica estaría en el rango de los 3.000 vatios, acompañada de una luz muy brillante [...], la desintegración instantánea de los núcleos atómicos daría lugar a trillones de neutrones y rayos gamma, protones y partículas alfa [...]. Como el lienzo cayó en el área del cuerpo desintegrado, las partículas intensamente cargadas chocaron con las partes frontal y dorsal de la tela causando deshidratación y carbonilos complejos que producen finalmente la coloración de la tela con las características de una imagen fotográfica detallada y tridimensional. Estos efectos de las partículas cargadas intensas (protones y partículas alfa) han sido confirmados en laboratorio por la doctora Kitty Little».[846]

Los detractores de la Sábana Santa suelen obviar la explicación de cómo desapareció el cuerpo del hombre de la Síndone. Porque ¿cómo es que el cuerpo desapareció sin que haya rastro de que lo trasportaran fuera de la Sábana? Piénselo un momento: con toda seguridad había un cuerpo envuelto en una sábana; para sacarlo de esa envoltura necesariamente alguien (o Él mismo si hubiera estado vivo) habría tenido que apartar la tela y salir de alguna forma; ese forcejeo necesariamente habría dejado indicios en la Sá-

844. *Ibidem*, p. 7.

845. Por ejemplo, la hipótesis de la radiación ultravioleta, apoyada por John Jackson y Paolo de Lazzaro; la radiación de partículas sugerida por Mark Antonacci, Jean Baptiste Rinaudo y Kitty Little, o la hipótesis del estallido direccional vertical de radiación de Robert Rucker. Estas hipótesis no son necesariamente y en todos los casos excluyentes.

846. R. Spitzer, *op. cit.*, p. 138, cita Kitty Little y Mark Antonacci. Little es una física nuclear británica. Fue miembro del Atomic Energy Research Establishment en Harwell, Reino Unido.

bana por las marcas de arrastre de las heridas o salpicaduras procedentes de las manchas de sangre. No hay nada de eso. Parece como si el cuerpo del hombre de la Síndone se hubiera volatilizado. Eso resulta difícil de explicar, salvo para los cristianos que encuentran esta instantánea desaparición del cuerpo físico en perfecta armonía con su creencia en la resurrección.

H) Las probabilidades. ¿Cuál es la esperanza matemática de que el hombre de la Síndone sea Jesucristo? Existen tres estudios realizados en los siglos XX y XXI que responden a esta pregunta. El primero se debe a Yves Delage,[847] uno de los más eminentes científicos franceses en su momento y profeso ateo antes de emprender su investigación. Dirigió un equipo multidisciplinar para estudiar la Sábana Santa cuyos resultados se publicaron en el volumen *Le Linceul du Christ* y en un famoso discurso a la Academia de Ciencias en el que declaró: «Es extremadamente probable que el Sudario de Turín sea el que cubrió a Jesucristo después de su muerte: en tanto como puedo estimarlo, la probabilidad de que no lo sea parece igual o menor que una entre 10.000 millones».[848]

El segundo estudio se debe a otro francés, este sacerdote jesuita, Paul de Gail S. J., que en su libro *Le visage de Jèsus-Christ et son linceul*[849] estudia esa esperanza matemática basándose en siete eventos independientes y otorgando una probabilidad a cada uno. Por poner tres ejemplos:

a) El hombre de la Síndone fue fijado a la cruz con clavos. Sabemos que este tipo de crucifixión se reservaba para casos especiales, pero admitamos —otorgando un amplio margen— que las crucifixiones con clavos ocurrieron en dos de cada tres ocasiones, por lo que la probabilidad de este suceso es 2/3.

b) El hombre de la Síndone tiene heridas de una corona de espinas. Supongamos —aunque sea ciertamente irrealista— que este evento haya ocurrido 1 vez de cada 1.000, entonces la probabilidad de este suceso es 1/1.000.

847. Científico francés fallecido en 1920, doctor en Medicina y Ciencias Naturales, profesor de Zoología, Anatomía y Fisiología Comparativa en la Sorbona, gran premio de la Academia de Ciencias y director del laboratorio internacional de biología Roscoff.

848. Citado por Tino Zeuli en «Jesus Christi is the Man of the Shroud», *Shroud Spectrum International*, n.º 10, marzo de 1984, pp. 29-33. Modestino Zeuli fue un profesor de Física Matemática italiano de la Universidad de Turín. Fallecido en 1987.

849. France Empire, 1077 (2.ª ed.). Su autor fue también ingeniero industrial, fallecido en 1983.

c) El hombre de la Síndone tiene una herida de lanza en el costado derecho y las rodillas sin partir. Ambos son hechos inesperados, pero supongamos de forma muy conservadora que ocurrieran en un caso de cada cinco, por lo tanto la probabilidad de este suceso es de 1/5.

Así sigue hasta adjudicar probabilidades a siete eventos independientes observados en el hombre de la Síndone (y siempre siendo muy conservador) para concluir: «Considerando todo lo que puedo evaluar, la posibilidad de que no sea [Jesucristo] es menor o igual que 1 entre 225.000 millones. [...] Si en toda la historia hubiera habido 225.000 millones de personas crucificadas —lo cual es manifiestamente absurdo— entonces tendríamos una sola oportunidad —y solo una— de encontrar a una víctima idéntica a la que las Escrituras describen que posee esas siete características. [...] Con una evaluación más precisa y más extensa no sería difícil verificar una probabilidad no ya de 1 entre 225.000 millones, sino de una entre 50 billones o más».[850]

El tercer estudio, publicado en 2008, se debe a Emmanuela Marinelli y Giulio Fanti, «Resultados de un modelo probabilístico aplicado a la investigación realizada en la Síndone de Turín».[851] Los autores desarrollaron «un modelo probabilístico capaz de evaluar las investigaciones llevadas a cabo en el Sudario de Turín, por la dificultad en juzgar de manera global y objetiva la considerable cantidad de evidencias y de declaraciones realizadas a favor o en contra de las tesis de la autenticidad o falsedad». Ese modelo era capaz de considerar sucesos que se excluían mutuamente y lo aplicaron a cien afirmaciones derivadas de investigaciones realizadas en la Síndone. Definieron tres alternativas (A = la Síndone es auténtica; F = La Síndone es una copia falsa medieval, y N = No es ni A ni F) y caracterizaron cada una con 7 coeficientes, a saber: 3 referidos a la probabilidad de cada alternativa; 3 para la incertidumbre de las probabilidades y 1 para expresar la importancia científica de la afirmación. «Los 700 parámetros fueron procesados por

850. Zeuli, *op. cit.* Un artículo de Gary Habermas, «The Shroud of Turin and its Significance for Biblical Studies», *Journal of the Evangelical Theological Society*, n.º 24 (1), da por buenos los cálculos de De Gail, pero erróneamente los atribuye a Zeuli y Bruno Barberis.

851. <academia.edu/64752571>.

un software Mathcad7 y se obtuvo el siguiente resultado: la Síndone es auténtica con una probabilidad del cien por cien y con la correspondiente incertidumbre de 10^{-83}. Haciendo una analogía con un juego de ruleta, quiere decir que es más probable obtener el mismo número 52 veces seguidas que afirmar que la Sábana Santa no es auténtica».[852]

Todavía hay quien cree que la Sábana Santa es producto de falsificadores, un fraude realizado por no sabemos quién y no sabemos cómo, e irreproducible en la actualidad, pero digamos que realizado en la Edad Media, con conocimientos de anatomía y medicina solo existentes en el siglo XX. Hay quien cree que la Síndone fue confeccionada por alguien antiguo pero con acceso a la ciencia del siglo XXI, con competencias en física nuclear o en química o en botánica o biología solo accesibles en la última generación, alguien con acceso a datos de la historia o arqueológicos que únicamente conocemos en las últimas décadas.

Hay que destacar que la evidencia procedente de la Síndone se ha abierto camino trabajosamente. Mucho más de lo que parece normal para cualquier descubrimiento científico. Por un lado, ya hemos mencionado el *affaire* carbono 14, desacreditado repetidas veces pero siempre a mano para quienes practican el escepticismo de las fisuras. Además, parece que algunos autores y medios de comunicación tuvieran por objetivo crear confusión. Por ejemplo, un historiador británico anticristiano[853] decidió que la Síndone era falsa basándose en el novedoso —y falso— postulado de que la sangre tipo AB no apareció hasta el siglo IX, y puesto que la sangre del hombre de la Síndone era AB, pues otra vez a la Edad Media. ¿La realidad? En un estudio realizado por la Universidad de Tel Aviv que analizó el tipo de sangre de sesenta y ocho esqueletos judíos del siglo I, el 51 por ciento eran de tipo AB.[854]

Hay otras circunstancias más dramáticas en la historia de la Sábana Santa que alimentan la creencia de los cristianos de que no solo la Síndone es la

852. *Ibidem.*

853. Charles Freeman, nacido en 1947, citado en Serafini, *op, cit.*, p. 198. Freeman es conocido por *The Closing of the Western Mind, the Raise of Faith and the Fall of Reason*, una obra que tiene el dudoso honor de ser unánimemente criticada como «engañosa», «cuestionable», «vulgar».

854. Estudio de 1977, referido por Serafini, *op. cit.*, p. 198.

muestra de un milagro (o si se quiere, la *fotografía* del mayor milagro), sino que el hecho de que siga existiendo es en sí providencial. La noche del 3 al 4 de diciembre de 1532 se produjo un incendio en la Capilla Santa de Chambéry, capital del ducado de Saboya. Allí se conservaba doblada la Síndone, guardada en una urna de plata. El calor del fuego provocó que la urna se fundiera y unas gotas de plata atravesaron el lienzo, que se salvó de forma milagrosa. Previamente la reliquia había tenido una vida difícil. Después de Jerusalén —donde tuvo su origen—, se trasladó a Edesa. Allí la guardó como reliquia el rey Abgar V, convertido al cristianismo después de ser curado gracias al *mandylion*[855] (la Sábana Santa doblada cuatro veces[856]) que le llevó uno de «los setenta» —san Tadeo—.[857] Allí la Síndone sobrevivió a la inundación del año 525, que sucedió durante la noche y causó la muerte a un tercio de la población. En el año 944 el emperador de Bizancio ataca Edesa para rescatar la Síndone, que había caído en manos musulmanas, lo consigue y les resulta tan memorable a los cristianos de entonces que lo reflejan en la liturgia bizantina del 16 de agosto, aniversario del traslado de la Síndone a Constantinopla. Unos siglos más tarde la Síndone está otra vez en grave riesgo de ser destruida con el saqueo de Constantinopla a manos de los cruzados, el 12 de abril de 1204. La Sábana Santa se traslada a Atenas y de allí a Francia en el siglo XIII; una vez más de forma providencial se salva de saqueos y batallas de la guerra de los Cien Años y finalmente llega a los duques de Saboya en 1453. Tras el incendio de Chambéry, fue reparada por monjas clarisas que añadieron lino blanco a los dieciséis orificios producidos por la plata fundida. En 1578 san Carlos Borromeo —ya muy enfermo— inicia una peregrinación para visitar la Síndone y rogar por el fin de la peste, y el duque de Saboya, para acercar la reliquia al obispo de Milán, traslada la Sábana

855. La imagen de Abgar V, del siglo X, que nos queda en el monasterio de Santa Caterina en el monte Sinaí muestra al rey recibiendo el *mandylion* con la cara de Jesucristo.

856. El Codex Vossianus Latinus Q69 —Codex 5696, fol. 35—, encontrado en la Biblioteca Vaticana, contiene una narración del siglo VIII que menciona que una imagen de Cristo fue dejada en Edesa y cita a un tal Smera de Constantinopla: «El rey Abgar recibió un paño en el que se puede ver no solo la cara sino todo el cuerpo». Por estar plegada cuatro veces, también se la conoce como *tetradiplon.*

857. La historia de la Síndone está mucho más ampliamente documentada. Véase, por ejemplo, Loring, *op. cit.*

Santa a Turín, la nueva capital del ducado. En 1668 se construye la capilla Guarini junto a la catedral de Turín para albergar la Síndone, durante la Segunda Guerra Mundial se esconde en Nápoles y en 1946 regresa a Turín, donde se encuentra ahora.

«La noche del 11 al 12 de abril de 1997 [el mismo día que el saqueo de Constantinopla] fue una larga y dramática noche para Turín, una noche de miedo y ansiedad, [...] muchos ciudadanos observaban incrédulos e impotentes cómo el Duomo se quemaba en una escena infernal remarcada por las llamas y el humo que ocupaban el cielo. Nos arriesgamos a perder la Sábana Santa, y la capilla Guarini sufrió gravísimos daños».[858] No se conoce el origen del fuego pero parece que fue provocado. La Síndone estaba guardada en un relicario protegido por cristal blindado. Los bomberos de Turín consiguieron romper las cuatro capas de cristal de un centímetro cada uno a golpes de mazo —algo que en principio era materialmente imposible— y sacar la Sábana Santa pocos instantes antes de que se derrumbase el techo de la capilla. Dos días después la comisión de conservación de la Síndone pudo comprobar que el lienzo no había sufrido daño alguno.

Una buena noticia: Vernon Miller, el fotógrafo científico oficial del proyecto STURP, quiso que sus fotos se digitalizaran y pudieran ser accesibles para todos. Esto se ha hecho realidad. En el sitio web <https://shroudphotos.com/> puede acceder a casi doscientas fotos de la Síndone acompañadas de notas. Son imágenes de muy alta calidad, negativos en blanco y negro, fotos en color, micrografías magnificadas, fotos con luz ultravioleta, que pueden ser ampliadas y descargadas.

858. Valentino Castellani, alcalde de Turín, en Lucia Vidal y Andrea Marangoni, *Il Fuoco e la Sindone*, Bolonia, Timeo, 2000, p. 9.

SECCIÓN III. CUESTIONES PENDIENTE

> Sobre Ti he predicado. Sobre Ti he enseñado. No he dicho nunca nada contra Ti. Si algo no ha sido bien dicho, se debe atribuir a mi ignorancia.
>
> SANTO TOMÁS DE AQUINO[859]

> Nadie en última instancia realmente deja de hacerse cristiano por falta de argumentos; deja de hacerse cristiano porque ama la oscuridad más que la luz y no quiere saber nada de Dios.
>
> WILLIAM LANE CRAIG[860]

Una reflexión: la fe cristiana es razonable, y no solo lo es, sino que pretende serlo. El cristianismo no busca que usted se adhiera a sus creencias en contra de su inteligencia. Esta religión siempre ha creído y postulado que la inteligencia —una de las potencias del alma— nos ha sido dada —entre otras cosas— para ayudarnos a acercarnos a Aquel que la creó. La verdad existe, y es objetiva y externa a nosotros, lo que demuestra que alguien que no somos nosotros la ha creado, puesto que nosotros descubrimos la verdad, no la inventamos. Pues bien, Aquel que creó la verdad es el mismo que creó el entendimiento que puede describirla.

No es extraño entonces que la ciencia se *creara* gracias al cristia-

859. En Dominic Prümmer, «Fontes Vitae S. Thomas Aquinatis, notis historicis et criticis illustrate», citado por Gerard Verschuuren en *A Catholic Scientist Proves God Exists*, 2019, p. 179. Palabras pronunciadas en su lecho de muerte. Santo Tomás fue un fraile, teólogo y filósofo italiano de la orden de los dominicos que vivió en el siglo XIII. A mi juicio, el mayor filósofo y posiblemente el hombre más inteligente de todos los tiempos. Sin embargo, ante una experiencia «directa con Dios» en diciembre de 1273 (llamada «visión beatífica» por los católicos), le confesó a su secretario que en comparación todos sus escritos «eran como paja», por lo que no se consideraba capaz o digno de escribir más. Falleció a principios de 1274.

860. «Reasonable Faith. Christian Truth and Apologetics», 1994, citado en Charlie H. Campbell, *Apologetics Quotes*, 2020, p. 105. Craig inspira pánico en los neoateos. Dawkins se ha negado a debatir con él repetidamente, igual que otros ardorosos ateos, a los que les han acusado de hipocresía y cobardía. Por ejemplo, Daniel Came, *The Guardian*, 22 de octubre de 2011, <https://www.theguardian.com/commentisfree/belief/2011/oct/22/richard-dawkins-refusal-debate-william-lane-craig>.

nismo, que fueran cristianas las primeras universidades; que el cristianismo sea la religión que ha informado a las sociedades responsables del 90 por ciento de los descubrimientos científicos de la historia. El Dios cristiano quiere que pensemos. El Dios cristiano nos quiere como hijos, no como siervos, no como esclavos.

31
Tener fe

> Donde no quedan ideales rectores que apunten al camino, la escala de valores desaparece y con ella el significado de nuestras acciones y sufrimientos y al final solo se extiende negación y desesperación [...]. La religión es por eso la base de la ética y la ética la presuposición de la vida.
>
> WERNER HEISENBERG[861]

> Si no cree en un Dios personal la pregunta ¿cuál es el propósito de la vida? no se puede preguntar y no se puede responder. ¿A quién le dirigiría esa pregunta?
>
> J. R. R. TOLKIEN[862]

Reproduzco este fragmento de mi libro anterior,[863] convencido de que es en este donde procede citarlo. Decía yo entonces:

861. Werner Heisenberg, «Scientific and Religious Truth», 1973, citado en «Nobel laureate Werner Heisenberg. God is Waiting at the Bottom of the Glass», 11 de marzo de 2011, <https://2012daily.com/?q=node/52>.

862. En una carta de 1969 a Camilla Unwin. Tolkien fue un escritor y filólogo inglés católico fallecido en 1973. Su madre viuda, originalmente protestante baptista, se convirtió al catolicismo y así educó a sus hijos.

863. González-Hurtado, *op. cit.*

La tesis que postulamos es que para creer en la existencia de un Ser Creador y Personal no es necesario tener fe religiosa, sino que solo hace falta pensar..., y para quienes no tengan mucha confianza en su razón —con o sin motivos— y para quienes no deberían tenerla, los descubrimientos científicos también ayudan. Si está usted siquiera levemente interesado en eso que llamamos fe, permítame dedicarle unas líneas para comentar tres asuntos y de paso exponerle por qué creo que sería bueno tenerla.

Primera consideración: Contrariamente a lo que muchas personas no religiosas creen, y —lo que es más preocupante— a lo que muchas personas religiosas sostienen, para tener fe es necesario previamente pensar, para tener fe es necesario usar la razón. Esta simbiosis de razón y fe es prácticamente permanente y universal en el pensamiento cristiano, muy prominente en el judío y mucho menos en el islam, que tiende a un persistente fideísmo. San Agustín sostiene: «¿Quién no se da cuenta de que el pensar (*cogitare*) es anterior al creer?» y define la fe como «pensar con asentimiento»,[864] y en toda la tradición del cristianismo se ha predicado *crede ut intelligas* (cree para comprender) balanceado con el *intellige ut credas* (comprende para creer), es decir, que hay que preparar el intelecto para sostener la fe.[865]

Sin embargo, es necesario comprender que el conocimiento por fe no es igual que el conocimiento por evidencias (del que forma parte el conocimiento científico) y que ello no desmerece ni uno ni otro. Santo Tomás distingue *cogitatio*, como «movimiento de la mente que delibera cuando todavía no ha llegado a la perfección por la visión plena de la verdad»,[866] de *visio*, que se produce cuando se asiente a una verdad inmediata o demostrada y que es más propia del saber científico. Y dice: «El acto de fe entraña una adhesión firme y en esto conviene el que cree, el que conoce y el que entiende»,[867] es decir, que el conocimiento por fe y el conocimiento científico se parecen en esa adhesión firme a lo que se conoce. Pero el conocimiento por fe «no ha llegado al estado perfecto, efecto de la visión clara del objeto, y en esto coincide con el que duda, sospecha

864. «Cum assentione cogitare», *De Praedestinatione sanctorum*, II, 5.

865. Véase Óscar Horacio Beltrán, «Santo Tomás y las razones de la fe», Pontificia Universidad Católica Argentina, ponencia de la XXXVIII Semana Tomista, Congreso Internacional, 2013.

866. Santo Tomás, *Suma teológica*, parte II-IIae, cuestión 2, art. 1.

867. *Ibidem.*

y opina»,[868] así que para alivio de aquellos que tienen fe y que observan que tal conocimiento no es tan rotundo como el que se adquiere por evidencias, resulta natural que existan dudas y opiniones. Si usted es una persona religiosa —algo posiblemente redundante puesto que todos lo somos naturalmente—, la buena noticia es que es lógico que tenga dudas y sospechas; si no las tiene, le sugiero que no las busque, pero quizá sea un síntoma de que debería discurrir algo más. Y finalmente, santo Tomás añade: «Por eso, lo propio del que cree es pensar con asentimiento, y de esta manera se distingue el acto de creer de los demás actos del entendimiento, que versan sobre lo verdadero o lo falso».[869]

Segunda consideración: Espero no escandalizar a muchos (mejor a ninguno), pero hay que desafiar una creencia demasiado arraigada y no poco dañina de que la fe es (solo) un don de Dios. Esa creencia es muy perniciosa por varios motivos:

a) Si usted tiene fe en Dios, es muy posible que piense que es algo positivo y deseable. Incluso —si es usted religioso— piense que esa fe es el fundamento para obtener la felicidad en —al menos— este mundo, y sin embargo si usted creyera que la fe es (solo) un don o un regalo de Dios, entonces siguiendo esa lógica no se dedicará a propagar esa fe (al fin y al cabo, no es su regalo), e incluso podría pensar que tal propagación no es posible (ya que ello solo le compete a Dios, que lo hará si lo cree conveniente), y como consecuencia usted no comunicará su fe, incluso aunque crea que es bueno para otros tenerla. Es decir, que creer que la fe (solo) es un don prevendrá que usted haga algo que cree bueno.

Si la fe fuera (solo) un don, no tendríamos ningún mérito en tenerla, ni consecuentemente tampoco ninguna culpa por perderla, pero —como nos recuerda santo Tomás— «nuestros actos son meritorios en cuanto que proceden del libre albedrío»,[870] y como la fe «es un acto sometido al libre albedrío [...] sí puede ser meritorio». Y en eso se distingue del asentimiento del conocimiento científico: «El asentimiento de la ciencia no está sometido al libre albedrío. El sabio efectivamente se ve obligado a asentir por la fuerza de la demostración;

868. *Ibidem.*
869. *Ibidem.*
870. *Ibidem*, art. 9.

por eso no es meritorio el asentimiento de la ciencia»,[871] es decir, que, por ejemplo, asentir a la existencia del *big bang* —algo que ya está probado— no tiene gran mérito, pero: «Sí está, en cambio, sometida al libre albedrío la consideración actual de la cosa conocida, ya que el hombre puede o no considerarla. Por eso la consideración científica puede ser meritoria»,[872] es decir, que considerar el *big bang* como una evidencia de la existencia de Dios sí es meritorio, puesto que esa consideración podría no ser hecha. En definitiva, que si usted tiene fe, son buenas noticias, porque lo más probable es que tenga algún mérito en ello; si tuvo fe y la ha perdido, no son tan buenas las noticias y le remito a la tercera consideración.

b) Si la fe fuera (solo) un don entonces no tendríamos necesidad de cultivarla, ni afianzarla, ni discurrir sobre ella.

Tercera consideración: Creo que la definición de fe de santo Tomás es sencillamente genial: «Un acto del entendimiento que asiente a la verdad divina bajo el imperio de la voluntad movida por la gracia de Dios».[873] Si falta alguno de los ingredientes, falta la fe. Por lo tanto, se carece de fe, o bien por falta de entendimiento, o bien por falta de voluntad, o bien por falta de gracia divina. Pero es que la carencia de la gracia divina suele deberse también a la falta de entendimiento (se cree que la gracia no es necesaria) o a la falta de voluntad (no se pide o no se demanda suficientemente), por lo que si usted es incrédulo y querría tener fe, le sugiero que empiece por ahí: pídala. Usted dirá con cierta razón que no puede pedir algo a alguien en quien no cree, pero mi consejo es que le pida a ese Dios en quien no cree que le dé la fe que no tiene.

Tengo para mí que ese Dios del que la ciencia nos muestra que cuida de su creación no va a negar la gracia necesaria a quien comprometa su entendimiento con recta voluntad a fin de tener fe.

Una ventaja que tiene el Dios cristiano es que no puede mentir. Él dijo: «Pedid y se os dará, buscad y hallaréis, llamad y se os abrirá; porque todo el que pide recibe, quien busca encuentra y al que llama se le abre. Si a alguno de vosotros le pide su hijo pan, ¿le dará una piedra?; y si le pide pescado,

871. *Ibidem.*
872. *Ibidem.*
873. *Ibidem.*

¿le dará una serpiente? Pues si vosotros, aun siendo malos, sabéis dar cosas buenas a vuestros hijos, ¡cuánto más vuestro Padre que está en los cielos dará cosas buenas a los que le piden!» (Mateo 7, 7-11). Si usted la pide, le aseguro que se le dará.

En cualquier caso, no tiene nada que perder.

32
¿Y ahora qué?

Cada vez estoy más persuadido: la felicidad en el cielo es para los que saben ser felices en la tierra.

SAN JOSEMARÍA ESCRIVÁ DE BALAGUER[874]

Y sabed que yo estoy con vosotros todos los días, hasta el final de los tiempos.

Último verso del Evangelio de san Mateo

En el siglo XVIII Hermann Reimarus,[875] escritor de fe atea, dedicó no pocos esfuerzos a atacar al cristianismo y concibió la teoría de que Jesucristo no quiso establecer una religión, que se consideraba humano, que no hizo milagro alguno, que los apóstoles hicieron justo lo contrario que les pidió y que el cristianismo empezó como un enorme fraude. En el siglo XIX Ernest Renan,[876] otro escéptico, presentó a Jesús como ario (no judío) y negó cualquier milagro. Bruno Bauer, abiertamente antisemita y cristianófobo, decidió ir más lejos y propuso que Jesucristo no existió. Todos estos autores pudieron sostener esas opiniones porque la ciencia y la arqueología no ha-

874. Escrivá de Balaguer, *op cit.*, 1005. Sacerdote católico español fallecido en 1975. Doctor en Derecho por la Universidad Central de Madrid y en Teología por la Pontificia Universidad Lateranense. Fundador del Opus Dei, autor de *Camino*, la obra de no ficción en lengua española más traducida en el mundo.

875. Escritor alemán fallecido en 1768. Tras su muerte se publicó su obra sobre Jesús, que inició lo que se llamó *Die Leben Jesu Forschung* (Investigación sobre el Jesús histórico), título verdaderamente engañoso, puesto que no había investigación alguna y no se refería al Jesús histórico.

876. Escritor francés fallecido en 1892, autor de *Vida de Jesús*; además de escéptico, era anticlerical y antisemita.

bían realizado los descubrimientos que negaban sus teorías.[877] En el siglo XXI podemos decir que la ciencia «impone la idea de Dios»[878] gracias a los descubrimientos científicos realizados durante la última generación en los campos de la física, matemáticas, biología, química y cosmología. Y también ahora, gracias a los descubrimientos históricos, arqueológicos y científicos sobre Jesucristo, se pueden descartar sin dudarlo las exóticas teorías de los mal llamados «ilustrados». A medida que la ciencia avanza, el espacio que queda para el escepticismo se empequeñece. La alternativa que queda a los incrédulos es pasar a la trinchera de la indiferencia.

Una de las principales razones por las que las personas se alejan de Dios es por haber sufrido alguna pérdida en sus vidas y no entender por qué ese mal no fue evitado por aquel que es omnipotente. C. S. Lewis narra en su biografía que se convirtió en ateo al perder a su madre. Entre «el 70 por ciento y el 85 por ciento de los escépticos lo son no por razones basadas en hechos sino por razones emocionales».[879] El mal en el mundo es un escándalo. Es cierto. El «19 por ciento de los ateos están enfadados con Dios»,[880] lo que es paradójico considerando que afirman que Dios no existe. El cristianismo da una respuesta cabal a la existencia del mal y además proporciona esperanza. El ateísmo no da respuesta alguna («Mala suerte», es su veredicto) y arrebata la esperanza. Perder a una madre o a un cónyuge es una dolorosa desgracia, decidir perder al Padre después no sirve de consuelo y convierte la desgracia en mucho mayor.

Muchos cristianos sienten considerable pudor a hablar de su fe y explicar por qué la tienen y la practican. A mí me ocurre lo mismo. Si me preguntara por qué soy cristiano, lo más probable es que intentara evadir la pregunta. Pero como me ha acompañado hasta aquí y le tengo en alta consideración, le diré que fui educado en la fe cristiana y que siempre —gra-

877. Resulta irónico que todos los autores anteriores (y tantos otros) han tenido alguna relevancia y han pasado mal que bien a la posteridad solo gracias a Jesucristo. Sin la persona de la que públicamente abominaron ninguno de ellos sería mínimamente recordado.

878. Citando a Max Planck, el padre de la física cuántica. González-Hurtado, *op. cit.*

879. Gary Habermas citando un estudio hecho por él y otros psicólogos clínicos durante los últimos veinte años: «The Resurrection Argument that Changed a Generation of Scholars», YouTube, min. 1:16.

880. *Ibidem*, min. 1:17.

cias a Dios— he admitido la divinidad de Jesucristo. Pero durante gran parte de mi vida adulta ser cristiano no era fundamental para mí, en el sentido de que no era primordial ni me servía de fundamento. Años después viví en Israel. Pasaron muchas cosas, y muchas no fueron buenas (así me lo pareció entonces), pero «todo es para bien para los que aman a Dios» (Romanos 8, 28, mi cita favorita de la Biblia).[881] Y entonces descubrí, poco a poco, como convenía a alguien como yo, que todo lo que dicen los cristianos sobre Jesús es verdad. Él es quien dijo ser y eso lo cambia todo. Todo. Y para bien.

El cristianismo es una religión completamente aparte de las demás, y no pretendo desacreditar otras religiones. Creo que todas tienen algo de verdaderas (en el sentido de corresponderse con la realidad objetiva) y mucho de buenas (en el sentido de servir de guía moral), y de todas ellas podemos aprender algo. Pero si Jesucristo es Dios (y lo es, estamos usted y yo acabando un libro que lo evidencia), entonces el cristianismo es salvífico, y no puedo sino decirle que el cristianismo es la forma (llamémosla «religión») a través de la cual ese Dios nos quiere llevar con Él, como hijos y herederos suyos que somos.

Usted puede no querer, pero eso será un acto de su voluntad libre, no será ya porque su entendimiento no pueda adherirse a las verdades del cristianismo. No será ya por falta de evidencias.

881. «Diligentibus Deum omnia cooperantur in bonum». Y luego añadió san Agustín: «Etiam peccata» ('incluso el pecado').

Epílogo

Advertencias finales y 33

Dios que te ha creado sin ti no te salvará sin ti.

SAN AGUSTÍN[882]

No se ha usado ninguna herramienta de inteligencia artificial para escribir ninguna parte de este libro. Me temo que si usted encuentra un error en lo escrito o discrepa profundamente de lo manifestado, no voy a poder excusarme en que algún GPT escribió lo que yo no deseaba.

Este libro está escrito para todos los cristianos y para todos los que no lo son y buscan de manera sincera la verdad y desean fervientemente ser felices. Ha sido mi intención presentar el cristianismo común a todas las obediencias en que —muy lamentablemente— se ha dividido la religión y he citado a autores de muchas o quizá de todas las distintas denominaciones cristianas.

Dicho lo anterior —seguro que usted ya lo sabe—, me declaro hijo de la Iglesia católica. En EWTN España tenemos el lema «La alegría y el orgullo de ser católico», por ello manifiesto que si algo de lo escrito contradice alguna doctrina católica, soy yo necesariamente el equivocado (pero creo sinceramente que no es el caso). Aseguro esto no solo por obediencia, sino también por convicción.

Y una petición: si reza usted y se acuerda y quiere y puede, rece por mí. Se lo agradezco desde este momento. Si no reza, le aconsejo que lo haga. Rezar funciona. Los únicos que creen que no son los que no rezan.

QDLB

882. Sermón 169, 11, 13, y Catecismo de la Iglesia católica, 1847.

NUEVAS
EVIDENCIAS
CIENTÍFICAS
DE LA
EXISTENCIA DE
DIOS
bestseller
JOSÉ CARLOS
GONZÁLEZ-HURTADO
rocabolsillo

UN TEMA PARA EL DEBATE.
UN FENÓMENO EDITORIAL
DESDE SU PUBLICACIÓN.
UN LIBRO QUE NO DEJARÁ
A NADIE INDIFERENTE.

Mucho se ha dicho acerca de la incompatibilidad de la ciencia y la religión. La creencia de que una invalida la otra ha estado presente durante años. Y sin embargo, según avanza la tecnología, la sociedad y la cultura, esta noción pierde fuerza: nunca como en esta primera mitad del siglo XXI ha habido tantas pruebas científicas de la existencia de un Creador.

En este libro, José Carlos González-Hurtado muestra todas las pruebas que apuntan a Dios. Sin embargo, este no es un libro de religión. Haciendo hincapié en los grandes descubrimientos actuales con un estilo ágil y riguroso, el autor invita a la reflexión y el diálogo, y expone en estas páginas la respuesta a la que probablemente sea la cuestión más trascendental a la que podemos enfrentarnos.

Best seller instantáneo gracias a las deslumbrantes explicaciones que ofrece de temas como el Big Bang, la segunda ley de la termodinámica o los descubrimientos de la genética, *Nuevas evidencias científicas de la existencia de Dios* ya se ha convertido en el libro del que todo el mundo habla.

«Para viajar lejos no hay mejor nave que un libro».

EMILY DICKINSON